Reinaldo Dias & Maurício Cassar

Fundamentos do Marketing Turístico

Reinaldo Dias & Maurício Cassar

Fundamentos do Marketing Turístico

© 2005 by Reinaldo Dias & Maurício Cassar
Todos os direitos reservados. Nenhuma parte desta publicação poderá ser reproduzida ou transmitida de qualquer modo ou por qualquer outro meio, eletrônico ou mecânico, incluindo fotocópia, gravação ou qualquer outro tipo de sistema de armazenamento e transmissão de informação, sem prévia autorização, por escrito, da Pearson Education do Brasil.

Diretor editorial: José Braga
Gerente editorial: Roger Trimer
Editora de desenvolvimento: Sabrina Cairo
Gerente de produção: Heber Lisboa
Editora de texto: Marileide Gomes
Preparação: Lucrécia Freitas
Revisão: Lucila Segóvia / Regina Barbosa
Capa: Alberto Cotrim
Projeto gráfico e diagramação: Figurativa Arte e Projeto Editorial

Dados Internacionais de Catalogação na Publicação (CIP)
(Câmara Brasileira do Livro, SP, Brasil)

Dias, Reinaldo
  Fundamentos do marketing turístico / Reinaldo Dias ; Maurício Cassar -- São Paulo : Pearson Prentice Hall , 2005.

  ISBN 978-85-7605-021-6

  1. Marketing – Administração 2. Turismo
  3. Turismo – Administração 4. Turismo – Marketing
  I. Cassar, Maurício. II. Título.

04-5564   CDD-338.47910688

Índices para catálogo sistemático:

1. Marketing turístico : Economia   338.47910688
2. Turismo : Administração de marketing :
Economia   338.47910688

Direitos exclusivos cedidos à
Pearson Education do Brasil Ltda.,
uma empresa do grupo Pearson Education
Avenida Francisco Matarazzo, 1400
Torre Milano – 7o andar
CEP: 05033-070 -São Paulo-SP-Brasil
Telefone 19 3743-2155
pearsonuniversidades@pearson.com

Distribuição
Grupo A Educação
www.grupoa.com.br
Fone: 0800 703 3444

Biografia

Reinaldo Dias
Sociólogo, mestre em ciências políticas e doutor em ciências sociais pela Unicamp. Professor convidado do mestrado em cultura e turismo da UESC da Bahia. É co-editor da revista *Turismo e Desenvolvimento*. Foi professor e coordenador de cursos em várias instituições de ensino, entre as quais Unip, USF, Unopec e Creupi. Foi Secretário de Turismo de Bragança Paulista. É autor de vários livros nas áreas de metodologia da pesquisa, sociologia, administração e turismo entre os quais *Introdução à sociologia*, publicado pela Pearson Education, e na área de turismo: *Sociologia do turismo*; *Turismo sustentável e meio ambiente* e *Planejamento do turismo: política e desenvolvimento do turismo no Brasil*. É também co-autor de *Fundamentos do turismo* e *Turismo religioso: ensaios e reflexões*.

Maurício Cassar
Engenheiro pela Unicamp. Especialista em administração mercadológica pela FGV-SP, além de mestre em educação pela Unisal. É professor adjunto e coordenador de cursos da Unip de Campinas. É ainda professor do curso técnico em gestão do comércio exterior do Colégio Porto Seguro em Valinhos. Co-autor dos livros *Comércio exterior: história, teorias e práticas*; *Comércio exterior: teoria e gestão* e *Introdução à Administração*.

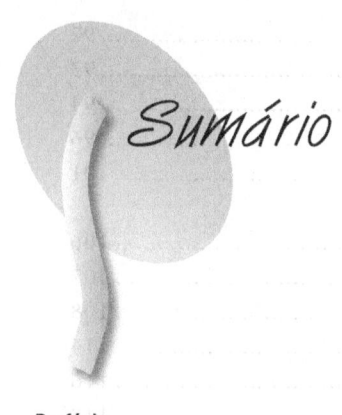

Sumário

Prefácio X

Capítulo 1 *O turismo e sua importância* 1
    1.1.   O turismo mundial e a globalização 2
    1.2.   As origens do turismo moderno e suas tendências 6
    1.3.   A perspectiva do turismo no Brasil 8
    1.4.   O turismo e o desenvolvimento local 12
    1.5.   As cidades no mercado turístico global 14
    1.6.   O turismo e as cidades 16
    1.7.   Turismo e espaço público 20

Capítulo 2 *Introdução ao marketing* 22
    2.1.   Conceito e natureza do marketing 23
    2.2.   História e evolução do marketing 27
    2.3.   Definição de marketing 36
    2.4.   Conceitos aplicados no marketing 45
    2.5.   As modalidades e orientações do marketing 49
    2.6.   Administração de marketing 51

Capítulo 3 *A atividade turística* 55
    3.1.   Conceitos de turismo e turista 56
    3.2.   O sistema turístico 59
    3.3.   A evolução do turismo 61
    3.4.   Importância econômica do turismo 67

Capítulo 4 *Marketing de serviços e o turismo* 69
    4.1.   Os serviços no ambiente globalizado 70
    4.2.   Características dos serviços e suas implicações estratégicas 72
    4.3.   O turismo como serviço 80
    4.4.   As variáveis estratégicas do marketing de serviços 85
    4.5.   A gestão de marketing de serviços 87
    4.6.   Particularidades do marketing turístico 89

Capítulo 5	*O meio ambiente do marketing turístico* 92	
	5.1. O ambiente do marketing turístico 93	
	5.2. O microambiente do marketing turístico 94	
	5.3. O macroambiente do marketing turístico 96	
	5.4. Análise do ambiente competitivo 101	

Capítulo 6 *O mercado turístico* 106
    6.1. Conceito de mercado 107
    6.2. A demanda turística 108
    6.3. A oferta turística 114
    6.4. A globalização dos mercados 116
    6.5. Tendências do mercado turístico 118

Capítulo 7 *O comportamento do consumidor-turista* 120
    7.1. As variáveis que afetam o comportamento do turista 121
    7.2. As motivações dos turistas 123
    7.3. As novas tendências do consumidor-turista 129

Capítulo 8 *Segmentação do mercado turístico* 132
    8.1. Requisitos para a segmentação de mercado 133
    8.2. Formas ou critérios para a segmentação 139
    8.3. Estratégias de segmentação 146
    8.4. Segmentação e posicionamento 149
    8.5. A especificidade da segmentação do mercado turístico 151

Capítulo 9 *O posicionamento no mercado* 157
    9.1. Conceito e objetivos do posicionamento 158
    9.2. O processo de posicionamento 159
    9.3. Posicionamento e imagem de localidades turísticas 162
    9.4. Estratégias de posicionamento e definição de imagem de localidades turísticas 166
    9.5. A segmentação da imagem do destino turístico 171

Capítulo 10 *O composto de marketing aplicado ao turismo* 173
    10.1. A função do composto de marketing 174
    10.2. O plano de marketing e o marketing mix 178
    10.3. As variáveis do composto de marketing 178

Capítulo 11 *O produto turístico* 182
    11.1. Conceito de produto turístico 183
    11.2. Os destinos turísticos 186
    11.3. As cidades e o aumento da competitividade 188
    11.4. Conceituando o produto turístico cidade 191

Capítulo 12 *O preço dos produtos turísticos* 200
    12.1. Fundamentos da formação de preços.. 201
    12.2. Fatores que influenciam na fixação de preços.......................... 203
    12.3. Métodos de fixação de preços 206
    12.4. Estratégias de precificação 207

Capítulo 13 *A distribuição de produtos turísticos* 211
    13.1. Conceito e função da distribuição.. 212
    13.2. Decisões sobre o canal de distribuição 214
    13.3. Os intermediários turísticos.. 214
    13.4. Novas formas de distribuição turística 215

Capítulo 14 *A comunicação turística* 218
    14.1. Conceito e fins da comunicação... 219
    14.2. O processo de comunicação de marketing 220
    14.3. Promovendo as localidades turísticas... 222

Capítulo 15 *Planejamento estratégico de marketing de localidade* 234
    15.1. O processo de planejamento estratégico 235
    15.2   O planejamento estratégico de marketing de localidades 237

Capítulo 16 *Ética em marketing turístico* 251
    16.1. Ética, sociedade e organizações 252
    16.2. Ética nas organizações.. 254
    16.3. Ética em marketing 257
    16.4. Ética na gestão do composto de marketing 258
    16.5. Ética no marketing turístico 261
    16.6. Ética no turismo 262

Anexo I *Carta do turismo e código do turista*.. 265

Anexo II *Código mundial de ética do turismo* 270

Referências bibliográficas 282

Índice... 286

Prefácio

Já está se tornando repetitiva a afirmação de que o turismo é a maior atividade econômica do planeta, superando todos os setores tradicionais.

No entanto, é importante reforçarmos essa primazia do setor, que é bastante recente, mas que, naturalmente, não foi absorvido ainda. E isso não só pela população de um modo geral, mas também por muitas lideranças empresariais, políticas e até mesmo do mundo acadêmico.

Há um número significativo de países, tanto desenvolvidos quanto em desenvolvimento, para os quais o turismo é hoje uma das principais fontes de divisas e de trabalho. A partir da década de 1950, a atividade turística experimentou um avanço espetacular, que foi acompanhado da estruturação gradativa de uma indústria constituída por uma extensa cadeia produtiva. E essa envolve segmentos tão diversos como a produção de ônibus, aviões, construção civil, transporte de um modo geral, comércio, agricultura, serviços, indústria têxtil etc. Podemos afirmar que o turismo está assumindo um papel tão destacado nos dias atuais, que já é possível compará-lo ao papel da indústria de transformação ao longo da maior parte do século XX.

Cabe destacar, ainda, que está havendo um aumento do tempo livre, com as pessoas sendo liberadas cada vez mais de atividades repetitivas e que demandam grande esforço físico. E o turismo tem se destacado como uma das atividades mais importantes para ocupar esse tempo livre, o que reforça seu significado na sociedade atual e as perspectivas que se abrem para o seu futuro.

Assim, este livro — *Fundamentos do marketing turístico* — foi produzido com o objetivo de facilitar ao leitor a compreensão dos conhecimentos básicos de marketing aplicados ao setor turístico. Dirigido principalmente a alunos de graduação, nós nos preocupamos em explicar detalhada e, muitas vezes, repetitivamente os principais conceitos vinculados à disciplina.

Em um primeiro momento, introduzimos a importância do turismo na economia mundial e nas perspectivas que afloram para as economias locais e nacionais. Em um segundo momento, desenvolvemos o conceito, a função e a filosofia do marketing de um modo geral e dos serviços em particular. Em seguida, introduzimos o conceito de marketing turístico e os demais temas a ele agregados — todos relacionados à colocação do produto turístico no mercado, de maneira a obter o máximo de benefícios à localidade associada ao turismo.

O produto turístico privilegiado neste livro é o lugar de destino do turista, e, nesse aspecto, há um forte conteúdo de marketing de lugares; embora, em muitos momentos, tenhamos abordado o marketing mais específico da empresa turística. No entanto, o eixo central desta publicação é o marketing de lugares turísticos, voltado principalmente para as localidades e os municípios nos quais, em última instância, estão localizados os atrativos. São esses atrativos que fazem com que haja o deslocamento de pessoas, provocando, assim, uma enorme movimentação na economia mundial, nacional e local.

Entre os objetivos mais específicos do livro, pretendemos familiarizar o leitor com os conceitos de demanda, comportamento do consumidor, mercado, segmentação, posicionamento, plano de marketing, entre outros, tornando-o apto a acompanhar a maioria dos conteúdos programáticos oferecidos na disciplina marketing turístico, o qual integra a quase totalidade dos ementários dos cursos de turismo.

Ao longo da publicação, destacamos o composto de marketing ou marketing mix (produto, preço, distribuição e promoção) como um dos eixos fundamentais para a compreensão dos princípios do marketing turístico.

No geral, nosso objetivo é contribuir para introduzir o aluno nas noções básicas sobre os conceitos e ferramentas do marketing aplicado ao setor turístico, em particular os destinos turísticos. Com isso, pretendemos cumprir nosso papel de melhorar a formação e a capacitação dos profissionais que atuam no turismo, voltados para uma visão estratégica do setor, considerando-o como um eixo pelo qual se pode articular o desenvolvimento de um município, de uma região ou mesmo de um país.

Os autores

CAPÍTULO 1

O turismo e sua importância

Apesar de o turismo constituir-se, nos dias de hoje, em um dos mais importantes instrumentos de geração de emprego e de renda em todo o mundo, a atividade ainda não deixou de ser encarada como um setor menor da economia produtiva. E, em virtude desse entendimento estrábico, o fenômeno turístico, por conseguinte, é precariamente compreendido no Brasil.

Caio Luiz de Carvalho
Ex-presidente da Embratur, no prefácio de BENI, 2000

O texto acima, embora tenha sido expressado no ano 2000, ainda se mantém atual. Afinal, mesmo se levarmos em conta os esforços no sentido de alavancagem do turismo nacional, a situação permanece de uma precariedade significativa se comparada a países que, com menor território e quantidade e qualidade menores de atrativos, conseguem obter renda muito mais expressiva com essa relevante atividade econômica.

Ao longo deste capítulo, pontuaremos a importância do turismo do ponto de vista internacional, nacional, regional e local, particularmente acentuando o seu papel no desenvolvimento econômico das regiões em diversos níveis e, fundamentalmente, privilegiando as cidades como destino turístico que apresenta diversos atrativos — os quais configuram um produto integrado e que é o foco principal deste livro.

1.1 O turismo mundial e a globalização

O turismo nos últimos anos vem se consolidando como a mais importante atividade econômica do mundo, tornando-se um dos setores mais importantes para o desenvolvimento de muitos países e provocando mudanças sociais, econômicas e culturais significativas em muitas sociedades.

Como uma atividade de massa, o turismo pode ser considerado um fenômeno relativamente recente — é possível localizar um incremento no seu crescimento em meados do século XX quando ele passou por uma dinâmica sem precedentes, tornando-se uma experiência compartilhada por milhões de pessoas em todo o mundo.

As perspectivas de crescimento do turismo são extraordinárias, pois, embora as viagens tenham se popularizado com as facilidades de crédito e a diminuição dos custos dos transportes, houve a incorporação de novas camadas sociais em um setor antes elitizado; no ano de 2000, um pouco mais de 650 milhões de pessoas viajaram em todo o mundo.[1] Esse número equivale a 10% da população mundial, e, se levarmos em consideração a tendência de popularização mundial da atividade turística, seguindo a busca por melhores condições de vida nas diversas sociedades, tanto desenvolvidas quanto em países de menor grau de desenvolvimento, o turismo vai deixando pouco a pouco de ser um bem de luxo para se converter em um artigo de primeira necessidade. Assim, a indústria de lazer com base no turismo terá, como atividade econômica, uma importância global fundamental, sendo que, para muitos países e regiões, assumirá um caráter vital.

No entanto, o turismo apresenta características peculiares que não encontram semelhança com outros setores, pois, afinal, trata-se de uma atividade que envolve um leque amplo de variáveis que interferem diretamente no seu crescimento, entre as quais se incluem fatores: políticos, ambientais, sociais, culturais, psicológicos entre outros. Essas variáveis, combinadas ou isoladas, tornam o fluxo turístico altamente sensível, pois ele pode tanto crescer quanto diminuir em função de elementos difíceis de serem controlados ou previstos.

Um súbito aumento da temperatura, provocando um verão mais intenso (elevadas temperaturas) e extenso (período mais longo de sol), pode sobrecarregar a infra-estrutura e as instalações das localidades que dependem do turismo do tipo "sol e praia", acarretando prejuízos não só materiais, mas tornando a estadia do turista uma experiência negativa. Com isso, poderá provocar um desdobramento com a queda de visitantes nos anos seguintes, afastados pelo efeito multiplicador dos comentários "boca a boca".

Por outro lado, os turistas podem se afastar com facilidade de lugares inseguros, com altas taxas de criminalidade, ou que apresentem perspectivas de instabilidade política ou terrorismo. Muitas vezes, a insegurança pode não ser endêmica. Porém, um simples fato ocorrido, que tenha tido uma ampla divulgação, poderá caracte-

---

[1] Esses dados referem-se unicamente ao fluxo internacional de turistas. Se considerarmos o fluxo interno do turismo doméstico realizado em cada país, os números serão bem maiores.

rizar a região como zona de perigo para viajantes. É o que acontece, por exemplo, com o assassinato de turistas. Apesar de ocorrer como um fato isolado, isso atingirá sobremaneira o grupo de consumidores potenciais que logo se identificará com a vítima, pois ela não deixa de ser um dos seus; assim, a solidariedade imediata poderá provocar uma queda na procura daquele local.

A simples ameaça de epidemias é outro fator que provoca alterações de rota nos viajantes. As ameaças de dengue em regiões do Brasil afastaram turistas potenciais das localidades atingidas. A ameaça da SARS no sudeste asiático, no início de 2003, causou enormes prejuízos no turismo dos países afetados.

Essa enorme sensibilidade do fluxo turístico a diversos fatores, aliada à sazonalidade tradicional da atividade, faz com que o turismo, embora altamente dinâmico à economia dos países, regiões ou localidades, seja também uma atividade que deve ser vista com bastante cuidado, pois envolve uma permanente vigilância e um eterno monitoramento das condições de satisfação dos consumidores-turistas.

Um fato importante a ser considerado é que, embora de evolução recente, o turismo já experimenta uma mudança significativa na expectativa dos consumidores-turistas. Mesmo mantendo-se o predomínio do turismo de "sol e praia", a demanda mundial dos consumidores tem se diversificado, incorporando novas tendências que formam o assim chamado turismo alternativo — um amplo leque que inclui o turismo rural, o ecoturismo, o turismo de aventura, o turismo arqueológico, o turismo étnico etc.

Com o aumento da diversidade da demanda, cresceu o número de possibilidades de exploração do fluxo turístico, e há um número cada vez maior de localidades que disputam a presença do turista. E a disputa raramente é localizada, pois, com a queda nos preços das passagens, as facilidades de crédito e as promoções periódicas que envolvem diversos agentes, tanto do setor público quanto do setor privado, um mesmo segmento turístico pode direcionar-se tanto para Cancún, no México, quanto para Costa Rica ou para Porto Seguro e mesmo para a Amazônia, ambos no Brasil.

Um outro importante processo mundial que apresenta uma relevante conexão com o turismo é o fenômeno conhecido como globalização. Esse termo foi forjado na década de 1980 do século passado nas universidades americanas e popularizou-se rapidamente, revelando ter conseguido, de alguma forma, expressar os acontecimentos que ocorriam mundialmente e que levavam a uma profunda aproximação dos diferentes pontos do planeta — pontos esses que passavam a ser interconectados globalmente via rede de telecomunicações e meios de transporte mais velozes e seguros. O termo inicialmente esteve associado à economia global, significando a integração de diferentes economias em uma só economia-mundo e que se desenvolveu, a partir do século XV, com a expansão da economia européia, principalmente impulsionada pelas grandes navegações. Esse processo integrou diferentes economias mundiais, fortalecendo o processo de crescimento e consolidação do sistema econômico europeu.

A globalização pode ser definida de diversas maneiras, mas todas remetem a uma crescente influência que os processos econômicos, sociais e culturais que ocorrem na esfera internacional têm sobre esses mesmos processos nos níveis nacional ou regional.

Embora não seja um processo novo, as mudanças radicais provocadas pela revolução nas comunicações e na informação tendem a lhe conferir novas dimensões, representando rupturas qualitativas em relação ao passado (CEPAL, 2002).

Globalização é um processo que remete tanto à compressão do mundo (IANNI, 1996) quanto à intensificação da consciência de que o mundo é um todo. A compressão do mundo pode ser vista por meio de diversos fenômenos — como a revolução das comunicações, que comprime o tempo e o espaço. Afinal, cada parte do planeta pode estar em contato instantâneo com qualquer outra para testemunhar eventos simultaneamente, o estabelecimento de princípios e valores globais, como os direitos humanos e a defesa do meio ambiente, além da crescente importância de instituições globais, como a ONU, a OMC, o FMI etc. (DIAS, 2003a).

Mas a compressão do mundo, em que a idéia de aldeia global é a sua melhor expressão, e a intensificação de uma consciência global também podem ser vistas como resultado do turismo, pois esse comprime o mundo aproximando e integrando as mais distantes regiões do planeta — do Ártico ao Antártico, das florestas úmidas da Amazônia ao sul do Saara, das praias do Havaí às montanhas do Himalaia. Em todos esses lugares são encontrados turistas, pois eles se inserem no contexto do circuito global de turismo. O modo de vida das pessoas é modificado pelo turismo e, de um modo ou de outro, torna-se um importante catalisador da intensificação de uma consciência global (DIAS, 2003a).

Um dos elementos fundamentais da motivação turística, a curiosidade, leva as pessoas a observar baleias nos mares de várias regiões do planeta; a fotografar a vida selvagem no continente africano; a experimentar comidas exóticas diferentes daquelas que elas consomem no seu cotidiano; a escalar montes no Himalaia, nos Alpes ou nos Andes; a descer corredeiras nos rios mais caudalosos do mundo; a praticar surfe nas praias do Havaí, da Polinésia ou do Rio de Janeiro. Enfim, são inúmeras as atividades e os estímulos que atraem milhões de pessoas, que, no seu deslocamento, acabam movimentando muitas atividades econômicas, as quais geram e consomem imensos recursos financeiros, além de criar e manter um número incalculável de postos de trabalho, tornando o turismo o fenômeno econômico mais importante do mundo.

Nesse contexto global, o turismo é considerado hoje a atividade econômica mais importante, sendo que, em alguns países, regiões e localidades, ele é determinante nos rumos do desenvolvimento. Podemos identificá-lo com um fenômeno que apresenta várias faces: social, geográfica, econômica, cultural, ambiental etc., destacando-se em todas elas como uma força que provoca mudanças em rápidos processos de transformação. Tais mudanças — sociais, espaciais, econômicas, culturais, ambientais e assim por diante — tanto podem ser positivas quanto negativas para a localidade de destino do fluxo turístico.

Como um fenômeno transformador de múltiplas faces, o turismo é ainda pouco estudado, pois seus efeitos na sociedade ainda são relativamente recentes. Não há dúvidas de que, no campo do setor de serviços que está ocupando hoje o lugar que era da indústria, o turismo ocupa e ocupará lugar de destaque.

Com o aumento do tempo livre, fruto do aumento da capacidade produtiva do ser humano, que pode assim destinar mais tempo para o lazer, o turismo assume um lugar que já tinha sido delineado em épocas anteriores, particularmente nos séculos XVII a XVIII: o de ter a função de educar, aprofundar o processo de socialização dos indivíduos e dos grupos sociais humanos, com o aumento da interação e o intercâmbio de idéias e informações.

A informação hoje é de fácil acesso para um número cada vez maior de camadas da sociedade, que tomam contato com culturas e povos, imagens paradisíacas e diversificadas paisagens que estimulam as pessoas a viajar para conhecer tudo *in loco*. Esse processo de instigação do cérebro por meio de imagens de uma multiplicidade de locais provoca nas pessoas a necessidade de experimentação com todos os outros sentidos e com o próprio corpo — esse compreendido nos aspectos físico e mental.

O movimento de pessoas por meio do turismo aproxima indivíduos de lugares distantes, intensifica as mudanças de hábitos, facilita a comunicação de diferentes povos, estabelecendo-se regras de convivência e compreensão entre a diversidade étnica e racial do planeta. Nesse sentido, pode-se falar do turismo como uma das faces da globalização, de intensificação da redução ou da eliminação de barreiras nacionais, não só para o aumento do fluxo de bens e mercadorias, mas também para a diminuição da opressão de culturas dominantes que se estabeleceram nos atuais estados nacionais e que sufocavam as manifestações culturais que expressavam a diversidade cultural.

Com o turismo, a diversidade cultural das nações é valorizada, é mais um recurso que pode ser comercializado no seu todo: as festas, a música, a gastronomia, o artesanato etc. — todas as manifestações culturais agregam valor ao produto turístico nacional. Tanto maior a diversidade, maior a atratividade dos destinos nacionais.

No entanto, com a globalização, aumenta-se o grau de competição entre as cidades: as pessoas optam por viajar não só dentro de seu próprio país, mas para outros destinos que oferecem, muitas vezes, o mesmo que é encontrado nas proximidades, só que a um preço menor e com uma qualidade melhor, além de outras particularidades que tornam o produto atrativo para o visitante.

Do ponto de vista turístico, podemos falar em uma hierarquia de cidades: cidades globais que intensificam a disputa entre elas com eventos e promoções para atrair cada vez mais visitantes. Algumas até mesmo já estão consolidadas como destino certo (Paris, Roma, Nova York, Londres, Tóquio e demais), e outras disputam esse mesmo espaço, procurando atrair eventos e promoções que trarão pessoas e renda (São Paulo, Rio de Janeiro, Sidney, Ancara, Pequim, Cidade do México, Moscou etc.). Há ainda aquelas que disputam eventos e promoções em nível nacional (Recife, Salvador, Fortaleza, Porto Alegre, Florianópolis etc.); outras em nível estadual (Campos do Jordão, Ribeirão Preto, São José dos Campos, Santos etc.); e outras mais em nível regional (Serra Negra, Águas de Lindóia, Amparo, Lindóia etc.).

Há ainda aquelas que disputam com outras cidades em função de sua especialização: a mais florida, a de melhor qualidade do ar, a de clima mais frio, a que apresenta mais dias ensolarados, a que possui os melhores lugares para a prática de determinados esportes, a de melhor qualidade da água etc., tornando-se centros de referência que naturalmente atraem visitantes por seus incentivos específicos.

De qualquer modo que se olhe a disputa entre cidades para atrair visitantes, essa competição tem se tornado cada vez mais acirrada, e aquelas cidades que identificam mais rapidamente seu nicho de mercado, o segmento com o qual querem trabalhar, são as que melhores se posicionam na memória dos consumidores-turistas.

Com a competição crescente entre os diversos lugares para atrair os consumidores-turistas, torna-se cada vez mais importante a utilização de conceitos de gestão de marketing para dar consistência à oferta turística e desenvolver canais de comunicação eficazes entre essa e seus potenciais consumidores, garantindo a atração de demanda suficiente, com a conseqüente melhoria da oferta, o que implica incorporação de modernos métodos de gestão para a melhoria da eficácia na recepção e no acolhimento dos viajantes.

Em resumo, não se pode mais considerar o turismo dentro de um contexto nacional, pois a produção e o consumo dos serviços do turismo acontecem em uma perspectiva global. O planejamento estratégico de um destino turístico em um determinado país deve ser local, mas pensado globalmente, ou seja, deve-se levar em consideração que os padrões de atendimento, a satisfação do visitante, a diversidade de oferta de atrativos etc. sejam competitivos do ponto de vista integral. Ou, dito de outro modo, deve-se avaliar que não somente os destinos nacionais competirão para atrair a clientela, mas que a disputa envolverá um número de localidades muito maior, extrapolando o espaço nacional, envolvendo destinos em qualquer parte do mundo.

Em um planeta em que as fronteiras restringem cada vez menos o contato entre as pessoas e o fluxo de informações é constante e intenso, os municípios e os locais turísticos passam a integrar-se rapidamente em uma disputa global com outras cidades e regiões. Seja para disputar a vinda de empresas que gerarão arrecadação e empregos, grandes empreendimentos comerciais ou de lazer; ou seja para disputar eventos que atraem milhares de pessoas ou um constante e permanente fluxo turístico de visitantes que serão atraídos e permanecerão alguns dias no território movimentando a economia local, gerando divisas e promovendo o desenvolvimento. Em qualquer um desses objetivos, o elemento mais importante para atrair a atenção das pessoas ou das empresas é a imagem construída pela cidade, que deve ser trabalhada como um produto a ser consumido no ambiente global da atividade turística.

1.2 As origens do turismo moderno e suas tendências

A globalização sofreu uma aceleração com a Revolução Industrial, que se iniciou na Inglaterra no século XVIII e que, pela necessidade de comercialização de seus produtos e de matéria-prima, estendeu seus domínios em escala mundial. Tornando-se um dos principais agentes de expansão de uma visão global, embora sob a ótica inglesa, a Inglaterra manteve seu predomínio por todo o século XIX, quando seus produtos eram comercializados em todo o mundo. O incessante fluxo de mercadorias e de pessoas do mundo todo em seu território tornou a sociedade inglesa permeável a iniciativas empreendedoras e, aliada às inovações tecnológicas que surgiram em virtude do aumento da necessidade de transporte barato de mercadorias, provocou o surgimento de inovações e iniciativas como a de Thomas Cook, em 1841, que teve profundas repercussões no futuro das viagens.

Podemos assinalar o início do turismo moderno na primeira metade do século XIX, quando Thomas Cook organizou uma viagem para 570 pessoas que participariam de um congresso em Longhborough, Inglaterra. Para essa viagem, Cook fez todos os acertos, e foram oferecidos aos viajantes chás e pedaços de presunto, além da possibilidade de participar de um jogo de críquete e de dançar ao som da música de uma banda que os acompanhou durante toda a viagem (MONTEJANO, 1999).

A iniciativa teve tanto sucesso, que Cook resolveu transformá-la em negócio e, assim, criou uma empresa que oferecia pacotes de viagem e circuitos turísticos para a classe média inglesa. A grande contribuição de Cook foi a organização de uma viagem completa — transporte, acomodação e atividades no local de destino —, que foi copiada no mundo todo.

Essa iniciativa introduziu um elemento novo nas viagens — uma empresa que cuida de tudo aquilo de que o viajante necessitar ao longo de seu passeio, uma verdadeira assessoria para o viajante. Com o pacote de viagens, introduzido por Cook, aumentou muito o leque de pessoas que passaram a viajar com o objetivo de divertimento e ampliação do horizonte cultural.

Esse turismo, que surgiu no século XIX, veio atender à necessidade de amplos setores da sociedade da época, que, influenciados pela expansão do comércio, ansiavam por conhecer novas culturas e por ter novas experiências, entre outras motivações. Como conseqüência, houve um aumento do fluxo de pessoas que viajavam sem ter outro interesse senão descansar, divertir-se e ampliar o seu horizonte cultural. Essa troca intercultural entre diferentes países e culturas contribuiu para aumentar a integração entre diferentes partes do mundo, processo esse que foi incrementado a partir da Segunda Guerra Mundial, quando o turismo tornou-se um fenômeno de massas, incorporando não só amplas camadas da classe média, como também de camadas de trabalhadores que foram beneficiados com o aumento do período de tempo livre (férias e descanso semanal ampliado).

Na segunda metade do século XX, o turismo já se caracterizava como um dos maiores fenômenos de massa da história, provocando mudanças culturais, sociais e econômicas onde ocorria com mais intensidade, contribuindo para a balança comercial de muitos países.

Hoje, o turismo é apontado como um dos setores mais globalizados, perdendo apenas para o setor de serviços financeiros. Essa globalização do turismo é o resultado dos seguintes fatores (BENI, 2003) principais, entre outros:

- aumento da liberalização do comércio mundial;
- incorporação de novas tecnologias — como a informática e as telecomunicações;
- integração horizontal e vertical das empresas de turismo;
- difusão territorial do consumo; e
- flexibilização do trabalho nos diversos setores produtivos.

O movimento internacional de pessoas provocado pelo turismo já pode ser considerado o maior de todos os tempos — nunca ocorreu em toda a história da humanidade um deslocamento espontâneo e racionalmente planejado como esse, voltado para o lazer, para o descanso e para a ampliação do conhecimento. Por tudo isso, podemos considerar o turismo como um fenômeno irreversível (tanto no aspecto econômico como nos aspectos social e cultural), que liga as mais distantes partes do globo e aumenta a consciência dos povos sobre o lugar ocupado por suas sociedades no mundo e a ligação que essas sociedades possuem umas com as outras.

1.3 A perspectiva do turismo no Brasil

Tanto no que diz respeito ao turismo de massas tradicional, caracterizado como de "sol e praia", como no que diz respeito a um aproveitamento do turismo alternativo (fundamentalmente focado em atividades ligadas à natureza), o Brasil tem excelentes produtos potenciais a oferecer ao mercado internacional. No entanto, nos últimos anos, não tem conseguido obter sucesso na atração de fluxos significativos de visitantes, com um aumento que pode ser considerado insignificante perante os números do turismo internacional. Quando esse aumento ocorreu, ele esteve mais ligado a fatores externos (como a flutuação do câmbio na Argentina ou o aumento da insegurança mundial em razão do terrorismo) do que a um aumento da qualidade da oferta (veja as tabelas 1.1 e 1.2).

Na Tabela 1.1, verificamos que os ganhos auferidos pelo Brasil na conta turismo são absolutamente insignificantes tendo em vista os recursos que se apresentam, e, particularmente, a imensa possibilidade de exploração do turismo tradicional de "sol e praia" por causa da extensão continental do litoral brasileiro. De 1993 a 1998, tivemos uma balança desfavorável em conseqüência da valorização do real, o que possibilitou um aumento do fluxo de turistas brasileiros ao exterior. De 1999 a 2001, houve o movimento inverso, quando o saldo na balança comercial foi favorável ao Brasil graças à desvalorização do real, o que possibilitou um aumento do fluxo de turistas estrangeiros, principalmente da Argentina para o nosso território, em uma primeira fase.

Podemos observar, na Tabela 1.2, que as receitas geradas pelo turismo internacional, considerando-se a variação em relação ao ano anterior, não apresentam linha de continuidade, embora no geral vá crescendo timidamente. Nota-se, significativamente, que os problemas da Argentina afetaram o fluxo de turistas internacionais em 2002, e que não nos beneficiamos com a situação criada nos Estados Unidos em decorrência dos atentados terroristas que prejudicaram bastante o fluxo para aquele país. Por meio do Gráfico 1.1, essas reações do turismo ao ambiente externo se tornam muito claras, em especial no pico de 2000 e no posterior declínio registrado no ano de 2002.

De qualquer maneira, o crescimento observado entre 1981 e 2002 denota a importância relativa do turismo no cenário econômico nacional como uma das novas fontes de riqueza no mundo globalizado do século XXI.

Tabela 1.1 Balanço de Pagamentos — Conta Turismo do Brasil — 1981/2002

Unidade: US$ mil

ANOS		RECEITA	DESPESA	SALDO
1981	(2)	1.726.726	1.299.674	427.052
1982	(2)	1.607.739	1.506.728	101.011
1983	(2)	1.532.647	839.022	693.625
1984	(2)	1.511.508	938.631	572.877
1985	(2)	1.492.639	1.194.139	298.500
1986	(2)	1.527.222	1.464.287	62.935
1987	(2)	1.502.393	1.249.309	253.084
1988	(2)	1.642.759	1.084.032	558.727
1989	(1)	1.224.821	750.863	473.958
1990	(1)	1.444.171	1.559.079	(114.908)
1991	(1)	1.558.800	1.223.569	335.231
1992	(2)	1.307.065	-	-
1993	(1)	1.091.419	1.892.027	(800.608)
1994	(1)	1.924.800	2.930.900	(1.006.100)
1995	(3)	2.097.100	3.411.900	(1.314.800)
1996	(3)	2.469.146	4.438.000	(1.968.854)
1997	(3)	2.594.884	5.446.000	(2.851.116)
1998	(3)	3.678.029	5.732.000	(2.053.971)
1999	(3)	3.994.144	3.085.000	909.144
2000	(3)	4.227.606	3.893.000	334.606
2001	(3)	3.700.887	3.199.000	501.887
2002	(3)	3.120.132	2.380.000	740.132

Fonte: Embratur/BACEN
Notas: (1) Dados fornecidos: Banco Central do Brasil; (2) Dados estimados por meio de pesquisas; (3) Banco Central/Embratur

Em que pese os esforços combinados de diversos agentes, tanto públicos como privados, não se obteve ainda uma sincronia clara da demanda em relação ao potencial da oferta, que apresenta ainda grandes flutuações, não se localizando claramente o mercado-alvo principal que deve ser trabalhado.

Em relação ao turismo alternativo predominantemente de natureza, o Brasil apresenta ecossistemas bastante variados, relativamente pouco explorados e que se distribuem por todo o seu território. A Amazônia, a maior floresta preservada do planeta, tornou-se um referencial global em termos ecológicos, e as perspectivas de desenvolvimento do turismo são promissoras, atraindo fluxos de europeus e norte-americanos. A Amazônia e o pantanal mato-grossense, pela quantidade, pela variedade e pelo tamanho de suas espécies de peixes, podem se tornar referência mundial no turismo de pesca esportiva.

Outros ecossistemas, como o cerrado, a Mata Atlântica e os pampas do Sul, são outras regiões com excelentes perspectivas de desenvolvimento de turismo voltado

Tabela 1.2 — Receita Gerada pelo Turismo Internacional no Brasil — 1980/2002

Unidade: US$ mil

ANO	VALOR	ÍNDICE BASE 1980 = 100	VARIAÇÃO % ANO ANTERIOR
1981	1.726.726	100	—
1982	1.607.739	93	-6,9
1983	1.532.647	89	-4,7
1984	1.511.508	88	-1,4
1985	1.492.639	86	-1,2
1986	1.527.222	88	2,3
1987	1.502.393	87	-1,6
1988	1.642.759	95	9,3
1989	1.224.821	71	-25,4
1990	1.444.171	84	17,9
1991	1.558.800	90	7,9
1992	1.307.065	76	-16,1
1993	1.091.419	63	-16,5
1994	1.924.800	111	76,4
1995	2.097.100	121	9,0
1996	2.469.146	143	17,7
1997	2.594.884	150	5,1
1998	3.678.029	213	41,7
1999	3.994.144	231	8,6
2000	4.227.606	245	5,8
2001	3.700.887	214	-12,5
2002	3.120.132	181	-15,7

Fonte: Embratur/BACEN

Gráfico 1.1 — Receita Gerada pelo Turismo Internacional no Brasil — 1980/2002

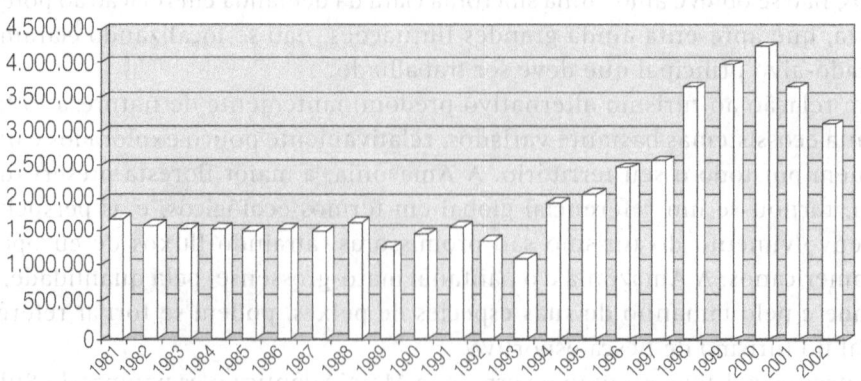

Fonte: Embratur/BACEN

para a natureza. Nesse caso voltado predominantemente para o turismo doméstico, pela proximidade com os grandes centros e pela facilidade de locomoção propiciada pela existência de estradas razoavelmente conservadas. No entanto, são esses ecossistemas que demandam maior cuidado exatamente pela perspectiva de intensificação da visitação.

A Mata Atlântica deve merecer cuidado especial, pois, com o aumento do turismo de natureza, há uma tendência de os habitantes dos grandes centros transformarem essa região no refúgio mais próximo daquilo que idealizam ser a natureza, provocando uma frenética busca para conhecer esse ambiente natural e usufruir de seu clima e paisagem. Na realidade é o que vem ocorrendo em toda a extensão do que restou de Mata Atlântica. Derrubam-se áreas de matas para a construção de áreas de lazer, de parques temáticos, de estradas, hotéis, casas de veraneio, condomínios residenciais etc. Há uma profunda incompreensão de muitas autoridades locais de que o fluxo atual de visitantes aos seus municípios se deve à existência desses segmentos restantes de mata, que propiciam um clima agradável e uma vista relaxante, para dizer o mínimo. No momento em que esses atrativos se degradarem, o município perderá sua capacidade de atração e, conseqüentemente, de gerar receita em função do turismo.

Outros recursos turísticos importantes existentes no território nacional são os culturais. O turismo cultural, baseado principalmente na diversidade, tem excelentes perspectivas de crescimento no País em todas as suas vertentes. São diversas as manifestações culturais que ocorrem ao longo de todo ano; as manifestações religiosas são grandiosas e bastante expressivas; a diversidade de ritmos que se manifestam em festas diversas é enorme; há inúmeros sítios arqueológicos que podem ser visitados; são inúmeros os locais em que foram encontrados animais pré-históricos; muitas cidades históricas foram declaradas sítios do patrimônio mundial etc. Do ponto de vista cultural, a diversidade é imensa — mesmo a festa mais significativa, o carnaval, apresenta contornos específicos em cada local no qual é realizado (carnaval carioca, baiano, pernambucano, paulista etc.).

No entanto, a principal falha existente na exploração turística nacional é a falta de planejamento da atividade, o que resulta em um atendimento deficiente ao visitante ou mesmo aos ali residentes, que são prejudicados pela ânsia de obtenção de recursos externos, privilegiando-se prioritariamente o turista em vez das necessidades da população local.

Do ponto de vista nacional, na exploração do potencial da atividade com vistas ao mercado externo, o problema é até mais grave, pois, embora haja esforços nesse sentido, o que ocorre é a predominância da improvisação em detrimento do planejamento. Pouco se observa de estruturação e de planejamento sistematizado nos bastidores do lançamento de um local turístico ao mundo, e muito menos de preocupação com o suporte necessário ao seu desenvolvimento e exploração sustentáveis.

Uma das iniciativas promissoras feitas em 2003 foi a criação do Ministério do Turismo e o lançamento do Plano Nacional de Turismo 2003/2007, que tem como objetivos gerais: desenvolver o produto turístico brasileiro com qualidade, contemplando as diversidades regionais, culturais e naturais; e estimular e facilitar o consumo do produto turístico brasileiro nos mercados nacional e internacional.

No detalhamento dos objetivos específicos é que o Plano Nacional de Turismo aponta as metas a serem alcançadas para superar alguns problemas crônicos do turismo nacional e que em síntese são:

- dar qualidade ao produto turístico;
- diversificar a oferta turística;
- estruturar os destinos turísticos;
- ampliar e qualificar o mercado de trabalho;
- aumentar a inserção competitiva do produto turístico no mercado internacional;
- ampliar o consumo do produto turístico no mercado nacional;
- aumentar a taxa de permanência e o gasto médio do turista.

Quanto à qualidade do produto turístico nacional, ainda predomina uma visão amadora de que, para a comercialização, basta a existência do recurso. Nada mais falso. O recurso turístico seja cultural ou ambiental, por exemplo, deve ser transformado em produto turístico e, para tanto, necessita sofrer um processo de melhoria em vários aspectos para facilitar o seu consumo pelos visitantes e torná-lo mais atraente. Há necessidade de melhorar a infra-estrutura de acesso; de recepção; de informação; de alojamento; e fundamentalmente de garantia de preservação permanente do atrativo — o que demanda um monitoramento permanente das condições em que ele se encontra e ações proativas de manutenção e conservação.

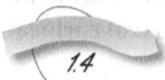

1.4 O turismo e o desenvolvimento local

O turismo — como opção de desenvolvimento de localidades, nações e regiões — já provou a sua potencialidade e a necessidade de cuidados especiais para que efetivamente sejam produzidos resultados. Como afirma Dias (2003c, p.160):

> *O turismo é uma atividade que tende cada vez mais a ser dominante do ponto de vista econômico. Ao se evitá-la se estará correndo o risco de ficar à margem da história do desenvolvimento de modo geral, não se compreendendo as mudanças que estão ocorrendo no processo produtivo, e o papel dos serviços em particular.*

Especificamente, as localidades devem planejar de maneira adequada a exploração de seus recursos turísticos, pois é no espaço territorial dos municípios e sob sua guarda que vamos encontrar a maioria dos recursos turísticos passíveis de comercialização. O município, em particular, deve saber manter em condições de exploração sustentável para o turismo os seus atrativos, deve cuidar para que eles se mantenham incólumes e, se possível, melhorados, para, assim, as futuras gerações de turistas e seus residentes poderem gozar de seu benefício. Essa é uma observação que vale tanto para o patrimônio cultural quanto para o ambiental e envolve a característica de seus habitantes, o tipo de artesanato predominante na região, as particularidades lingüísticas, o controle sistemático e permanente da biodiversidade local (incluindo a reintrodução de espécies que desapareceram), as obras de arte que não devem sair do território municipal (e ainda promover campanhas para o retorno daquelas que saíram) e um sem-número de atividades que, no seu conjunto, caracterizam a necessidade de preservar e consolidar a identidade local, que se tornará o principal valor de troca no mercado turístico nacional e internacional.

Pensar no desenvolvimento turístico local é pensar de forma global para atuar localmente. Não se pode pensar em uma demanda turística e limitá-la espacialmente; há de se pensar nas possibilidades permanentes de expansão do fluxo, pois não se pode controlar todo o tempo as variações que ocorrem na demanda, e que podem ser motivadas por fatores difíceis de ser determinados. Os municípios, particularmente os seus núcleos urbanos principais, as cidades, devem estar preparados de maneira permanente para captar as mudanças que estão ocorrendo no mercado, e, para tanto, o setor de turismo das administrações locais deve atuar em profunda sintonia com as pesquisas de opinião que estarão medindo prováveis flutuações da demanda.

Pela necessidade de alta diversidade de produtos turísticos para atender à crescente demanda nacional e internacional, toda e qualquer localidade pode efetuar um planejamento para se tornar um destino turístico. Para isso, deve primeiramente encontrar sua vocação e maximizar os recursos potenciais; caso esses não apresentem uma capacidade de atração significativa, a localidade deve estudar alternativas, as quais poderão resultar em exploração de eventos, parques temáticos, exposições e tantas outras possibilidades.

Nenhuma localidade deverá, nesse século, ficar fora da exploração pelo turismo, tal a perspectiva de crescimento da demanda. Se considerarmos que o turismo vai sendo incluído cada vez mais como uma necessidade do ser humano, veremos que as possibilidades de crescimento da atividade são incalculáveis. Desse modo, as localidades poderão ter uma fatia maior ou menor desse mercado; porém, o que não poderá ocorrer é uma cidade sequer ficar totalmente de fora dessa que é a maior atividade econômica do mundo.

Há de se considerar, ainda, os baixos investimentos que podem ser feitos para tornar uma localidade um atrativo importante. Quando o desenvolvimento turístico é bem planejado, e existindo uma perspectiva permanente de reinversão do montante captado inicialmente, há um crescimento constante e seguro — o que permitirá a consolidação de um destino em uma perspectiva sustentável, na qual os problemas vão sendo solucionados gradativamente. Nessa perspectiva, é claro que o retorno de capital e o aumento do rendimento da população local ocorrerão simultânea e gradativamente. No entanto, é a forma mais segura de desenvolver o turismo local, sem afetar substancialmente os recursos existentes.

Uma das formas de desenvolver o turismo regional, fortalecendo o turismo local, é a criação de circuitos temáticos, os quais oferecem uma maior diversidade de atrativos, motivando o turista a permanecer mais tempo nas localidades, como é exemplificado no Quadro 1.1.

No entanto, é bom que se diga que não existe fórmula mágica para o desenvolvimento turístico de uma localidade, em que cada caso é um caso, sendo esse dinamismo o motivo que torna o estudo do turismo tão apaixonante.

 *As cidades no mercado turístico global*

Do ponto de vista deste livro, o aspecto que fundamentalmente abordaremos, sem descartar outros, será o papel das cidades no turismo e como desenvolver o marketing dessas localidades. E, para tanto, devemos situá-las no contexto da globalização, para, assim, avaliarmos o que muda localmente em função da nova realidade mundial.

Um dos aspectos mais significativos da globalização é a redefinição das funções do Estado nacional. Muitos apregoam o enfraquecimento do Estado, com a perda de controle sobre o seu território, devido à dificuldade de manter os processos nacionais (econômicos, políticos, sociais, ambientais etc.) livres de interferências externas. Na realidade, essa é uma das faces do problema, pois o Estado na realidade está redefinindo sua função, fortalecendo-se cada vez mais como órgão de gestão e planejamento de políticas públicas — as quais serão executadas por outros atores, e por outros níveis de articulação do Estado nacional (como os estados e municípios).

Quadro 1.1

CIRCUITO TEMÁTICO

O Circuito das Frutas oficializado pelo governo do estado de São Paulo em 2002 é integrado pelas cidades de: Valinhos, Vinhedo, Jundiaí, Indaiatuba, Itatiba, Itupeva, Jarinu e Louveira. O objetivo da criação do roteiro é que sejam desenvolvidas ações para implantar um plano de desenvolvimento do turismo na região, que fica próxima à área de proteção ambiental da Serra do Japi.

As características comuns aos municípios que integram o circuito são a significativa produção de frutas e os atrativos naturais e culturais, além de infra-estrutura de serviços, comércio e hotelaria — responsáveis por aquecer a economia da região metropolitana de Campinas.

A região responde por 85% da produção nacional de figo de mesa. Já a produção da goiaba de mesa abastece cerca de 65% do mercado brasileiro, segundo a prefeitura de Valinhos. Jundiaí tem a maior produção de uva de mesa do Brasil, com 25 mil toneladas por ano.

Somente a Festa do Figo e a Expogoiaba, em Valinhos, e as Festas da Uva, em Jundiaí e Vinhedo, devem receber um público de cerca de 800 mil pessoas no ano de 2004. Serão gerados pelo menos 2.500 empregos diretos e indiretos nos estandes dos eventos e na montagem e manutenção das estruturas para os shows, no setor de serviços, hotelaria e no comércio.

Fonte: 'FESTAS tradicionais movimentarão R$ 7 mi'. Jornal *Folha de S. Paulo*, 18 jan. 2004, Caderno Campinas, p. G-2.

A redefinição das funções do Estado tende a repassar aos municípios um papel central na execução das políticas, principalmente as sociais (saúde, educação, assistência social etc.), muito embora tenha papel cada vez mais relevante em outras áreas, tais como: meio ambiente, turismo e segurança. Apesar de o nível central (federal) continuar com o papel essencial de indutor do desenvolvimento nacional, via política macroeconômica, os estados e municípios são capazes, em decorrência de articulações globalmente possíveis, de gerar ações que provocam o desenvolvimento diferenciado regional e localmente.

Uma das atividades que podem promover o desenvolvimento local ou regional, com uma relativa independência das políticas nacionais, é o turismo.

O turismo busca novidade, lugares diferenciados que atendam a uma demanda crescente. Por outro lado, um país de tamanho continental como o Brasil é capaz de atender às necessidades de lazer e entretenimento de seu povo com os recursos de seu próprio território, movimentando pessoas e recursos das regiões mais desenvolvidas para aquelas que possuem menos recursos. Ocorre que a capacidade de atração das cidades no interior do país compete, muitas vezes, com a capacidade de atração das cidades de outros países. Não se trata somente da relação custo/benefício, mas, sim, de uma competente estratégia de marketing por trás de uma maior atratividade de um destino.

Desse modo, as cidades — e não só no turismo — disputam no mercado global com muitas outras para obter vantagens econômicas. Segundo Kotler, Haider e Rein (1994, p.11):

> Os locais não são mais simples cenários para as atividades comerciais. Em vez disso, cada comunidade tem de se transformar em uma vendedora de bens e serviços, uma promotora de seus produtos e do valor de seu local. Os locais são, na verdade, produtos cujos valores e identidades devem ser planejados e promovidos. Aqueles que não conseguem fazer uma boa promoção de si mesmos correm o risco da estagnação econômica e do declínio.

Mesmo aquelas cidades que oferecem menos recursos turísticos e que buscam se posicionar em um mercado regional devem compreender que a evolução natural da infra-estrutura de comunicações e viagens acabará em um curto espaço de tempo, barateando cada vez mais os deslocamentos. E todo seu investimento em promoção regional acabará disputando o visitante não com as cidades vizinhas que serviram de parâmetro para o seu investimento, mas, sim, com outras que podem estar oferecendo um tipo de produto mais diversificado, mais trabalhado e com outra embalagem — o que acaba levando aquele potencial cliente da região para destinos mais distantes.

A competição em um mundo globalizado está diretamente relacionada ao aumento da qualidade do produto, à sua diversificação e ao atendimento das necessidades de um cliente cada vez mais exigente. As cidades devem apregoar suas qualidades em função das necessidades da demanda. Se a busca maior é por paz, sossego e tranqüilidade, esses devem ser o destaque do produto a ser comercializado para o segmento específico que se quer conquistar.

Um outro aspecto importante na disputa das cidades para atrair mais visitantes é a realização de eventos de repercussão global. A importância de sediar eventos — tais como a Copa Mundial de Futebol, as Olimpíadas, os Jogos Pan-Americanos, além das copas mundiais de jogos específicos e muitos outros sem necessariamente estarem ligados aos eventos esportivos — transcende o período da realização, seus efeitos são duradouros e, quando bem realizados, modificam ou reforçam positivamente a imagem da cidade. Em função dessa realidade, crescem as disputas entre as cidades para sediar os grandes eventos mundiais, como podemos ver no Quadro 1.2.

1.6 O turismo e as cidades

A vinculação entre o turismo e as cidades é cada vez mais evidente na medida em que crescem as exigências desse consumidor de serviços que é o turista. Afinal, quando se desloca, ele não se satisfaz mais com um só determinado atrativo, talvez o motivo mais evidente pelo qual viajou, e, sim, quer fazer com que o conjunto todo da viagem — desde o momento em que saiu de seu local de origem até a volta a esse mesmo local — seja inesquecível, uma experiência que em sua amplitude o agrade. E, nesse contexto, as cidades tornam-se o local de referência fundamental para o turista.

Os atrativos, aquele algo mais que motiva o seu deslocamento, estão no território de um município; do mesmo modo, as instalações e os equipamentos que ele utilizará estão sob a autoridade de uma administração local. Essa localidade que

---

Quadro 1.2

A DISPUTA PARA SEDIAR AS OLIMPÍADAS

A realização de uma olimpíada traz muitos benefícios para uma cidade pela visibilidade mundial do evento. As cidades que sediaram eventos desse tipo tiveram seu perfil modificado para melhor, com muitos investimentos realizados para modernizar e ampliar sua infra-estrutura básica e de serviços, o que acabou favorecendo o desenvolvimento social e econômico da comunidade local. E ainda, por outro lado, essas cidades se posicionaram em termos mundiais, colocando-se como pólos atrativos para outros eventos, tornando-se, assim, destinos turísticos mais disputados.

No mês de julho de 2003, no Brasil, as cidades de São Paulo e do Rio de Janeiro disputaram a primazia de serem indicadas para sediar as Olimpíadas. A escolhida foi a Cidade Maravilhosa, após acirrada disputa entre as duas capitais, mostrando, com isso, a importância cada vez maior do papel dos eventos como forma legítima de se alavancar uma imagem positiva de uma cidade.

No entanto o Rio de Janeiro perdeu, em maio de 2004, a disputa para as cidades de: Londres, Madri, Moscou, Nova York e Paris, que permaneceriam concorrendo. A cidade escolhida sempre tem uma visibilidade bastante grande mundialmente, sendo foco das atenções de bilhões de pessoas que podem criar uma imagem favorável que permanecerá por um bom período, favorecendo a vinda de visitantes que gerarão bastante renda e trabalho àquela região.

o recebeu é que terá comprometida ou não sua imagem, caso a experiência seja positiva ou negativa. É assim que podemos afirmar que as próprias cidades é que se tornam cada vez mais o principal atrativo para o turismo.

A qualidade ambiental, a receptividade de seus habitantes, a organização de seu espaço urbano, a preservação do patrimônio, o cuidado com a arborização existente no espaço público, a sinalização clara e objetiva e outros fatores fazem da cidade, no seu conjunto, um atrativo e um fator fundamental para o pleno desenvolvimento das atividades turísticas.

A esse quadro, especificamente relacionado com o turismo, devemos agregar o novo papel desempenhado pelas cidades no atendimento das necessidades de seus habitantes. De fato, a cada dia aumenta a responsabilidade dos municípios em decorrência dos processos de municipalização, que remetem ao poder local responsabilidades antes prioritariamente de nível federal. No Brasil, a saúde, a educação e até a segurança com a proliferação das guardas municipais, entre outras, são uma parte das responsabilidades assumidas pelos governos municipais. O turismo — mais do que qualquer outra atividade — deve ser assumido pelos municípios por se tratar de uma fonte indutora de desenvolvimento, geradora de emprego e de renda e que pode contribuir para outras atividades — como as mencionadas (saúde e educação) — que não geram renda. Desse modo, os municípios podem passar a ser os principais protagonistas de seu desenvolvimento atendendo à necessidade de gerar os recursos essenciais para o progresso econômico e social de seus habitantes.

Ao se transformarem em principais protagonistas do desenvolvimento, as cidades inseridas em uma determinada região passam a competir com as demais para se tornarem o principal suporte da atividade turística regional, o que lhe permitirá auferir as maiores vantagens na captação de recursos e permanência diária dos visitantes, que, dessa forma, consumirão seus produtos e seus serviços.

Em um ambiente de competitividade regional, as cidades devem ser cada vez mais inovadoras; devem oferecer os melhores serviços, as melhores instalações, a melhor acolhida de seus habitantes e, ainda, um contingente significativo de recursos humanos qualificados e conscientes da importância do turismo e do turista, em particular, para o desenvolvimento econômico e social de todos — principalmente dos residentes locais.

Um exemplo é o que ocorreu em Porto Seguro (BA) na temporada de 2003. Segundo um diretor do *Salvador Bahia Convention Bureau* deixou claro, havia necessidades do ponto de vista da capacitação de pessoal e de melhoria na infra-estrutura (veja o Quadro 1.3).

A relação do turismo com uma determinada cidade não se dá do mesmo modo em todas elas. Para muitas cidades, o turismo é apenas uma atividade complementar à economia local, como é o caso de Belo Horizonte, São Paulo, Recife, Curitiba etc. Em outras, o desenvolvimento local depende quase exclusivamente do turismo, como as cidades de: Porto Seguro, na BA; Campos do Jordão e Águas de São Pedro, em SP, etc.

Muitas vezes, o turismo é uma opção estratégica da cidade, que se torna relevante devido à sua localização, ao seu clima, aos seus recursos limitados, ao seu tamanho

> **Quadro 1.3**
>
> **MEDIDAS PARA MELHORAR A COMPETITIVIDADE**
>
> De acordo com o diretor do *Salvador Bahia Convention Bureau* (SBCB) "... a chegada dos holandeses em Porto Seguro (cada aeronave desembarca semanalmente mais de 200 deles na Terra do Descobrimento) trouxe à tona uma necessidade importante: a de ensinar inglês aos funcionários dos hotéis. Os holandeses, de língua germânica, não têm grande facilidade em entender expressões de raiz latina, como assim os têm os italianos, os franceses ou mesmo os ingleses, e isso acaba por isolá-los um pouco do contexto local."
>
> Por outro lado, ainda segundo ele, o ano de 2003, em relação a Porto Seguro, "ensinou que não basta a rede hoteleira oferecer bom atendimento, mas é preciso que a cidade esteja na mesma sintonia. Muitas queixas foram feitas quanto à conservação urbana de Porto Seguro, considerada um dos maiores pólos turísticos do Nordeste".
>
> Fonte: MENEZES, Bernardo. 'Bons hotéis exigem cidade bem cuidada'/'A vez do turismo recuperar o fôlego'. Jornal *A Tarde*, 31 dez. 2003. Caderno Turismo, p. 6.

etc.; e é escolhido como o modo mais adequado para o seu desenvolvimento e para melhorar a qualidade de vida de seus habitantes. Dependendo de sua administração e da conscientização turística dos residentes, essas localidades podem se tornar especializadas na prestação de determinados serviços turísticos a seus visitantes. Nesse caso, a cidade inteira se converte em atrativo turístico, e a renda recebida no seu conjunto representará a recompensa pelos serviços prestados no seu todo. Um exemplo é a cidade de Monte Verde, em Minas Gerais, caracterizada pelo seu clima frio. Há na cidade várias atividades e produtos artesanais, gastronômicos etc. relacionados com essa característica que vai se acentuando com o passar dos anos, caso essa tendência seja bem administrada.

Particularmente, no entanto, quando se trata de uma cidade que tem seu conjunto como principal atrativo turístico, então, é necessário que sejam definidas políticas e estratégias de desenvolvimento local, e, além disso, definir como o turismo deverá ser estimulado. É vital identificar quais são os clientes atuais e os potenciais, quais são suas necessidades e, daí, decidir sobre os produtos, serviços e programas mais adequados para atender a essa demanda sem, claro, causar incômodo algum a seus habitantes. Um outro bom exemplo é Guarulhos (SP), que busca se tornar referência em turismo de negócios (veja o Quadro 1.4).

Para isso, é necessário um profundo conhecimento dos atrativos que a cidade possui e a quais segmentos da demanda ela poderá atender. A atração de segmentos da demanda permite a maximização das instalações e dos equipamentos, economia nos trabalhos de divulgação, maior qualidade no atendimento pelo conhecimento antecipado das necessidades do viajante etc.

Muitas vezes são realizadas campanhas de atração de visitantes sem uma clareza daqueles segmentos que se quer atingir. E, outras vezes, movidos pela curiosidade,

> **Quadro 1.4**
>
> ## VOCAÇÃO PARA O TURISMO DE NEGÓCIOS
>
> Guarulhos retomou em abril de 2004 a ofensiva para tornar a cidade um centro de referência em turismo de negócios no Brasil. Duas ações coordenadas estão em andamento e prometem inflar o setor na cidade. O *Guarulhos Convention & Visitors Bureau*, que completou um ano em maio, já está distribuindo panfletos, revistas e boletins eletrônicos em escala nacional com informações sobre o porquê da escolha da cidade de um milhão de habitantes como sede de eventos variados.
>
> O segundo ponto da ofensiva pelo turismo de negócios é a divulgação do ambicioso projeto de construção de um megapavilhão de eventos em frente ao Aeroporto Internacional de Cumbica — um projeto chamado CINE (Complexo Internacional de Negócios e Eventos), o qual prevê um investimento de R$ 120 milhões até 2006.
>
> A Ubrafe (União Brasileira dos Promotores de Feiras) informa que há atualmente uma grande mobilização da prefeitura de Guarulhos e das associações de comércio, serviços, indústria e turismo para atrair eventos para a cidade. O diretor da Agende (Agência de Desenvolvimento de Guarulhos) confirma a disposição da cidade para atrair eventos: "Estamos apostando no turismo de eventos para a geração de empregos e desenvolvimento. Por isso, a comunidade, os trabalhadores, os empresários e o poder público estão engajados no projeto CINE".
>
> O CINE deverá reunir quatro pavilhões de 60 mil m^2 de área total, com a presença de business centers, centro de convenções e shopping center. "Um dos diferenciais do CINE é o foco nos espaços dedicados ao entretenimento pós-evento. Teremos teatro, arena para shows e esportes, cinemas, boliches, restaurantes e muito mais", afirma o diretor da Agende.
>
> Fonte: MOREIRA, Marcelo. 'Ofensiva de Guarulhos no Turismo'. Jornal *Gazeta Mercantil*, 5 abr. 2004. Caderno Rede Gazeta do Brasil, p. B-13.

os turistas chegam, e a campanha se torna efetiva, levando os seus realizadores a julgarem que esse é o caminho correto. Ocorre que, quando os turistas vão embora, eles acabam levando também sua opinião sobre o local, sobre o atendimento que receberam e se ficaram satisfeitos ou não; é nesse momento que a localidade pode perder ou ganhar, pois a divulgação boca-a-boca é o mecanismo mais eficiente de propagação das qualidades de um lugar. E é claro que, quando não há planejamento, aquilo que parecia um sucesso acabará se tornando um caso a ser analisado em escolas de administração e marketing, pois, ao se repetirem as campanhas e até ao serem ampliadas, o resultado poderá ser inferior aos anos anteriores, mesmo mantidas todas as outras condições externas (ambiente político, econômico etc.).

Na perspectiva de atendimento de segmentos da demanda, as cidades devem procurar comercializar não só o destino, mas também ressaltar seus atrativos. Esses, na medida do possível, devem se concentrar em lugares adequados e acessíveis para que as pessoas se sintam motivadas a se deslocar até o local. O destino turístico cidade deve conter um rol de atrativos que atenda aos diversos segmentos da demanda que se quer atrair. Devemos compreender que os jovens que se dedicam ao turismo de aventura não podem compartilhar os mesmos espaços que aqueles que visitam o lugar para o descanso, como as pessoas da terceira idade. Ocorre que várias cidades, pelo seu clima e por sua natureza exuberante, muitas vezes atendem a esses dois segmentos, tanto os jovens como as pessoas da terceira idade. Nesse sentido, devem ser criados espaços nos quais os dois segmentos possam ter suas necessidades atendidas. Assim, apesar de o destino ser o mesmo, a localidade terá espaços específicos sendo ocupados, mas cada um de acordo com suas expectativas.

1.7 Turismo e espaço público

Um aspecto importante a ser considerado pelas cidades é o fato de que, em geral, o turista é mais exigente com os lugares que visita do que com seu próprio local de origem. Assim sendo, ele exige uma melhor oferta de serviços e maior qualidade urbanística nos espaços públicos que freqüenta. As praças, as ruas e os jardins devem ter sua vegetação bem cuidada e podada, o chão deve estar permanentemente limpo, as lixeiras devem estar bem visíveis e sinalizadas, os bancos públicos devem estar impecáveis e assim por diante. Somente com um adequado tratamento dos espaços públicos é que haverá um aumento da competitividade da cidade e uma conseqüente melhoria na qualidade de vida dos visitantes, e por extensão dos residentes. Esse é um traço importante do turismo — na medida em que exige ótimas condições de infra-estrutura para o atendimento dos visitantes, o turismo melhora a qualidade de vida dos habitantes que usufruem da mesma infra-estrutura.

Nos períodos de alta temporada, os turistas utilizam, de forma quase exclusiva, os espaços públicos e outros de livre acesso, principalmente aqueles que possuem algum simbolismo, como é o caso das igrejas antigas, dos museus, dos jardins etc. Esses locais são considerados pelos visitantes como espaços de socialização, os quais os turistas freqüentam não só para conhecer, mas também para verem outras pessoas e para serem vistos por elas. Assim, além de serem símbolos locais, esses pontos tornam-se recursos turísticos que passam a ser cada vez mais freqüentados e comentados na medida de sua efetividade. Há muitos lugares lembrados pelos turistas, citados ao longo dos anos, como especiais por ter sido ali o encontro com um namorado ou com uma pessoa inesquecível etc. Às vezes, por ter ficado na memória do turista como ponto de encontro entre amigos, o local acaba se tornando um espaço de sociabilidade obrigatório quando há alguma referência ao destino.

Outro aspecto em relação aos espaços públicos deve ainda ser considerado. Há uma forte tendência — quando se trata do turismo feito para conhecer outras culturas, outros costumes e hábitos — de que esse conhecimento só pode ser transmitido nos locais públicos, onde as pessoas conversam, se encontram e se movimentam no seu cotidiano. Esses são locais cada vez mais apreciados pelos turistas mais exigentes, que não se satisfazem com espaços criados exclusivamente para eles, citados como "armadilhas para turistas".

Questões

1. Qual o significado do turismo vinculado ao fenômeno da globalização?
2. De que forma o turismo contribui para o estreitamento das relações entre diferentes comunidades globais?
3. Qual o marco inicial do turismo moderno?
4. A globalização do turismo é resultado de que fatores principais?
5. Do ponto de vista dos objetivos específicos, quais são as metas a serem alcançadas com o Plano Nacional de Turismo – 2003/2007?
6. Por que os circuitos temáticos são uma importante forma de desenvolver o turismo em diversas localidades?
7. A relação do turismo com as cidades ocorre da mesma forma em todas elas? Por quê?
8. Qual o significado dos espaços públicos para o turismo?
9. Por que as cidades se tornam o local de referência fundamental para o turista?
10. Qual o significado para o turismo de ecossistemas próximos dos grandes centros urbanos? Quais os aspectos positivos e negativos dessa proximidade?

CAPÍTULO 2

Introdução ao marketing

> *O marketing ganhou uma ascendência inimaginável, tornou-se quase o valor supremo nos dias atuais. Por isso mesmo, perdeu-se um pouco o pé no chão que lhe é tão necessário. Ele é um impulsionador da atividade econômica entre tantos outros e um criador de empregos.*
>
> KOTLER, 2001, p. 116

A função marketing assumiu posição de destaque nas estratégias e ações organizacionais, chegando a ser considerada como a salvação para todos os problemas em um ambiente de elevada competição. Como observamos por meio da afirmação de Kotler, é importante focalizar o marketing dentro de um contexto mais amplo, no qual ele tem papel de inegável relevância, mas é apenas um dos elementos — dentre tantos outros — capaz de preparar e capacitar uma atividade econômica ao sucesso. No decorrer desse texto, serão abordados os principais conceitos referentes ao marketing, sua origem e sua importância no cenário econômico de uma sociedade como um todo e para as organizações de maneira geral, sujeitas ao ambiente competitivo global. Nesse contexto se insere o turismo, com o marketing despontando como uma ferramenta fundamental para o desenvolvimento da atividade turística em todos os níveis: nacional, regional e local.

No capítulo anterior, apresentamos em linhas gerais a importância do turismo do ponto de vista nacional e internacional e como as localidades devem se preparar para assumir uma parte da renda gerada por essa que é a maior atividade econômica mundial e que tende a atingir patamares inimagináveis de geração de renda e emprego nos próximos anos, de acordo com as previsões da Organização Mundial de Turismo (OMT). E essas previsões são parciais, pois não levam em conta o fluxo turístico doméstico, que, de um modo geral, é superior ao fluxo turístico internacional.

Para que as localidades desenvolvam o turismo como um produto de mercado, visando à captação de turistas cada vez maior, e em bases sustentáveis, é essencial que se leve com seriedade uma política de gestão dos recursos e que se eleve o planejamento à condição de necessidade fundamental para organizar o desenvolvimento. Nesse sentido é que o marketing surge como uma das ferramentas fundamentais para o sucesso de qualquer proposta envolvendo a atividade turística.

Levando-se isso em conta, vê-se que o Brasil tem se utilizado pouco das amplas possibilidades que oferece o marketing como uma ferramenta capaz de posicionar melhor o país em termos turísticos. Segundo Beni (2003, p. 82):

> *O setor de turismo no Brasil tem uma participação no mercado de comunicação e marketing que não chega a 1% do total anual de recursos financeiros alocados para a área. Ou seja, o mercado publicitário movimentou aproximadamente 12 bilhões de dólares em 2002, enquanto as campanhas e esforços de comunicação e marketing do turismo, abrangendo os setores públicos e privados, não chegaram a 100 milhões de dólares, de acordo com dados fornecidos pelo Ibope (Instituto Brasileiro de Opinião Pública e Estatística).*

Se comparados os dados da utilização do marketing em termos internacionais, verificaremos que estamos em uma situação que pode ser comparada à "idade da pedra" em termos de marketing turístico. É ainda Beni (2003) que nos dá o exemplo segundo o qual o orçamento de publicidade e marketing da Embratur no exercício de 2002 foi de 10 milhões de dólares, valor irrisório quando comparado aos 15 milhões de dólares gastos por mês por Aruba.

Um exemplo das ações e dos investimentos na área do marketing turístico — os quais apresentaram um saldo positivo — foi realizado pelo estado de Pernambuco, como pode ser visto no Quadro 2.1.

Neste capítulo abordaremos os conceitos fundamentais do marketing para que, posteriormente, os utilizemos na atividade turística.

2.1 Conceito e natureza do marketing

Para um melhor entendimento do significado do marketing e para que possamos conceituá-lo adequadamente, devemos compreender a importância das relações de troca no desenvolvimento humano. Uma das mais antigas atividades praticadas

Quadro 2.1

CRESCIMENTO DO TURISMO PERNAMBUCANO

Investimentos em ações de marketing têm contribuído para a ampliação constante do setor no estado. Estudos comparativos feitos pelo governo estadual — divulgados em março de 2004 pelo secretário de Desenvolvimento Econômico e Turismo de Pernambuco — mostram que o turismo não pára de crescer a cada ano e já representa 12,62% do PIB do estado. O setor foi responsável pela movimentação de R$ 3,8 bilhões em 2004 — valor estimado da renda gerada pelos 3,3 milhões de visitantes que Pernambuco recebeu. Só no carnaval de 2004, mais de 500 mil turistas viajaram ao Recife. Para a folia, o estado criou a campanha "Pernambuco dos Melhores Carnavais e das Melhores Praias", divulgada em todo o país a um custo de R$ 1,2 milhão.

O secretário aponta a ocupação hoteleira estimada em 95% no período como resultado dos investimentos em promoção. Ele calcula um aumento de 3,10% na entrada de hóspedes na rede hoteleira pernambucana em 2003 em comparação a 2002, resultado de uma estimativa de 1,3 milhão de hóspedes. O secretário evidencia que o número cresceu ano a ano entre 1999 e 2003, com alta acumulada de 31,1%. No mesmo período, o total de turistas recebidos subiu 57,4% — de 2,3 milhões para 3,3 milhões de visitantes.

O volume de investimentos em turismo previsto para 2004 é da ordem de R$ 9 milhões. O valor inclui ações de marketing, participação em feiras internacionais, manifestações da cultura estadual, como o Dia de São João e a Paixão de Cristo, de Nova Jerusalém, espetáculo que em 2003 foi realizado entre 3 e 10 de abril.

A decolagem do turismo no estado também pode ser medida pelo aumento do desembarque internacional de passageiros. De acordo com a Infraero, entre janeiro e outubro de 2003, o desembarque cresceu 9,84% em relação ao mesmo período de 2002. Foram 53.287 passageiros, número ampliado pelos cerca de 33 mil turistas internacionais que viajaram ao estado só em vôos fretados.

Resultado das negociações da Secretaria de Turismo em importantes feiras da Europa, os vôos fretados trouxeram um incremento da ordem de R$ 76 milhões para a economia estadual. Entre os turistas desses vôos, a novidade foi a captação dos finlandeses, que chegavam semanalmente, entre dezembro e fevereiro, trazidos pela maior operadora da Finlândia, a Aurinkomatkat. Foram turistas de alto poder aquisitivo para os padrões do Nordeste, que gastam, em média, US$ 92 por dia.

A partir de maio, os portugueses, que hoje representam 24% dos turistas recebidos pelo estado, terão dois vôos fretados regulares para o Recife. Autorizada pelo departamento de aviação de Portugal, a portuguesa Air Luxor, que já operava vôos ocasionais para Maceió e Fortaleza, optou pelo Recife para implantar dois vôos semanais, com possibilidade de realizar mais dois para Fortaleza e Salvador. A estimativa da Empetur é que os portugueses vindos pela Air Luxor gerem R$ 21,4 milhões no segundo semestre de 2004, com 56 vôos.

Principal emissor de turistas para Pernambuco, Portugal pode se tornar pólo gerador de outros negócios. Em março de 2004, o governador do estado e o secretário de Turismo viajaram a Lisboa para contatos com investidores em vários ramos — entre eles, cadeias hoteleiras e bancos de investimentos. "Apresentamos todo o potencial turístico do estado e evidenciamos os setores que estão emergindo, como a fruticultura irrigada e a infra-estrutura, com o complexo industrial-portuário de Suape", disse o secretário.

O governo de Pernambuco continua investindo em feiras internacionais para divulgar seus atrativos turísticos. As belezas de Porto de Galinhas, Itamaracá, Fernando de Noronha e do bairro do Recife Antigo, além de exemplos da diversidade cultural, foram apresentados em um estande da Bolsa Internacional de Turismo (ITB), em Berlim,

> considerada a maior feira de negócios turísticos do mundo, com um público especializado estimado em mais de 200 mil visitantes.
>
> A Secretaria de Turismo participa da ITB junto com a prefeitura do Recife, de forma cooperada, e com o Instituto Brasileiro de Turismo (Embratur), que montou estande de 1.263 metros quadrados — o maior exposto pelo Brasil nos últimos anos em uma feira internacional —, que reúne cerca de 60 expositores, entre secretarias estaduais de turismo, companhias aéreas, operadoras e redes hoteleiras brasileiras.
>
> "Vamos participar com um dos módulos institucionais, em que o estado fará uma pequena mostra de sua identidade", disse o secretário. "Estamos levando todo o material promocional para divulgar as belezas naturais, os serviços e os atrativos turísticos de Pernambuco." Ele acrescenta que, em sua bagagem, não faltarão peças de artesanato e brindes, como o famoso nego-bom (doce típico), e as minissombrinhas coloridas, símbolo do frevo.
>
> Fonte: BRANCO, Ângelo Castelo. 'Turismo pernambucano cresce pelo quinto ano'. Jornal *Gazeta Mercantil*, 12 mar. 2004, Caderno Rede Gazeta do Brasil, p. B-13.

pelos seres humanos, a troca permaneceu ao longo do tempo — desde as primitivas relações da Antiguidade, passando pelas mais importantes feiras da Idade Média até as grandes navegações e o estabelecimento dos mercados de troca mundiais, os quais se transfiguraram no moderno sistema capitalista atual. E tudo aconteceu de tal modo que podemos identificar a permanência de uma série de processos e práticas milenares, tais como: produção de excedentes destinada ao comércio, realização de negócios entre pessoas que habitam diferentes territórios, ocorrência de feiras e mercados com a conseqüente presença de mercadores que auferem lucros ou sofrem perdas, existência de algum sistema monetário, estabelecimento de preços e criação do crédito. De uma forma geral, então, podemos afirmar que esses processos e práticas são encontrados tanto nas civilizações antigas como no moderno sistema capitalista, diferenciando-se somente no grau de complexidade. Confirmando o exposto, Bell (1976, p. 23) diz que:

> *Nos tempos do Antigo Testamento, as criaturas se entregaram a muitas práticas que têm correspondentes no capitalismo moderno. (...) Os seus problemas foram iguais aos de uma economia mais complexa e diferiram principalmente em grau. As necessidades humanas tinham de ser atendidas e os materiais para tanto eram assaz escassos.*

Assim, desde a Antiguidade, a necessidade humana levava os indivíduos a desenvolver sistemas de facilitação das trocas de mercadorias. Afinal, o indivíduo, ao produzir, criava um excedente baseado em determinado produto, mas, para sobreviver, ele necessitava de produtos diferentes, que seriam produzidos por outras pessoas. Somente a troca poderia satisfazer às necessidades individuais por produtos diversificados, e, para que isso ocorresse, era necessário que, além do excedente, houvesse o interesse das demais pessoas por ele. As relações de troca entre os indivíduos sempre foram permeadas por algumas características fundamentais, entre as quais podemos identificar:

1. Características do produto: deve haver a disponibilidade de mercadorias de interesse geral, do ponto de vista das características do produto, as quais despertem o interesse de outras pessoas por meio dos benefícios que podem proporcionar aos potenciais compradores.
2. O momento da troca: a existência de mercadorias disponíveis no momento em que são mais necessárias aos potenciais compradores. Essa adequação, diretamente relacionada com o tempo, é fundamental para o atendimento da necessidade dos compradores, e maximização do resultado dos vendedores, pois, em um outro momento, a necessidade pode não existir ou ser atendida por mercadorias alternativas. Um casaco de pele, por exemplo, deve estar disponível no período de tempo em que o consumidor sente frio. A disponibilidade de leitos deve existir nos períodos de alta temporada. Um museu deve estar aberto nos finais de semana para atender à necessidade das pessoas que visitam o local e querem conhecer o seu passado.
3. O local da troca: a possibilidade da realização da troca passa necessariamente pela existência de locais nos quais compradores e vendedores possam se encontrar e compartilhar assim suas necessidades por mercadorias. Tais locais inicialmente se caracterizavam como sendo feiras realizadas em determinados vilarejos, com data marcada, para onde compradores e vendedores se dirigiam na intenção da realização de suas trocas. Com o passar do tempo, o contato entre compradores e vendedores passou a ser intermediado por mercadores profissionais, que adquiriam mercadorias em determinados territórios e as comercializavam em outros — muitas vezes distantes dos primeiros. Criaram-se, assim, os primeiros canais de comunicação comercial formal de que se tem notícia. No turismo, o produto comercializado, de um modo geral, está distante do comprador, que o adquire baseado em uma relação de confiança com o vendedor, pois só irá consumi-lo mais tarde. Quando o consumidor-turista adquire um pacote de viagens, ele está atendendo a uma necessidade que só será suprida após passar pela experiência completa.
4. O preço dos produtos: o desenvolvimento de sistemas de valoração de mercadorias e o surgimento da moeda e do crédito mostram-se fundamentais para o desenvolvimento das trocas a longas distâncias. Já o preço dos produtos é determinado a partir de fatores como a relação entre sua demanda e oferta ou ainda a diferenciação de mercadorias sendo oferecidas para pessoas específicas em função de seu poder aquisitivo ou posição social. Isso gera práticas muito conhecidas dos dias atuais, como monopólios e cartéis, em que a oferta de produtos é manipulada de maneira a interferir no seu preço de maneira favorável a quem vende. Por outro lado, com um mercado cada vez mais exigente e segmentado e uma oferta globalizada, o preço dos produtos tende a ser cada vez mais competitivo (menor), pois a competição não fica limitada do ponto de vista geográfico. A escolha do cliente também ocorre cada vez mais em torno de seus interesses específicos

e do grupo social a que pertence, o qual, em última instância, determina suas opções. No turismo, essa tendência é marcada por uma segmentação do mercado cada vez maior, em que os interesses específicos de grupos sociais determinados devem ser atendidos tendo-se uma grande preocupação com a qualidade do que é oferecido. Cada vez mais os consumidores-turistas estão dispostos a pagar preços um pouco maiores por produtos diferenciados e que atendam aos seus interesses e às suas necessidades. Entre os segmentos que mais se desenvolvem no turismo, podem ser citados: os grupos de terceira idade, os interessados na ecologia, grupos de gays e lésbicas, grupos diferenciados de jovens (pertencentes a diferentes "tribos"), famílias de casais com filhos etc.

Essas características, que se tornaram tão naturais ao longo do tempo, formam o que hoje se define como a base fundamental das relações comerciais entre indivíduos e empresas. Além disso, essencialmente, essas características referentes às possibilidades de troca e ao atendimento das necessidades humanas por meio de produtos e serviços formalizam a origem da função organizacional denominada marketing.

2.2 História e evolução do marketing

Para compreendermos a evolução do marketing ao longo do tempo, é necessário analisar a sua importância do ponto de vista da sociedade e das organizações como um todo. Quando observamos o contexto socioeconômico geral de uma sociedade, verificamos que o fluxo de bens e serviços é uma atividade inevitável em qualquer comunidade, como forma básica de garantir a satisfação das necessidades humanas de seus membros, nos mais diferentes graus. Ou, como ponderam Semenik e Bamossy (1995, p.10):

> *Em alguns casos, o fluxo de bens e serviços é mínimo, como nas primitivas sociedades baseadas na caça e na coleta de alimentos. Ou pode ser altamente complexo, como no caso das sociedades modernas de produção e consumo de massa, embasadas em sistemas econômicos de livre empresa.*

Assim, por meio do fluxo de bens e serviços, as pessoas conseguem ter suas necessidades por produtos e serviços atendidas. Para tanto, elas precisam ter acesso a tais produtos por canais de distribuição que os disponibilizem em locais onde possam ser encontrados e adquiridos. Além disso, os produtos devem ter características que vão ao encontro das necessidades daqueles que o consumirão — tanto do ponto de vista do preço, como dos benefícios que o produto ou serviço será capaz de proporcionar ao seu consumidor. E, por fim, é necessário ainda informar as pessoas sobre quais produtos e serviços podem lhes ser oferecidos, por meio de sistemas de comunicação adequados.

A ligação eficiente entre oferta — pessoas ou organizações que coletam, produzem ou simplesmente disponibilizam bens — e demanda — pessoas ou organizações que necessitam de bens para a satisfação de suas necessidades, desde uma sociedade primitiva até aquela mais complexa — mostra-se como uma atividade de crucial importância para o bem-estar da população como um todo e ainda para o crescimento e o desenvolvimento das organizações e da própria sociedade em si.

Proporcionar uma ligação eficiente entre oferta e demanda em uma sociedade qualquer significa desenvolver o potencial de consumo das pessoas dessa sociedade. Desse modo, uma necessidade que surge em um indivíduo reveste-se de um profundo significado ao ser satisfeita. Afinal, isso pode significar um aumento do consumo ao longo do tempo, o que levará a um incremento da atividade econômica, gerando recursos, empregos, impostos e renda para toda uma localidade, região ou país.

Assim colocado, é possível observar a importância do marketing para o bemestar social como um todo, para a própria atividade econômica e ainda para as organizações, tornando-se sua razão de existência. Tomado como uma atividade que busca atender às necessidades humanas por meio da potencialização de mecanismos de troca entre pessoas e empresas, o marketing tem sido alvo de estudos e análises ao longo do tempo, com aumento por seu interesse à medida que as relações comerciais começaram a se tornar cada vez mais complexas. Pois, de acordo com Kotler (2001, p.120):

> Seu objetivo é, na realidade, fazer com que a economia se ponha em movimento, que as pessoas desejem as coisas, utilizem parte de seus recursos limitados para desfrutar mais coisas. Nesse sentido, o marketing cria empregos.

A partir do momento em que um único indivíduo produz camisas em uma determinada comunidade, para confeccioná-las, ele deve buscar conhecer a necessidade das pessoas em relação a seu produto, adequando-o de acordo com as características específicas de cada indivíduo. Sendo tal comunidade pequena o suficiente para que todos os seus membros saibam que aquele indivíduo produz e comercializa camisas, as necessidades dos habitantes e do empresário serão naturalmente satisfeitas com os produtos ali produzidos.

Essa, porém, é uma situação hipotética, em que podemos encontrar o conceito de marketing basicamente em seu estado natural, pois a aproximação entre produtor e consumidor se dá de maneira espontânea — na qual não é necessário qualquer esforço adicional por parte dos dois agentes para que a relação de troca se estabeleça.

Por outro lado, a comunidade poderia se tornar demasiadamente grande a ponto de o indivíduo produtor de camisas não mais deter um conhecimento suficiente sobre as características predominantes, as quais poderiam satisfazer às pessoas daquela localidade. Ou, então, poderia haver uma atividade que desenvolvesse camisas de um modo diferente daquele conhecido pela comunidade, que, assim, não saberia a quem procurar para satisfazer à sua necessidade. Essas são situações que demonstram o papel relevante que o marketing pode assumir, contribuindo para a sociedade de um modo geral e para as organizações em particular, ao estabelecer um contato duradouro entre a empresa e os clientes.

Tomando então por base o exemplo do indivíduo fabricante de camisas, podemos observar a existência intrínseca do marketing a partir do momento em que existem necessidades humanas que transcendem à capacidade individual de supri-las e que geram nas pessoas impulsos que as levam em busca de sua satisfação. Em outras palavras, a partir do momento em que existe a necessidade humana, então, haverá a tentativa natural de supri-la por meio de produtos e serviços que estejam à disposição dos potenciais clientes em hora e local adequados. A força de atração que surge entre fornecedor e consumidor de produtos e serviços nada mais é do que a própria motivação de atendimento de um desejo humano. Essa força garante o encontro entre esses dois agentes para a realização da troca comercial — momento em que necessidades são satisfeitas.

Quando um país dispõe de um único fornecedor de determinado recurso natural ou industrial, qualquer consumidor, seja ele final ou mesmo industrial, acabará encontrando tal fonte de recurso, se disso depender o atendimento de sua necessidade. E, para tanto, o esforço empreendido pela empresa fornecedora de tal insumo poderá ser mínimo na busca de seu mercado consumidor.

Entretanto, à medida que o grau de complexidade dos mercados aumenta, torna-se mais relevante e significativo o papel do marketing. Por meio dele poder-se-á garantir uma comunicação sólida e permanente entre empresa e cliente, mesmo diante de um ambiente de incertezas e elevada competição. Seja por uma maior dificuldade de compreensão da necessidade real dos clientes, ou pela diversidade de fornecedores de um mesmo produto ou serviço, o marketing desponta como o grande elemento de ligação entre empresas e clientes, possibilitando o estabelecimento de relações duradouras de satisfação de necessidades.

Nesse sentido é que podemos discutir o papel do marketing na sociedade de um ponto de vista favorável e benéfico em que ele assegura o sucesso e a disponibilidade de produtos e serviços que venham a satisfazer às necessidades dos indivíduos (SEMENIK & BAMOSSI, 1995, p. 14), sendo então possível apontar uma série de características positivas, além da simples ligação entre produtores e consumidores:

- A promoção da inovação: apesar de a invenção de novos materiais, produtos e serviços fazer parte de áreas como engenharia, química e medicina, é por meio do marketing que garantimos sua sobrevivência e sucesso no mercado, bem como oferecemos de maneira mais eficaz tais inovações a um número maior de potenciais consumidores — os quais poderão usufruir dos benefícios advindos da inovação. Assim, é por intermédio do marketing que diversas atividades turísticas identificadas como turismo alternativo, tais como turismo ecológico, de aventura, espeleoturismo etc., ganham tamanho impulso no Brasil, aproveitando-se da enorme riqueza dos recursos naturais existentes.

- Oferta de maior diversidade e variedade de produtos e serviços: à medida que cresce a oferta de produtos e serviços disponibilizados aos consumidores, aumentam as chances de se conseguir encontrar itens que se identifiquem mais precisamente com seus desejos e necessidades pessoais. Isso é possível a partir do momento em que o marketing quebra fronteiras, intensificando a concorrência em escala global. Hoje, com o marketing, uma localidade não necessita somente do testemunho de seus visitantes para se tornar conhecida e assim inserir-se no circuito turístico do país. Por outro lado, muitas vezes a demanda local é insuficiente para que se invista pesadamente em algum segmento específico do turismo; no entanto, se a localidade se tornar uma referência mundial em uma atividade específica, é possível viabilizar investimentos que potencializarão o seu próprio desenvolvimento.

- Fornecimento de informações dos produtos e serviços: as atividades de comunicação de marketing oferecem aos consumidores maior quantidade de informações sobre a disponibilidade e as características de produtos e serviços, otimizando assim o tempo de busca associado à aquisição dos bens. Com isso, reduz-se, conseqüentemente, o custo da própria operação de troca. Essa redução de custo proporciona, por sua vez, uma maior satisfação com a operação em si. Nesse momento é importante observar que o custo a que nos referimos não é somente monetário, mas envolve tempo gasto na busca, desgaste do consumidor para encontrar aquilo que o satisfaz, resultados incorretos ao longo do processo, escolhas equivocadas e outros. A questão do custo em marketing será abordada com maior profundidade em capítulo específico.

- Criação de valor por meio de ações sociais e ambientais praticadas por organizações: apresentando uma postura socialmente responsável, empresas valorizam sua marca e produtos associando-os a uma atuação ecologicamente sustentável em sua atividade empresarial. Tais informações possibilitam aos membros da sociedade escolher entre produtos de empresas diferentes, utilizando, para tal, não somente as características dos produtos oferecidos, mas ainda os aspectos ligados a quem os produz. Isso possibilita a escolha de qual empresa o consumidor deseja ter como parceira para lhe fornecer os produtos e serviços de que ele necessitará no futuro. As cidades podem apresentar um diferencial de competitividade importante, transmitindo valores que são aceitos no mundo todo hoje em dia. Cidades que são ecologicamente responsáveis, e que desenvolvem ações de conscientização são bem-vistas pelos turistas. Aquelas que desenvolvem uma consciência cidadã nas crianças, que educam os turistas e os residentes para terem uma relação responsável e sustentável, também são mais valorizadas pelo potencial consumidor de lugares.

- Determinação de um padrão de vida à sociedade: o marketing permeia as funções de projeto, atribuição de preço, provimento de informações e entrega física da produção à sociedade, cumprindo assim importante papel no meio social. Todas as atividades que são voltadas para a população passam pelo marketing. Mesmo os serviços essenciais de uma sociedade — como bombeiros, hospitais e segurança pública — dependem do marketing para otimizar o acesso da população a seus serviços, garantindo assim uma adequada consecução de suas missões. Atividades de atendimento aos consumidores são importantes no momento em que surgem problemas com segurança, como situações de violência, doenças, acidentes etc.

Diante da elevada concorrência que enfrentam, as próprias instituições que dependem de contribuições e ações filantrópicas para se desenvolver necessitam de ações cada dia mais estruturadas e planejadas visando a um melhor posicionamento, para divulgar à sociedade seu papel, sensibilizando pessoas e empresas na contribuição de recursos potencializadores do desenvolvimento de seus objetivos.

Entretanto, nem sempre o marketing pode ser observado de um modo positivo — seja para a sociedade como um todo ou para as organizações e indivíduos em particular. Muitos recursos de marketing são utilizados para induzir o consumidor ao erro, atendendo somente às necessidades dos produtores de bens e serviços. Nesses casos, os consumidores são influenciados de tal forma que acabam adquirindo produtos ou serviços de que não necessitam ou que podem levá-los a ter problemas de saúde. Essas são questões éticas e sociais ligadas ao marketing e que vêm sendo cada vez mais debatidas — o que faremos em capítulo específico.

O consumidor de cigarro é um exemplo típico desse aspecto do marketing que abordamos. Afinal, trata-se de produto que comprovadamente faz mal à saúde e à sociedade como um todo, comprometendo os sistemas públicos de saúde, a capacidade produtiva da população e o meio ambiente. Porém, ele é apresentado por meio de propaganda direcionada não para o produto em si, mas para a obtenção de sensações de liberdade, autonomia e desempenho social, em cenários paradisíacos e situações pitorescas, nos quais o valor transmitido não é universal, ligado a uma necessidade, mas, sim, atrelado ao status que poderá proporcionar ao consumidor.

Não obstante o significado intuitivo do conceito de marketing até aqui desenvolvido, observamos que o marketing se formou a partir da evolução da própria complexidade das relações comerciais ao longo do tempo. A busca pela origem desse conceito pode ser encontrada junto ao liberalismo de Adam Smith, cuja fundamentação teórica baseia-se no pressuposto de que o bem-estar social passa pela auto-regulação voluntária e competitiva entre os interesses de produtores e consumidores — que foi denominada por ele de mão invisível da economia. Trata-se, assim, da teoria da escolha individual, que pode ser resumida nos seguintes pontos (SMITH, 1983):

- as pessoas buscam experiências que valham a pena;
- as pessoas possuem liberdade para exercer tais escolhas individuais;
- a satisfação dos objetivos individuais se dá por meio das trocas e da livre concorrência; e
- as pessoas são responsáveis pelas suas ações e escolhem o que é melhor para elas — princípio da soberania do consumidor.

Adam Smith cria assim a base teórica sobre a qual surge a razão de ser do marketing, facilitando essa interação entre os indivíduos em suas relações de troca e fornecendo os subsídios necessários para a compreensão das oportunidades existentes no mercado e que possibilitam então a satisfação das necessidades individuais.

A partir daí, o conceito de marketing passa por uma série de modificações, evoluindo por fases com características relativamente consistentes e marcantes, que podem ser denominadas de períodos ou "eras", as quais foram identificadas por Fullerton (1988 *apud* SEMENIK & BAMOSSY, 1995, p.16) do seguinte modo:

a) A Era dos Antecedentes: período de gestação do marketing iniciado na Grã-Bretanha do século XVI e na Alemanha e na América do Norte durante o século XVII. Nessa fase, a produção e o transporte eram primitivos, levando a população a uma forte auto-suficiência de recursos. Tratava-se dos primórdios do capitalismo, em que alguns mecanismos facilitadores como bancos, bolsas de valores, papel-moeda e instrumentos de crédito começavam a surgir. Encontra-se ainda o surgimento de algumas lojas fixas de varejo, armazéns de depósito e vendedores viajantes, observando-se assim um princípio de estímulo à demanda.

b) A Era das Origens: período iniciado na Grã-Bretanha em torno de 1750 e logo após nos Estados Unidos e na Alemanha, por volta de 1830, com o advento da Revolução Industrial. Essa revolução proporcionou melhorias na produção e nos transportes, as quais, combinadas com a urbanização da população ao redor das fábricas, possibilitaram o surgimento dos mercados de massa — caracterizados pela grande quantidade de pessoas reunidas em uma mesma região geográfica. Passa-se, então, a observar promoções de todos os tipos, com produtos sendo projetados para atrair compradores potenciais. Isso tudo ainda intensifica a concorrência local.

c) A Era do Desenvolvimento Institucional: essa era tem seu início por volta de 1850 na Grã-Bretanha e de 1870 nos Estados Unidos e na Alemanha, quando surge a maioria das instituições e práticas modernas de marketing. É nesse período que se observa o início da produção em massa, em que empresas começam a desenvolver práticas produtivas ligadas à padronização e à divisão do trabalho, com grande aumento da produção e da produtividade. Com tal incremento da oferta de produtos, foi necessário estimular a demanda por meio de propagandas, pesquisa de mercado, melhoria da distribuição física dos produtos e expansão do varejo.

d) A Era do Refinamento e da Formalização: período que se inicia na década de 1930 no bojo da Grande Depressão mundial e que se estende até os dias de hoje, em que a prática do marketing continua a se desenvolver e a evoluir na mesma velocidade das mudanças na sociedade e na relação entre países com a globalização. Porém, essa prática é marcada em especial pelo reconhecimento da função marketing pelas mais diferentes instituições, desde as organizações empresariais até as instituições governamentais e não-governamentais. Nesse período, o avanço da industrialização mundial transformou a competição entre empresas pela conquista de novos mercados.

O cliente passa, então, a ter o poder de escolha entre os produtos oferecidos pelos diversos concorrentes na busca da alternativa que lhe proporcione a melhor relação custo-benefício. Reconhecendo que a decisão de compra está nas mãos do cliente, questões como qualidade, adequação às necessidades e preço justo passam a ter peso relevante na gestão empresarial. Práticas como pesquisa e análise de mercado, adequação dos produtos segundo as características e necessidades dos clientes, comunicação dos benefícios do produto em veículos de massa, promoção de vendas, expansão e diversificação dos canais de distribuição, segmentação do mercado, determinação de grupos de clientes-alvo e posicionamento de marca se tornam fundamentais para o sucesso do esforço de marketing (LIMEIRA *apud* DIAS, 2003, p. 2).

Assim, os refinamentos mais significativos se deram seqüencialmente no varejo, na distribuição física e na análise e reconhecimento de mercados. Processos de segmentação e pesquisa de marketing se tornaram fundamentais para a concretização dos objetivos organizacionais e institucionais. Novas formas de marketing surgem, buscando a fidelização cada vez mais profunda dos clientes em mercados altamente competitivos. Novas tecnologias são agregadas aos processos de marketing, derrubando antigas fronteiras na relação com os consumidores.

Uma vez consolidado no ambiente empresarial como função explícita, o marketing chega ao século XXI em plena transformação, adaptando-se ao ambiente globalizado que predomina mundialmente. No campo do marketing é que se identifica um paradoxo vivido pelas organizações pela convivência entre processos de produção em massa baseados em uma visão fordista de produção e aqueles voltados para a produção flexível e enxuta, a partir dos conceitos toyotistas de produção e organização empresarial.[1] Essa situação paradoxal é colocada com precisão por Kotler (2001, p.120), ao afirmar que:

> *Convivem hoje dois tipos de marketing: o marketing baseado em fabricar e vender, antigo, e o baseado em perceber e reagir, novo, o que é, de certa forma, uma desconstrução da forma tradicional. No primeiro caso, como vendedores ou pessoal de marketing, pedem-nos que coloquemos o produto no mercado para nos livrarmos dele. Eles já tiveram o trabalho de fabricar os carros; então seria bom que encontrássemos algum interessado em comprá-los. O que está acontecendo de novo é que cada vez mais pessoas pensam em passar da fabricação baseada na formação de estoques para a fabricação sob encomenda. (...) No marketing orientado para perceber e reagir, o ponto de partida são os clientes.*

Essa situação paradoxal encontra uma correspondência perfeita entre aqueles que vivem o turismo de forma tradicional — no qual são oferecidos produtos e serviços padronizados para atender um consumidor pouco exigente e que se insere

---

[1] Para maiores detalhes sobre as características de fordismo e toyotismo, ou da produção em massa e a produção flexível e enxuta, vide DIAS, R.; Zavaglia, T. CASSAR, M. *Introdução à administração: da competitividade à sustentabilidade*. Campinas, São Paulo: Alínea, 2003.

no antigo fluxo do turismo de massas, composto basicamente de "sol e praia". Essa situação se identifica plenamente com o sistema rígido de atendimento, em que o consumidor-turista tem de se adaptar ao produto que lhe é oferecido. No atual momento que vive o turismo, esse se tornou extremamente flexível, e o consumidor tradicional, identificado com o turismo de massas, está gradativamente sendo substituído por um consumidor mais exigente, que busca qualidade de serviços e qualidade de vida, produtos diversificados e exóticos, fugindo de toda e qualquer padronização. Isso obriga os fornecedores de serviços a uma permanente atualização segundo as novas exigências e realidades do mercado turístico e, também, segundo as novas perspectivas da demanda. Desse modo, o produto pronto e acabado, concebido para atender aos requisitos de produtividade e manufaturabilidade de seu produtor e que deve ser vendido a qualquer custo, passa a ser substituído por produtos voltados para os interesses dos novos clientes, que apresentam grande diversidade de demanda, devendo, portanto, ser atendidos de forma diferenciada. Um exemplo de estratégias de marketing inovadoras pode ser observado no Quadro 2.2.

Sobre esse ambiente em contínua e acelerada transformação, no qual a incerteza não pode mais ser eliminada das decisões organizacionais, Peter Drucker reforça a necessidade de modificações no processo de planejamento, preparando as empresas para a inserção em uma nova sociedade de organizações, de modo que:

Quadro 2.2

NOVAS INICIATIVAS NO MARKETING DOS HOTÉIS

Procurar parceiros para atrair mais hóspedes é a estratégia de marketing mais popular no setor hoteleiro. Com uma ocupação média em torno de 50% no estado de São Paulo e um grande número de concorrentes, os hotéis buscam empresas de cartão de crédito, do setor alimentício e companhias aéreas para promover campanhas publicitárias aliadas a programas de fidelidade.

A rede francesa Accor, por exemplo, investiu R$ 10 milhões em 2003 em estratégias de marketing, sendo 20% desse total destinado às parcerias. "Nós procuramos empresas de acordo com o público do hotel. Por exemplo, os hotéis mais luxuosos têm, entre seus parceiros, a H. Stern e a Audi", explica o gerente de marketing da Accor.

Segundo ele, a rede fechou, em 2003, com cerca de 50 parcerias, e, para o ano de 2004, pretende manter o mesmo escopo. "O retorno foi notado não somente em termos de ocupação — que cresceu 15% —, mas também no quesito imagem, que ganhou em valor agregado", ele afirma.

Entre as empresas que são parceiras da Accor estão a Air France, Gol, Varig, Hertz, Unibanco e Mastercard. Aos usuários deste cartão de crédito, por exemplo, o hotel fez pacotes promocionais para a Costa do Sauípe.

O departamento de marketing dos hotéis Blue Tree optou por atuar de maneira mais agressiva na personalização do atendimento. Com isso, priorizou a sua participação em eventos e feiras do setor e acordos comerciais com empresas. Segundo a gerente de marketing da rede, menos de 10% das reservas são feitas pelos próprios hóspedes. "Assim, garantimos credibilidade com os hóspedes e agentes de turismo por meio das parcerias e serviços que oferecemos", aponta.

Um dos programas que atraíram mais hóspedes foi a parceria da rede hoteleira com a companhia aérea TAM. "Nós trocamos hospedagem por milhas, e vice-versa", explica a gerente. Outro acordo comercial com retorno foi o celebrado com a locadora de veículos Hertz. "Agora estamos fechando uma nova parceria com uma operadora de telefonia celular, que vai mandar uma mensagem de texto para o usuário do telefone apresentando os descontos de fim de semana nos hotéis Blue Tree. A promoção vai abranger todo o país", comemora.

A gerente na época não revelou qual seria a operadora e ressaltou que a intenção é elevar a ocupação no final de semana, principalmente nas grandes capitais. "Para a Região Nordeste, que tem movimento inverso ao de São Paulo, estamos pensando em estratégias diferenciadas."

"Nos últimos dois anos, os investimentos em marketing cresceram cerca de 10%, principalmente graças às cadeias internacionais, que investem mais nesse tipo de ação", avalia o presidente da Associação Brasileira da Indústria de Hotéis (ABIH).

A tendência é que esses investimentos continuem crescendo, como uma forma de os estabelecimentos contornarem a crise atual do mercado hoteleiro.

Também para aumentar a clientela de final de semana, o Renaissance lançou um pacote promocional que inclui a diária do hotel, um jantar e uma peça de teatro em cartaz no teatro do hotel. "Isso colaborou para que a ocupação crescesse cerca de 5% no final de semana", completa a gerente de marketing do hotel.

A promoção para lua-de-mel, lançada há dois anos, lota as suítes do Renaissance cerca de duas semanas antes do Dia dos Namorados, em 12 de junho. "Os quartos têm decoração especial, champanhe, kit para aromaterapia e bolo de casamento", afirma.

No Novotel Center Norte, a tática adotada inclui feijoada e jazz. Segundo o subgerente do local, o fim de semana da família aumentou a ocupação do hotel para 40%. "Quem quiser pode vir só para a feijoada no sábado ou só para o show de jazz."

Para uma família com quatro pessoas, o pacote sai a R$ 99 a diária. Já a hospedagem do casal sai por R$ 199 a diária. "A feijoada custa R$ 28 por pessoa e o show sai por R$ 10 de couvert artístico, mais R$ 16 de bufê", explica.

No domingo, o Novotel também lançou o Sunday Buffet, que também custa R$ 28. "Providenciamos até música ao vivo para incentivar as famílias a virem para o hotel e aproveitarem o dia por aqui", conclui o subgerente.

Fonte: BLASER, Maria Fernanda. 'O marketing dos hotéis está na parceria com agências de turismo e corporações'. Jornal *Diário do Comércio e Indústria*, 19 nov. 2003, Caderno especial Turismo de Negócios, p. 6.

A organização moderna precisa estar em uma comunidade, mas não pode ser dela. Uma organização não pode submergir na comunidade, nem se subordinar aos fins dessa. Sua cultura deve transcender à comunidade. É a natureza da tarefa, não a comunidade na qual essa é executada, que determina a cultura de uma organização. DRUCKER, 1999, p. 61–62.

Em uma abordagem de localidade, essa não pode submergir a interesses específicos da comunidade nem se subordinar aos fins desses. Sua ação deve transcender aos interesses específicos da comunidade, deve traduzi-los, levá-los em consideração, mas deve estar integrada em um todo voltado aos atuais residentes, às gerações futuras e ao desenvolvimento social, econômico e ambiental da região. A natureza da tarefa de uma cidade, assim considerada no seu âmbito de organização política, é buscar o bem comum, o qual, fundamentalmente, é a busca da melhoria da qualidade de vida, dos atuais e futuros residentes, bem como dos visitantes e eventuais moradores.

Como conseqüência, as respostas que são solicitadas do marketing devem ter em si maior precisão, diversificação, abrangência, agilidade e percepção. Não é mais um planejamento baseado em probabilidades, mas, sim, um planejamento voltado para a incerteza e para as possibilidades que essa cria. As possibilidades e potencialidades, do ponto de vista das localidades, podem ser inúmeras para iniciar um processo de crescimento sustentado.

Um interessante exemplo é o que se passa com Joanópolis, cidade do estado de São Paulo. Em abril de 1984, um conhecido jornal (*O Estado de S.Paulo*) publicou um artigo em que afirmava que a cidade poderia ser considerada "a capital do lobisomem". A cidade incorporou a idéia como atração turística e, com isso, já foi tema de inúmeros programas de televisão e comerciais de produtos. O posicionamento da cidade é tamanho, que se tornou referência folclórica nacional, incorporando esse conhecido mito, de tal modo que existe até um museu voltado ao tema na localidade. E as pessoas que vivem ou que já passaram por Joanópolis contam várias histórias sobre lobisomens e outros seres mitológicos, chegando mesmo a afirmar que eles podem ser vistos à noite nos passeios pelas matas dos arredores.

Ao tornar-se notícia em rede nacional, para o planejamento turístico da cidade, não basta saber se há ou não probabilidade de tal evento atrair novos turistas para a região, mas, sim, avaliar que novo futuro ele potencializará e como pode ser desenvolvido com um eficaz esforço de marketing, conjuntamente com a coordenada mobilização de agentes municipais. A questão não é a existência ou não do fato, mas uma correta aplicação do conceito de marketing aliado ao potencial de crescimento do produto concebido a partir de uma falsa realidade, que, no entanto, é percebida como fato motivador — seja de prosa, assunto, interesses e atenção permanente — que pode gerar fluxo de visitantes. Para tanto, é necessário que seja desenvolvida uma estratégia de marketing eficaz; caso contrário, expectativas, que devem ser satisfeitas, são frustradas. Um visitante pode querer levar lembranças relacionadas com o fato gerador do fluxo. Assim, suvenires devem ser produzidos, os artesãos devem ser mobilizados, livros sobre o tema devem ser produzidos e esclarecimentos da origem do slogan "capital do lobisomem" devem ser claros e objetivos, pois o visitante terá muito a relatar para amigos e parentes, que, por sua vez, poderão ser influenciados, formando novas levas de visitantes.

2.3 Definição de marketing

Até aqui, aparentemente, muita coisa pode ser atribuída ao marketing. No entanto, há muitas informações equivocadas a seu respeito, e, assim, julgamos necessário identificá-las antes de uma maior elaboração do termo.

Uma das afirmações mais equivocadas é aquela que considera o marketing como propaganda ou publicidade, por serem esses os aspectos mais visíveis das diversas etapas de execução de um plano de marketing. Propaganda ou publicidade constituem apenas uma das etapas de elaboração de uma estratégia de marketing — aquele momento de concretizar a exposição de um produto ou serviço, que será, então, submetido à avaliação do consumidor potencial. A propaganda ou a publicidade do produto ou serviço podem ser consideradas como importantes fases do marketing, quando se expõe ao público, o eventual consumidor, toda a estratégia de comercialização engendrada durante algum tempo.

Outra idéia errônea diz respeito à associação de marketing com vendas. Apesar de grande parte do processo decisório no qual o marketing está inserido se relacionar a vendas, ele é bem mais amplo e complexo do que as vendas em si. O marketing se refere mais precisamente à satisfação das necessidades dos elementos envolvidos com o processo de troca de bens, abrangendo entre eles os seus produtores, seus consumidores e todos aqueles que a esse processo se relacionam direta ou indiretamente. Não basta apenas atender aos interesses de fabricantes e consumidores de cigarros; essa questão passa também pelo sistema público de saúde e previdência, diretamente afetado por suas conseqüências, bem como pela própria indisponibilidade de mão-de-obra organizacional diante de um quadro de abstenção por motivos de saúde. Em uma outra situação, não é suficiente para uma cidade atrair de maneira compulsória turistas e visitantes; o planejamento de equipamentos e recursos públicos para atender à demanda originária desse afluxo deve ser tal que proporcione sustentabilidade ao crescimento turístico da localidade, em uma visão de longo prazo do processo ali estabelecido pelo esforço de marketing.

Seguindo ainda nessa mesma linha de raciocínio, verificamos que o marketing não é simplesmente bom senso. Ele consiste de um processo planejado e integrado, em que esforços são direcionados segundo estratégicas predeterminadas a partir de objetivos organizacionais. Tudo em um sistema avaliado e controlado de resultados e efeitos, gerando a retroalimentação de informações necessárias para estabelecer a dinâmica contínua do esforço de marketing organizacional. Isso não quer dizer que o bom senso não faça parte do marketing: ele o integra, dentro dos limites da razão e da percepção, assim como o faz com a administração como um todo. Quando uma localidade empreende uma campanha de comunicação de marketing visando incrementar o turismo, deve fazê-lo de maneira controlada a fim de poder avaliar o resultado de cada ação específica de marketing no esforço geral. Isso possibilitará a melhor gestão de recursos pelo aproveitamento das informações atuais em novas campanhas (veja o Quadro 2.3).

O fato de um gestor acreditar que conhece previamente o resultado de cada ação pelo bom senso intrínseco de uma situação pode ocultar informações relevantes para aquele caso específico.

Baseadas exclusivamente em tendências, em previsões e no bom senso, algumas empresas poderiam fechar suas portas e se dedicar integralmente ao relacionamento com seus clientes por meio da internet. Entretanto, com o passar do tempo, demonstrou-se que tal meio de comunicação somente complementa um conjunto amplo de canais de distribuição e comunicação entre empresa e cliente, não sendo para a grande maioria das empresas suficientemente eficiente a ponto de substituir seus canais tradicionais de distribuição. Foi assim com empresas como as Lojas

Quadro 2.3

UM MARKETING COM RESULTADOS NO CEARÁ

O movimento turístico do Ceará, entre dezembro de 2003 e fevereiro de 2004, apresentou um fluxo de 505.746 visitantes brasileiros e estrangeiros. Esse resultado foi 8% superior ao observado no mesmo período de 2003, quando 468.100 turistas visitaram Fortaleza. Segundo a Secretaria do Turismo do Ceará (Setur), essa foi a maior movimentação turística da história do estado em períodos de alta temporada. O movimento gerou renda de R$ 838 milhões, equivalente a 12,7% do PIB cearense.

Os números da Setur indicam uma evolução de aproximadamente 110% no fluxo turístico do estado nos últimos 8 anos. Outro indicador que comprova o bom desempenho do turismo cearense em 2004 é a movimentação de passageiros registrada no Aeroporto Pinto Martins, quase 11% maior que a do mesmo período de 2003.

O maior crescimento ficou por conta do desembarque dos vôos internacionais, que tiveram aumento de 78%. O fluxo de turistas estrangeiros nesse período, estimado em 50.575, foi o que registrou o maior incremento em relação à alta estação de 2003, alcançando quase 35%. A maioria dos visitantes estrangeiros veio de Portugal, Itália e Suíça. Já o turismo doméstico, que aumentou 6%, tem nas regiões Nordeste e Sudeste os seus principais emissores.

Na avaliação do secretário do Turismo, todos esses indicadores resultam de um trabalho concentrado da Setur, em parceria com a iniciativa privada, na área de marketing turístico voltado para a promoção do Ceará nos principais mercados nacionais e internacionais, captação de vôos fretados e atração de investimentos no setor. Além disso, ele aponta várias vantagens competitivas que o estado oferece e que justificam a elevação desse fluxo.

Para o secretário, as belezas naturais, a hospitalidade do cearense, a qualidade dos serviços e a boa infra-estrutura pública e privada estão entre os pontos positivos que colocam o Ceará em uma posição privilegiada em relação a outros destinos turísticos. Em 2003, a movimentação turística do Ceará foi de 1.551.000 visitantes. Para 2004, a Setur estima que a demanda será de 1,8 milhão de turistas.

Na alta estação, os 225 estabelecimentos hoteleiros de Fortaleza registraram ocupação média de quase 70%, taxa 20% superior à observada no mesmo período do ano passado.

A pesquisa também revela que há um elevado nível de satisfação dos visitantes com os atrativos turísticos cearenses, já que 97,5% dos entrevistados dizem fazer planos para retornar ao Ceará. Isso explica por que 75% dos turistas que escolheram o estado como destino para as férias já estão repetindo o passeio. Quase a metade dos que vêm pela primeira vez é influenciada por bons comentários de amigos ou conhecidos.

O gasto *per capita* dos turistas durante sua permanência no estado é outro indicador importante apontado pela pesquisa. Enquanto o turista estrangeiro desembolsa cerca de R$ 1,750 mil em dez dias (média de R$ 175 por dia), o brasileiro gasta aqui R$ 842 em um período de 12 dias. A receita turística direta gerada por esse fluxo alcançou um volume de R$ 479,1 milhões.

Fonte: Adaptado de: 'CEARÁ teve, neste ano, a maior movimentação turística de sua história'. Jornal *Gazeta Mercantil*, 26 mar. 2004, Caderno Rede Gazeta do Brasil, p. B-14.

Americanas. No início, elas apresentaram projeções fortemente otimistas de sua atuação eletrônica, mas, com o tempo, isso se consolidou apenas como uma alternativa a mais no resultado geral da empresa, somando-se aos meios tradicionais de distribuição.

Muitos destinos turísticos caem no engodo de agências inescrupulosas que vendem somente a divulgação, a publicidade, passando a desenvolver slogans e um trabalho de mídia para aumentar o número de turistas que afluem ao local. No entanto, outros aspectos são descuidados — a qualidade do produto como um todo (locais públicos, facilidade de informações etc.), qual o público que se quer atrair, um trabalho de conscientização da comunidade local etc. Com isso, o fluxo eventual de turistas atraídos por uma propaganda eficiente torna-se uma faca de dois gumes. Afinal, ao mesmo tempo que os turistas para lá se dirigem, eles se tornam os canais de comunicação de outros fluxos turísticos, que acabarão não indo àquele local em função da divulgação negativa "boca-a-boca" e ainda contribuirão para ironizar a propaganda que continuará sendo veiculada pelos meios de comunicação. Dessa maneira, amplia-se, com o tempo, a fama de local não-convidativo e cujos atrativos não correspondem à realidade.

Marketing é uma palavra sem tradução literal na língua portuguesa. Oriunda do inglês, ela deriva do termo market, que significa mercado e que denota o direcionamento de ações voltadas para o mercado.

A fim de elaborar uma definição para marketing, inicialmente tomamos o conceito de Kotler, fundamentado na lógica da natureza e do comportamento humanos, em que ele afirma que marketing é a atividade humana dirigida para a satisfação das necessidades e desejos, por meio dos processos de troca (KOTLER, 1987, p. 31). Para o referido autor, o ponto de partida do estudo de marketing reside nas necessidades e nos desejos humanos. Trata-se de uma definição bastante abrangente, mas que pode ser complementada a partir do momento em que não considera os possíveis envolvidos nos processos de marketing, bem como os potenciais conflitos oriundos da divergência de interesses entre os atores desses processos.

Já em obra mais recente, Kotler desenvolve o conceito de marketing de maneira mais abrangente, ainda respeitando sua natureza social, porém explicitando a livre aproximação entre os envolvidos no processo de troca. Com isso, de certo modo, ele retoma o conceito de Adam Smith da livre escolha individual por meio das palavras de outro teórico da administração, Peter Drucker. Para esse último:

> Pode-se presumir que sempre haverá necessidade de algum esforço de vendas, mas o objetivo do marketing é tornar a venda supérflua. A meta é conhecer e compreender tão bem o cliente que o produto ou o serviço se adapte a ele e se venda por si só. O ideal é que o marketing deixe o cliente pronto para comprar. A partir daí, basta tornar o produto ou o serviço disponível. DRUCKER apud KOTLER, 2000, p. 30.

O conceito apresentado por Drucker reforça a relação anteriormente estabelecida entre marketing e vendas, e faz com que Kotler aprimore o conceito formulado em sua obra anterior, ao afirmar que:

> *Marketing é um processo social por meio do qual pessoas e grupos de pessoas obtêm aquilo de que necessitam e o que desejam com a criação, oferta e livre negociação de produtos e serviços de valor com outros.* KOTLER, 2000, p. 30.

Quando a Empresa Kaiser lançou no Brasil sua cerveja diferenciada das demais existentes, especificamente para o consumo em épocas de inverno, viu-se inundada com pedidos de clientes e distribuidores, chegando a ter problemas de cobertura da demanda que surgiu a partir daquele lançamento. Na época, a criação por aquela empresa do conceito de cerveja "bock" demonstrou o grau de acerto dos estudos de marketing empreendidos pela companhia, até mesmo subestimando a capacidade de reação do mercado à inovação.

Outra maneira de se expressar o conceito de marketing é apresentada por Limeira (*in* DIAS, 2003d, p. 2), em que esse pode ser compreendido como função empresarial responsável pela criação contínua de valor para o cliente e geração de vantagem competitiva duradoura para a empresa, por meio da gestão estratégica das variáveis controláveis de marketing: produto, preço, comunicação e distribuição. Nesse caso, a autora concentra sua definição em uma visão estritamente empresarial, que teria sua contribuição social a partir do momento em que realizasse os objetivos empresariais.

Da ótica do cliente, a criação contínua de valor ultrapassa a esfera da simples realização de suas necessidades; em certo momento, cabe ao marketing a criação de valor, além da expectativa consciente do cliente, tomando para si a função de surpreendê-lo por meio da criação de novas necessidades ou do afloramento de outras não explícitas até aquele momento. Já sob o prisma da empresa, a geração de vantagem competitiva duradoura representa a idéia de continuidade e sobrevivência em longo prazo, atendendo não só aos anseios do cliente, mas também aos anseios da empresa quanto a resultado, lucro e continuidade do empreendimento, garantidos por uma posição privilegiada em seu mercado de atuação.

Para Churchill e Peter, a essência do marketing é o desenvolvimento de trocas nas quais organizações e clientes participam voluntariamente de transações destinadas a trazer benefícios para ambos (CHURCHILL & PETER, 2003, p. 4). Trata-se de conceito bastante abrangente, que complementa os anteriores aqui apresentados na medida em que deixa clara a necessidade de benefícios mútuos para os agentes participantes das trocas. Isso não quer dizer que os benefícios devam ocorrer na mesma medida, mas tão-somente naquela que torne a transação atraente o bastante para motivar o interesse das partes em repeti-la. Aqui então apresentamos outro elemento de grande importância para a definição de marketing em um ambiente de alta competição: o estabelecimento de fidelidade entre os participantes, ou, como é conhecido empresarialmente, a fidelização do cliente para um produto, serviço, marca ou empresa.

> *Pode-se definir fidelidade do cliente em função do seu comportamento de compra. Um cliente fiel repete suas compras regularmente; compra diferentes linhas de produtos e serviços; recomenda a empresa e seus produtos a outras pessoas; demonstra*

ser imune à pressão da concorrência; e pode tolerar uma falha ocasional no atendimento que recebe sem desertar, graças à relação estabelecida por um serviço habitualmente bom.
GRIFFIN, 2001, p. 58.

O conceito de fidelidade, enquanto elemento que garante a continuidade da relação estabelecida entre empresa e seus consumidores, mostra-se importante para a otimização de recursos organizacionais e, em especial, de recursos alocados pelo esforço de marketing. Uma vez que um cliente esteja satisfeito com a relação estabelecida com seu fornecedor de produtos e serviços, torna-se bastante difícil para uma outra empresa interferir nessa relação de fidelidade, precisando, para tanto, pagar preço relativamente alto para seu acesso ao mercado já conquistado por outra empresa — o que por diversas vezes pode inviabilizar o empreendimento almejado. O Quadro 2.4. mostra um programa de fidelidade implantado pelo governo da Bahia e que apresenta resultados positivos.

Quadro 2.4

PROGRAMA DE FIDELIDADE VOLTADO AO TURISMO

A Bahiatursa, órgão oficial de turismo da Bahia, lançou em outubro de 2003, no Rio de Janeiro, durante a feira da Associação Brasileira de Agências de Viagens (Abav), um programa pioneiro de fidelidade e o shopping virtual para empresas do setor. Os serviços, que exigiram investimentos de R$ 4 milhões, nos 2 anos anteriores, permitirão a turistas nacionais e estrangeiros o acesso a uma ampla rede de atendimento e informações.

Segundo o presidente da Bahiatursa, o programa é mais uma iniciativa do governo para aumentar e fidelizar o fluxo de turistas ao estado. A Bahia já é o segundo estado em receita turística do Brasil, tendo registrado em 2002 um movimento de US$ 811 milhões. Ele afirma que o programa de fidelização vem sendo construído desde o lançamento de um portal de turismo (www.bahia.com.br) para atingir os diversos nichos mercadológicos que se formaram no setor: "Queremos melhorar a comunicação com esses grupos, que vão desde o turismo ecológico até o religioso".

Para isso, a partir de 30 de outubro, os visitantes de todo o país se inscreveram gratuitamente no programa de fidelidade por meio do portal. Os inscritos receberam um kit com cartão de afinidade e guia de estabelecimentos credenciados. Cada vez que eles compraram nesses estabelecimentos, receberam pontos que poderiam ser convertidos em benefícios: desde um jantar nos finais de semana a hospedagens em resorts do estado.

Além do cadastro no site, as informações partem dos 20 postos de informação espalhados pelo estado, pelas embaixadas do Brasil no exterior e por um call-center desenvolvido pela Bahiatursa exclusivamente para o atendimento do programa. A central de suporte ao visitante oferece atendimento em português, inglês e espanhol. Está capacitada para prestar informações e também para fazer reservas nos estabelecimentos credenciados pelo programa de fidelidade.

Conforme o presidente da Bahiatursa, com a utilização de uma ferramenta de relacionamento, as informações coletadas no banco de dados permitirão que as empresas interajam com o consumidor final: "Temos hoje 2,9 mil empresas cadastradas que trabalham direta ou indiretamente com o turismo em nosso portal, o que garante ao visitante mais precisão nas informações e serviços oferecidos". Além de consultas, os turistas podem fazer, via site, reservas de restaurantes e até de passagens aéreas.

O programa de fidelidade atua ainda na sinalização dos principais pontos turísticos da Bahia. Serão 400 novas placas de sinalização e mapas localizadores espalhados pelo estado. O programa também oferecerá à cadeia produtiva de turismo, agências e operadoras de viagens um shopping virtual, onde poderão vender seus produtos, via internet, para brasileiros ou estrangeiros.

O shopping conta com estrutura tecnológica de alta segurança, que permite que os turistas selecionem com facilidade os pacotes sugeridos por agências e operadoras e efetuem as reservas diretamente pela internet. A iniciativa surgiu da necessidade de agências e operadoras de contar com novos canais para vender seus produtos, explica o executivo.

Para as agências e operadoras que se credenciarem no programa de fidelidade, a Bahiatursa oferece diferentes opções de cotas de participação, de acordo com a necessidade de cada uma, com custos a partir de R$ 500,00 por mês.

Rio de Janeiro e São Paulo até agora são os estados que mais cadastraram turistas no Programa Fidelidade Bahia, o qual, desde o final de 2002 até o mês de fevereiro de 2004, recepcionou visitantes no Aeroporto Internacional de Salvador. O programa oferece descontos e ofertas exclusivas em mais de 60 estabelecimentos, por meio de pontuação registrada pelo consumo de bens e serviços. Dos cerca de 5 mil associados, 84% são brasileiros e 16% estrangeiros.

Para o gerente de Marketing da Bahiatursa, o número de estrangeiros surpreendeu. A expectativa em relação a eles era a de manter o patamar entre 10% e 12%, com base nas estatísticas dos anos anteriores. Em 2002, dos cerca de 4,1 milhões de visitantes, pelo menos 500 mil eram estrangeiros. A previsão para 2003 — os dados ainda não estavam fechados — era chegar a 4,2 milhões de visitantes. E o apelo maior não era atingir o turista de longa distância, mas, sim, o turista interno, pessoas que planejam retornar mais vezes para acumular mais pontos.

Por enquanto, o Fidelização acontece em Salvador, Costa do Sauípe e Praia do Forte. O próximo passo é implantá-lo na Costa do Descobrimento — Porto Seguro, Arraial D'Ajuda e Trancoso. O programa adota o conceito de gestão de relacionamento direto com o turista. "É a nossa forma de distingui-lo dentro do todo", enfatiza.

Considerado pioneiro no país, o objetivo é traçar perfis individuais do visitante, auxiliando empresas do setor a montar pacotes voltados para aquele perfil, e, ao mesmo tempo, incentivar esse visitante, por meio da oferta, a utilizar outros serviços dentro do estado. A partir da aprovação do cadastro, o associado já começa a receber — via e-mail — informações sobre destinos. Os pontos são acumulados nos cerca de 60 estabelecimentos credenciados. Cada R$ 1 de consumo vale um ponto, e os pontos poderão ser revertidos em descontos e ofertas exclusivas em jantares, hospedagens, passeios, entre outros.

Adaptado de: NASCIMENTO, Silvia Maria. 'Fidelidade Bahia/Estrangeiros também aderem ao programa'. Jornal *Correio da Bahia*. 23 mar. 2004. Caderno Viajar, p. 1. OLIVEIRA, Regiane. 'A Bahiatursa lança um programa pioneiro para atrair visitantes'. Jornal *Correio da Bahia*, 24 out. 2003, Caderno Indústria & Serviços, p. A-14.

Quando do lançamento do sabão em pó Ariel no Brasil pela empresa Procter & Gamble, os efeitos da forte campanha de comunicação de marketing empreendida por essa foi facilmente anulada pela empresa detentora da marca líder do país, com uma simples estratégia defensiva de preço. No ponto de venda, à medida que o consumidor se dirigia impulsionado pelo forte apelo da campanha veiculada nos meios de comunicação de massa, ele encontrava seu produto tradicional com preço altamente atraente.

Casos como esse demonstram a importância que deve ser atribuída à continuidade do relacionamento estabelecido entre as partes integrantes do processo de troca. Já Cobra coloca que o papel do marketing é identificar necessidades não satisfeitas, de forma a colocar no mercado produtos ou serviços que proporcionem satisfação aos consumidores, gerem resultados satisfatórios aos acionistas ou proprietários das empresas, e ainda ajudem a melhorar a qualidade de vida das pessoas e da comunidade em geral (COBRA, 1990, p. 35).

O conceito apresentado por esse autor já tem em si uma abordagem mais abrangente dos atores envolvidos com a base fundamental do marketing. Entretanto, restringe a busca do marketing ao grupo de necessidades não satisfeitas, desconsiderando, com isso, a livre concorrência e a possibilidade de aproveitamento dos mercados por diversas organizações, dentro de uma competição igualmente benéfica para os diversos atores do mercado, quais sejam: consumidores, distribuidores, concorrentes, influenciadores e macroambiente. Segundo Cobra, o conceito de marketing tem evoluído com o passar do tempo, como demonstra a Tabela 2.1.

A partir da tabela, podemos notar a evolução do conceito de marketing ao longo do tempo. Inicialmente unilateral, voltado para escoar produtos e serviços em direção ao mercado, atualmente observa-se, nos diferentes autores, a multilateralidade do marketing, atendendo não só aos interesses empresariais, mas também aos dos consumidores, dos empresários e da sociedade em geral.

Diante dos diversos conceitos apresentados, é possível formular uma definição de marketing que visa atender tanto aos aspectos socioeconômicos, que lhe são intrínsecos, como aos interesses dos diversos envolvidos nas relações de troca, mas sem deixar de lado a lógica da natureza e do comportamento humano. Para tal, marketing pode ser entendido como um canal multidirecional, socialmente saudável e economicamente sustentável que se estabelece entre clientes e fornecedores, por meio do qual necessidades e desejos são dinamicamente compreendidos, dando origem a idéias, produtos e serviços que possuem atributos percebidos como benefícios capazes de atender às necessidades das partes envolvidas, de maneira transparente e contínua.

Esse conceito carrega diversos elementos:

- O canal estabelecido dá a idéia de continuidade e de fluxo de informações, produtos e serviços entre organizações e clientes, possibilitando o trânsito em diversas direções das informações necessárias à adequação de produtos e serviços, respeitando ainda características sociais e econômicas.

- O papel social do marketing é representado pelo canal socialmente saudável, com soluções adequadas à sociedade na qual a organização se insere.

- A preocupação econômica do marketing, garantindo a sobrevivência e a continuidade da organização por meio de sua atuação economicamente sustentável. Isso quer dizer que não basta o maior ou menor preço, mas,

Tabela 2.1 Sinopse da evolução das definições de marketing

Autor	Ano	Definição de marketing
American Marketing Association	1960	O desempenho das atividades de negócios que dirigem o fluxo de bens e serviços do produtor ao consumidor ou utilizador.
Ohio State University	1965	O processo na sociedade pelo qual a estrutura da demanda para bens econômicos e serviços é antecipada ou abrangida e satisfeita por meio da concepção, promoção, troca e distribuição física de bens e serviços.
Kotler e Sidney Levy	1969	O conceito de marketing deveria abranger também as instituições não lucrativas.
William Lazer	1969	O marketing deveria reconhecer as dimensões sociais, isto é, levar em conta as mudanças verificadas nas relações sociais.
David Luck	1969	O marketing deve limitar-se às atividades que resultam em transações de mercado.
Kotler e Gerald Zaltman	1969	A criação, implementação e controle de programas calculados para influenciar a aceitabilidade das idéias sociais e envolvendo considerações de planejamento de produto, preço, comunicação, distribuição e pesquisa de marketing.
Robert Bartis	1974	Se o marketing é para ser olhado como abrangendo as atividades econômicas e não econômicas, então, talvez, o marketing como foi originalmente concebido reapareça em breve com outro nome.
Robert Haas	1978	É o processo de descoberta e interpretação das necessidades e desejos do consumidor para as especificações de produto e serviço; criar a demanda para esses produtos e serviços e continuar a expandir essa demanda.
Robert Haas	1978	Marketing Industrial: É o processo de descoberta e interpretação das necessidades, desejos e expectativas do consumidor industrial e das exigências para as especificações do produto e serviço e continuar — por meio de efetiva promoção, distribuição, assistência pós-venda — a convencer mais e mais clientes a usar e a continuar usando esses produtos e serviços.
Philip Kotler	1997	É o processo de planejamento e execução desde a concepção, preço, promoção e distribuição de idéias, bens e serviços para criar trocas que satisfaçam aos objetivos de pessoas e de organizações.
American Marketing Association	2003	Marketing é o processo de planejamento e execução da concepção, precificação, promoção e distribuição de idéias, bens e serviços voltados para promover processos de troca que satisfaçam aos objetivos individuais e organizacionais.

Fonte: COBRA, 1997, p. 27, e 'American Marketing Association', disponível em http://www.marketingpower.com.

sim, o preço justo, adequado. Não basta atender a todos os anseios de clientes e sociedade, mas deve haver o equilíbrio de interesses entre as partes envolvidas. O máximo da atenção à necessidade do cliente seria o fornecimento de produtos gratuitos, o que inviabilizaria a continuidade da organização, algo prejudicial até mesmo àquele cliente.

- A compreensão de que as necessidades e os anseios de clientes são dinâmicos e se transformam com o passar do tempo, por meio das forças do macroambiente, mudanças sociais e a própria competição estabelecida entre empresas.

- Os produtos e os serviços oferecidos nada mais são do que conjuntos de benefícios proporcionados por suas características, que então atendem a anseios, necessidades e desejos dos clientes.

- A transparência e a continuidade do canal estabelecido entre organizações e clientes garantem o estabelecimento da fidelidade desses últimos em relação ao trabalho desenvolvido pelas primeiras.

- O processo de percepção por parte do cliente, dos benefícios oferecidos por meio dos atributos existentes nos produtos e serviços. Muitas vezes, um produto é idealizado para proporcionar determinados benefícios que podem não ser corretamente compreendidos pelos clientes, frustrando as expectativas da organização.

- Utiliza-se o termo organizações para tornar a aplicabilidade do conceito de marketing mais ampla, valendo tanto para empreendedores individuais, empresas comerciais e industriais com ou sem fins lucrativos, ou mesmo instituições governamentais ou do terceiro setor, bastando para tanto adequar os agentes participantes do canal estabelecido.

- O uso do conceito de fornecedor como sendo o elemento responsável pelo provimento dos bens e serviços dá ao conceito uma maior adequação à realidade atual, possibilitando, assim, sua utilização para designar o esforço mercadológico de todo e qualquer ator social adequadamente constituído de modo a ter a necessária representatividade para ser considerado como tal. Isso abrange desde as empresas industriais e comerciais até organizações governamentais ou organismos do terceiro setor, para os quais a função marketing assume características específicas. Assim, as ações empreendidas pela Secretaria de Turismo de um determinado município visando posicioná-lo no cenário turístico nacional podem ser analisadas e orientadas por meio do marketing.

2.4 Conceitos aplicados no marketing

O marketing — como função organizacional ou como área do conhecimento — tem sua origem fundamentada em necessidades, desejos e conseqüentes demandas por produtos e serviços. Ilustrados em forma de um ciclo, os principais conceitos ligados ao marketing podem ser apresentados como na Figura 2.1.

O conceito mais básico de marketing é o das necessidades humanas, que se manifestam em diferentes graus e refletem as ações que vão dar motivação ao comportamento do indivíduo. Pode-se definir necessidade como um estado de carência, ausência ou privação experimentadas por um indivíduo e que o induz a empreender

Figura 2.1 **Principais conceitos de marketing.**

- Necessidades, desejos e demandas
- Produtos e serviços
- Valor, satisfação e qualidade
- Troca, transações e relacionamentos
- Mercados

Principais conceitos de marketing

Fonte: KOTLER & ARMSTRONG, 2003, p. 4.

esforços no sentido de eliminar tal necessidade. Associado ao marketing, o conceito de necessidade reflete o impulso ao consumo de produtos e serviços vivenciado por uma pessoa, que busca encontrar nesses os atributos necessários para atender aos benefícios esperados. A necessidade é um elemento básico da condição humana, o qual pode ser dividido em necessidades inatas ou adquiridas. A necessidade inata é inerente à natureza humana, não podendo ser totalmente esgotada, como a fome, sede, calor ou sono. A necessidade adquirida é derivada do ambiente sociocultural e depende então da interação do indivíduo com esse ambiente. Tal tipo de necessidade pode ser saturada e esgotada, podendo ser exemplificada por meio do desejo de pertencer a um grupo social, desejo do reconhecimento e da auto-realização.

A satisfação de uma necessidade ocorre quando os atributos oriundos dos produtos e serviços oferecidos conseguem atender às expectativas ou superá-las por benefícios dos clientes. Daí surge o conceito de valor para o cliente, como a diferença entre a percepção do cliente quanto aos benefícios encontrados, em relação ao custo por ele pago para ter acesso a tais benefícios. Em outras palavras, o valor para o cliente é caracterizado pela relação custo-benefício que determinado produto ou serviço proporciona ao seu consumidor.

Quanto ao custo percebido, é importante ressaltar que ele não é apenas um elemento monetário que quantifica recursos empregados, mas, sim, que é composto por uma série de fatores:

- custo de natureza econômica: preço pago por um produto ou serviço;

- custo de natureza física: tempo de espera, de deslocamento, de procura pelo bem ou, ainda, o esforço físico empreendido para obter tal bem;

- custo de natureza emocional ou psicológica: estados ou situações a que são submetidos os clientes para a obtenção do produto ou serviço prestado. Pode ser medo, constrangimento, insegurança ou risco de vida.

Outro conceito fundamental para o marketing é o de mercado. Originário da economia, entende-se por mercado o conjunto de pessoas e organizações que buscam atender a suas necessidades por meio de relações de troca de bens e serviços e que possuem capacidade de compra e interesse para tal. Para Boone e Kurtz (1998, p. 220), a constituição de um mercado se faz por meio de pessoas ou instituições detentoras de poder aquisitivo, autoridade e disposição para comprar. Assim, por exemplo, as crianças, exclusivamente, poderiam ser consideradas o mercado-alvo para brinquedos; entretanto, elas não possuem isoladamente a autoridade necessária para estabelecer e determinar a decisão de compra de um produto, devendo, então, ser complementada pelos seus pais ou responsáveis.

Assim, o mercado representa o potencial de consumidores que apresentam necessidades que podem ser satisfeitas por meio de bens e serviços de uma instituição. Isso quer dizer que o mercado turístico é a composição de pessoas predispostas a viajar turisticamente e que possuem capacidade financeira e civil para tal. A atração promovida por parques temáticos em seu esforço de marketing cria um mercado composto pelas pessoas que se interessam por tal diversão. Dentre elas, se excluem aquelas que não possuem capacidade financeira para tal e ainda aquelas que, apesar de terem o interesse, não possuem capacidade civil suficiente para decidir e efetuar a aquisição do serviço. Logo, o mercado de um parque temático é bem menor que o conjunto de pessoas interessadas em freqüentar suas dependências.

Já um desejo é a forma que a necessidade humana assume quando é particularizada por padrões individuais e sociais. Uma criança com fome tem a necessidade de comer, mas apresenta para tanto o desejo de saborear um lanche de fast-food ou ainda um prato que lhe é familiar por seus traços individuais ou culturais. Por outro lado, apesar das necessidades humanas serem infinitas, gerando desejos infindáveis, os recursos dos indivíduos geralmente são escassos e limitam sua capacidade e disposição de consumo. Desse modo, o desejo norteado pelos recursos disponíveis para o consumo dá origem ao conceito de demanda, no qual as pessoas buscam maximizar a sua utilidade, ou seja, adquirir produtos e serviços que ofereçam o máximo possível de valor e satisfação.

A demanda pode, então, ser definida como o resultado total que pode ser obtido a partir de um determinado mercado com os esforços de marketing empreendidos pela organização. Representa o valor total (em unidade monetária ou em quantidade de produtos/serviços ou ainda em quantidade de consumidores), que seria comprado pelos clientes em dada condição de investimento de marketing pelas empresas (LIMEIRA, 2003, p. 5). Desse modo, a caracterização de demanda faz parte de uma parcela de pessoas que se mobilizam dentro de um mercado de atuação, sensibilizadas pelo esforço de marketing empreendido pelas organizações que dele participam.

Comparando então mercado e demanda, temos como mercado o conjunto de pessoas com capacidade financeira e civil que possuem o interesse em adquirir um determinado bem ou serviço oferecido; já a demanda vai ser o extrato desse mercado que se mobilizou a partir do esforço de marketing sobre ele empreendido. Logo, o maior tamanho que pode assumir a demanda é o do próprio mercado.

O termo potencial de mercado é utilizado então para definir o tamanho de um determinado mercado, especificado o bem ou serviço oferecido. O potencial de mercado designa a máxima possibilidade de demanda que se pode observar para um determinado produto ou serviço ofertado por meio do esforço de marketing. Para Limeira (2003, p. 5), o potencial de mercado é o nível máximo de demanda a ser atingido com o máximo de investimento de marketing.

A fim de otimizar o esforço de marketing, utiliza-se de processos de segmentação de mercado para concentrar tal esforço, obtendo grupos de clientes com características cada vez mais semelhantes. Trata-se de partes do mercado original, agrupadas segundo características específicas, escolhidas para intensificar o esforço de marketing e aumentar o seu resultado. Por exemplo, podem-se promover as festas natalinas da cidade de Paulínia — a cidade das luzes — por meio de propagandas em emissoras de televisão de abrangência nacional; entretanto, dificilmente surtirá efeito sobre os espectadores de cidades fora da macrorregião de Campinas, onde se concentra o mercado de interesse daquela cidade — ao qual denominamos mercado-alvo. Para Lewis e Chambers (1999, p. 286), o mercado-alvo ou *target market* é um subsegmento do mercado de atuação, composto de consumidores que possuem semelhantes necessidades e desejos e onde somente um tipo de produto ou serviço é oferecido. Ele possibilita a concentração de esforços no direcionamento daquele pequeno grupo de consumidores, ampliando as expectativas de resultado satisfatório. Para o autor, o máximo da segmentação de mercado é a customização em massa, quando o alvo é um único consumidor de cada vez.

Um exemplo de atuação focada na segmentação de outro segmento é o apresentado no Quadro 2.5, em que uma operadora turística decidiu concentrar sua atuação no segmento de jovens que se formam em colégios de São Paulo, direcionando suas viagens para um destino turístico único (Porto Seguro/BA), o qual apresenta uma infra-estrutura de atendimento para esse público altamente específico.

Quadro 2.5

A SEGMENTAÇÃO DA SEGMENTAÇÃO DO MERCADO TURÍSTICO

A cidade de Porto Seguro (BA) é um atrativo para um segmento do mercado jovem, constituído pelos formandos de colégios. E, ao longo dos anos, foi implantando uma estrutura condizente com esse público bastante específico. Há operadoras especializadas em viagens de formatura que atendem com exclusividade a esse destino. Um exemplo é a FORMA Turismo, operadora especializada em viagens desse tipo e que mantém todo um trabalho de divulgação específico aos jovens. Atuando inicialmente com colégios do estado de São Paulo, desde 1993 levou 30 mil estudantes à cidade, em mais de 700 viagens. Com estrutura voltada para esse segmento juvenil, todo o material de divulgação da operadora, os brindes oferecidos, os roteiros etc. têm o cuidado de apresentar uma linguagem identificada com a sua clientela.

Fonte: Material de divulgação da FORMA Turismo.

2.5 As modalidades e orientações do marketing

Tratar das diferentes orientações do marketing significa estudar suas várias aplicações e tendências, as quais surgem a partir da evolução das relações sociais, políticas e culturais, bem como com as novas práticas empresariais desenvolvidas por meio da evolução do ambiente de competição global. Partindo da necessidade de encontrar consumidores para produtos pré-confeccionados por uma visão estritamente industrial/manufatureira, o marketing evoluiu para conceitos mais intimamente ligados à interação da organização/cliente. Assim, desenvolveu sistemas de elevada produtividade e alta flexibilidade, buscando atender não mais às necessidades exclusivas das organizações, mas, sim, às necessidades dos diferentes atores envolvidos no processo mercadológico — o ambiente de marketing, composto por organização, clientes e sociedade em geral.

Dentre as diferentes aplicações do marketing, podem ser relacionadas as seguintes:

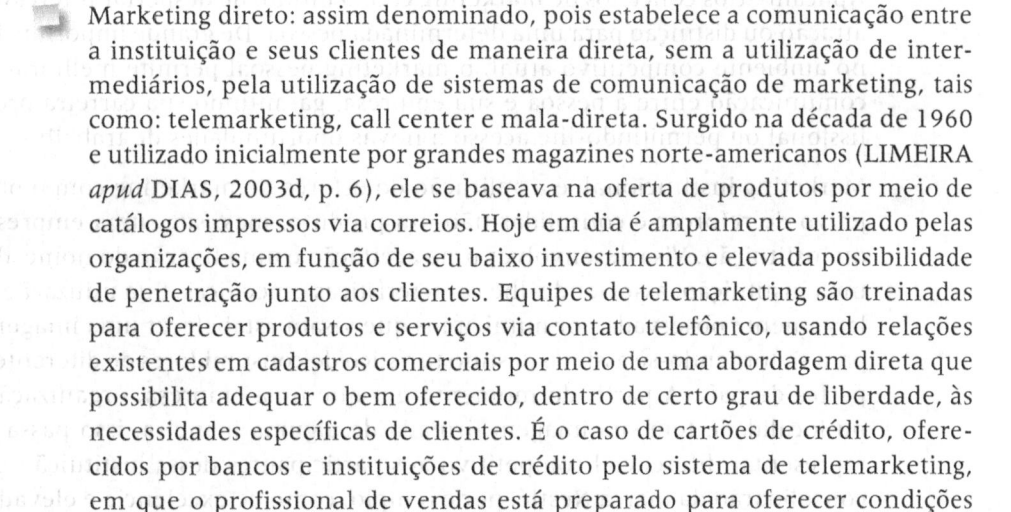

- Marketing direto: assim denominado, pois estabelece a comunicação entre a instituição e seus clientes de maneira direta, sem a utilização de intermediários, pela utilização de sistemas de comunicação de marketing, tais como: telemarketing, call center e mala-direta. Surgido na década de 1960 e utilizado inicialmente por grandes magazines norte-americanos (LIMEIRA *apud* DIAS, 2003d, p. 6), ele se baseava na oferta de produtos por meio de catálogos impressos via correios. Hoje em dia é amplamente utilizado pelas organizações, em função de seu baixo investimento e elevada possibilidade de penetração junto aos clientes. Equipes de telemarketing são treinadas para oferecer produtos e serviços via contato telefônico, usando relações existentes em cadastros comerciais por meio de uma abordagem direta que possibilita adequar o bem oferecido, dentro de certo grau de liberdade, às necessidades específicas de clientes. É o caso de cartões de crédito, oferecidos por bancos e instituições de crédito pelo sistema de telemarketing, em que o profissional de vendas está preparado para oferecer condições especiais de comercialização para determinados clientes que tenham maior restrição à aceitação do cartão.

- Marketing de relacionamento: é uma evolução do marketing direto, visando construir uma relação duradoura com o cliente, por meio de sua fidelização. Parte do pressuposto de que é muito mais fácil manter um cliente satisfeito do que conquistar um novo cliente. É aquele cliente que já teve contato com o produto ou serviço da organização, e, por isso, já esteve exposto ao seu trabalho, tendo recebido uma determinada impressão. A essa impressão denominamos momento da verdade — experiências vividas pelo cliente quando em contato com a organização e que determinam quanto esse cliente desejará experimentar novamente tal situação.

- Marketing individualizado: também conhecido como marketing um a um ou como customização de massa, ele trata cada cliente como sendo único, customizando a oferta para os clientes. Para o sucesso de tal estratégia, são necessários recursos informatizados, sistemas de gerenciamento do relacionamento com os clientes e grande flexibilidade e adaptabilidade dos processos organizacionais.

- Marketing de transação: é uma situação específica de esforço de marketing, quando não se tem perspectiva de continuidade de relacionamento com o cliente, de modo que a transação a ser realizada é considerada como única. Tradicionalmente, ele é caracterizado como a comercialização de produtos por ambulantes de rua ou em eventos, como vendedores de refrigerante ou pipoca na porta de estádios ou apresentações.

- Marketing pessoal: de grande aplicação no meio político, também é conhecido como marketing político. Ele tem por objetivo desenvolver uma imagem positiva e diferenciada em torno de uma pessoa ou de sua obra. Aplicam-se os conceitos de marketing com o intuito de despertar interesse, atração ou distinção para uma determinada pessoa. De grande importância no ambiente competitivo atual, o marketing pessoal permite melhorar a comunicação entre a pessoa e sua empresa, garantindo sua carreira profissional ou permitindo-lhe acesso a novas oportunidades de trabalho.

- Marketing institucional: é a aplicação do esforço de marketing com o objetivo de reforçar e consolidar não um produto, mas, sim, uma empresa ou instituição. Visa desenvolver uma aceitação e uma fixação do nome de uma instituição, associando-lhe características específicas. Sua utilização é largamente observada por municípios que visam estabelecer uma imagem para si, tornando-se assim o destino turístico de consumidores de diferentes partes do país. A partir do momento em que uma empresa, organização ou localidade tem sua imagem firmada de alguma maneira, isso passa a representar diferencial competitivo aos participantes dessa instituição. A consolidação da marca Nestlé, por exemplo, como de excelência e elevado padrão de qualidade, proporciona aos produtos lançados sob sua influência uma aceitação mais fácil junto ao mercado consumidor. As empresas que comercializam malhas na cidade de Monte Sião (MG) são beneficiadas pelo posicionamento de imagem desenvolvido pela cidade, como sendo uma das principais cidades do circuito das malhas. Desse modo, essas empresas não necessitam realizar esforços de marketing individualizados para promover sua marca própria, aproveitando o esforço empreendido pelo poder público por meio de suas secretarias.

- Marketing de país: é um caso especial de marketing institucional, voltado para a fixação da imagem do país e de seus produtos junto ao mercado internacional. Cria uma imagem favorável para as empresas nacionais quando atuando no exterior — utilizando-se de marcas associadas ao nome do país —, bem como atrai investimentos internacionais ao país, reforçando sua situação econômica e a internacionalização de suas relações comerciais.

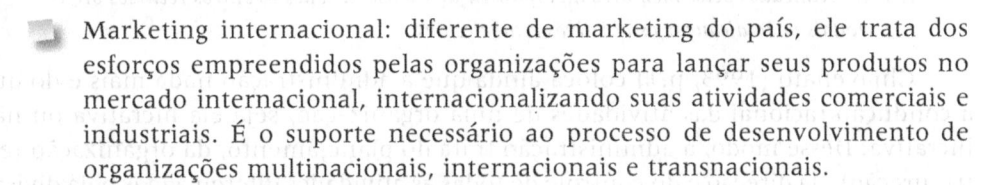

- Marketing internacional: diferente de marketing do país, ele trata dos esforços empreendidos pelas organizações para lançar seus produtos no mercado internacional, internacionalizando suas atividades comerciais e industriais. É o suporte necessário ao processo de desenvolvimento de organizações multinacionais, internacionais e transnacionais.

- Marketing digital: caso particular de esforço de marketing por meio de ferramentas e meios digitais. Verificado quando uma instituição desenvolve canais de comunicação com seu mercado-alvo pelos meios eletrônicos, em especial utilizando os recursos de internet. Atualmente é possível encontrar o endereço eletrônico das principais cidades turísticas do país, em que essas mostram seus recursos naturais e atrações turísticas, agilizam o acesso de turistas aos comerciantes e aos hotéis da cidade ou, ainda, proporcionam sua participação em atividades específicas desenvolvidas pela localidade.

2.6 Administração de marketing

A aplicação dos conceitos administrativos básicos ao esforço de marketing dá origem à administração de marketing. O surgimento da função administração junto às atividades organizacionais específicas decorre da necessidade de organização e direcionamento dos recursos organizacionais e da busca de objetivos e resultados cada vez mais audaciosos. Assim, a administração de marketing atua por meio de planejamento, organização, liderança (direção e coordenação) e controle sobre as atividades específicas de marketing.

Desde que se tem notícia, os homens desenvolvem sistemas organizacionais buscando atingir determinados objetivos predefinidos. Na pré-história, os homens se organizavam em busca de defesa, abrigo e alimentos, compondo uma estrutura organizacional informal na qual os chefes eram definidos pela força. Na busca por alimentos, eles se organizavam em grupos de caça, o que os levava a ter maior chance de sucesso contra os animais de maior porte. Até mesmo a maioria dos animais selvagens se organiza em grupos com um mínimo de estruturação. Tal organização possibilita maior chance de sucesso na busca de resultados previamente almejados (CASSAR, 2003, p. 6).

Como lembrado por Stoner e Freeman (1995, p. 5), a administração já foi chamada de "a arte de fazer coisas por meio de pessoas". Essa definição chama a atenção para o fato de que os administradores alcançam os objetivos das organizações conseguindo que outros realizem as tarefas necessárias — e não realizando eles próprios as tarefas. Ainda segundo a visão dos referidos autores, as definições sobre a administração mudam à medida que mudam os ambientes das organizações. Definem eles, então, que:

> *A administração é o processo de planejar, organizar, liderar e controlar os esforços realizados pelos membros da organização e o uso de todos os outros recursos organizacionais para alcançar os objetivos estabelecidos.*

Chiavenato (1993, p.1) coloca ainda que a administração nada mais é do que a condução racional das atividades de uma organização, seja ela lucrativa ou não lucrativa. Desse modo, a administração trata do planejamento, da organização (estruturação), da direção e do controle de todas as atividades diferenciadas pela divisão de trabalho que ocorrem dentro de uma organização, sendo, por isso, imprescindível para a existência, sobrevivência e sucesso dessa. A tarefa básica da administração é então a de fazer as coisas por meio das pessoas, e a eficácia com que as pessoas trabalham em conjunto para conseguir objetivos comuns depende principalmente da capacidade daqueles que exercem a função administrativa.

Para Cassar (2003, p. 14), a administração se caracteriza como a função de se conseguir fazer as coisas por meio das pessoas visando à obtenção dos melhores resultados de acordo com os objetivos comuns que associam tais pessoas. A tarefa principal da administração é então interpretar os objetivos propostos pela organização e transformá-los em ação de forma organizada por meio de planejamento, organização, direção e controle de todos os esforços realizados pelos recursos nas mais diversas áreas e níveis da organização, a fim de realizar tais objetivos com eficiência e eficácia adequadas.

No caso da administração de marketing, o gerenciamento do esforço de marketing pode ser dividido segundo dois níveis específicos: o nível estratégico e o nível operacional. O nível estratégico é aquele no qual as decisões de planejamento e direcionamento são tomadas, arquitetando o esforço de marketing segundo o direcionamento estratégico da organização. Já o nível operacional trata da manutenção do dia-a-dia da gestão da função marketing, bem como do desdobramento das estratégias de marketing em ações pontuais a serem realizadas pelos integrantes da força de marketing.

O planejamento de marketing é o início de todo o processo de administração de marketing. Planejamento é um instrumento que seleciona e organiza as atividades para que sejam alcançados objetivos propostos. Em linhas gerais, é uma maneira de propor ações para se chegar a um futuro desejado ou a uma situação mais satisfatória. Não significa que o planejamento é capaz de prever o futuro, mas certamente permite o exame de alternativas viáveis, o levantamento de hipóteses e a escolha de caminhos mais adequados, priorizando opções mais importantes e diminuindo, assim, as incertezas e os riscos para as instituições em geral.

Para Zavaglia (2003, p. 120), a importância do planejamento vem se consolidando no decorrer dos tempos. Os romanos, há mil anos antes de Cristo, estabeleceram linhas estratégicas do desenvolvimento imperial. Os chineses, por volta de 500 a.C., deixaram para a humanidade o mais antigo e sábio tratado militar da história — "A Arte da Guerra", escrito por Sun Tzu, que ensina sobre a coordenação dos vários elementos de uma situação particular e a negociação produtiva entre as partes como segredo de sucesso em um conflito.

É por meio do planejamento de marketing que são definidas as decisões estratégicas, táticas e operacionais de marketing, selecionando os diversos elementos do esforço de marketing a ser empreendido pelos recursos disponíveis da organização. Por meio da organização de marketing definem-se e coletam-se os recursos necessários para a realização das ações que levarão aos resultados esperados e planejados. O direcionamento dado a esses recursos possibilita a execução das diferentes tarefas previamente planejadas, dentro de algumas condições predeterminadas, que fazem parte dos indicadores de desempenho do esforço de marketing. Por meio desses, pode-se aferir a efetividade do esforço de marketing, observando, por exemplo, o nível de ocupação de hotéis durante um determinado evento em uma localidade, em relação ao gasto promocional efetuado.

A Figura 2.2 descreve a seqüência de etapas que compõem o planejamento de marketing de maneira geral. Iniciando-se com a avaliação dos elementos de mercado

Figura 2.2 — As etapas do planejamento de marketing

- Análise de mercado
- Identificação de oportunidades e riscos
- Segmentação de mercado
- Definição dos objetivos de marketing
- Definição das estratégias de marketing (composto de marketing ou marketing mix)
- Elaboração dos planos táticos e operacionais de marketing
- Orçamento de marketing e demais recursos
- Elaboração de indicadores de desempenho das ações de marketing
- Sistemas de controle e avaliação de desempenho de marketing

e organizacionais, são percorridas etapas que visam organizar e coordenar os esforços na direção dos resultados predeterminados, controlados por meio de sistemas de avaliação e controle, que dão a retroalimentação ao processo contínuo e cíclico da administração de marketing.

Questões

1. Descreva as ações de marketing empreendidas pelo governo do estado de Pernambuco para o desenvolvimento do turismo local. Utilizando ainda a Figura 2.1, desenvolva os principais conceitos do marketing para o caso.
2. Quais são as características fundamentais das relações de troca entre as pessoas em uma sociedade? Desenvolva esse conceito, aplicando-o às seguintes atividades econômicas:
   - peças de renda feitas por um conjunto de artesãos de uma cidade;
   - o único hospital de uma cidade do interior; e
   - uma agência de viagens localizada em um movimentado centro de compras do município.
3. Explique como as ações de marketing podem ser consideradas como impulsionadoras da economia de uma localidade.
4. Relacione o marketing com a determinação de um padrão de vida em uma comunidade.
5. Como as ações empreendidas pelo marketing são capazes de criar valor para programas sociais e ambientais desenvolvidos por organizações?
6. Aponte situações em que o marketing não é utilizado de maneira positiva dentro da sociedade.
7. Relacione os conceitos desenvolvidos por Adam Smith e os modernos conceitos de marketing utilizados pelas organizações dos mais diversos segmentos econômicos.
8. Analise as diferentes fases do processo de evolução dos conceitos de marketing ao longo do tempo, exemplificando em cada fase suas principais características.
9. Descreva o conceito de valor para um cliente, associando desejo, necessidade, atributos, benefícios e custo. Nesse sentido, diferencie custo percebido de custo de um produto.
10. Relacione os conceitos de demanda e mercado, exemplificando-os por meio das seguintes atividades:
    - um hotel da cidade;
    - um dos fabricantes de veículos do país; e
    - o fabricante artesanal de chocolate caseiro para a sua comunidade.

CAPÍTULO 3

A atividade turística

Na prática do turismo, sobre os elementos técnicos e materiais devem prevalecer os elementos espirituais.

(Declaração de Manila sobre o Turismo Mundial, 1980)

No primeiro capítulo, vimos a importância da atividade turística no mundo e como ela pode impactar positiva ou negativamente os destinos turísticos. Como decorrência dessa magnitude do turismo, ele se torna um objeto de estudo dos mais significativos para as Ciências Sociais Aplicadas. E, em conseqüência, torna-se necessária a construção gradativa de um novo campo do saber dedicado a esse estudo particular, uma ciência do turismo. Embora em fase embrionária, aqueles que se dedicam à construção dessa disciplina têm gerado conceitos os quais estaremos utilizando ao longo deste livro.

Neste capítulo, abordaremos alguns conceitos fundamentais para a compreensão do fenômeno turístico. Porém, o faremos sempre adotando o viés da necessidade de articulação com a realidade concreta que estamos analisando e que necessariamente vincula-se ao enquadramento do turismo na área de negócios.

3.1 Conceitos de turismo e turista

O turismo pode ser caracterizado fundamentalmente levando-se em conta duas vertentes de análise: a sociocultural e a econômica.

Do ponto de vista sociocultural, o turismo pode ser considerado uma prática social e cultural que tem por objetivo atender às necessidades psicossociológicas das pessoas que viajam. Essas podem ser, entre outras, fuga da rotina, descanso, lazer ou conhecimento de novos lugares e pessoas.

Do ponto de vista econômico, o sistema turístico pode ser abordado como um sistema econômico-industrial integrado por várias empresas que oferecem uma enorme variedade de serviços (alojamento, transporte, alimentação etc.) e bens utilizados pelos turistas (os quais vão de um simples sabonete a um microônibus). Existem muitas e muitas empresas que alimentam a indústria turística e que estão integradas na cadeia produtiva do turismo.

Há inúmeras definições de turismo que se diferenciam, basicamente, em relação ao tipo de abordagem e à ótica destacada pelo autor, o qual pode adotar um viés econômico, antropológico, sociológico, geográfico etc. No que diz respeito ao marketing turístico, privilegiaremos a definição adotada pela Organização Mundial do Turismo, pois trataremos da operacionalização de uma ferramenta (o marketing) para aumentar e consolidar um fluxo turístico que trará benefícios imediatos aos consumidores (turistas) e em curto e médio prazo aos residentes locais.

Ao privilegiarmos a definição empregada pela OMT, nossa abordagem ficará vinculada ao tratamento do turismo enquanto um negócio, uma atividade geradora de renda e lucro, promotora de desenvolvimento econômico. Por outro lado, a definição da OMT incorpora muitas definições anteriores e, nesse sentido, sintetiza o conhecimento existente e gerado ao longo de anos.

O documento básico que apresenta as principais definições operacionais sobre turismo foi produzido pela ONU e pela OMT. Trata-se das "Recomendações sobre Estatísticas do Turismo" (ONU/OMT; 2000), um documento no qual são encontradas as definições de turista e turismo que adotaremos ao longo deste trabalho.[1]

Visitantes — São consideradas visitantes todas as pessoas que se deslocam de um lugar diferente de seu entorno habitual, por um período inferior a 12 meses, cuja finalidade principal da viagem não seja a de exercer uma atividade remunerada no local visitado. São consideradas visitantes internacionais aquelas pessoas que se deslocam de um país a outro; e visitantes internas aquelas que se deslocam dentro de um mesmo país. Para a OMT, os visitantes dividem-se em duas categorias: os turistas e os excursionistas.

Turistas — São todos aqueles visitantes que pernoitam em local diferente de seu local habitual e que permanecem mais de 24 horas ocupando um alojamento

---
[1] As principais definições apresentadas pelo documento podem ser encontradas no site da OMT em um documento intitulado "Referências básicas sobre estatísticas de turismo" (OMT, 2001).

coletivo ou privado no lugar visitado. Nesse sentido, são turistas aqueles que saem das grandes cidades no sábado pela manhã, pernoitam em cidades do interior e retornam no domingo ao final do dia. Da mesma forma, podem ser considerados turistas os jovens que estudam e moram nas grandes cidades e visitam os pais nos feriados prolongados.

São também considerados turistas aqueles que possuem casas de veraneio e que as ocupam nos períodos de férias ou finais de semana, bem como aqueles que são proprietários de chácaras e sítios no interior e periodicamente lá pernoitam. Incluem-se como turistas aqueles que visitam familiares ou amigos em locais diferentes do seu local de moradia e lá pernoitam.

Excursionistas — São os visitantes que não pernoitam no local visitado, permanecendo, portanto, menos de 24 horas — não ocupando conseqüentemente qualquer tipo de alojamento, seja coletivo ou privado. É uma categoria importante do turismo, e sua diferenciação do turista é relevante para a indústria do turismo, pois se trata de um agente que, embora significativo para as localidades, impacta menos em muitas atividades empresariais turísticas (hotéis, agências de viagens, transportes etc.). O visitante desse tipo, de um modo geral, faz uso de veículo próprio ou de amigos. Ele pode ser um membro de uma excursão de um dia em ônibus alugado, para participar de eventos religiosos, espetáculos ou atividades recreativas. O excursionista, geralmente, gasta menos que o turista; no entanto, pode ter grande relevância para a economia de muitos municípios próximos às grandes metrópoles. No estado de São Paulo, por exemplo, muitas cidades em um raio de 100 km da capital obtêm boa receita em função desse tipo de visitante. Por outro lado, a própria capital paulista recebe um significativo número de excursionistas que são atraídos pelo seu comércio, pela enorme variedade de espetáculos oferecidos, pelos museus, centros de lazer e gastronomia diversificada.

Muitas cidades ainda não perceberam o potencial desse tipo de turismo. Elas se tornam locais de passagem de milhares, ou mesmo centenas de milhares, de veículos por mês, inclusive nos finais de semana, e, ainda assim, não desenvolvem nenhum produto turístico para atrair uma parcela desse fluxo. Em cada canto do país podem ser levantadas localidades que apresentam enorme potencial sem que o aproveitem.

No mesmo documento citado da OMT/ONU, o *turismo* é definido como o conjunto de atividades que as pessoas realizam durante suas viagens e estadias em lugares diferentes ao de seu entorno habitual, por um período de tempo consecutivo inferior a um ano, com o objetivo de lazer, negócios ou outros motivos, não relacionados a uma atividade remunerada no lugar visitado. Todas as atividades dos visitantes, sejam turistas ou excursionistas, estão englobadas nessa definição de turismo.

Há três tipos básicos de turismo: o turismo interno (ou doméstico), o turismo receptivo e o turismo emissor (ou emissivo).

1. *Turismo interno (ou doméstico)*: é aquele realizado pelos visitantes residentes que viajam dentro de seu próprio país. Compreende, por exemplo, as viagens feitas pelos paulistas ao nordeste a lazer, a negócios ou visitas a parentes e

amigos; as viagens realizadas nos finais de semana ao interior pelas pessoas provenientes das capitais, como São Paulo, Belo Horizonte, Recife, Salvador etc.; as viagens daqueles que visitam os santuários religiosos em excursões, daqueles que alugam ônibus para freqüentar as praias nos finais de semana, entre outras.

2. *Turismo receptivo*: é o turismo realizado pelos visitantes não residentes a um país, região ou localidade. São exemplos de turismo receptivo: viagens realizadas pelos cidadãos de outros países ao Brasil; os paulistas que chegam a João Pessoa ou a Salvador; os gaúchos que chegam ao Rio de Janeiro etc. (Salvador é uma das capitais com alto índice de turismo receptivo.)

3. *Turismo emissor (ou emissivo)*: é o turismo realizado pelos residentes para fora do país, da região ou da localidade. São exemplos: a ida de brasileiros para visitar Buenos Aires, na Argentina; a saída de paulistas para visitar a Amazônia ou o Pantanal; a saída de curitibanos para visitar as praias do estado ou de paulistanos nos finais de semana rumo ao interior. (São Paulo é um dos principais estados em turismo emissor.)

Desses três tipos básicos derivam três outras categorias:

- *o turismo interior*: é aquele realizado tanto pelos residentes quanto pelos não residentes, em um determinado país. É a combinação do turismo doméstico (interno) com o turismo receptivo. Como exemplo, no caso do Brasil, considere o movimento de visitantes estrangeiros e brasileiros que ocorre em todo o país.

- *o turismo nacional*: é o movimento de visitantes residentes tanto dentro como fora do país. É a soma do turismo doméstico com o turismo emissor. A viagem que os brasileiros realizam tanto para dentro como para fora do país é um exemplo.

- *o turismo internacional*: é o movimento de visitantes entre os diferentes países.

Mesmo existindo outras definições de turismo, além daquela apresentada pela OMT, a qual privilegiaremos nesta publicação, há alguns elementos que são comuns em todas elas e que são importantes por caracterizarem mais precisamente o conceito. Os elementos comuns que aparecem em qualquer definição de turismo são:

- o deslocamento físico de pessoas;

- a permanência no destino, que abrange um determinado período de tempo, não sendo, portanto, permanente;

- tudo o que o turismo abrange — tanto a viagem ao destino quanto as atividades realizadas anteriormente em função dessa intenção e, principalmente, aquelas atividades realizadas durante a permanência no local visitado; e

- qualquer que seja a motivação de viajar, o turismo compreende os serviços e produtos criados para satisfazer às necessidades dos turistas.

Em decorrência desses elementos que caracterizam o turismo, podemos afirmar que:

- não há turismo sem transporte ou deslocamento de pessoas;
- o turismo não se restringe unicamente a viagens de prazer ou motivado pelas férias; o essencial é o deslocamento e a permanência por tempo limitado;
- o alojamento no destino não é uma condição necessária para que haja turismo; e
- as atividades de lazer e recreativas são componentes fundamentais, individualmente, no turismo.

3.2 O sistema turístico

Um sistema pode ser definido como um conjunto de elementos interligados que sofrem influência recíproca, ou seja, influenciam e são influenciados. Há, de tal modo, uma interdependência entre as partes de um sistema, que a alteração em uma das suas partes provoca efeitos nas outras, podendo alterar todo o conjunto. Compreendidas desse modo, as sociedades humanas formam um sistema social, no qual o conjunto de relações entre as pessoas forma um todo em que suas partes apresentam uma interdependência recíproca, e qualquer modificação provocará algum tipo de modificação no todo, que, em um primeiro momento, pode ser imperceptível.

Nas sociedades humanas — as quais apresentam um maior grau de complexidade —, podem ser identificados subsistemas que formam um conjunto interligado com o sistema mais geral. Para a ciência, a possibilidade de identificação de subsistemas menores é bastante útil como procedimento metodológico no estudo das sociedades, pois facilita o entendimento das partes pelo pesquisador. Muitas vezes, novas disciplinas surgem em decorrência da importância desses subsistemas. Entre os mais importantes subsistemas, podemos citar: os econômicos, os políticos, os religiosos, os educacionais e — o mais recente deles — o turístico. Cada um desses subsistemas pode ser dividido em outros subsistemas para facilitar sua compreensão.

Os diferentes sistemas sociais constituem sistemas abertos e, permanentemente, sofrem influências externas, podendo ser influências de outros sistemas sociais ou até mesmo do meio ambiente natural.

Uma abordagem sistêmica permite compreender o papel das partes isoladas em um todo. Muitas ações que talvez sejam incompreensíveis isoladamente passam a ter significado em função do papel que desempenham no todo.

O sistema turístico não é diferente de outros subsistemas sociais; ele compreende um complexo de relações estabelecidas entre diversos agentes — organizações e indivíduos — que está estreitamente ligado ao desenvolvimento turístico. O sistema turístico, do mesmo modo que outros sistemas, pode ser subdividido em subsistemas menores para facilitar seu entendimento. Em seu livro *"Análise estrutural do turismo"*, Mario Beni (2000) faz uma detalhada análise do sistema de turismo. Na sua abordagem, ele utiliza seis subsistemas: subsistema do mercado, da oferta, de produção, de distribuição, da demanda e de consumo. Outros subsistemas poderiam ser identificados, mas dependeriam do interesse específico do pesquisador.

Para nosso estudo, é importante destacarmos os principais agentes e componentes que intervêm no sistema turístico e que serão objeto do marketing. A princípio, podemos reuni-los em cinco grandes grupos:

1. Os turistas, os quais consideramos como os agentes fundamentais do turismo, pois é em torno deles que gira toda a engrenagem da indústria turística. Tecnicamente, os identificamos como os consumidores de produtos turísticos, e eles é que configuram a demanda turística.

2. As empresas, pois apresentam diferentes funções e interesses. As organizações privadas procuram explorar comercialmente bens e serviços que buscam atender às necessidades dos turistas com o objetivo de obter lucro e sustentar seu negócio. Elas podem ser agrupadas de diversos modos, constituindo um segmento bastante diversificado (hotéis, restaurantes, agências de viagem, clubes, parques temáticos, empresas de transporte etc.).

3. As instituições públicas, que têm o papel de regulamentação e gestão das atividades turísticas. O turismo — mais do que qualquer outra atividade — necessita de planejamento, pois é uma atividade altamente dinâmica e que, em curto prazo, pode destruir o patrimônio ambiental e cultural de um destino. Eis aí um aspecto fundamental do turismo. Ele não pode existir sem o papel regulador do Estado em seus diversos níveis. Como atividade altamente dinâmica, o turismo atrai com muita facilidade investimentos privados que têm por objetivo resgatar no menor curto prazo o investimento realizado, mesmo que esse contrarie os interesses locais. É nessa hora que o papel do Estado se torna essencial.

4. Os meios de transporte, pois são um componente essencial do sistema turístico, viabilizando o acesso às áreas de destino. Aos meios de transporte estão associadas as vias de acesso (rodovias, vias marítimas e fluviais, aeroportos, portos, ferrovias) que compõem de forma fundamental o produto turístico como um todo. Afinal são eles que permitem que o viajante tenha ou não uma experiência positiva no deslocamento ao destino.

5. O destino turístico — outro componente fundamental do sistema turístico — é responsável pela geração de fluxo de viajantes para determinadas regiões. O destino turístico é que cria o fluxo turístico em função da sua capacidade de atrair uma demanda de turistas. Podemos afirmar que o destino turístico é o componente gerador do fluxo e, dessa forma, constitui-se em elemento essencial, pois, em função da melhoria das condições de atração, ele poderá incrementar a demanda.

3.3 A evolução do turismo

Podemos iniciar a história do turismo na antiga Grécia, passando pelos romanos e incluindo os inúmeros movimentos de deslocamentos de pessoas ao longo da Idade Média, principalmente em torno das peregrinações religiosas. Sem deixar de mencionar o *Grand Tour*, entre os séculos XVI e XVIII, que se tornou um importante meio de educação dos filhos da nobreza européia. No entanto, para servir de subsídio para o presente livro, entendemos que é preciso focar a história do turismo principalmente em torno dos elementos que estão relacionados com o mercado. Assim, a focalizaremos a partir do momento em que ocorreu uma profunda mudança no conceito de viagens — o que aconteceu a partir da Revolução Industrial com início na Inglaterra, no século XVIII.

A Revolução Industrial, embora tenha tido seu início na Inglaterra, no século XVIII, desenvolveu-se plenamente ao longo do século XIX na Europa e nos Estados Unidos, espalhando-se globalmente durante todo o século XX. Nesse período de mais ou menos 250 anos, as condições de trabalho foram se modificando gradativamente. No início, as condições de trabalho eram subumanas, e praticamente não existia tempo livre para os trabalhadores. Aos poucos, porém, foi havendo uma evolução nas condições de trabalho, e as jornadas menores foram sendo praticadas, bem como a existência de um tempo livre que servia basicamente para a reposição da força física do trabalhador. Logo depois, vieram as jornadas que previam horas de tempo livre, fins de semana de descanso e férias anuais. O ócio passou a ser valorizado como benéfico para aumentar a eficácia e a eficiência do trabalhador.

Ainda no século XIX, a introdução de inovações tecnológicas, como a máquina a vapor, com a conseqüente criação dos trens e barcos a vapor, melhorou sensivelmente as comunicações e facilitou o acesso da sociedade mais geral aos meios de transporte. Do ponto de vista das viagens, houve uma importante modificação da situação, pois o surgimento da estrada de ferro provocou um formidável incremento no número de viajantes. A primeira estrada de ferro — Stockton-Darlington — foi estabelecida na Inglaterra em 1825. É, portanto, no século XIX, que situaremos o início da atividade turística organizada — fruto desse desenvolvimento tecnológico, que tanto facilitou o deslocamento das pessoas.

Em 5 de julho de 1841, um trem partiu de Leicester, na Inglaterra, levando um grupo de 570 passageiros. Eles eram membros da "Sociedade da Esperança" e estavam indo participar de um congresso em Longhborough, cujo objetivo era encontrar novos povos, novas pessoas e novas experiências. Assim começou a primeira viagem organizada dirigida por Thomas Cook,[2] praticamente dando início à época moderna do turismo. Esse acontecimento marca uma era de transição bastante clara, já que assinala o surgimento de grupos organizados com fins lucrativos. Os deslocamentos

---

[2] Thomas Cook dirigiu com êxito uma agência de viagens que proporcionava a seus clientes alojamento, comida e transporte. Depois de seu falecimento, o negócio continuou sob a direção de seu filho John Mason Cook, que era seu sócio desde 1864.

se acentuaram no fim do século XIX, primeiramente dentro dos próprios países, constituindo-se o que convencionamos denominar hoje de "turismo nacional" ou interno, em contraposição ao "turismo internacional" ou externo.

A grande contribuição de Thomas Cook foi a organização da viagem completa — transporte, acomodação e atividades no local de destino —, algo que depois foi copiado no mundo todo.[3] Com essa invenção, Cook contribuiu para mudar a imagem das viagens: *de uma atividade necessária e nem um pouco aprazível, de uma tarefa árdua e voltada para a educação, para um prazer, um entretenimento e um novo conceito — "férias"*.[4]

A importância de Thomas Cook para o desenvolvimento do turismo organizado pode ser ilustrada por algumas de suas iniciativas, as quais perduraram e foram reproduzidas em todo o mundo, entre elas (DIAS, 2003a):

1. O pacote turístico — a introdução do conceito de excursão organizada permitiu a ampliação do número de pessoas que poderia viajar.

2. Guia de viagens — a criação do primeiro itinerário oficial descritivo de viagem, preparado profissional e especialmente para os turistas.

3. Guias de turismo — em 1846 é realizado o primeiro tour com a participação de guias de turismo.

4. Excursões pioneiras — em 1866, foi realizada a primeira excursão ao continente europeu e depois aos Estados Unidos; em 1872, foi a vez da primeira volta ao mundo (em grupo organizado).

5. Criador do voucher — Thomas Cook foi o criador do cupom de hotel, em 1867, hoje conhecido como *voucher*.

6. Circular note — documento criado em 1874 e que era aceito por bancos, hotéis, restaurantes e casas comerciais, em diferentes partes do mundo; pode ser considerado o antecessor do atual traveler's check.[5]

A invenção da estrada de ferro deu um novo impulso ao interesse de viajar dos turistas, logo incluindo-se aí o turismo destinado às praias ou ao banho de mar como uma das principais atrações.

Com a chegada do ócio organizado veio o desejo de diversão durante esse "tempo livre", e foram surgindo novos espaços destinados ao lazer dos viajantes. Desse modo, então, estabeleceram-se o primeiro cassino na Bélgica e o primeiro Parque de Diversões Tívoli na Dinamarca. Nos Estados Unidos, foi criado o primeiro Parque Nacional do Mundo, o "Yellowstone", em 1872.

Os transportes se desenvolveram bastante durante esse período, instalando-se linhas férreas em diversos pontos do planeta, facilitando o deslocamento das pessoas em grande número.

---

[3] Na viagem de 5 de julho de 1841, por exemplo, foram oferecidos aos viajantes: chá e pedaços de presunto, a possibilidade de participar de um jogo de críquete e a oportunidade de dançar ao som da música de uma banda que acompanhou o grupo durante a viagem. Ver MONTEJANO, J. M. *Estructura del mercado turístico*. 2. ed. Madrid: Editorial Sintesis, 1999. p. 104.

[4] LICKORISH, L. J. e JENKINS, Carson L. *Introdução ao Turismo*. Rio de Janeiro: Campus, 2000. p. 30.

[5] O traveler's check atual foi criado pela American Express em 1891 (ACERENZA, 2002).

No fim do século XIX teve início o turismo de inverno, com o desenvolvimento de atividades próprias para o frio, e outras modalidades de turismo — o voltado para a saúde, com a divulgação de sanatórios e banhos termais.

O início do século XX

No início do século XX cresceu e muito a utilização do automóvel como importante meio de locomoção, que atualmente predomina como meio de transporte, sendo também o mais utilizado no turismo. Até depois da Segunda Guerra Mundial, o automóvel ainda era um meio de transporte reservado para as classes mais abastadas. Durante esse período, as estradas de ferro é que permitiam a viagem de um número maior de pessoas pelo seu baixo custo.

Em 1991, a França criou um organismo nacional de turismo — o *Office National de Tourisme*.

Nessa época, o crescimento do turismo passou a ser contínuo e crescente. O primeiro vôo transatlântico da KLM aconteceu em 1919. Em 1925, a fundação da União Internacional das Organizações Oficiais de Propaganda Turística (UIOOPT),[6] em Haia, significou uma mudança de percepção do turismo. Essa organização foi criada com o objetivo de promover o turismo em todas as nações para "seu progresso econômico, social e cultural" e foi a antecessora da Organização Mundial do Turismo.

O período posterior à Segunda Guerra Mundial

Ainda durante a Segunda Guerra Mundial, principalmente logo após a conflagração, as férias deixaram de ser concebidas de maneira generalizada como uma "concessão" do empresário para o trabalhador. As legislações nacionais estabeleceram de forma explícita o período obrigatório de férias, desenvolvendo-se, então, a partir daí, o turismo como um importante fenômeno social.

Logo após encerrada a Segunda Guerra Mundial, e no bojo da criação da Organização das Nações Unidas (ONU), muitas organizações internacionais foram criadas. No âmbito do turismo, podemos citar: a Comissão Européia de Turismo e a Associação Mundial de Agências de Viagem.

Durante a segunda metade do século XX, o turismo cresceu mais rapidamente que a atividade industrial. A partir do ano de 1945, a aviação incorporou-se como meio de transporte utilizado pela indústria turística, ocorrendo daí um aumento da oferta de destinos turísticos.

Com o advento do turismo de massas, nos países industrializados, praticamente todas as classes sociais tendem a praticar o turismo, que se incorpora gradativamente aos hábitos e costumes, convertendo-se em um fato significativo da vida das pessoas, principalmente daquelas que habitam os grandes centros. Essa tendência rapidamente é absorvida pelo sistema capitalista e entra em sua fase de "indústria

---

[6] Essa organização, após a Segunda Guerra Mundial, mudou seu nome para União Internacional das Organizações Oficiais de Turismo (UIOOT); em inglês, *International Union of Official Tourist Organizations*, IUOTO), que é a antecessora da Organização Mundial do Turismo (OMT).

de serviços", sendo controlada por agências ou operadores turísticos que dirigem e manipulam a oferta e a demanda turísticas.

Após a Segunda Guerra Mundial, uma série de fatores pode ser indicada para justificar a transformação do turismo em fenômeno de massas. Dentre esses fatores, destacamos os seguintes (DIAS, 2003a):

- crescimento econômico dos países capitalistas;
- período de paz relativa que se seguiu após a guerra;
- modernização e facilidade de acesso aos meios de transporte de viajantes, principalmente o automóvel e o avião;
- diminuição da qualidade de vida urbana pela alta densidade populacional nos grandes centros;
- investimentos em infra-estrutura relacionada com o transporte;
- aparecimento dos operadores turísticos e desenvolvimento das agências de viagem;
- incremento do consumismo;
- aumento da oferta de alojamentos turísticos;
- liberalização do movimento de pessoas entre os países capitalistas;
- férias remuneradas à classe trabalhadora;
- menor inclinação à poupança;
- simplificação dos trâmites aduaneiros;
- emancipação da mulher;
- tendências a novas atitudes e modas;
- relativa estabilidade político-social nos países emissores e, na maioria dos casos, também nos receptores;
- rejuvenescimento dos velhos e antecipação da aposentadoria.

Em 1960 ocorreu a Conferência Internacional das Nações Unidas "Travel and Tourism", na cidade de Roma. Esse foi um fato de primordial importância, pois, pela primeira vez, incluiu-se o turismo na agenda internacional no mais alto nível, estabelecendo-se, assim, sua importância para a economia mundial.

Em 1967, revelando a importância que o turismo estava assumindo, comemorou-se o "Ano do Turismo Mundial".

Em Madrid, no ano de 1974, foi criada a Organização Mundial do Turismo (OMT) com o objetivo de "promover e desenvolver o turismo para contribuir com o desenvolvimento econômico, a compreensão internacional, a paz, a prosperidade e o respeito universal, a observância dos direitos humanos e as liberdades fundamentais para todos, sem distinção de raça, sexo, língua ou religião".

Os anos oitenta

As motivações dos turistas foram se ampliando, cresceram as opções alternativas ao turismo de massas, aumentou o número de viagens de aventura ou aquelas com diversas atividades ao mesmo tempo.

Em 1980, ocorreu a "Conferência de Manila sobre o Turismo Mundial", que produziu um documento intitulado "Declaração de Manila sobre o Turismo Mundial". Em um dos seus parágrafos, encontramos a afirmação: "os recursos turísticos de que dispõem os países estão constituídos pelo espaço, bens e valores. Tratam-se de recursos cujo emprego não pode ser descontrolado sem, com isso, correr o risco de sua degradação, e inclusive destruição. A satisfação das necessidades turísticas não deve constituir uma ameaça para os interesses sociais e econômicos das populações e das regiões turísticas, para o meio ambiente, especialmente para os recursos naturais — atração essencial do turismo — nem para os lugares históricos e culturais. Todos os recursos turísticos pertencem ao patrimônio da humanidade. As comunidades nacionais e a comunidade internacional como um todo devem empregar os esforços necessários para sua preservação. A conservação dos lugares históricos, culturais e religiosos, em qualquer circunstância e especialmente em tempos de conflito, constitui uma das responsabilidades fundamentais dos Estados".

Em 1985, a Assembléia da OMT adotou a "Carta do Turismo e o Código do Turista", os quais apelam para que Estados e turistas individualmente tenham em conta a importância da proteção do meio ambiente e a conservação dos recursos naturais e culturais, benéficos tanto para os turistas como para a população local (veja Anexo I).

Em 1989, com a queda do Muro de Berlim, e, em 1991, com o desaparecimento do bloco de países socialistas liderados pela Antiga União Soviética, é incorporado na economia global um grande número de países, os quais anteriormente não estavam incluídos nas rotas de turismo. No final do século XX o turismo cresceu de modo mais formidável ainda, tornando-se a principal atividade econômica do planeta.

O atual estágio em que se encontra o turismo, denominado genericamente como de massas, teve seu início a partir da segunda metade do século XX e permanece até os dias atuais. Nesse período, o turismo se tornou uma necessidade de amplas camadas da população e se consolidou como um imperativo social, econômico e cultural dos povos. Entre suas principais características estão (DIAS & AGUIAR, 2002):

1. O aparecimento depois da Segunda Guerra Mundial dos jatos de alta velocidade, que, em suas versões maiores, permitem o transporte de grandes quantidades de passageiros.

2. O automóvel continua em expansão como meio de transporte, graças a um sistema de crédito que facilita sua aquisição por um grande número de pessoas, facilitando suas viagens.

3. A construção, a modernização e a diversificação dos estabelecimentos de hospedagem facilitam e estimulam as visitas temporárias em lugares diferentes daqueles em que as pessoas residem.

4. O incremento de obras básicas de infra-estrutura, tais como portos marítimos, marinas, vias expressas, aeroportos, instalações de energia elétrica, água potável e centros recreativos, os quais favorecem e fomentam o desenvolvimento do turismo.
5. Os meios de transporte regular com itinerários fixos são rápidos e seguros e ao alcance do público de modo geral.
6. O agente se converte na parte dinâmica do turismo, com ofertas ou "pacotes" atrativos, abertos ao crédito, promovendo e difundindo as atrações turísticas.
7. Surgem numerosas disposições que regulamentam as atividades turísticas e trabalhistas, o que propicia o desenvolvimento ainda maior do turismo.
8. Os organismos turísticos oficiais e privados planificam e desenvolvem profissionalmente suas funções.
9. São oferecidos ágeis e acessíveis sistemas de créditos para viajar, muitos com particular atenção ao social.

A transformação do turismo em fenômeno de massas deveu-se a vários fatores que foram reunidos por Reinaldo Dias (2003a). São eles:

- crescimento econômico dos países capitalistas;
- período de relativa paz que se seguiu à Segunda Guerra Mundial;
- modernização e facilidade de acesso aos meios de transporte de viajantes, principalmente o automóvel e o avião;
- diminuição da qualidade de vida urbana pela alta densidade populacional nos grandes centros;
- investimentos em infra-estrutura;
- aparecimento dos operadores turísticos e desenvolvimento das agências de viagem;
- incremento do consumismo;
- aumento da oferta de alojamentos turísticos;
- liberalização do movimento de pessoas entre os países capitalistas;
- férias remuneradas à classe trabalhadora;
- menor inclinação à poupança;
- simplificação dos trâmites aduaneiros;
- emancipação da mulher;
- tendências a novas atitudes e modas;
- relativa estabilidade político-social nos países emissores e, na maioria dos casos, nos receptores; e

Capítulo 3   A atividade turística

- surgimento dos grupos da terceira idade bem ativos e antecipação da aposentadoria.

3.4 Importância econômica do turismo

O turismo é considerado hoje a principal atividade econômica no mundo, e as previsões para os próximos anos são de que seu crescimento permanecerá atingindo patamares cada vez mais altos. O impacto da atividade turística em outros setores é tal, que se pode considerar o gasto do turista como o elo inicial de uma imensa cadeia econômica que subsiste graças a esses visitantes. Entre outros efeitos econômicos do turismo, podemos relacionar:

1. Contribui para a entrada de divisas (em todos os níveis: local, regional e nacional), as quais produzirão efeitos em outros segmentos econômicos.
2. É uma atividade geradora de empregos, pois requer mão-de-obra intensiva. Um outro aspecto a ser considerado é que o investimento para criar um posto de trabalho no turismo é bastante inferior ao investimento necessário, por exemplo, no setor industrial.
3. Contribui para o equilíbrio da balança de pagamentos. O turismo é uma atividade de exportação de bens e serviços turísticos, que provoca um fluxo de entrada de divisas para o país receptor.
4. Provoca um efeito cascata nas demais atividades econômicas, pois apresenta uma grande conexão com outros setores, como a construção civil, a agricultura, inúmeras atividades industriais etc.
5. Provoca o surgimento de novas áreas de lazer, que, posteriormente, serão aproveitadas pelas populações residentes, tais como parques temáticos, praças para eventos etc., o que gera novas oportunidades de trabalho e multiplicação do pequeno comércio.
6. Induz ao fortalecimento de inúmeras atividades culturais, como teatro, festivais de música, festas folclóricas etc., com a sua contrapartida em aumento dos postos de trabalho, de entrada de divisas e multiplicação de atividades comerciais de pequeno tamanho.
7. Valoriza o patrimônio natural e cultural das localidades, induzindo as iniciativas privada e pública a investir nesses setores, o que gera um efeito multiplicar em outras áreas, tais como a construção civil, por exemplo.

No entanto, os efeitos econômicos positivos podem também dar lugar a problemas que afetariam o desenvolvimento, tais como:

- pode ocorrer uma supervalorização do solo nas regiões turísticas;
- o encarecimento dos gêneros alimentícios nos períodos de temporada;
- investimento em infra-estrutura que não é utilizada nos períodos fora de temporada;

- deslocamento sazonal da força de trabalho de outras áreas econômicas para o turismo;
- aumento do custo dos serviços públicos para a população residente, pela utilização dos não-residentes;
- aumento dos gastos públicos com limpeza, segurança, obras viárias etc.

A esses aspectos negativos do ponto de vista econômico podem ser adicionados outros do ponto de vista sociocultural e ambiental, os quais podem caracterizar o turismo como paradoxal, pois tanto traz efeitos positivos como negativos. E é esse aspecto da atividade turística que nos leva a supervalorizar a necessidade de planejamento no turismo.

Podemos afirmar, então, que, embora seja uma atividade econômica relativamente recente, o turismo já demonstrou que pode ser uma opção de desenvolvimento tanto para nações quanto para localidades, pois seus impactos não se restringem a áreas específicas; ao contrário, seus efeitos atingem todos os segmentos de forma direta ou indireta. Nesse século XXI, que está apenas começando, o turismo na realidade é tão importante para o desenvolvimento dos países, regiões ou localidades como foi a indústria de transformação ao longo de todo o século XX. E a disputa para ser o destinatário de fluxos cada vez maiores dá a medida da importância do marketing para os lugares que buscam se tornar destinos turísticos competitivos.

Questões

1. Qual o conceito de turista adotado pela OMT?
2. O que são excursionistas, na definição da OMT?
3. O turismo compreende o movimento de turistas e excursionistas ou somente do primeiro? Explique.
4. O que é o turismo interno (ou doméstico)?
5. O que é o turismo receptivo?
6. O que é o turismo emissor ou emissivo?
7. O alojamento no destino é uma condição necessária para que haja turismo? Justifique.
8. Qual foi a grande contribuição dada por Thomas Cook e que colaborou para mudar a imagem das viagens?
9. Quando foi criada a OMT e qual seu objetivo?
10. Cite pelo menos 3 efeitos econômicos positivos provocados pelo turismo?
11. Cite pelo menos 3 efeitos econômicos negativos provocados pelo turismo?
12. Por que é de fundamental importância a utilização do planejamento em turismo?

CAPÍTULO 4

Marketing de serviços e o turismo

Do ponto de vista do desenvolvimento auto-sustentável, fornecer serviços em vez de apenas vender produtos cria um novo alinhamento potencial entre o que faz sentido economicamente e o que faz sentido ambientalmente.

SENGE & CARSTEDT, 2001, p. 120

A evolução da sociedade cada dia mais dinâmica impõe transformações em seus conceitos fundamentais. Entre esses estão as necessidades e os desejos das pessoas, transformados à medida que o tempo passa. Cada vez mais nos reportamos à afirmação dos autores acima, em que o foco dessas necessidades não está somente nas características de produtos, mas principalmente nos serviços que podem ser fornecidos às pessoas e os seus benefícios para essas e para a sociedade como um todo. Definir então o significado de serviços, sua relação com produtos e o papel do marketing junto a serviços é o escopo deste capítulo. Inicialmente, apresentaremos a importância e o crescimento do setor de serviços no contexto internacional e principalmente no Brasil, abrangendo os principais segmentos dos serviços nacionais, com direcionamento específico ao turismo. Traremos, ainda, os conceitos de marketing específicos para serviços — tanto em relação ao serviço como parte integrante de produtos quanto aos serviços vistos como o próprio produto oferecido.

4.1 Os serviços no ambiente globalizado

A entrada do século XXI marcou definitivamente a transformação da base econômica mundial, consolidando o setor de serviços diante de uma velha economia inicialmente agrícola e posteriormente industrial. Empresas de grande porte, como a IBM e a Compaq, deixaram de lado a orientação industrial, voltando suas competências para a prestação de serviços por meio de soluções aos clientes. Cada vez mais as organizações buscam a flexibilidade pelos processos de terceirização e quarteirização, que não estão mais restritos a somente atividades periféricas da organização, mas também a atividades ligadas à própria produção.

Exemplos como o do consórcio modular da Volkswagen de Resende (RJ) se espalham pelo país e pelo mundo. Empresas desenvolvem parcerias até mesmo na produção industrial, originalmente restrita a uma única empresa e hoje compartilhada entre os diferentes integrantes da cadeia produtiva. Não é raro encontrar um fornecedor que, além de entregar um determinado componente, se responsabiliza por montá-lo no produto final dentro da linha de montagem de seu cliente (veja a tabela 4.1).

Desde a década de 1990 já se observava a participação do setor de serviços brasileiro superior à casa de 50% do produto interno bruto do país. Segundo dados do IBGE,[1] a participação relativa do setor de serviços no PIB já era 62,31% em 1996, mantendo-se acima de 61% até 1999 e somente decaindo para 58,88% do PIB em 2000. Isso quer dizer que a grande maioria da riqueza brasileira é gerada em atividades do setor de serviços nacional. Assim, para um PIB da ordem de US$ 602 bilhões em 2000, somente o setor de serviços contribuía com US$ 354 bilhões.

A importância do setor de serviços para o país também pode ser observada a partir da distribuição da mão-de-obra formal nos setores da atividade econômica. Em 2001, de um total de 83,2 milhões de pessoas economicamente ativas, 32,7 milhões estavam empregadas em atividades próprias do setor de serviços.

Como pode ser observado no Gráfico 4.1, em 2001, enquanto 48% da força de trabalho atuava em atividades de serviços, a indústria empregava apenas 15%, mesmo índice do comércio. Tal importância assumida por esse setor pode ser compreen-

Tabela 4.1 — Pessoas ocupadas por ramo de atividade no Brasil

Atividade	1997	1998	1999	2001
Agrícola	16.770.675	16.338.100	17.715.057	15.534.227
Indústria	13.864.789	14.072.164	14.133.569	10.636.119
Comércio	9.222.789	9.416.999	9.852.487	10.784.750
Serviços	29.473.254	30.135.850	30.267.172	32.732.138

Fonte: IBGE, Pesquisa Nacional por Amostra de Domicílios 2001 (disponível em www.ibge.gov.br, consulta de 31/07/2003a).

---

[1] Participação relativa dos setores na atividade econômica: participação percentual no valor adicionado a preços básicos (./.), obtido a partir do sistema de contas nacionais e disponível em www.ibge.gov.br, consulta de 31/07/2003.

Gráfico 4.1 Pessoas ocupadas por ramo de atividade no Brasil — 2001

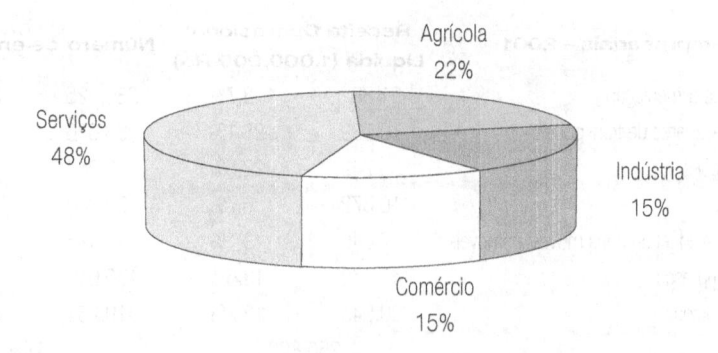

- Agrícola 22%
- Serviços 48%
- Indústria 15%
- Comércio 15%

Fonte: IBGE — Pesquisa Nacional por Amostra de Domicílios 2001 (disponível em www.ibge.gov.br, acesso em 31/07/2003).

dida a partir do desenvolvimento da economia nacional como um todo. Quando os consumidores dispõem de mais recursos do que o necessário para suas compras básicas de alimentos, vestuário e moradia, esses se vêem inclinados a usar serviços. O aumento do consumo de videocassetes e aparelhos de DVD induz ao crescimento das locadoras de filmes; o aumento de automóveis e eletrodomésticos impulsiona as atividades de manutenção e reparos; o avanço da tecnologia da informação estimula o crescimento de serviços educacionais ligados à informática.

Os excedentes ainda são responsáveis pelo lazer e pelo entretenimento. Cada vez mais as pessoas buscam aplicar seus recursos em atividades ligadas ao turismo e lazer, gerando negócios no setor. A própria alteração da estrutura familiar básica — com a inserção da mulher no mercado de trabalho — e as modificações das relações de emprego reduziram o tempo livre das pessoas para os afazeres domésticos, criando uma nova demanda por profissionais que cuidem dos filhos e da casa, façam reparos, lavem e passem as roupas ou mesmo resumam notícias ou livros para agilizar a leitura.

Segundo a Pesquisa Anual de Serviços do IBGE — 2001, havia 813.667 empresas atuando em serviços, sendo a maioria do segmento composta de serviços de alojamento e alimentação. Dessas empresas, o maior volume de receita operacional bruta era registrado pelas empresas de transportes e serviços auxiliares (veja a Tabela 4.2).

Segundo dados da Embratur,[2] o número de estabelecimentos ligados a atividades turísticas chegava a cerca de 150 mil em 2000, alocando 1,24 milhão de trabalhadores diretos. Isso indica o significado que tem o setor de turismo dentro da economia brasileira como um todo, gerando significativa parcela de riqueza do país.

Dentre os diversos tipos de serviços, destaca-se aquele prestado a empresas, apresentando significativo crescimento e valoração em virtude do grande movimento

---

[2] Ministério do Trabalho e Emprego — Departamento de emprego e salário, disponível em www.embratur.gov.br.

Tabela 4.2 — Distribuição das Atividades de Serviços – 2001

Atividades empresariais - 2001	Receita Operacional Líquida (1.000.000 R$)		Número de empresas	
Serviços de alojamento e alimentação	21.882	8,7%	280.025	34,4%
Transportes e serviços auxiliares de transportes	70.539	28,1%	83.096	10,2%
Correio e telecomunicações	56.740	22,6%	3.964	0,5%
Atividades de informática	16.872	6,7%	38.238	4,7%
Atividades imobiliárias e aluguel de bens móveis e imóveis	7.846	3,1%	38.476	4,7%
Serviços prestados a empresas	46.472	18,5%	150.616	18,5%
Outras atividades de serviços	30.545	12,2%	219.252	26,9%
Total	250.896		813.667	

Fonte: IBGE — Pesquisa Anual de Serviços — 2001

de reestruturação e reengenharia por que passam as organizações contemporâneas. Na busca de melhorias de produtividade, consultores e empresas especializadas são contratados; sistemas de informação mais complexos interligam as áreas da empresa e seus fornecedores demandam empresas de informática e softwares especializados em implantação de sistemas integrados e treinamento de pessoal para a utilização das novas tecnologias; a terceirização das atividades organizacionais dá espaço para empresas de quarteirização, otimizando a relação entre a empresa e seus prestadores de serviços.

A inovação e as mudanças tecnológicas não são responsáveis somente pelo aumento da demanda por serviços; ela possibilita incremento da oferta de serviços como um todo, oferecendo novas possibilidades ao consumidor. Atualmente é possível a uma cidade apresentar, pela internet, os atrativos que levariam um turista a procurá-la para o seu descanso ou lazer, oferecendo de maneira simplificada o acesso aos equipamentos turísticos como hotéis e pousadas, bem como informações sobre eventos, pontos atrativos, mapas e guias da região. É o caso de cidades como Campos do Jordão (SP), a qual oferece, por meio do seu portal na internet, toda a programação de seu festival de inverno, bem como acesso a seus hotéis e pousadas, possibilitando reservas, informações e, ainda, orientações para o consumidor-turista quanto a vias de acesso, roteiros turísticos do local, dicas culturais e dados históricos da cidade.

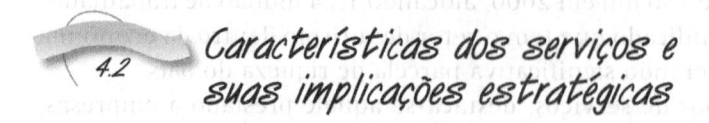

4.2 Características dos serviços e suas implicações estratégicas

Para a adequada compreensão das características relacionadas aos serviços, é necessário definir mais adequadamente o conceito de serviço. A disponibilidade de entrega de numerário que um banco proporciona a um cliente de maneira remota, em um shopping center, por exemplo, durante suas compras, é classificada como serviço ao cliente. Assim também, serviço é a exibição de um filme em um cinema, a lavagem de um carro, um exame médico e outros. Podemos incluir, ainda, a manutenção do jardim de uma residência por um jardineiro, a organização de uma viagem de férias por parte de uma agência de turismo ou mesmo a infra-estrutura criada por uma cidade para que os seus visitantes desfrutem de suas belezas e peculiaridades de maneira prazerosa.

Segundo a American Marketing Association (2003), serviços são caracterizados como bens intangíveis ou com certo grau de intangibilidade. Se totalmente intangíveis, eles são fornecidos diretamente ao consumidor pelo seu produtor, não podem ser transportados ou estocados e apresentam características de perecibilidade. Serviços são geralmente difíceis de se identificar, uma vez que ganham existência no mesmo momento em que são adquiridos e consumidos. Os serviços envolvem características intangíveis que lhe são intrínsecas e inseparáveis. Geralmente, eles envolvem a participação do consumidor para ganhar existência e não podem ser vendidos ou transferidos a outro pelo seu proprietário original.

Atualmente, a maior parte dos serviços envolve uma parcela de tangibilidade e outra de intangibilidade, de modo que a maneira como é utilizado classifica-o como produto ou serviço (todos são bens). Observando cada um dos produtos oferecidos pelas empresas, pode-se verificar ainda que parte do produto é caracterizada pelo valor que carrega e fornece ao cliente por meio de suas características físicas e funcionais. Entretanto, outra parte significativa do valor daquele produto não lhe pode ser agregada diretamente, sendo proporcionada pelas diversas experiências que o consumidor é levado a vivenciar nos diferentes momentos da aquisição do produto. Essas experiências incluem uma boa divulgação do local onde tal produto pode ser encontrado, a descrição exata de suas características e benefícios no momento da aquisição e a relação estabelecida após a aquisição — a pós-venda, em que se enquadram as pesquisas de opinião e satisfação com o produto ou, ainda, a rede de assistência técnica disponibilizada ou mesmo o suporte técnico responsável pela implantação do produto ou serviço.

Quanto ao objeto que representa, o conceito de serviço pode estar relacionado a duas classificações distintas.

Serviço como parte integrante de um produto

A caracterização de um produto oferecido para o consumo em determinado mercado é feita por um conjunto de fatores que define os benefícios a serem proporcionados a seus consumidores. Esses benefícios decorrem de atributos diretamente ligados ao produto, tais como suas características físicas — cor, peso, volume, funções, adequação ao uso — ou seus atributos não diretamente ligados ao produto, mas que lhe agregam valor, proporcionando, assim, benefícios àqueles que o consomem. Por exemplo, a assistência técnica não é um elemento que vem embutido no produto como parte desse, porém está à disposição do consumidor para o caso de uma falha ou quebra durante o tempo de utilização. Fatores como a facilidade de encontrar o produto, orientações adequadas no momento da compra, facilidade de instalação, orientações sobre as funções do produto, indicações dos canais de distribuição e das características do produto antes da compra fazem parte do rol de serviços agregados a um determinado produto, decisivos no momento da compra.

Dessa maneira, uma estância hidromineral como a cidade de Serra Negra (SP) oferece como produto turístico suas águas naturais terapêuticas, proporcionando ao consumidor-turista o benefício da melhoria das condições de saúde pelo seu consumo, dentro do ambiente próprio da cidade. Ao mesmo tempo, adiciona valor ao produto pela divulgação dos benefícios daquelas águas, pelo desenvolvimento da rede de hospedagem adequada ao lazer do consumidor-turista, pelo planejamento de transporte urbano, acessibilidade e condições de visita às suas fontes termais, pela segurança urbana e pelos serviços de apoio ao turista. Esse valor adicionado por meio de serviço ao cliente faz parte do produto como um todo, perdendo o seu sentido na ausência do produto principal. Ao mesmo tempo que acrescenta valor ao produto em si, também eleva os custos ligados a ele, de maneira a impor limites quanto ao nível de serviço agregado aos produtos.

Ainda sobre a valoração do nível de serviço, Ballou (1993, p. 78) acrescenta que o custo do estabelecimento de certo nível de serviço deve ser contrabalançado com vendas potenciais para aqueles serviços, de maneira a dar a máxima contribuição nos lucros. Para o caso específico de uma localidade, o termo lucro utilizado pelo autor deve ser modificado para vantagens à localidade, que decorrem do aumento do fluxo de pessoas, com o conseqüente aumento de gastos na região, de arrecadação de impostos e geração de empregos, proporcionando a melhoria do próprio padrão de vida de seus habitantes.

No caso de uma localidade, o lucro não é destinado diretamente àqueles responsáveis pelo efetivo esforço de marketing, que são os agentes públicos, as secretarias de turismo, as prefeituras e os governos estaduais. A substituição do conceito de lucro pelo de vantagens à localidade por intermédio do maior fluxo de pessoas é condição necessária para compreendermos os mecanismos ligados ao desenvolvimento do esforço de posicionamento de marca de uma localidade. A avaliação da efetividade do esforço de marketing empreendido no caso de uma localidade turística deve derivar do levantamento de resultados tanto pelo setor público quanto pelo setor privado. Muitas vezes, o benefício para o setor público é mais demoradamente sentido, pois depende da arrecadação de impostos e do grau de alocação de mão-de-obra na região. Entretanto, é possível obter resultados concretos da eficácia das estratégias de marketing pelos indicadores de desempenhos compilados junto a organismos privados. Um exemplo são os diversos lojistas do segmento de móveis de Itatiba, que podem informar incrementos em seus resultados após a realização de uma feira de móveis naquela cidade.

Assim, o consumidor-turista que viaja para Águas de Lindóia em busca de suas fontes medicinais e restauradoras encontra, além das águas e do clima da montanha, outros elementos que atuam positivamente na sua experiência de visitante à cidade. E é por meio desse conjunto de experiências positivas que uma força de ligação entre o consumidor-turista e a cidade visitada é gerada, fazendo com que ali ele retorne outras vezes. Tal fator positivo — capaz de agregar valor à estadia desse consumidor naquela localidade — pode estar ligado a:

- serviços de infra-estrutura da cidade;
- festas e eventos realizados pelo poder público;
- adequadas instalações hoteleiras;
- bares e restaurantes de qualidade e em sintonia com o padrão desenvolvido pela segmentação de mercado escolhida;
- segurança pública;
- serviços de saúde;
- facilidade de acesso à cidade;
- adequada sinalização e demais elementos.

Outro exemplo de serviço associado ao produto turístico é dado por prefeituras de cidades paulistas, como Campinas, São Roque e Sorocaba, as quais, isoladamente, desenvolveram programas de urbanização e revitalização do centro da cidade. Com isso, atraíram para o local os habitantes tanto da própria cidade quanto das regiões vizinhas — e tudo graças à decoração natalina e às festividades da passagem de ano, com a oferta de adequadas condições de segurança, variados estabelecimentos comerciais e facilidade de acesso ao local das festividades.

Para o serviço agregado ao produto define-se o momento em que esse ocorre ou em função do momento da compra ou da efetiva realização da troca entre as partes. Isso se deve pela importância atribuída à troca, tomada como objetivo da relação comercial que se estabelece. Assim, em função do momento em relação à venda, temos:

1. Pré-transação: momento que antecede a compra. Nessa fase é importante tornar conhecidos o produto e suas características e particularidades aos seus potenciais clientes. Apresenta-se, então, seus atributos, indicando os benefícios esperados, o local de compra, o nível de preço e outros elementos que fazem parte do conhecimento prévio necessário para levar o cliente a adquirir o produto, reforçando a relação estabelecida entre fornecedor e consumidor. Assim, os panfletos que uma cidade distribui na região para anunciar seus eventos específicos são parte do esforço de marketing, mais especificamente da comunicação de marketing, no momento de pré-transação.

2. Transação: momento no qual ocorre a compra, contado a partir do instante em que o consumidor em potencial se decide pela aquisição do produto e inicia os esforços para consumar a troca. Envolve fatores como facilidade de encontrar o produto no ponto de venda, orientação adequada na hora da compra sobre as características do produto e modo de utilizá-lo, condições de crédito, agilidade no atendimento, facilidade de estacionamento,

segurança etc. Esse período retrata a experiência do consumidor durante a aquisição do produto.

3. Pós-transação: caracterizada como o conjunto de ações voltado para gerar valor após a compra ter sido efetuada, quando o cliente já se encontra de posse do produto ou desfruta dos serviços adquiridos. Por meio da pós-transação é possível preservar a fidelidade do consumidor com maior facilidade, oferecendo mecanismos de comunicação desse com o fornecedor para que ele possa expressar suas dúvidas, críticas ou mesmo sugestões. As atividades desenvolvidas na pós-transação englobam o serviço de atendimento ao consumidor — conhecido como SAC, a assistência técnica prestada ao cliente, a instalação de um produto após sua aquisição, um serviço de entrega ou mesmo uma pesquisa de satisfação efetuada após o contato do consumidor com o bem que adquiriu.

Serviço como o próprio objeto de troca

Esse é o caso em que nos referimos ao setor terciário ou de serviços como um todo, no qual serviço nada mais é do que o próprio bem/objeto da transação comercial de compra e venda, que vai satisfazer à necessidade do consumidor. Para Kotler e Armstrong (2003, p. 5), os serviços são atividades ou benefícios oferecidos para venda, os quais são essencialmente intangíveis e não resultam na posse de nada. Quando um cliente tem seu cabelo cortado por um cabeleireiro, ele não está adquirindo nada físico, mas, sim, estético; não se trata de um bem que possa ser devolvido em caso de insatisfação ou defeito e ainda depende da total interação entre o cliente e o profissional para a sua realização. Quando um consumidor-turista visita uma localidade, ele pode até adquirir produtos dali como lembranças e postais, mas, na realidade, o serviço que recebe está relacionado com seu lazer e satisfação proporcionados por tal localidade.

Lewis e Chambers (1999, p. 26) afirmam que a principal diferença entre serviços e bens é a noção de intangibilidade. Entretanto, não há um bem que possa ser observado como um produto totalmente tangível, uma vez que há intangibilidade em parte do valor agregado a ele, isso é, no serviço agregado ao próprio bem comercializado. Para os autores:

> *Essencialmente, o componente bem tangível de um produto é diferente do componente serviço intangível, uma vez que se pode ver e sentir o bem, enquanto o serviço proporciona uma experiência intangível. Um carro é um bem que pode ser dirigido e testado antes de ser adquirido. Uma estadia de hotel ou uma refeição em um restaurante é um serviço, mas o quarto ou a refeição não podem ser testados antes de sua aquisição. Um comprador de um carro sai com um carro; um comprador de serviço sai com uma experiência.*

Para se estabelecer de maneira clara a diferença entre bens, produtos e serviços, Lovelock e Wright (2003, p. 16) caracterizam produto como sendo a produção central de qualquer tipo de indústria ou atividade e que propicia benefícios aos clientes que o compram e utilizam. Por sua vez, os bens são considerados aqueles objetos ou dispositivos físicos que atendem às necessidades de clientes a partir de sua posse ou uso. Os bens são considerados tangíveis e passíveis de se adquirir a posse. Já os serviços são ações e desempenhos que interagem com os clientes, proporcionando-lhes a satisfação de suas necessidades.

Um grande número de organizações oferece serviços: bancos, seguradoras, transportadoras, hotéis, empresas de consultoria, imobiliárias, corretoras, despachantes aduaneiros, escritórios de arquitetura, advocacia, engenharia, consultórios médicos e odontológicos, clínicas psicológicas, agências de propaganda. Entretanto, não só organizações com fins lucrativos são responsáveis por serviços: organizações não-governamentais, de caridade, associações religiosas, universidades e hospitais compõem um conjunto de organizações que oferece serviços a seus usuários sem visar lucro.

O próprio governo é responsável por uma série de serviços de utilidade pública oferecidos à população para a garantia de seu bem-estar, tais como polícia, bombeiros, hospitais, escolas etc. Porém, os serviços públicos devem receber especial atenção no momento de se aplicar os conceitos de marketing de serviços. Assim que se verifica o monopólio em alguns setores, surge, para o marketing, o desafio de substituir em sua análise o concorrente pelo usuário — o qual exige do serviço qualidade, eficiência, eficácia e transparência.

Outro aspecto relevante quanto aos serviços são suas características básicas. Para Kotler e Armstrong (2003, p. 224) existem quatro características específicas dos serviços, que são:

1. *Intangibilidade dos serviços:* o conceito de intangibilidade se refere a um produto que não pode ser tocado ou percebido pelos sentidos humanos, o qual, desse modo, se torna difícil de ser determinado ou mentalmente definido. Embora o conforto das instalações de um hotel possa ser sentido pelo cliente, ainda assim ele é intangível. A existência de elementos tangíveis na prestação de serviços não descaracteriza sua intangibilidade básica, voltada para a razão de ser do serviço prestado. As condições agradáveis de um salão de beleza podem ser percebidas, mas a satisfação com a beleza da maquiagem ou do penteado não se materializa por meio de um elemento que se possa apanhar ou tocar. Churchill e Peter (2003, p. 294) consideram a questão da intangibilidade não por uma regra de certo ou errado, mas, sim, por uma linha contínua que analisa o grau de tangibilidade de um produto. Dessa forma, um carro é um bem tangível; já a troca do óleo do carro ou a sua manutenção são serviços em um grau misto de tangibilidade, pois envolve peças e componentes físicos e ainda ações humanas aplicadas diretamente no produto. Por outro lado, a corrida de táxi pode ser considerada como totalmente intangível. O esforço de marketing empreendido para se comercializar um carro vai ser totalmente diferente daquele aplicado na comercialização de seus serviços de manutenção ou mesmo naquele necessário para a oferta

de serviços de táxi em uma cidade. Apesar de esses três casos se referirem ao mesmo objeto geral — o carro, o planejamento e as estratégias de marketing de cada caso seguem características bem peculiares e diferentes entre si.

A intangibilidade de um serviço, em maior ou menor grau, proporciona alguns desafios peculiares. Como afirmam Kotler e Armstrong, os serviços não podem ser vistos, provados, sentidos, ouvidos ou cheirados antes da compra. O potencial comprador não pode examinar um serviço antes de ele lhe ser prestado. Isso atribui às referências e aos credenciais do fornecedor um papel fundamental da decisão de compra de um serviço. Importante papel passa a ser desempenhado também pela aparência do fornecedor e de suas instalações em que o serviço será prestado. Outro fator que poderá ser levado em consideração na decisão de consumo do cliente é o preço do produto em si: muitas vezes, produtos excessivamente baratos denotam baixa qualidade. Por outro lado, médicos ou engenheiros que cobram um preço relativamente elevado podem ser procurados apenas pela suposição dos consumidores de que são profissionais com mais experiência ou maior capacitação.

Outro desafio da intangibilidade advém da impossibilidade de corrigir muitas vezes um problema surgido com a execução de um serviço. Uma cirurgia mal encaminhada pode ter conseqüências irreversíveis ao paciente, assim como um corte de cabelo que não agrade ao consumidor ou, ainda, um roteiro turístico que não lhe traga boas recordações a ser guardadas.

A impossibilidade de se estocar o serviço também representa um desafio. Excesso de pedidos de reserva em hotel no feriado não pode ser armazenado para um período de baixa procura. Um serviço é primeiramente vendido para depois ser executado e consumido simultaneamente.

2. *Inseparabilidade do serviço*: um serviço geralmente não pode ser separado de seu fornecedor. Uma vez que ele envolve uma relação de confiança e credibilidade estabelecida, a figura do prestador de serviço é determinante em sua aquisição. Se determinado massagista é o responsável pelo serviço da clínica estética, então esse profissional é parte do serviço. Nos casos em que a prestação do serviço requer a presença do cliente, aí tanto fornecedor quanto cliente são partes do serviço, uma vez que interagem e determinam seu resultado.

Assim, um consumidor-turista que deseja adquirir um determinado pacote de férias especifica não somente o local de sua viagem, mas também a empresa que lhe prestará o serviço de transporte.

3. *Variabilidade dos serviços*: a qualidade de um serviço está intimamente ligada à habilidade e ao conhecimento de seu fornecedor e até mesmo a seu estado de espírito no momento da troca. A execução de um serviço pode ser comparada à confecção de um produto artesanal, em que a forma e as características do produto dependem principalmente da habilidade do

profissional que o elabora. Tal profissional utiliza toda sua habilidade para preparar o produto segundo as especificações que lhe foram solicitadas.

Se, por um lado, os bens manufaturados podem ter seu processo de fabricação padronizado e controlado, garantindo suas características e sua qualidade independentemente de quem os tenha fabricado, os serviços dependem da habilidade humana para serem confeccionados. Enquanto a divisão do trabalho e a especialização do processo produtivo aliadas à burocracia conseguiram resolver os problemas de produtividade e variabilidade do processo industrial moderno, os serviços continuaram dependentes de seus fornecedores. Apesar de grupos de médicos se reunirem para efetuar operações em massa utilizando conceitos fordistas, a atuação individual restrita a etapas do processo como um todo ainda é muito dependente da habilidade do profissional, que desempenhará seu papel de acordo com seus princípios e conhecimentos.

Lewis e Chambers tratam da heterogeneidade do serviço como decorrência da variabilidade e da falta de uniformidade do serviço prestado baseados na habilidade individual do prestador de serviço. O serviço recebido por meio do atendente de um balcão de hotel pode ser muito melhor ou muito pior do que o serviço prestado por um garçom do mesmo hotel. Logo, o serviço percebido pelo consumidor-turista em sua estadia em um hotel será uma grande experiência composta por diversas outras experiências menores — ocorridas em atividades específicas (como serviço de quarto, restaurante, atendimento do balcão, piscina, limpeza, manutenção, reserva). Assim, a consistência do serviço global do hotel é algo muito difícil de se obter em função da natureza humana do serviço prestado. Para os autores:

> Manuais podem prescrever exatamente o que se espera que cada empregado faça em um grande restaurante em qualquer situação que ocorra, mas eles não conseguem prever o que diferentes indivíduos, com diferentes formações e experiências, diferentes orientações e diferentes personalidades farão na prática, diante de uma determinada situação. LEWIS & CHAMBERS, 1999, p. 32-33.

4. *Perecibilidade dos serviços*: a perecibilidade dos serviços significa que eles não podem ser armazenados para posterior consumo. Uma vez intangíveis, eles não podem ser confeccionados previamente para a compensação de sazonalidades da demanda. Assim, uma empresa de transporte pode até ter uma quantidade maior de veículos e pessoas para compensar períodos de excesso de pedidos, mas isso representa apenas uma capacidade produtiva disponível na empresa para atender às flutuações da demanda, e não ao estoque de serviços.

Cabe ao marketing empreender esforços para compensar as sazonalidades do setor de serviços. Práticas como promoções em baixa temporada e aumento de preço em épocas de alta temporada são constantes em hotéis, que as utilizam para buscar maior equilíbrio entre demanda e oferta de acomodações.

Para Lewis e Chambers (1999, p. 30), a perecibilidade é a segunda característica fundamental dos serviços, vindo somente após a intangibilidade. Para eles, não há nada mais perecível que um assento em um avião ou uma estadia em hotel. Se, em um determinado vôo, o assento não for comercializado, a empresa não terá uma segunda chance de fazê-lo, uma vez que a possibilidade de serviço se expira ao término daquele transporte. Mesma situação vivem as empresas de transporte de carga, que precisam ocupar seu equipamento de transporte e, assim, maximizar a produtividade do frete. Caso sejam obrigadas a efetuar o transporte sem carga plena, elas não terão nova oportunidade de, naquele frete, efetuar 100% de aproveitamento.

Lovelock e Wright (2003, p. 16–20) desenvolveram um conjunto mais abrangente de características dos serviços em si, muitas vezes decorrentes das características básicas anteriores. Além das já descritas, eles acrescentam:

1. *Maior dificuldade de avaliação por parte dos clientes*: grande parte dos serviços só é perfeitamente percebida após ter sido oferecida, dificultando a elaboração de indicadores de desempenho que possibilitem a sua avaliação. Alguns atributos ainda são formados com base nas impressões pessoais e relações de credibilidade estabelecidas, o que se mostra suficientemente subjetivo para gerar algum tipo de indicador de desempenho ou qualidade.
2. *O sistema de entrega do serviço pode ser eletrônico*: as características dos serviços possibilitam que alguns serviços prestados possam ser disponibilizados por meios eletrônicos, como a internet. Reservas em hotéis e passagens em companhias aéreas podem ser adquiridas sem a necessária presença física do consumidor, criando novos horizontes para o marketing.

Complementando o conjunto de características dos serviços, Lewis e Chambers apresentam ainda o aspecto de simultaneidade:

3. *Simultaneidade entre a sua produção e consumo*: a característica de simultaneidade entre produção e consumo para os serviços é única. Apesar de as instalações de um hotel estarem prontas para a hospedagem, o serviço só se realiza com a efetiva presença do hóspede, desfrutando das instalações e acomodações. Essa simultaneidade faz com que haja uma grande interação entre o comprador e o vendedor do serviço.

As principais diferenças entre bens físicos e serviços podem ser resumidas como na Tabela 4.3 a seguir.

4.3 O turismo como serviço

O produto turístico, como ponto de partida para estratégias de marketing, é fundamentalmente um conjunto de serviços, o qual se compõe de uma combinação

Tabela 4.3 Principais diferenças entre bens físicos e serviços

BENS FÍSICOS	SERVIÇOS
Tangíveis	Intangíveis
Podem ser separados do fornecedor	Não podem ser separados do fornecedor
Homogêneos	Heterogêneos
Produção e distribuição separadas do consumo	Processos simultâneos de produção, distribuição e consumo
Algo concreto	Uma atividade ou processo
O valor essencial é produzido em uma fábrica	O valor essencial é produzido na interação comprador—vendedor
Os clientes não participam do processo produtivo (de modo geral)	Os clientes participam da produção
Podem ser armazenados	Não podem ser armazenados
Ocorre uma transferência da propriedade	Não há transferência da propriedade

de elementos do que se convencionou denominar de indústria turística. Entre suas características, encontram-se elementos que caracterizam os serviços de modo geral e alguns que o personalizam como um tipo de serviço particular.

Eis a seguir algumas características do produto turístico.

Intangibilidade

Os produtos turísticos apresentam aspectos tangíveis e não tangíveis, sendo esses últimos predominantes. A tangibilidade do produto turístico encontra-se, por exemplo, nas vias de acesso ao destino, na qualidade dos veículos utilizados para o transporte, na cama do hotel, no estado de conservação dos atrativos etc. Já a intangibilidade, que se constitui no aspecto fundamental do produto turístico, é formada pelo conjunto das expectativas geradas pelo produto turístico no consumidor em potencial. Esse aspecto da intangibilidade faz com que, de um modo geral, haja um componente de insegurança na compra do produto turístico, pois será consumido posteriormente, gerando uma expectativa e uma construção mental antecipadas do que se usufruirá. Nesse sentido, o atendimento da expectativa dependerá de vários fatores que configuram o produto turístico como um todo, a partir do momento em que o consumidor-turista se desloca de sua residência rumo ao destino e dele retorna sem contratempos.

Uma forma de contribuir para que o consumidor-turista vá formando, mentalmente, uma idéia do produto que adquiriu, ou seja, tornando-o mais "tangível" para o cliente, é a distribuição de folhetos com imagens do destino, dos alojamentos, da cidade, dos principais atrativos e a manutenção de uma página permanentemente atualizada na internet, cujo acesso seja incentivado como uma forma de aproximação do consumidor-turista com o produto previamente adquirido. Dessa forma as incertezas serão reduzidas, e a construção "mental" realizada pelo turista se aproximará cada vez mais da realidade, diminuindo, com isso, a quebra de expectativas quando do consumo efetivo.

Perecibilidade

Não é possível armazenar o produto turístico. A venda não realizada de um quarto de hotel — ou de um assento de um avião ou dos lugares em um restaurante — não é algo que se recupera. Esse é um dos grandes problemas do turismo: o equilíbrio entre a oferta e a demanda. Como o turismo apresenta o aspecto da sazonalidade, com períodos de alta e baixa temporada, o dimensionamento incorreto da demanda pode manter lugares vazios durante uma boa parte do ano (sejam cadeiras no restaurante, assentos no avião ou camas nos quartos de hotel), significando perda de investimento.

Inseparabilidade

Um serviço turístico é inseparável de sua fonte provedora, ou seja, a produção e o seu consumo ocorrem ao mesmo tempo. A oferta de um serviço de passeio em um veleiro ocorre no mesmo instante em que o consumidor-turista dele necessita. Uma forma de aumentar os ganhos por parte do provedor é aumentar o número de clientes que simultaneamente embarcará no passeio. Isso, porém, pode trazer um outro problema — a insatisfação do consumidor pela demora em realizar o passeio, o que acabará prejudicando o negócio futuramente.

Um outro aspecto a ser considerado é que, ao estar estreitamente ligado à sua fonte, um serviço turístico pode variar bastante, dependendo de quem o está oferecendo. E, nesse caso, o treinamento de pessoal assume um papel extremamente relevante — seja para que haja uma certa padronização na oferta do serviço ou, então, para que se torne mais significativa a existência de formas de controle da satisfação do cliente, detectando, assim, as possíveis falhas em tempo de corrigi-las. Esse aspecto é bastante importante, e muito difícil de corrigir, dada a enorme diferença de personalidade entre diferentes pessoas. O que se deve buscar, então, é minimizar as diferenças, pois a padronização completa é absolutamente impossível. Desse modo, sempre haverá preferências dos consumidores-turistas por esse ou aquele garçom, ou atendente ou guia e assim por diante. O que não pode ocorrer é a diferença exacerbada de comportamentos que poderia inviabilizar o negócio que estaria à mercê de um ou outro prestador de serviço.

Heterogeneidade

Esse é um aspecto importante e diferencial do produto turístico, pois ele se compõe de muitas partes e está condicionado a vários fatores, principalmente às necessidades dos clientes que apresentam um alto grau de heterogeneidade de expectativas. Aqui reside um outro aspecto fundamental do turismo: a alta possibilidade de adaptação do produto turístico às flutuações da demanda. Por ser composto por muitas partes, é possível privilegiar determinados aspectos, que atenderão à demanda em um determinado período; e, em um outro momento, demais partes do produto podem ser destacadas, o que facilitará a manutenção de uma clientela pela diversidade da oferta atendendo a várias expectativas.

Muitas cidades brasileiras, que antes viviam exclusivamente do produto "sol e mar", têm explorado esse aspecto para diminuir a sazonalidade e, também, para aumentar a fidelidade dos grupos familiares compostos de pessoas com diferentes expectativas. Assim, elas exploram outros produtos, tais como o patrimônio histórico, o ecoturismo, o turismo de aventura etc.

Subjetividade

O consumo do produto turístico carrega um alto grau de subjetividade, pois a satisfação que produzirá é individualizada e diferente de uma pessoa para outra. A subjetividade decorre das condições em que estarão os clientes e os prestadores de serviço no momento do consumo.

Os prestadores de serviço em um determinado hotel poderão não prestar o mesmo serviço logo após saberem que não receberão o 13º salário no dia correto. Ou o consumidor-turista pode estar em um momento de decisões em sua vida pessoal, e o seu comportamento será diferente do esperado.

A insegurança pode gerar problemas em grupos numerosos, provocando reações que, para os residentes, parecerão exageradas, motivando uma queda no consumo do produto como um todo ou reduzindo o consumo de produtos específicos. Grupos de turistas poderão se sentir inseguros de utilizar um produto turístico em particular, dias após a ocorrência de um desastre. Dependendo de condições externas, o acidente afetará ou não o destino como um todo. Por exemplo, em destinos que exploram o turismo de aventura, um acidente em uma prática de rappel pode não afetar o fluxo turístico do município como um todo, embora possa diminuir a afluência para esse produto especificamente. No entanto, se em outros destinos que exploram o mesmo tipo de turismo ocorrerem acidentes no mesmo período, os clientes poderão evitar essas localidades.

Sazonalidade

Esse é um aspecto que não está diretamente relacionado ao produto turístico em si, mas muito mais com as características da demanda. Porém, os produtos podem estar diretamente relacionados com a sazonalidade, ou seja, seu consumo ocorre em determinadas épocas do ano. Localidades em zonas de montanha apresentam produtos turísticos predominantemente consumidos em épocas de frio; aquelas que se encontram à beira-mar, em regiões tropicais e semitropicais exploram produtos diretamente relacionados ao verão.

A sazonalidade é uma das principais características diferenciadoras dos serviços turísticos e um dos aspectos mais importantes a ser considerado quando se analisa a oferta de serviços em função da demanda. Há várias estratégias a ser desenvolvidas para se evitar uma queda no consumo em períodos de baixa temporada. Entre as principais, estão o preço diferenciado e a exploração de novos segmentos de demanda.

A estratégia de preço diferenciado busca atrair pessoas em períodos de baixa temporada interessadas em preços menores. Com o aumento da expectativa de vida, a denominada terceira idade é um segmento que pode ser influenciado por essa medida em função de sua maior disponibilidade de tempo, não estando necessariamente condicionada às épocas de férias para viajar.

A exploração de novos segmentos de demanda trata de atrair para períodos de baixa temporada um fluxo diferente daquele predominante. Por exemplo, nas regiões nas quais é explorado o turismo de "sol e praia", busca-se, nos períodos de baixa temporada, explorar o ecoturismo, o turismo de aventura, o turismo gastronômico etc. Um exemplo é oferecido por Campos do Jordão (SP), criando alternativas ao turismo de inverno, como mostra o Quadro 4.1.

Quadro 4.1

ALTERNATIVAS AO TURISMO DE INVERNO

A cidade de Campos do Jordão há muito se tornou um destino da moda no inverno. Suas baixas temperaturas atraem turistas de alto poder aquisitivo, interessados em curtir o frio com toda a pompa, com direito a chocolates, *fondue*, lareiras e, claro, muita badalação. Mas essa imagem, ainda que favorável, não está mais de acordo com os anseios dos empresários da cidade ligados ao turismo. Eles agora estão empenhados em mostrar aos turistas que a cidade pode ser bastante atraente em todas as estações. Atualmente, o município, que completou 130 anos em abril de 2004, fica completamente lotado nos meses frios e são poucos aqueles que, quando chega o calor, pensam em Campos do Jordão como um destino interessante, o que está longe de ser verdade. A temperatura em Campos costuma ser sempre muito agradável e há outras opções de lazer além de curtir o frio, tais como atividades ligadas ao ecoturismo e ao turismo de aventura — trilhas, arborismo, canionismo e prática de mountain bike e vôo livre.

Para isso, eles decidiram criar na cidade um Convention & Visitors Bureau, que deve atuar não só na cidade, mas também em Santo Antônio do Pinhal e São Bento do Sapucaí, dois municípios próximos, com os quais a cidade tem ligação rodoviária e que, por isso, acabam fazendo parte do mesmo circuito turístico. Instituído no primeiro semestre de 2003, o Convention já possui 64 sócios na cidade. Ansiosos por dinamizar seus negócios, eles estão trabalhando até mesmo um pouco além das atribuições da instituição, que é atrair eventos para a cidade. Segundo o presidente do Conselho Deliberativo, ao menos no início das atividades existe a necessidade de ajudar na organização de eventos na própria cidade, como o apoio a festivais de gastronomia e idéias para atrações no Natal.

Além disso, para ajudar na divulgação da cidade, pela primeira vez foi realizada, durante duas semanas, uma campanha na TV, no Vale do Paraíba. Mas, apesar desse foco inicial, a intenção é justamente atrair turistas de regiões mais distantes. Atualmente, 50% deles são da Grande São Paulo, 20% do interior de São Paulo e outros 20% de Minas Gerais. Somente 10% de turistas vêm de outras regiões, muitos do Nordeste. "Isso mostra que precisamos trabalhar muito ainda para trazer pessoas de fora", diz o presidente do Conselho. Mais que isso, eles precisam se esforçar para mostrar que a cidade não é um reduto restrito aos mais ricos. Por enquanto, 55% dos turistas pertencem à classe A. "Mas essa tendência está mudando um pouquinho", afirma o presidente.

Uma das soluções encontradas nesse sentido foi mostrar que a cidade possui uma boa infra-estrutura para receber congressos. Pelo menos 10 hotéis possuem espaço para eventos. Além disso, há 8 mil leitos na rede hoteleira, bons restaurantes e uma localização privilegiada: a distância de São Paulo é de 170 km e do Rio de Janeiro, 300 km. A estratégia do Convention, ao que parece, tem dado certo, somente para o ano de 2004, seis congressos já tinham sido confirmados.

Adaptado de: TURISMO para o ano todo. Jornal *Gazeta Mercantil* versão on-line, www.gazetamercantil.com.br. Acesso em 27 de março de 2004.

4.4 As variáveis estratégicas do marketing de serviços

O crescimento do setor de serviços em escala global é uma realidade que altera os padrões de desenvolvimento socioeconômico dos diferentes países e de suas cidades. Atividades antes deixadas à própria sorte passam a ser vistas como fatores determinantes do bem-estar de comunidades nos mais diferentes pontos do planeta. Assumindo importância única no planejamento urbano de diversas localidades, o turismo aparece como elemento capaz de promover crescimento e desenvolvimento sustentados, gerando empregos e trazendo riqueza à população.

Dada a velocidade com que os serviços se desenvolvem, seu crescimento desordenado pode ser capaz de promover não somente benefícios a uma determinada localidade, mas, principalmente, oferecer experiências desagradáveis ao consumidor-turista, o que representaria um elevado custo de oportunidade com o desperdício de todo o esforço de marketing na promoção da localidade, podendo até mesmo resultar na fixação de uma imagem indesejável para tal.

O correto planejamento dos recursos envolvidos na oferta turística garante uma experiência adequada ao seu consumidor, apoiando o processo de desenvolvimento de tal atividade. Para Zavaglia (2003, p. 125), o planejamento é um instrumento que ordena conceitos, alternativas, recursos e atividades para que sejam alcançados objetivos propostos, definindo ações que possibilitam a chegada a um futuro desejado por meio da análise de opções e do levantamento de hipóteses possíveis. Assim pode-se alcançar uma situação esperada pelos caminhos nos quais o risco seja o menor possível e esteja devidamente controlado.

Uma vez que o produto turístico nada mais é do que a experiência completa que o consumidor vivencia ao planejar e executar sua viagem, cabe ao gestor dos recursos turísticos preparar condições para que tal experiência se desenvolva em condições favoráveis para a garantia de sua continuidade como oferta turística. Nesse sentido, Limeira (*apud* DIAS, 2003d, p.108) apresenta sete tipos de riscos a que está sujeito o indivíduo que adquire um serviço:

1. *Risco funcional*: a funcionalidade diz respeito ao objetivo a que o bem foi desenvolvido e às necessidades que esse visa suprir. Em outros termos, a funcionalidade de um bem se refere àquilo que ele se propõe a fazer enquanto bem. O objetivo de sua existência está relacionado aos atributos que possui, os quais proporcionarão benefícios ao consumidor que os adquirir. Assim, a Secretaria de Turismo de Serra Negra (SP) desenvolve grande campanha posicionando a cidade como um refúgio para o descanso, em que as condições da localidade favorecem o descanso físico e mental dos consumidores-turistas. Entretanto, apesar das condições climáticas e urbanas satisfatórias para tal, se a experiência vivenciada pelo turista junto à rede hoteleira não for compatível com a proposta da cidade, aquele consumidor-turista vivenciará momentos pelos quais não desejará passar novamente, eliminando qualquer possibilidade de desenvolvimento de fidelização junto a ele. Outra situação é a daquele consumidor-turista que viaja para uma localidade ao sul do país em busca de frio e neve e que pode se sentir frustrado como decorrência de uma mudança climática ou de uma situação atípica para a época que o impeça de receber os benefícios que aquela localidade se propôs a oferecer.
2. *Risco financeiro*: o risco financeiro envolve os aspectos monetários intrínsecos da aquisição de um serviço. Situações imprevistas no decorrer de uma viagem que levem a uma perda financeira podem frustrar a experiência vivenciada pelo turista. Um assalto, extravio de bagagem, quebra de pertences ou custos imprevistos caracterizam fonte potencial de experiências negativas em relação ao serviço prestado ou disponibilizado.
3. *Risco temporal*: esse tipo de risco está ligado à perda de tempo e aos atrasos durante o período de realização do serviço. A espera em demasia em um consultório médico, desrespeitando um horário previamente agendado, pode significar a fixação de uma experiência desfavorável quanto ao serviço oferecido e disponibilizado pelo profissional, influenciando diretamente no grau de fidelização daquele consumidor com o próprio médico.
4. *Risco físico*: relacionado à condição física do consumidor quando da experiência do serviço oferecido.
5. *Risco psicológico*: ocorre quando o consumidor é levado a passar por situações constrangedoras ou ainda sofrer emoções negativas como ódio e medo durante sua experiência com determinado serviço. Tal situação pode ser exemplificada pelo comportamento dos funcionários de um salão de beleza, que, no meio do dia, iniciam uma briga entre eles na presença de clientes.
6. *Risco social*: está relacionado com a reação dos indivíduos e da sociedade em geral em relação ao serviço adquirido. Por exemplo, o corte de cabelo feito por um jovem de média idade em busca de seu primeiro emprego pode tirá-lo de seu foco temporariamente, caso tal serviço não seja compatível com a condição social na qual o indivíduo busca inserção.

7. *Risco sensorial*: está ligado à observação dos sentidos, como um odor ruim ou uma figura que agrida a harmonia visual do consumidor. O uso de cores específicas para denotar certas situações ou certas emoções é uma prática bastante difundida, levando profissionais a desenvolver ambientes adequadamente decorados.

Esses riscos formam um espectro a que o consumidor-turista se vê sujeito ao vivenciar sua experiência turística. Sob tal circunstância, o serviço é uma experiência com diferentes graus de intensidade, qualidade e memória. A experiência total da atividade turística se dá a partir do conjunto de experiências vividas ao longo do período em que o consumidor-turista esteve usufruindo das facilidades da localidade como um todo. Isso faz com que esteja sujeito a diversos tipos de riscos ao mesmo tempo, e somente uma ação integrada entre empresas privadas e poder público é capaz de aumentar a possibilidade de garantia de uma experiência global positiva de uma localidade.

4.5 A gestão de marketing de serviços

A gestão de marketing, já abordada anteriormente, engloba as características da administração aplicadas ao esforço de marketing, buscando maximizar os resultados obtidos pelo conjunto de recursos envolvidos com tal função organizacional. Entretanto, diferenças básicas são observadas quando o assunto é marketing de serviços, como decorrência da própria peculiaridade que envolve o serviço em si.

Na elaboração de um composto mercadológico para um bem tangível, os elementos relevantes, componentes do chamado marketing mix, são: produto, preço, distribuição e promoção (ou comunicação). Mas, como afirmam Lovelock e Wright (2003, p. 21),

> *A natureza dos serviços — que envolve aspectos como envolvimento do cliente na produção e a importância do fator tempo — exige a inclusão de outros elementos estratégicos.*

O conjunto de elementos que fazem parte da administração integrada de serviços é então composto por oito variáveis que devem ser amplamente avaliadas na elaboração de estratégias de marketing de serviços. Como no caso de bens, o composto de serviços é caracterizado pela importância individual de cada decisão e, também, da harmonia e sincronia entre os diferentes aspectos, que se complementam na determinação do resultado mercadológico do composto de serviços. Esses são:

- elementos do produto: a partir dos benefícios desejados pelos clientes, deve-se selecionar as características do produto principal e do pacote suplementar de elementos que o acompanha. A oferta da concorrência geralmente é um parâmetro de comparação e definição de nível de serviço que acompanha o produto principal, mas o desempenho dos produtos concorrentes como um todo também deve ser levado em conta.

- lugar e tempo: esses aspectos resumem a maneira pela qual o serviço será disponibilizado ao cliente, por meio da escolha de quando, como e onde entregá-lo ao consumidor. Relaciona-se, então, ao local físico (ou eletrônico) da entrega, ao momento que isso deve ocorrer, bem como aos aspectos de distribuição física e canais físicos ou eletrônicos.

- processo: aborda a sistemática a ser utilizada para a entrega do serviço ao seu consumidor. Envolve a metodologia particular a ser desenvolvida para garantir a operacionalização do serviço. Quando um consumidor retira uma ficha no caixa para então poder assistir a uma sessão de cinema ou quando acessa a internet e providencia uma reserva em uma peça de teatro, temos exemplos de processos desenvolvidos para definir a maneira pela qual o serviço será disponibilizado ao cliente. Para Lovelock e Wright, o processo descreve o método e a seqüência dos sistemas operacionais de serviços.

- produtividade e qualidade: esses elementos, muitas vezes tratados em conjunto, representam dois aspectos específicos do composto de serviços. Enquanto a produtividade avalia a eficácia com que são utilizados os recursos que darão origem ao serviço em si, a qualidade representa o grau de adequação do serviço à necessidade demonstrada pelo cliente, sua repetitibilidade e confiabilidade ao longo do tempo. Espera-se que a experiência com o corte de cabelo em um determinado salão não se comporte como uma verdadeira loteria, em que nunca se sabe o que esperar na próxima vez. Mesma expectativa é desenvolvida para os serviços de hotelaria e de turismo, nos quais se busca repetir experiências a partir de situações vividas no passado.

- pessoas: grande parte dos serviços oferecidos a clientes é obtida da interação desse com profissionais que, em conjunto ou na presença do cliente, executarão o serviço, gerando no cliente a experiência. A natureza da interação desenvolvida entre profissional e consumidor determina a percepção de qualidade que se guarda do processo vivenciado.

- promoção e educação: a promoção representa o esforço empreendido para tornar o produto conhecido do seu público-alvo. Um programa de comunicação eficiente permite ao consumidor saber o que está sendo oferecido, quais serão os benefícios proporcionados e, ainda, criar um ambiente adequado para induzir ao consumo. Assim, a comunicação fornece três elementos cruciais para o esforço de marketing de serviço: informações e conselhos necessários, persuasão dos clientes-alvo quanto aos benefícios de produto e incentivo a entrarem em ação, efetuando a operação comercial. O desenvolvimento do conhecimento sobre os benefícios do produto não deve ser visto apenas como um requisito indutor ao consumo; trata-se de condição básica para a criação de fidelidade entre fornecedor e cliente, evitando gerar nesse último uma noção incorreta dos benefícios a serem alcançados.

- evidência física: a evidência física caracteriza os aspectos visuais e perceptíveis que vão criar no cliente uma impressão favorável sobre o produto. O cuidado com as instalações, a beleza física, a iluminação, o design e a modernidade fornecem evidência tangível sobre a qualidade do produto. Logo, uma localidade urbanisticamente bem planejada proporciona um impacto profundo sobre as impressões de um consumidor-turista. Quando o serviço é dotado de poucos elementos tangíveis, como ocorre com seguros e planos de aposentadoria, a utilização de imagens na propaganda cria símbolos significativos que auxiliam a decisão de compra do consumidor. Por isso, associar uma cidade a uma imagem forte produz um grande efeito sobre o esforço de marketing de serviços.

- preço e outros custos do serviço: a avaliação do preço do serviço em si não é o único elemento a ser analisado em relação ao seu custo para o cliente. Muitas vezes, o maior custo ocorre indiretamente, por meio de seu tempo perdido, esforço físico e mental ou mesmo experiências sensoriais negativas. Assim, apesar de um certo restaurante oferecer a melhor refeição da cidade, o local onde está instalado proporciona insegurança a seus clientes, que, ao se sentirem ameaçados quanto a sua integridade física (ao lado de uma favela, por exemplo), ponderam a opção de consumo daquele serviço não só pelo preço gasto de forma direta, mas principalmente pela experiência sensorial negativa que tal serviço irá lhe proporcionar.

4.6 Particularidades do marketing turístico

Apresentamos algumas definições de marketing de um modo geral e marketing de serviços em particular, as quais podemos sintetizá-las como integrando um conceito que expressa a filosofia das empresas que direcionam sua estratégia na satisfação das necessidades e dos desejos dos consumidores.

O marketing em turismo não é radicalmente diferente dessa conceituação genérica dos objetivos do marketing; no entanto, ele apresenta particularidades que o distinguem das demais áreas que podem ser objeto dessa ferramenta de gestão. Uma das principais características do marketing turístico é a relativa interdependência entre o setor privado e público no que diz respeito à manutenção da qualidade do produto turístico, um dos elementos centrais do marketing mix. Nesse aspecto, o turismo como atividade econômica se diferencia bastante dos demais segmentos, que apresentam uma relativa independência do setor público, particularmente no que diz respeito à sua relação com o consumidor. O setor privado, de um modo geral, pode desenvolver estratégias de marketing que podem prescindir da participação do setor público. Porém, quando se trata da atividade turística, isso não é recomendável, pois o produto turístico em sua essência é toda a experiência vivida pelo turista — desde o momento em que ele sai de sua moradia até o momento em que retorna. E, nesse percurso, o turista utiliza em graus diversos um número significativo de serviços públicos, quer esses sejam diretamente prestados pelos órgãos de governo ou controlados e executados por permissionários e concessionários.

Quando um produto turístico específico é comercializado, deve-se levar em conta sempre o produto turístico global (toda a experiência vivenciada pelo turista), o que inclui a qualidade dos serviços prestados pelos órgãos públicos no local e durante o percurso.

Esse quadro nos remete a uma situação *sui generis* relacionada ao marketing turístico, ou seja, a necessidade de articulação permanente do setor privado e do setor público no desenvolvimento de produtos turísticos de qualidade. E, nesse sentido, raramente o marketing em turismo pode ser visto de forma isolada pelas empresas privadas; é preciso sempre localizar o papel do setor público, que estará diretamente ligado à valorização e à promoção das localidades, regiões e países onde está inserido o atrativo principal (veja o Quadro 4.2).

As diversas empresas que integram o destino turístico de alguma forma (tanto na comercialização do local como um todo quanto na exploração de estabelecimentos e eventos necessários ao atendimento do visitante — hotéis, restaurantes, parques temáticos, espetáculos, exposições etc.) devem possuir suas próprias estratégias de marketing, as quais objetivarão um melhor posicionamento no mercado relacionado especificamen-

---

Quadro 4.2

AS PARCERIAS EM MARKETING

Um trabalho integrado de marketing faz com que a rede de hotéis instalada em Guarulhos melhore os índices de ocupação. O diretor-executivo do Guarulhos Convention & Visitors Bureau e seus parceiros afirmaram que a média de ocupação atual do 3.300 apartamentos de hotéis conveniados é 48% — um crescimento de 25% no último ano. O objetivo é levar a ocupação para 62% até o final do ano.

Para alcançar a meta, o Bureau lançou em 2004 a campanha *Faça um bom negócio, realize seu evento em Guarulhos*. "Essa é apenas mais uma etapa de uma campanha que vai ajudar a alavancar a cidade como destino", afirma o diretor, para quem o fortalecimento do turismo de negócios é uma alternativa natural para Guarulhos.

Uma gama variada de serviços vai fazer com que viajantes a negócio conheçam e fiquem o maior tempo possível na cidade da Grande São Paulo. Serão oferecidos torneios de tênis, aulas de mergulhos, shows, palestras e passeios culturais na tentativa de remodelar o turismo em Guarulhos.

A campanha tem fortes parceiros, tais como: a prefeitura, o Aeroporto Internacional de Guarulhos, o Sebrae, a Fiesp/Ciesp e a Associação Comercial e Empresarial. "As melhores empresas da indústria do turismo da região estarão lançando a campanha, que deverá trazer grande número de eventos para a cidade. Vale a pena conhecer Guarulhos", enfatiza o diretor.

Além de atrair quem chega a São Paulo por meio aéreo, o *trade* hoteleiro guarulhense também aposta nos usuários da Dutra, a via mais movimentada do país que liga São Paulo ao Rio de Janeiro. A maioria dos hotéis das principais bandeiras nacionais e internacionais está localizada bem próxima à rodovia. "Um dos serviços de grande diferencial é que, ao ficar hospedado em um dos confortáveis hotéis da cidade, o usuário tem transporte gratuito até o aeroporto."

Cortada pelas rodovias Presidente Dutra, Fernão Dias (federais) e Ayrton Senna (estadual), a cidade de Guarulhos fica distante apenas 20 minutos da capital São Paulo em uma viagem de carro. Com o slogan "Cidade

> Progresso", Guarulhos detém atualmente o segundo maior orçamento do estado de São Paulo, sendo a 13ª maior em população do Brasil. Seu parque industrial abriga um total de 2.280 indústrias, 5.150 empresas de comércio e 46.000 empresas de serviços.
>
> "Graças a sua importância e com localização privilegiada, Guarulhos avançou no turismo de negócios, sendo considerada o destino com uma das melhores infra-estruturas para eventos no Brasil", diz o diretor.
>
> Os destaques são o Aeroporto de Guarulhos — o maior da América Latina —, o centro de convenções, 18 hotéis das principais redes hoteleiras nacionais e internacionais, os quais totalizam 3.300 modernos apartamentos e suítes, 115 empresas de logística, hospitais, médicos e dentistas de prontidão e esportes e cultura bem desenvolvidos. A participação em feiras internacionais e nacionais e blitzes promocionais ajuda a alavancar a cidade como destino.
>
> Fonte: OLIVEIRA, Wagner. 'Marketing ajuda hotéis de Guarulhos a ampliar índices de ocupação'. Jornal *Gazeta Mercantil*, 18 mar. 2004, Caderno Rede Gazeta do Brasil, p. B-13.

te com o destino. No entanto, essas estratégias específicas não poderão em nenhum momento entrar em choque com a estratégia geral de marketing do destino turístico. Há sem dúvida uma relação de subordinação das estratégias de marketing específicas das empresas com a estratégia mais geral. E isso exige uma maior responsabilidade dos governos locais na articulação dos interesses particulares em função dos interesses mais amplos — os interesses da população local — que o governo municipal representa.

Questões

1. Quais são as principais atividades que integram o setor de serviços nacional? Qual é a participação do turismo dentre essas atividades?
2. Qual é o papel da tecnologia e dos processos de inovação no desenvolvimento do setor de serviços?
3. Desenvolva o conceito de serviço como atividade econômica e como parte integrante de um produto.
4. Qual é o significado de intangibilidade de um produto? Qual é a sua relação com serviço?
5. Analise o papel do marketing para cada um dos momentos de compra ou de efetiva realização da troca de produtos e serviços (pré-transação, transação e pós-transação).
6. Quais são os serviços que podemos considerar como de responsabilidade do governo? Analisando o governo municipal, quais são os serviços sob sua responsabilidade ligados ao turismo?
7. Descreva as principais características específicas de serviços.
8. Analise a perecibilidade do serviço realizado por um hotel em uma localidade típica de turismo "sol e praia".
9. Desenvolva o conceito de sazonalidade da demanda como característica de produto turístico.
10. Avalie os diferentes riscos aos quais está sujeito o indivíduo que adquire um serviço.

CAPÍTULO 5

O meio ambiente do marketing turístico

O primeiro mandamento da administração é que a força propulsora do desenvolvimento de novos produtos não é a tecnologia nem o dinheiro e, sim, a imaginação das pessoas.

David Packard *(apud* McKENNA, 1999, p. 73)

Uma organização não é um elemento isolado, cujo resultado depende exclusivamente de si próprio. A compreensão do funcionamento organizacional passa pelo conhecimento desenvolvido sobre os elementos que com a organização interagem, direta e indiretamente. O objetivo deste capítulo é compreender a composição do ambiente organizacional das instituições de modo geral e daquelas que atuam no segmento turístico, bem como as forças competitivas que constituem o mercado turístico. Assim, definir o ambiente do mercado turístico e detalhar os elementos de ação direta e indireta desse mercado é fundamental para a correta compreensão do mercado turístico como um todo, para as suas forças competitivas e suas estruturas de mercado. Antes de mais nada, porém, compreender uma organização requer o perfeito conhecimento dos fatores e elementos dos ambientes interno e externo que interagem com ela e contribuem para a determinação de suas características.

5.1 O ambiente do mercado turístico

No extremo sul do litoral do estado de São Paulo pode ser encontrado um destino turístico bastante peculiar: a Ilha Comprida. Conhecida por sua extensão de praias desertas e pouco exploradas, de difícil acesso e precária infra-estrutura, essa localidade atraía turistas de diversos pontos do país. Até meados da década de 1990, ela estava politicamente ligada à cidade histórica de Iguape. E, ao ser emancipada à condição de cidade independente, acabou desenvolvendo um conjunto de ações voltado para a intensificação do turismo na região. A construção de uma ponte ligando o continente à ilha, o asfaltamento das principais vias municipais e o estímulo à atividade empresarial e ao empreendimento imobiliário transformaram a Ilha Comprida.

Com novas oportunidades de empreendimento e valendo-se da presença de um contingente maior de turistas, tal cidade do litoral de São Paulo vem passando por uma drástica transformação, intensificando sua economia e buscando definir um novo papel no cenário turístico nacional. Com a abertura de novos hotéis e novos estabelecimentos comerciais e bancários, uma parte do interesse imobiliário do litoral de São Paulo foi deslocada. Entretanto, essa nova situação traz novas responsabilidades para a cidade e sua população.

O caso da Ilha Comprida ilustra bem a dinâmica do ambiente turístico. Porém, para estudar o ambiente do mercado turístico, inicialmente devemos definir suas principais características, inclusive as organizações que dele participam.

O ambiente organizacional caracteriza-se pelos fatores externos e internos que afetam e justificam o funcionamento de uma organização em um dado mercado. Especialmente no mercado turístico, o ambiente organizacional é composto por forças e elementos que interferem no funcionamento da organização, de maneira direta e indireta, e que demonstram interesses em sua atuação. Assim, o governo, os clientes e os fornecedores, a mídia, o sistema financeiro, as variáveis tecnológicas, culturais, políticas e sociais, todos esses afetam as organizações como um todo, buscando atender a seus interesses por meio da relação estabelecida com elas.

A partir do conhecimento do ambiente organizacional é possível definir o ambiente de marketing. Para Churchill e Peters (2003, p. 26), o ambiente externo do marketing é composto pelos fatores econômicos, políticos e legais, sociais, naturais, tecnológicos e competitivos que afetam os esforços de marketing globais e domésticos de uma organização.

Já no escopo desse estudo, por organização, podemos entender não somente aquelas organizações privadas — que visam ou não ao lucro —, mas também as organizações públicas e até mesmo o governo quando diretamente interessado no desenvolvimento social e econômico de uma localidade. Assim, o ambiente do marketing de uma organização atuante no mercado turístico é constituído de participantes e forças externas que afetam a capacidade dos administradores de marketing de desenvolver e manter bons relacionamentos com seus clientes.

O objetivo do estudo do ambiente de marketing turístico, o qual denominamos análise ambiental, é a busca da identificação de mudanças externas capazes de afetar o mercado turístico, a capacidade da organização de reagir dentro desse mercado e, ainda, a sua posição competitiva. Para Kotler e Armstrong (2003, p. 49), a análise ambiental é o início da administração da função marketing, quando os mercados e o ambiente de marketing são avaliados na busca de oportunidades atraentes, evitando ameaças ambientais. Assim, a análise do ambiente de marketing oferece ameaças e oportunidades, possibilitando à organização sua adaptação ao ambiente em mutação.

No caso do turismo, monitorar o ambiente externo é estar atento a tudo aquilo que ocorre com os elementos de ação direta da organização (o microambiente de marketing) e com os elementos de ação indireta (o macroambiente de marketing). Isso possibilita uma decisão mais pertinente sob o aspecto tempo, antevendo situações críticas em que ameaças poderiam causar danos graves à organização como um todo ou mesmo a uma sociedade do ponto de vista de localidade turística. Possibilita, ainda, o aproveitamento de oportunidades antes que concorrentes o façam.

Assim, a disponibilidade de vôos alternativos a baixo custo em uma companhia aérea pode representar uma oportunidade única para as agências de viagens, que podem tomar a iniciativa de procurar seus clientes-alvo e antecipar suas viagens, aproveitando as condições mais favoráveis de deslocamento. Por outro lado, a possibilidade de uma crise política em um determinado país pode representar um sinal de alerta às organizações ligadas ao turismo, procurando evitar experiências malsucedidas por conta de crises sociais, greves e tumultos.

Um dos fenômenos ambientais que provavelmente mais afetaram o turismo mundial no início do século XXI foi o atentado aéreo sofrido pelos Estados Unidos, no qual milhares de pessoas morreram, colocando mundialmente em xeque a credibilidade e a segurança do transporte aéreo. A partir daí, o mercado turístico mundial se transformou, criando novas regras de comportamento e novas alternativas de destino, impondo escalas e cuidados muitas vezes embaraçosos aos consumidores. Além disso, o interesse pelo Novo Mundo acabou se deslocando para países do Velho Mundo, como conseqüência das novas regras de entrada e acesso aos Estados Unidos, onde um turista pode acabar sendo confundido com um potencial terrorista e assim ter sua viagem de férias transformada em uma experiência negativamente inesquecível.

5.2 O microambiente do marketing turístico

Em sua tarefa de atrair e construir relacionamentos junto a clientes por meio da satisfação de suas necessidades e da criação de valor, os profissionais de marketing dependem de outros elementos do microambiente de marketing, ou seja, de outras áreas organizacionais, de parceiros na cadeia de distribuição, de fornecedores, intermediários, dos concorrentes e mesmo de seus clientes, assistentes e colaboradores no processo de desenvolvimento do canal de comunicação com a empresa.

O principal conceito que está por trás dos participantes do microambiente de marketing é a criação de um sistema eficiente de entrega de valor ao cliente.

E, para isso, é necessário identificar a necessidade e os benefícios esperados pelos clientes, para que se possa oferecer serviços e produtos com características tais que representem atributos conversíveis naqueles benefícios buscados.

Os diversos elementos do microambiente podem ser assim relacionados:

1. *A organização e seus departamentos*: as diferentes funções organizacionais exercem papéis distintos, porém, possuem uma forte ligação entre si, a partir do momento em que representam diferentes aspectos do mesmo objeto, isto é, a própria organização. Não é possível imaginar uma prefeitura promovendo uma localidade turística sem contar simultaneamente com o engajamento e a colaboração de toda a população e dos empresários dos diferentes segmentos ligados ao turismo e aos serviços. É o caso de uma cidade como Barretos (SP), que, na época da sua já tradicional festa do peão, recebe um fluxo de pessoas superior à própria população da cidade. Esse fato, então, exige dos diferentes segmentos da sociedade o engajamento na oferta de infra-estrutura, equipamentos hoteleiros e suporte comercial ao evento. Não basta marcar o evento; o seu sucesso depende também da experiência positiva dos consumidores-turistas, adequadamente hospedados e recepcionados pelos cidadãos daquela localidade.

2. *Fornecedores*: o papel dos fornecedores é fundamental para o sucesso do esforço de marketing. Especialmente no caso do turismo, em que grande parte do produto turístico é caracterizada por aspectos intangíveis; a experiência vivenciada pelo consumidor-turista depende não somente do esforço da organização principal, mas, também, do esforço de seus fornecedores, diretamente beneficiados pelo sucesso da organização.

3. *Clientes*: o mercado consumidor é constituído de pessoas e famílias que têm suas necessidades atendidas pelos produtos e serviços oferecidos pela organização e que possuem capacidade financeira para adquiri-los. Porém, os clientes não são somente indivíduos. Organizações adquirem componentes para utilização ou processamento posterior, enquanto revendedores adquirem produtos e serviços a fim de revendê-los mais tarde com uma margem de lucro. É certo que cada tipo de cliente possui características bastante peculiares e que são determinantes para o sucesso do esforço de marketing.

4. *Concorrentes*: a figura do concorrente geralmente é vista como aquela empresa que tem um único interesse — a eliminação dos demais participantes do mercado-alvo. Entretanto, além de benéfico para o desenvolvimento geral, o concorrente muitas vezes é estratégico para a exploração de clientes em locais deficitários, nos quais o tamanho e o potencial do mercado não justificam a concorrência. Assim, em algumas situações, a organização pode valer-se da associação com concorrentes para atender clientes em particular, compartilhando tecnologias, procedimentos ou mesmo mercados. Com isso, minimiza os riscos da atuação empresarial ou simplesmente delimita mais claramente as áreas de atuação para evitar o canibalismo perverso entre elas.

5.3 O macroambiente do marketing turístico

A caracterização do macroambiente se dá a partir dos elementos de ação indireta na organização. Esses elementos são aqueles que não interferem somente em uma ou outra empresa, mas, sim, no conjunto de empresas atuantes em um determinado mercado, e muitas vezes em um ou mais mercados distintos. Por isso, a descoberta de malefícios proporcionados pela ingestão de chocolates poderia transformar o mercado desse produto, fazendo com que ele deixasse de ser economicamente atraente em dado momento.

Os elementos do macroambiente exercem influência não sobre um único consumidor ou sobre uma única empresa, mas determinam alterações sobre um mercado inteiro ou até mesmo sobre um ou mais setores empresariais e econômicos. Assim ocorreu após o atentado de 11 de setembro de 2001 aos Estados Unidos, exemplo já citado anteriormente, em que um fato ocorrido em um país refletiu no turismo ao redor de todo o mundo. A partir dessa data, os destinos turísticos foram alterados, e mesmo uma parte da propensão ao turismo internacional sofreu reflexos qualitativos e quantitativos. Isso não quer dizer que as pessoas tenham deixado de passear ou de buscar conhecer novos países ou novas experiências; o grande reflexo que verificamos após a alteração de um ou mais elementos do macroambiente é a modificação das características do mercado como um todo, que se reconfigura por meio de novas forças e de novo ordenamento organizacional, abrindo oportunidade a outras opções e destruindo antigos conceitos.

Como poderá ser visto em capítulo seguinte, o consumidor-turista é impulsionado ao consumo a partir de diferentes objetivos e expectativas, de acordo com o seu comportamento. Assim, a busca por experiências pitorescas, emocionantes, culturais, históricas, religiosas, aventureiras ou simplesmente a busca por lazer e repouso são motivações que levam os indivíduos a procurar produtos turísticos. Uma alteração no macroambiente ocasiona efeito direto não só no produto turístico como um todo, mas, principalmente, no comportamento do consumidor para alcançar seus objetivos turísticos. Desse modo, mudanças provocadas pelo desenvolvimento excessivo da especulação imobiliária produzem alterações no perfil de consumidor-turista que freqüenta as localidades litorâneas do país, por exemplo. Até a década de 1990, a cidade litorânea do Guarujá, no estado de São Paulo, era caracterizada pelos seus luxuosos condomínios e por um consumidor-turista com perfil de consumo bastante sofisticado e diferenciado. Com o desenvolvimento das vias de acesso e das opções imobiliárias no local, o perfil do consumidor se modificou, passando a abrigar maior diversidade de turistas — esses não mais interessados só em produtos diferenciados, mas já sensíveis a estratégias de preços.

Segundo Kotler e Armstrong (2003, p. 65), os principais elementos do macroambiente do marketing podem ser relacionados conforme a seguir:

1. *Ambiente demográfico*: é determinado pelas características da população em geral, tais como densidade, tamanho, localização, idade, sexo, raça, ocupação e outros fatores ligados diretamente a pessoas. Para o marketing, o ambiente

demográfico é extremamente importante, pois é nele que se encontram os indivíduos, e é aí que as organizações vão buscar as principais respostas sobre produtos e serviços, necessidades e oportunidades.

Cada vez mais as organizações direcionam seus produtos de acordo com características do consumidor. Assim ocorre com estâncias climáticas, que se posicionam de maneira a atender às necessidades das pessoas de mais idade, para repouso e tratamentos específicos de problemas circulatórios, respiratórios ou outros. Porém, em épocas de férias, os hotéis e as pousadas passam a oferecer, também, serviços de monitoria e outras atrações para crianças, possibilitando o descanso e a diversão para os pais.

2. *Ambiente econômico*: as variáveis desse ambiente decorrem da economia, tanto nacional quanto mundial. Épocas de crescimento econômico mostram um grande fluxo de turistas entre países, principalmente para destinos em que se observam vantagens cambiais. Exemplo disso pode ser observado pelo fluxo de turistas argentinos aos estados do sul do Brasil até 2001. Depois, quando o governo da Argentina alterou a relação entre as moedas dos dois países, desestimulando o consumo de produtos brasileiros, ele acabou afastando os turistas argentinos das cidades turísticas do Brasil.

Os ciclos recessivos e de forte nível de desemprego proporcionam aos profissionais de marketing e de turismo novos desafios. A partir daí, é preciso criar outras maneiras de se oferecer valor aos clientes, que mudam significativamente seu comportamento e necessidades de acordo com as alterações econômicas observadas no país. O padrão de gastos da população serve, então, como um indicador de atividade econômica e orientação aos diferentes esforços empreendidos no campo do turismo para a manutenção de seu nível de atividade.

3. *Ambiente físico-natural*: o ambiente natural envolve os recursos naturais disponíveis para a organização ou afetados por ela. A água, o ar, as matas, a fauna, tudo faz parte do ambiente natural de uma organização, sendo ou não utilizados por ela para a elaboração de seus produtos e serviços.

No caso dos produtos turísticos, o ambiente natural caracteriza-se como um dos principais elementos determinantes dos atributos dos produtos oferecidos aos consumidores. O clima pode influenciar a capacidade de se oferecer produtos turísticos, assim como a hidrografia, a fauna e a flora locais. Uma cidade litorânea se ressente quando uma frente fria ocorre em feriados e finais de semana, afugentando os turistas e os negócios que com esses viriam.

A responsabilidade com o ambiente natural é um fator a ser considerado na elaboração de um produto turístico. O comportamento ecologicamente correto no aproveitamento e na exploração de recursos naturais demonstra grande potencial de diferenciação no mercado turístico de localidades naturais.

4. *Ambiente tecnológico*: as inovações em produtos e processos representam forte elemento de transformação nas características dos mercados como um todo, inclusive no turismo. A oferta de um acesso mais rápido e fácil, melhores condições de infra-estrutura, serviços de apoio e suporte mais bem preparados para proporcionar uma experiência positiva ao consumidor-turista são fatores que favorecem o desempenho das organizações no mercado turístico.

   O desenvolvimento de melhores meios de comunicação e informação, processamento de dados e sistemas de controle oferece aos turistas maior credibilidade e segurança em suas viagens, informações mais precisas sobre o que esperar dos produtos que adquirem, bem como indicadores que possibilitam os processos de melhoria organizacionais.

   Uma simples trilha realizada nas montanhas pode ser beneficiada com a utilização de sistemas de monitoramento e rastreamento eficientes, evitando a possibilidade de imprevistos que causem danos à imagem dos fornecedores do produto turístico e de seu ambiente geral. Um turista que se perde em uma aventura como essa pode produzir uma imagem negativa para a localidade, que sofre o impacto negativo na sua atividade com o passar do tempo.

   É importante observar que, no caso de produtos turísticos, um prejuízo de imagem não afeta somente o produto principal, mas, sim, o produto como um todo, incluindo os diferentes níveis que o compõem. Um consumidor que morre ao praticar uma atividade programada por um hotel de uma determinada cidade produz repercussão tal que os negócios da cidade são abalados de maneira geral, pela própria redução do afluxo de turistas. Logo, as comunidades que abrigam produtos turísticos primários devem ter uma consciência sistêmica desenvolvida, em que a contribuição para o diferencial competitivo local passa até mesmo pelo engajamento e pela consciência da própria população em relação ao seu papel naquela atividade.

5. *Ambiente político-legal*: as decisões de marketing são diretamente afetadas pelos acontecimentos registrados no ambiente político, composto de leis, órgãos governamentais e grupos de interesse que afetam e limitam a atuação de organizações e indivíduos. O decreto de uma região de preservação ambiental pode impossibilitar a ampliação das instalações de um hotel, que se beneficiaria do maior aproveitamento do fluxo de turistas na região em que atua. A impossibilidade de se construir uma via de acesso mais adequada aos veículos modernos restringe o potencial de exploração turística de determinados produtos.

   No caso específico do marketing, o código de defesa do consumidor e as regras de regulamentação de propagandas impõem cuidados à maneira como os produtos são oferecidos e demonstrados aos consumidores. Dupla interpretação ou aspectos ocultos do produto podem ser alvo de confrontos jurídicos com sérios prejuízos às organizações.

6. *Ambiente cultural*: é constituído pelas instituições e forças que afetam os valores, usos e crenças da população como um todo. Isso faz com que o comportamento básico de uma sociedade possa ser afetado de uma única vez pelos elementos culturais. A consistência com a qual determinados valores são desenvolvidos em uma sociedade possibilita a maior ou menor diversidade de características de consumidores, aumentando ou reduzindo a dificuldade de uma organização em seu processo de segmentação e posicionamento.

As crenças e os valores de uma população podem ser divididos em centrais e secundários. Os valores centrais são aqueles transmitidos de geração a geração por meio dos pais, da igreja, das escolas e das principais instituições formadoras da sociedade. Esses são valores que moldam atitudes e comportamentos, sendo difícil qualquer espécie de modificação em curto prazo, mesmo com o uso intensivo do marketing.

Já os valores secundários decorrem dos valores centrais, porém são mais abertos à mudança. Assim, fazem parte dos valores secundários: (a) a visão que as pessoas têm de si mesmas e dos outros; (b) a visão que as pessoas têm das organizações; (c) a visão dessas em relação à sociedade; e (d) a sua visão da natureza e do universo como um todo. Por isso, a busca por melhores condições de vida pode revelar-se uma vantagem competitiva a ser construída por empresas sérias e comprometidas com a natureza e o bem-estar da população. O marketing consegue mudar a forma como as pessoas encaram as organizações pela construção de sua imagem institucional. O mesmo ocorre em relação às marcas.

O macroambiente do marketing turístico apresenta algumas especificidades diretamente relacionadas à dimensão do produto turístico integral e que devem ser levadas em consideração no âmbito das localidades. Os diversos fatores que influenciam o macroambiente de marketing das localidades turísticas são: o demográfico, o econômico, o físico ou natural, o político-legal e o sociocultural. Vejamos a particularidade de cada um.

Demográfico

A estrutura de consumo do mercado sofre variações em função das mudanças demográficas. Entre as principais tendências, podemos assinalar:

- Estão ocorrendo mudanças significativas na estrutura etária da população, com o aumento do número de pessoas de mais idade que anseiam por viajar e experimentar novas emoções (veja o Quadro 5.1).
- Modificações na estrutura familiar: acréscimo no número de pessoas divorciadas (ou separadas); aumento da população feminina no trabalho; grande número de pessoas solteiras, de casais gays etc. — e todos com algo em comum: mais tempo livre e maior necessidade de viajar.

> **Quadro 5.1**
>
> **SEGMENTO ACIMA DOS 60 ANOS**
>
> De um modo geral, as pessoas com mais de 60 anos estão na melhor idade para viajar. Com os filhos criados e a aposentadoria, sobram mais tempo e, às vezes, dinheiro para desbravar o Brasil e o mundo. E esse público ainda tem a vantagem de poder embarcar na baixa temporada, quando as passagens aéreas, os hotéis e os pacotes são mais baratos.
>
> Os números são eloqüentes; enquanto nos Estados Unidos a terceira idade representa 80% do turismo doméstico, esse número cai para 20% no Brasil.
>
> Fonte: VALLE, Maristella. 'Melhor idade para viajar pode ser após os 60'. Jornal *Folha de S.Paulo*, 3 dez. 2003, Caderno Turismo, p. F-2.

- Aumento da população das camadas médias urbanas que privilegiam determinados segmentos do turismo, como, por exemplo, de negócios e ecoturismo.

- Aumento da concentração da população urbana, algo que faz com que as pessoas desejem fugir periodicamente do ambiente cotidiano, dando mais ênfase à necessidade de viajar.

Econômico

Há diversos fatores econômicos que afetam a decisão de compra do consumidor-turista, entre esses estão: as variações cambiais, o nível de renda, o acesso ao crédito, os preços, as taxas e os impostos etc.

Fatores econômicos também alteram a rota dos viajantes de forma decisiva. Quando surgiu o real, com a paridade em relação ao dólar, ficou muito fácil para as camadas brasileiras de renda média viajarem ao exterior. Desse modo, tivemos um *boom* de viagens externas, o que provocou uma queda significativa na conta do turismo brasileiro. Por outro lado, quando o peso argentino estava em paridade com o dólar, e o real se desvalorizou, houve um fluxo significativo de argentinos para o Brasil.

O meio ambiente físico e natural

As atividades de marketing podem ser afetadas pelos recursos naturais, históricos e culturais, os quais se apóiam em uma série de infra-estruturas e serviços que dependem em grande medida das administrações públicas nos seus diversos níveis (federal, estadual e municipal). As condições do ambiente físico e natural influenciam a decisão de compra dos turistas, pois a consciência ecológica e de manutenção do patrimônio cultural e histórico tem crescido significativamente e é uma tendência que será cada vez mais decisiva no momento da escolha do destino.

O político-legal

Há vários dispositivos políticos-legais que afetam a estrutura do marketing turístico, entre os quais: a política monetária e fiscal, as leis sociais e políticas públicas relacionadas, os programas de incentivo a determinadas atividades econômicas ou setores, as disposições legais que afetam especificamente as atividades de marketing etc.

O meio ambiente sociocultural

Diferentes sociedades apresentam valores próprios que devem ser respeitados pelas estratégias de marketing. As diferentes subculturas, que podem ser segmentos de mercado-alvo de estratégias diferenciadas, devem ser contextualizadas e podem ser susceptíveis a juízos de valor e a modismos culturais.

5.4 Análise do ambiente competitivo

Dentre os diferentes elementos que afetam o mercado como um todo, especial atenção deve ser dada ao ambiente competitivo constituído em determinado mercado. Esse ambiente é representado não somente pela quantidade de concorrentes que se observa em um determinado segmento, mas, também, na forma com que tais concorrentes interagem entre si e com seus consumidores. Igual importância se dá à relação desses concorrentes com seus fornecedores e com a maneira com que são estruturadas as cadeias produtivas em geral.

O objetivo da análise do ambiente competitivo é oferecer à organização subsídios para que essa possa ofertar um nível mais elevado de valor para seus clientes — seja por meio de novas características em seus produtos com a diferenciação, seja pelas vantagens em seus preços e condições de comercialização. Tal análise ainda oferece base comparativa entre as organizações do mesmo setor, possibilitando monitorar o grau de fragilidade da organização diante do ambiente competitivo.

Quanto ao tipo de concorrência que se observa em um mercado, a natureza do ambiente competitivo pode ser classificada conforme a Tabela 5.1, baseada na capacidade de controle e manipulação de preços no mercado.

- *Concorrência pura*: ocorre quando a quantidade de competidores e a quantidade de compradores existentes no mercado são grandes o suficiente para

Tabela 5.1 Classificação do macroambiente competitivo

Manipulação de preços no mercado	Controle do mercado pelos vendedores	Controle do mercado pelos compradores
Total	Monopólio	Monopsônio
Alta	Oligopólio	Oligopsônio
Média	Concorrência monopolista	-------
Nenhuma	Concorrência pura	Concorrência pura

impossibilitar a manipulação de preços por uma ou outra parte. Isso pressupõe que os produtos oferecidos são similares e conhecidos por compradores e vendedores que têm amplo acesso a esses. Na concorrência pura, o preço dos produtos é determinado por meio da relação entre sua procura e sua oferta.

- *Concorrência monopolista*: apesar de haver vários vendedores no mercado, cada um atua em segmentos distintos, não exercendo grande concorrência com os demais. Nesse caso, a capacidade de manipulação de preços é grande, mas limitada pela existência de outras empresas em mercados próximos; qualquer exagero por parte de uma delas possibilita a migração de consumidores para a outra classe. É o equivalente a dizer que, em uma cidade, existem três agências de viagens: uma especializada em clientes da classe A, outra especializada em clientes das classes B e C, e outra para clientes das classes D e E. Naturalmente, não há concorrência direta entre elas. Porém, o limite do preço para uma empresa é o patamar praticado pela empresa do nível superior.

- *Oligopólio e oligopsônio*: o oligopólio ocorre quando poucos vendedores ou compradores respectivamente controlam a maior parte do mercado de produtos similares. Como exemplo de oligopólio, temos as empresas aéreas, que, em um grupo reduzido, controlam grande parte do mercado doméstico de vôos. Já o oligopsônio ocorre quando diversos produtores se reúnem em cooperativas para aumentar sua capacidade de negociação com fornecedores.

- *Monopólio e monopsônio*: o monopólio ocorre quando uma única empresa detém o controle da comercialização de um produto ou quando existe um único comprador para um determinado produto respectivamente. Na economia brasileira, empresas telefônicas já exerceram monopólio, mas as privatizações modificaram tal cenário. Porém, os serviços básicos de energia elétrica e saneamento básico ainda são caracterizados como monopólios. Já os monopsônios ocorrem freqüentemente em compras governamentais de produtos exclusivos do poder público, como alguns tipos de armas, serviços de estradas e outros.

Em mercados com muitos concorrentes, o papel do marketing é fundamental e decisivo para o sucesso da organização. Tornar o produto conhecido e identificar os canais de acesso a clientes mais adequados são questões decisivas para o bom desempenho dos negócios. Já mercados monopolistas forçam o cliente a utilizar o produto que está disponível no mercado, sem lhe dar chance de escolha. Tal condição pode se verificar por aspectos legais ou, ainda, por excesso de risco ou tamanho do mercado, que inviabiliza a existência de várias empresas no mesmo mercado.

O mercado turístico está bastante pulverizado do ponto de vista de agências de viagens. Entretanto, pelo pequeno número de operadoras de viagem e pelo grau de interação que existe entre elas, esse mercado se aproxima de oligopólio.

Para completar a análise do ambiente competitivo, devemos avaliar outros elementos que determinam o grau de atratividade de um mercado. Para tanto, é possível utilizar o modelo de atratividade de mercado desenvolvido por Porter (1999, p. 28), em que ele apresenta as forças que governam a competição em um setor, indicando aspectos relativos à forma como se dá a concorrência, as relações de poder estabelecidas na cadeia produtiva e, ainda, a relação entre a empresa e a tecnologia disponível no segmento (veja a Figura 5.1).

A forma como se dá a concorrência, ou seja, a rivalidade entre concorrentes existentes: tamanho dos competidores, associativismo, agressividade, persuasão. Esse elemento trata da força competitiva mais relevante na determinação do nível de lucratividade de um setor, devendo receber atenção especial em sua análise e no direcionamento de estratégias específicas. Por exemplo, diversas capitais do nordeste brasileiro competem entre si para se posicionarem como o destino turístico de preferência do consumidor-turista doméstico. Ações direcionadas para a criação de diferenciais em relação às demais capitais são facilmente observadas em diversas épocas do ano, intensificando-se por ocasião de eventos mais significativos — como as férias e o carnaval. O uso das variáveis do composto mercadológico é uma constante nesse tipo de competição, o que levou algumas cidades a antecipar o início de suas festividades de carnaval para poder brigar pelo título de primeiro carnaval do país. Disputas ocorrem por meio das características do produto turístico — as atrações disponibilizadas durante o carnaval, as instalações e a infra-estrutura, a organização e o suporte ao turista — ou, ainda, por meio da comunicação de marketing, o qual utiliza agências de viagens, jornais, televisão e mesmo a participação do poder público na divulgação institucional da cidade e seu evento. Elementos de distribuição também são observados pela facilidade de deslocamento dos turistas até os locais de eventos, com suporte dos meios de transporte públicos e privados, muitas vezes disponibilizados gratuitamente por subsídio governamental.

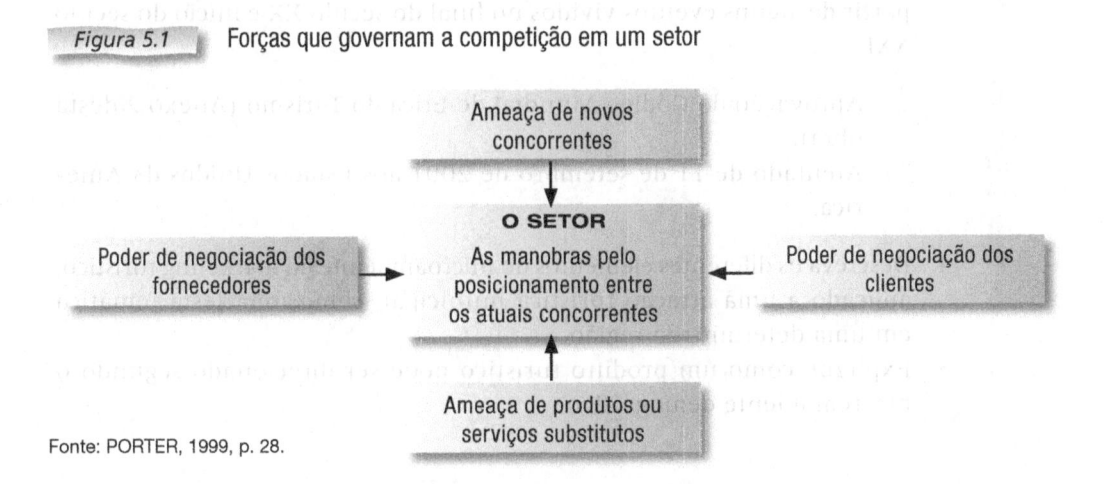

Figura 5.1 Forças que governam a competição em um setor

```
                    Ameaça de novos
                      concorrentes
                           |
                           v
                        O SETOR
Poder de negociação dos    As manobras pelo      Poder de negociação dos
     fornecedores    -->  posicionamento entre <--      clientes
                          os atuais concorrentes
                           ^
                           |
                   Ameaça de produtos ou
                    serviços substitutos
```

Fonte: PORTER, 1999, p. 28.

- Ameaça de entrada de novos competidores está relacionada ao investimento necessário, autorizações legais e corporativismo das empresas existentes. Esse aspecto tem tomado dimensões interessantes a partir deste século XXI, em que cada vez mais municípios estão buscando posicionamento diante do mercado turístico mundial, bastando, para tanto, encontrar criativamente traços peculiares que possam ser valorizados como atrações de interesse turístico.
- Ameaça de produtos substitutos àqueles existentes no mercado, levando-os à obsolescência e substituição.
- Poder de negociação junto aos fornecedores demonstra a capacidade de uma organização negociar com seus fornecedores.
- Poder de negociação junto a seus clientes é capacidade que as organizações possuem de negociar preços e condições com seus clientes.

A utilização da análise das forças competitivas do mercado permite, então, a adequação de estratégias voltadas especificamente para a competição por posições privilegiadas na preferência de consumidores.

Questões

1. Analise as alterações ocorridas no caso do município da Ilha Comprida (SP) em relação às condições oferecidas ao mercado turístico e aos fatores do ambiente externo do marketing.
2. Qual é o objetivo do estudo do ambiente do marketing turístico? Como se dá a adaptação das organizações a partir desse estudo?
3. Analise as alterações no contexto do turismo mundial como um todo a partir de alguns eventos vividos no final do século XX e início do século XXI:

    - Aprovação do Código Mundial de Ética do Turismo (Anexo 2 desta obra).
    - Atentado de 11 de setembro de 2001 aos Estados Unidos da América.

4. Descreva os diferentes elementos do microambiente do marketing turístico, aplicado a uma atração turística municipal, como uma festa temática em uma determinada região.
5. Explique como um produto turístico pode ser direcionado segundo o macroambiente demográfico.

6. Descreva o macroambiente físico-natural do marketing turístico aplicado, utilizando o conceito de produto turístico desenvolvido no Capítulo 11 desta obra.
7. Explique como as ações de marketing são afetadas pelo macroambiente político-legal.
8. Analise os motivos por que as localidades turísticas nacionais apresentam tão baixa exploração do segmento acima dos 60 anos quando comparado com os Estados Unidos (Quadro 5.1).
9. Quais são as principais variáveis econômicas que afetam o comportamento do consumidor-turista nacional?
10. Analise as diferentes forças que governam a competição em um setor, aplicadas ao turismo de localidades.

CAPÍTULO 6

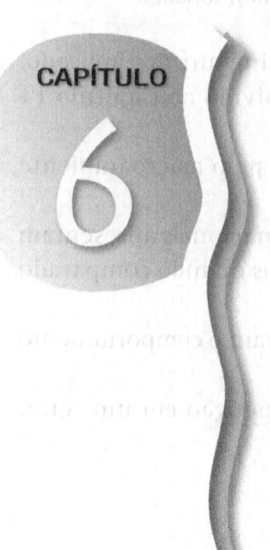

O mercado turístico

O turismo não só se desenvolve com grande rapidez como também está sujeito a variadíssimas alterações exógenas que introduzem mudanças significativas de procura.

CUNHA, 1987, p. 188

O texto que abre este capítulo expõe com bastante clareza a elasticidade do mercado turístico, extremamente sensível a influências externas e sujeito a sofrer modificações substantivas em função das debilidades internas, como má gestão e falta de planejamento. Em função desse quadro, há, no mercado turístico, muita dificuldade na busca do equilíbrio em decorrência de sua alta sensibilidade ao ambiente externo, que está em constante mutação. Esse é um dado inquietante para todos aqueles que se dedicam a essa atividade como meio de vida, ou seja, o mercado turístico tem como uma de suas principais características a instabilidade.

No entanto, o que parece em um primeiro momento negativo pode se tornar uma forma de melhoria contínua, pois essa característica do mercado turístico nos obriga a um acompanhamento permanente e constante da atividade. Com isso, buscamos determinar os problemas que poderão surgir e, daí, nos antecipar a eles. Eis, então, nosso propósito para este capítulo: discutir as características da demanda e da oferta do mercado turístico visando compreendê-las para obtermos melhores resultados.

6.1 Conceito de mercado

Um dos conceitos básicos em relação ao marketing é o de troca, que Kotler (1996, p. 27) define como sendo "o ato de obter um produto desejado de alguém, oferecendo-se algo em contrapartida", conceituando produto a partir do bem capaz de atender às necessidades específicas das pessoas, isto é, produtos e serviços. De qualquer modo, o conceito de troca leva ao conceito de mercado, o qual "consiste em todos os consumidores potenciais que compartilham uma necessidade ou desejo específico, dispostos e habilitados a fazer uma troca que satisfaça essa necessidade ou desejo" (KOTLER, 1996, p. 28).

Assim, o tamanho do mercado está diretamente relacionado com o número de consumidores potenciais que mostra a mesma necessidade e que possui todas as condições de realizá-la, tanto no presente quanto no futuro. De acordo com López (1992), para que exista um mercado são necessárias três condições:

- que exista uma necessidade;
- que exista um desejo de satisfazê-la; e
- que exista capacidade aquisitiva, ou ao menos uma capacidade para obter crédito.

Essa conceituação básica de troca e mercado leva-nos a definir o mercado turístico como sendo o conjunto de consumidores-turistas potenciais — que compartilha a necessidade ou o desejo específico de viajar para determinados lugares que apresentem produtos e serviços turísticos e que possuam as condições para tanto.

Todo mercado manifesta dois lados essenciais, amplamente demonstrados pelas teorias microeconômicas: o da oferta e o da demanda. A relação que se estabelece entre oferta e demanda depende de diversos fatores, dentre os quais é possível relacionar o grau de essencialidade do bem para o consumidor, a disponibilidade de recursos como um todo, as condições de concorrência do mercado — aqui considerado o número de competidores e a forma como se dá a competição — e, ainda, a possibilidade de se substituir o bem oferecido por outro com características semelhantes. Desse modo, para alguns tipos de bens, em especial aqueles de baixa essencialidade e elevada substituibilidade, afirma-se que a oferta de bens está condicionada à demanda, tornando o consumidor elemento ativo na definição das características do produto a ser oferecido ao mercado.

Os principais elementos que configuram o mercado turístico são: a demanda, a oferta e os produtos turísticos.[1]

---

[1] Os produtos turísticos foram aqui destacados para fins didáticos, pois compõem a oferta. Pela sua importância lhes dedicamos todo o Capítulo 11.

6.2 A demanda turística

A demanda expressa-se por meio da busca que o consumidor faz para obter seus produtos. Do ponto de vista econômico, a demanda é entendida como uma força motivadora da necessidade, a qual estimula a atividade empresarial para produzir bens e serviços específicos para satisfazer a essa necessidade em troca de uma recompensa adequada.

Em outros termos, Montejano (1999, p. 31) define demanda como sendo:

> *O conjunto de turistas que, de forma individual ou coletiva, estão motivados por uma série de produtos e serviços turísticos com o objetivo de cobrir suas necessidades de descanso, recreação, entretenimento e cultura em seu período de férias.*

Já Boullón (2002) identifica cinco tipos de demanda que devem ser considerados em qualquer estudo: a demanda real, a turista real-consumidor potencial, a histórica, a futura e a potencial.

A *demanda real* refere-se à quantidade de turistas que há em determinado momento, em um dado lugar, o qual está relacionado com a soma de bens e serviços efetivamente solicitados pelos consumidores-turistas nesse local.

A *demanda turista real-consumidor potencial* está relacionada aos gastos adicionais que a demanda real pode realizar durante sua estadia, consumindo bens e serviços além daqueles previamente pagos.

Considera-se como *demanda histórica* o registro estatístico das demandas reais ocorridas no passado e a análise de sua tendência evolutiva.

A *demanda futura* é a projeção realizada a partir dos dados do presente e da análise da demanda histórica, procurando-se prever seu provável crescimento, estagnação ou diminuição.

A *demanda potencial* é aquela que seria possível obtermos a partir de um determinado mercado emissor não explorado, para um determinado mercado receptor, além de os incrementos adicionais prováveis de conseguirmos na demanda futura, como conseqüência da melhoria dos serviços e do aumento da capacidade de hospedagem, entre outras medidas.

No setor turístico, os clientes — consumidores-turistas — configuram a demanda, a qual tem estreita relação com outra força fundamental que é a oferta. Esses dois elementos, a demanda e a oferta, configuram a essência da atividade turística como um negócio como qualquer outro. Eles representam os dois pólos que dão origem ao mercado turístico, em torno do produto turístico, ou seja, aquele desejado pelos consumidores e disponibilizado pelos agentes ligados ao turismo.

Na realidade, o consumo turístico, como já vimos, envolve uma série de características que torna a decisão de compra do consumidor um processo relativamente complexo. Entre outras características, podemos assinalar:

- envolve o deslocamento para fora do lugar de residência habitual do consumidor;

- envolve a disponibilidade de recursos financeiros do eventual consumidor em quantidade compatível ao produto que ele deseja adquirir;
- o próprio produto turístico reúne um grau intrínseco de complexidade, uma vez que não se trata simplesmente de uma estadia que se contrata junto a um hotel ou agente de viagens, mas reúne toda a experiência turística a que se vê sujeito o consumidor, como será estudado adiante; e
- a decisão de compra envolve a tomada de decisão de adquirir algo que se desconhece, composto de diversos elementos, gerando incertezas e expectativas.

Segundo Bretzke (2003, p. 43) a mesma pessoa tende, em variados papéis, a expressar comportamentos de compra diferentes, de acordo com o que imagina que seja esperado dela, e ainda de acordo com o tipo de produto a ser comprado. Em uma compra rotineira de baixo risco (como, por exemplo, um pão na padaria, o jornal ou insumos alimentícios), a elaboração da decisão de consumo pelo indivíduo exigirá menor tempo e esforço; já em uma compra complexa, envolvendo um montante de valor representativo (em termos monetários, de tempo envolvido, de distância percorrida ou a única oportunidade de férias do consumidor naquele ano), o tempo destinado à decisão cresce, juntamente com o seu custo psicológico associado.

Um outro aspecto importante a ser considerado é que o processo de decisão de compra do consumidor-turista está ligado ao conceito de valor. O destino escolhido será aquele que, na sua concepção, apresentará um maior valor para si, em relação a outros lugares. Esse valor percebido pelo turista está relacionado a um conjunto de características apreendidas pelo turista durante a viagem e que variam de indivíduo a indivíduo. Essa percepção está diretamente relacionada ao processo de socialização de cada pessoa, da cultura em que ela desenvolveu sua personalidade. Assim, diferentes objetos, eventos e atividades terão significados diferentes, sendo-lhes atribuído um valor que será agregado ao destino.

Uma manifestação cultural de uma comunidade tradicional poderá ser vista como algo sem importância para alguns, enquanto, para outros, será o atrativo mais importante da viagem. Desenhos primitivos em rochas emocionarão visitantes que manifestarão essa sensação para outros quando voltarem da viagem. No entanto, para muitos, aqueles desenhos nada significarão e poderão, inclusive, ser objeto de vandalismo. A atribuição de valor, portanto, está intrinsecamente ligada ao processo de socialização do indivíduo, sua inserção cultural no local de origem.

Isso configura um outro aspecto importante da demanda turística que é sua heterogeneidade no que diz respeito à motivação para empreender a viagem.

6.2.1 Principais características da demanda turística

Como já afirmamos, a demanda turística no geral apresenta características diferenciadas e complexas que a tornam singular — uma vez que envolve bens, serviços e experiências em seu todo. Lewis e Chambers (2000, p. 41), em seu estudo sobre o mercado de hotelaria, definem o produto hoteleiro por meio de quatro elementos básicos: bens tangíveis, serviços intangíveis, meio ambiente que apresenta elementos tangíveis e/ou intangíveis e estão associados ao desejo ou à surpresa oferecida ao consumidor e, finalmente, sua experiência geral, que transcende ao tempo e ao espaço e é profundamente pessoal.

Diante de todos esses elementos envolvendo o mercado turístico, podemos elencar as seguintes características da demanda turística.

Sazonalidade

Uma das principais características do turismo é que a demanda pelos seus produtos ocorre de forma concentrada em um determinado período de tempo. Conhecida como sazonalidade do fluxo turístico, essa concentração caracteriza dois períodos distintos: a alta e a baixa temporada.

Durante os períodos de alta e baixa temporada ocorre um importante desequilíbrio entre a oferta e a demanda. Nos períodos de alta temporada, há problemas de saturação da infra-estrutura básica e de serviços e uma oferta inelástica. Na temporada baixa, o efeito é bem o contrário — a demanda é extremamente baixa, e a oferta é significativamente maior, sendo caracterizada por sua elevada adaptabilidade às necessidades específicas dos consumidores-turistas. Desse modo, os hotéis de uma estância hidromineral que, em períodos de férias escolares, atendem principalmente famílias e pequenos grupos, nos demais períodos voltam-se para o segmento empresarial, oferecendo salas de convenções e pacotes promocionais a empresas que venham a ocupar parte de suas acomodações. O Quadro 6.1 apresenta o modo como os empresários de São Sebastião (SP) enfrentaram o problema da sazonalidade.

Quadro 6.1

SAZONALIDADE

Um grupo de empresários de São Sebastião (SP) declarou guerra ao turismo sazonal neste inverno, época do ano que leva para Campos do Jordão a maioria dos paulistanos dispostos a curtir o clima e as férias. Atrair turistas para o litoral durante o inverno, apresentando variadas opções de lazer para quem quer descansar longe da badalação e da aglomeração de Campos — principal destino dos paulistanos que saem da capital paulista nessa época —, é a proposta do projeto Costa dos Alcatrazes.

A idéia conseguiu reunir donos de estabelecimentos que estão espalhados em uma faixa de 25 quilômetros, entre as praias de Boracéia e Boiçucanga, na costa sul de São Sebastião.

Para isso, uma extensa programação foi preparada para o seu lançamento — de eventos culturais e musicais até a gastronomia refinada, que atende às expectativas do público mais exigente. Há ainda as opções de passeios náuticos e ecoturismo, que dão ao turista a oportunidade de explorar a costa sul de São Sebastião sob uma nova ótica: como um lugar que oferece, além dos banhos de mar, um belo cenário composto pelas montanhas da Serra do Mar, o clima de inverno e a beleza das praias.

Segundo um dos empresários participantes, "além das praias, a costa sul tem estabelecimentos de altíssimo nível que oferecem um cardápio gastronômico refinado e diversificado, além de boas opções de lazer para quem quer tranqüilidade e descanso durante o inverno. Tudo isso, com o privilégio de estar inserido em um cenário maravilhoso, composto pela vista da Serra do Mar, com espécies variadas de fauna e flora, típicos da Mata Atlântica, e as praias".

Para os empresários, a expectativa é atrair turistas de alto poder aquisitivo que procuram por locais que estão no contrafluxo do movimento turístico, mas que também ofereçam boas opções de lazer e entretenimento, sem o incômodo da aglomeração e do trânsito congestionado.

Fonte: MENDONÇA, Eliane. 'São Sebastião tenta atrair turistas de Campos', Jornal *Folha de S.Paulo*, 20 jul. 2003, Caderno Campinas, p. C-6.

Elasticidade

Os fluxos turísticos apresentam-se em constante mutação, diretamente relacionados a fatores culturais, sociais, políticos, econômicos etc. A demanda é altamente sensível a pequenas variações em qualquer um dos elementos que constituem o seu entorno. O aspecto segurança é um dos mais importantes a ser considerado no momento da escolha do destino. Crises políticas, problemas de saúde, violência, falta de água, transporte etc. são elementos que trazem incertezas e que afetam a demanda. Desse modo, eventos que não podem ser controlados poderão afetar um fluxo turístico para determinada localidade. Uma epidemia de dengue que antecedeu o carnaval carioca em períodos anteriores afetou o fluxo para o principal evento turístico do ano. O aumento da violência em uma cidade prejudicará sua imagem e contribuirá para a diminuição do número de visitantes.

Concentração espacial

De um modo geral, os destinos recebem visitas de determinadas regiões, ocorrendo, assim, uma concentração espacial do fluxo de demanda. E isso vale tanto para países quanto para regiões ou cidades — com explicações diferentes para cada caso. Países e regiões de maior poder aquisitivo de um modo geral são emissores de fluxo turísticos; assim, o poder aquisitivo de suas populações é que determina a concentração espacial de origem do fluxo.

Do ponto de vista dos países, os principais emissores de turistas para os países menos desenvolvidos, nos quais seus habitantes têm menor poder aquisitivo, são os do Norte — Estados Unidos e Europa. Dentro de cada país ocorre um fenômeno semelhante, com as regiões de maior poder aquisitivo *per capita* gerando fluxos para destinos nos quais predomina uma renda média menor. No Brasil, as regiões do Sul e Sudeste são importantes emissores de fluxos de turistas para o Nordeste, por exemplo.

No caso das cidades, em regiões mais próximas, o efeito do poder aquisitivo pode não ser determinante, pois há uma maior distribuição espacial da população no que diz respeito à renda, não havendo, portanto, muita disparidade regional. No estado de São Paulo, por exemplo, não é a renda média da população o determinante da origem do fluxo. Há outros fatores que contribuem para a permanência e o aumento do fluxo, tais como apresentação geral da localidade (limpeza, sinalização, amabilidade dos residentes etc.), facilidade de locomoção, qualidade dos atrativos turísticos, entre outros.

Heterogeneidade da demanda

A demanda turística consiste no conjunto de consumidores que compartilha uma necessidade ou desejo específico. Assim, podemos ter uma demanda caracterizada por consumidores de serviços direcionados pela ecologia; outra que se caracteriza por consumidores que desejam conhecer a história de uma cidade, região ou país; ou uma demanda daqueles que necessitam tratar de problemas de saúde ou, ainda, daqueles que precisam simplesmente descansar de uma atividade cotidiana estressante. Essas demandas específicas poderão ser atendidas por uma oferta de serviços turísticos segmentados, como mostra a Tabela 6.1.

Atualmente, a demanda turística está bastante segmentada e condicionada por idade, sexo, estado civil, poder aquisitivo, nível cultural, orientação sexual, interesses ou necessidades específicas etc. Como veremos na Tabela 6.1, a cada segmento corresponde um tipo de turismo, como turismo juvenil, de negócios, de natureza, da terceira idade, de gays, histórico etc.

A demanda turística está condicionada por uma série de fatores, entre os quais (MONTEJANO, 1999, p.122):

1. *Disponibilidade de tempo*: a regulamentação das férias remuneradas por numerosos países foi um fator importante que permitiu o desenvolvimento da demanda turística moderna. Esse fator permitiu que amplas camadas da população tivessem acesso a essa forma de lazer, criando-se, assim, uma base objetiva — condição necessária para a ampliação da demanda turística potencial. Por outro lado, há uma tendência crescente à redução do tempo de trabalho e uma maior valorização do tempo livre.

2. *Disponibilidade econômica*: nos últimos anos houve um aumento das rendas pessoais e familiares e um crescimento do número de pessoas ativas, o que estimulou um maior consumo privado de bens materiais e de serviços,

Tabela 6.1 — A relação entre tipos de demanda e tipos de turismo

TIPOS DE DEMANDA (CONSUMIDORES)	TIPOS DE TURISMO (OFERTA)
Orientados para ecologia	Ecoturismo
Que desejam conhecer história	Turismo histórico
Que pretendem tratar de problemas de saúde	Turismo de saúde
Que necessitam descansar	Turismo de "sol e praia"
Que desejam diversão	Turismo de lazer
Que querem realizar negócios específicos	Turismo de negócios
Que buscam emoções fortes	Turismo de aventura

entre eles o turismo. Principalmente nos países desenvolvidos, o turismo é hoje uma atividade praticada por amplas camadas da população. No Brasil, nos últimos anos, houve um aumento substancial de pessoas em condições de viajar em decorrência de um maior acesso ao crédito — o que permite um parcelamento das viagens realizadas no período de férias — e, também, um aumento de pessoas com veículos próprios — o que viabiliza viagens de média e curta duração, durante as férias e nos feriados prolongados.

3. *Fatores demográficos*: de acordo com suas características demográficas, as populações apresentam comportamentos diferentes. De um modo geral, os grupos sociais, que têm como modelo o modo de vida urbano, manifestam maior propensão a viajar. Outras características, tais como a idade, o sexo, a situação familiar etc., também influenciam de forma considerável a hora de tomar a decisão de sair de férias.

4. *Fatores sociais*: não há dúvida de que a valorização social das férias é, também, resultado de um efeito de imitação, ou seja, de assimilar modelos de consumo das pessoas de rendas superiores. No entanto, além desse comportamento de imitação, há outros motivos. O fato de viver em uma sociedade mais aberta e integrada em um contexto cada vez melhor sobrepujou, sem dúvida, os limites geográficos e políticos. Com isso, acreditamos que o turismo preestabelece uma aproximação entre os povos e entre as classes sociais, além de colaborar de forma notável com a melhoria da qualidade de vida das pessoas.

A demanda não é condicionada somente pelo preço, conforme pode indicar o senso comum. Há, também, outros fatores que a condicionam, tais como:[2] a renda média dos consumidores, o volume de pessoas que a compõem, o preço dos produtos turísticos análogos, o clima, as preferências pessoais, entre outros.

- Se houver um aumento da renda média dos indivíduos que compõem determinada demanda, eles tendem a consumir mais algo que já adquiriam antes (por exemplo, permanecem mais tempo nos destinos turísticos de sua preferência e vão lá mais vezes durante o ano); passam a comprar coisas que não compravam antes (como freqüentar destinos turísticos que estavam acima de sua condição econômica anterior); e, muitas vezes, deixam de adquirir aquelas que correspondiam ao seu nível anterior de renda (eles deixarão de freqüentar lugares que correspondiam ao status anterior e passarão a freqüentar aqueles que correspondem ao seu novo status).

- O volume de pessoas influencia diretamente a quantidade da demanda. O segmento de mercado compreendido pelos ecoturistas certamente possui

---

[2] Aproveitamos aqui alguns itens levantados por López (1992) e incluímos outros. No entanto, os comentários em cada tópico são de exclusiva autoria dos escritores deste livro.

um potencial de demanda muito maior que o segmento voltado para o turismo náutico, por exemplo.

- Um produto turístico análogo a outro, que apresenta pouca diferenciação, sendo que um deles apresenta preços inferiores, atrairá mais consumidores e provocará um rebaixamento de preços nos destinos semelhantes.

- A relação direta de alguns produtos turísticos com o clima influencia a demanda. Com um aumento de temperatura, os destinos tipo "sol e praia" terão uma maior procura; com a chegada do frio serão favorecidos os destinos turísticos de montanha.

- Preferência pessoal é um fator bastante subjetivo e de difícil controle, mas que, no entanto, pode ver diminuído seu impacto sobre a demanda com o aumento da diversidade na oferta em um destino específico, evitando-se uma padronização excessiva, o que poderá atender a diversos gostos e desejos.

6.3 A oferta turística

Pelo lado da oferta estão os bens e serviços oferecidos para atender à demanda dos consumidores-turistas. Considerando-se a variedade de setores que integram a cadeia produtiva dos produtos turísticos — bens e serviços —, o turismo pode ser considerado como um indutor do desenvolvimento de uma localidade, de uma região ou de todo um país.

O turismo gera um efeito multiplicador sobre a oferta e a produção de outros produtos de consumo, tanto do próprio setor econômico terciário — relações do turismo com o transporte ou com a atividade bancária ou de seguros — quanto de outros setores: primário (os bens agrícolas para a confecção de cardápios etc.) e secundário ou industrial (as câmaras frigoríficas, os elevadores para os hotéis etc.). Ou seja, graças ao turismo, há outros produtos de consumo que se beneficiam da atividade turística (MONTEJANO, 1999).

Como conseqüência das suas relações diretas com um conjunto de setores econômicos, o turismo contribui para a diversificação das atividades econômicas das cidades turísticas, das regiões e dos países nos quais é implantado de forma organizada. O turismo também é responsável pelo ressurgimento e pela valorização de atividades tradicionais que passam a ser reconhecidas em função de suas características peculiares. Caso essas sejam atividades que trabalhem com produtos não-padronizados, permitindo que o turista obtenha algo único e que será exibido em seu local de origem, aí, sim, o reconhecimento é até maior. É por isso que está ocorrendo um vigoroso retorno às atividades artesanais em todo o Brasil, particularmente em regiões em que há maior incremento da atividade turística.

Por outro lado, a atividade apresenta especificidades que não são encontradas em nenhuma outra, por envolver um produto complexo, não perfeitamente identificável, que varia em função do tempo e do espaço.

6.3.1 Componentes da oferta turística

De um modo geral, podemos descrever a oferta como tudo que pode ser oferecido ao turista, quer sejam elementos naturais, artificiais ou diretamente relacionados com uma atividade humana, tais como hospitalidade e serviços.

Os *elementos naturais* podem ser constituídos pelos (DIAS & AGUIAR, 2002) corpos d'água, as belezas naturais, o clima, a configuração física, a fauna e a flora. Em um detalhamento maior, podemos incluir: praias, montanhas, cavernas e grutas, vulcões, reservas florestais, pássaros e peixes exóticos, pesca, parques nacionais, fontes termais, fontes naturais de água mineral, cachoeiras, lagos, rios, ilhas, dunas e paisagens.

Os *atrativos artificiais* podem ser subdivididos em três: aspectos históricos, culturais e religiosos; a infra-estrutura; e as vias de acesso.

Do ponto de vista histórico, cultural e religioso, podemos listar: festas típicas, lugares históricos, exposições culturais, feiras de artesanato, feiras de exposição industrial, exposição agropecuária, leilões, centros científicos e técnicos, música, dança, comida típica, folclore, ruínas, museus, esportes e manifestações religiosas (veja o Quadro 6.2).

Quadro 6.2

O TURISMO TEMÁTICO GERADO PELO FESTIVAL DE TEATRO DE CURITIBA

Ponto de descanso de tropeiros no passado, Curitiba ainda não sabe ao certo quantas pessoas "pousam" na cidade durante um de seus eventos culturais mais importantes, o Festival de Teatro, realizado em março de 2004.

Uma pesquisa, que não foi realizada nas 12 edições anteriores, deve ser encampada pela Diretoria de Turismo da prefeitura, a fim de trazer subsídios ao conhecimento dos que chegam. Visa delinear melhor o perfil do visitante — de onde ele vem e se, na época, se dirige à capital paranaense só para assistir às peças teatrais, por exemplo.

Com um orçamento de R$ 1,8 milhão e aglutinando, em 2004, 156 encenações do Brasil, de Portugal e da Inglaterra, além de oficinas e outras atividades, o festival produz turismo temático. Em 2003, estima-se que 100 mil pessoas tenham acompanhado os espetáculos; 10 mil delas não seriam moradoras de Curitiba. A trabalho, integrando as fichas técnicas das montagens, havia para 2004 a previsão da vinda de mil forasteiros. Os dados são da Fundação Cultural de Curitiba.

O teatro anima a cidade. Por excelência anticarnavalesca, Curitiba parece receber um influxo festeiro desconhecido no período da folia mais tradicional. Não raro, há montagens que, logo no título, entregam que roçarão o sexo e/ou a escatologia, tal qual a válvula de escape própria do carnaval.

Os moradores saem de casa, e as ruas ficam cheias. Segundo a Diretoria de Turismo, março é uma das épocas em que a cidade mais acolhe turistas, perdendo, talvez, só para o Natal, com suas decorações e iluminações das fachadas.

De acordo com o Sindicato de Hotéis, Restaurantes, Bares e Similares de Curitiba (Sindotel), o movimento do setor durante os 11 dias do Festival de Teatro cresce em torno de 15%. Há, porém, quem identifique

> nos últimos anos uma queda de demanda, pelo menos no que diz respeito à aquisição de pacotes turísticos.
>
> A agência de turismo receptivo Onetur, que, nos primeiros anos do evento, realizava sozinha a recepção de grupos, ainda não havia, até o início das apresentações, recebido pedidos. Para a sua diretora-geral, Maria Luiza de Anunciação, outras atrações culturais — o Circuito Cultural do Banco do Brasil e o Festival de Cinema — têm trazido mais solicitações desse tipo de serviço.
>
> Embora peças das mais variadas regiões brasileiras não faltem, o artista e o espectador não se restringem ao palco ou à platéia. Quem vai a Curitiba acaba também percorrendo as suas atrações turísticas.
>
> Alguns dos espaços teatrais, aliás, acabam constituindo pontos de interesse. Há, por exemplo, o imponente teatro Ópera de Arame e o teatro Paiol — esse último, um pouco afastado do centro, era um antigo depósito de pólvora de 1874 que, por seu formato circular, se transformou em uma exata arena.
>
> Boa parte dos teatros fica na região central curitibana, onde se localizam o histórico Largo da Ordem (endereço da Casa Romário Martins, do final do século 18, da Casa Vermelha, de 1891, e do Museu de Arte Sacra, instalado na Igreja da Ordem Terceira de São Francisco das Chagas, de 1737) e a afamada rua 15 de Novembro.
>
> Fonte: FESTIVAL de teatro gera turismo temático em Curitiba. Jornal *Folha de S.Paulo*, versão on-line, www.folha.com.br. Acesso em 24 de março de 2004.

A infra-estrutura é composta, basicamente, por alimentação, alojamento, entretenimento, agências de turismo, locadoras de veículos, centros de informações, postos de câmbio e bancos financeiros, farmácias, hospitais, delegacias de polícia, postos de combustível, oficinas mecânicas e pessoal capacitado para atender os turistas.

As vias de acesso são as aquáticas (barcos, navios, balsas), terrestres (ônibus, automóveis, trens) e aérea (aviões de todo tipo). Incluindo-se nessa categoria os aeroportos, os portos marítimos e fluviais, as estações de trem, de metrô e as rodoviárias.

6.4 A globalização dos mercados

Tratamos da globalização no Capítulo 1 e verificamos que o turismo é um dos principais meios de intensificação da globalização. A relação do local com o global é cada vez mais evidente. Hoje em dia, não é mais possível o desenvolvimento do turismo em uma localidade sem comparar seu produto com outros semelhantes no mundo todo. Essa prática é agilizada pelos meios de comunicação (internet, televisão etc.) e também pelas facilidades em que são realizadas as viagens, com tantas possibilidades disponíveis de crédito.

Desse modo, particularmente no mercado turístico, deve-se sempre levar em consideração as possibilidades que se apresentam com a globalização sem descuidar das ameaças que possam surgir provocadas pelo mesmo fenômeno. Entre as principais conseqüências da globalização no mercado turístico, podemos apontar (VALLS, 2003):[3]

1. De acordo com as previsões da OMT, viveremos nas próximas décadas um ritmo global cada vez mais forte de crescimento do setor turístico, tanto em número de turistas quanto em gastos realizados em cada um dos deslocamentos. Nem todas as regiões, âmbitos de negócio ou unidades de negócio crescerão de maneira uniforme. Em uma região ou âmbito de negócio crescerão aqueles que harmonizarem e adaptarem sua oferta às expectativas de seu público, que a atualizarem permanentemente e que sejam capazes de estruturar o produto em função deles. Será preciso, além de tudo isso, um preço atraente.

2. Entre os quatro grandes tipos de turismo, poderemos observar diversas evoluções:

   - O turismo de massa de "sol e praia" tenderá a decrescer nas zonas tradicionais e a crescer nas zonas emergentes as quais, no entanto, apresentarão um ciclo de vida do destino mais curto que os destinos desse tipo, considerados clássicos.
   - O turismo de cidade (urbano), na medida em que se estruturar, é o que apresenta maiores perspectivas de crescimento para as próximas décadas.
   - O turismo de interior crescerá do mesmo modo (natureza, pesca, rural, aventura etc.).
   - O turismo de atração específica (acontecimentos, parques temáticos, lugares naturais, históricos ou religiosos de importância etc.) experimentará uma expansão ainda mais acentuada.

3. A internacionalização das empresas tenderá a atingir todos os setores do turismo.

   Nesse sentido continuará crescendo o processo de concentração em cada subsetor e nos diversos ramos de negócios.

4. A internacionalização, no entanto, nunca esconderá a realidade de um setor artesanal, bastante atomizado e principalmente composto por empresas pequenas e médias de estrutura familiar.

5. O fator tecnológico e de inovação será cada vez mais importante e cada vez mais decisivo.

6. A profissionalização de todas as fases do processo de gestão da empresa turística será a chave para tornar possível a experiência que busca o consumidor de turismo. Sem a profissionalização de todo o processo, será cada vez mais difícil obter-se êxito.

---

[3] Foram aproveitados alguns tópicos de Josep Francesc Valls; outros foram inseridos, mas, no geral, o texto é de responsabilidade dos autores deste livro.

7. Um dos desafios mais imediatos é a formação e a definição de cada um dos postos de trabalho existentes ao longo da atividade turística, o que está diretamente relacionado com a estrutura de ensino do país.
8. O custo de cada novo cliente é muito elevado, tanto para as grandes empresas quanto sobretudo para as pequenas, tornando-se inaceitável para muitas empresas turísticas. As técnicas voltadas a ganhar a fidelidade dos clientes oferecerão cada vez mais uma alternativa de comercialização. Crescerá a tendência de se partir da base de clientes atuais como objetivo principal de comercialização, para, só então, buscar os clientes potenciais.
9. Uma forma de superação das carências inerentes à pequena dimensão da empresa turística se encontra na busca de sinergias por meio da associação empresarial, da criação de serviços conjuntos nas distintas áreas de gestão e da concepção e do desenvolvimento de marcas sob as quais as empresas se identificam e operam em conjunto. Um exemplo é a marca Costa do Atlântico, sob a qual diversas prefeituras e empresas da Baixada Santista atuam em conjunto para aumentar a demanda turística na região.
10. A ecologia torna-se cada vez mais uma tendência crescente para a preservação do meio ambiente natural, para a economia de energia, para a restauração de edifícios e para a utilização de materiais e matérias-primas mais naturais. Quem não seguir essa linha ecológica equivalerá a auto-excluir-se do mercado.

6.5 Tendências do mercado turístico

Podemos, de modo bastante genérico, prognosticar algumas tendências do mercado de turismo, para as quais tecemos comentários ao longo de todo o livro. Resumidamente, elas são:

1. Há uma tendência à redução do período de férias; por outro lado, tende-se a uma maior fragmentação dos períodos de descanso ao longo do ano.
2. Aumento da demanda de pacotes sob medida, direcionados para públicos específicos.
3. Aumento de turistas que buscam as viagens como uma experiência que deve ser vivenciada de forma completa, permitindo a aquisição de conhecimento e, ao mesmo tempo, experimentando emoções que eles consideram autênticas.
4. Aumento de turistas da terceira idade.
5. A relação do turismo com o desenvolvimento sustentável tende a se tornar cada vez mais importante.
6. Os processos de integração econômica tendem a incentivar o fluxo turístico entre os países integrados.
7. Aumento da segmentação da demanda e, ao mesmo tempo, maior integração entre diversas motivações de viagem.

Essas são as tendências mais evidentes e que apresentam maior concordância entre diversos autores e, ainda, dão uma idéia aproximada de uma parte da demanda para os próximos anos.

Questões

1. O que é mercado?
2. Quais são as condições para que exista um mercado?
3. Quais são os dois lados essenciais que devem existir para que haja mercado?
4. O que é demanda turística?
5. O que é demanda real? Histórica? E futura?
6. Explique a sazonalidade turística?
7. O que é a elasticidade no turismo?
8. O que é a oferta turística?
9. Como a internacionalização das empresas atingirá o turismo?
10. Quais são as principais tendências do mercado turístico?

CAPÍTULO 7

O comportamento do consumidor-turista

O tema do comportamento do consumidor é a chave de sustentação de toda a atividade mercadológica realizada com o intuito de desenvolver, promover e vender os produtos do turismo.

SWARBROOKE & HORNER, 2002, p. 23

O turista é o agente fundamental do turismo; é em torno dele que giram todas as expectativas e se planeja o desenvolvimento futuro de uma atividade econômica que é a que mais cresce no mundo. O papel do turista do ponto de vista do mercado turístico é o de um consumidor de produtos e serviços e, como tal, apresenta comportamentos que se assemelham aos compradores de modo geral. No entanto, em decorrência de diversos fatores que vão dos particulares — abrangendo as motivações psicológicas do próprio turista — aos mais gerais — envolvendo questões econômicas, políticas e sociais —, esse agente fundamental do turismo apresenta características próprias de consumo que o diferenciam dos demais consumidores.

Segundo Levitt (1964, *apud* MOWEN & MINOR, 2003, p. 3), a orientação de marketing compreende:

> *O ponto de vista de que uma indústria é um processo de satisfação do cliente, e não de produção de mercadorias. Uma indústria surge com o cliente e suas necessidades, e não com uma patente, matéria-prima ou habilidade de venda.*

Entendido desse modo, o turismo é uma indústria na medida em que é um processo de satisfação do cliente, que o atende durante todo o período que dura o seu deslocamento, envolvendo diversas atividades que se completam e se complementam.

Assim, compreender o comportamento do turista é importante no planejamento de estratégias de marketing e no próprio papel do turismo como indutor do desenvolvimento social e econômico de qualquer localidade, região ou país.

7.1 As variáveis que afetam o comportamento do turista

O comportamento do turista, como consumidor de um serviço, não difere muito de outros consumidores, pois se trata de optar por adquirir ou utilizar um produto ou serviço. No entanto, ele apresenta determinadas características que o tornam merecedor de uma atenção especial, como já afirmamos.

No seu processo de aquisição de um produto turístico, devemos analisar o comportamento do turista como um subconjunto dos consumidores de modo geral — participando de uma experiência turística e sendo influenciado por fatores internos (relacionados com o sistema turístico) e por fatores externos.

Nesse sentido, a abordagem do comportamento do turista deve ser analisada tendo como parâmetros iniciais o comportamento geral do consumidor e, posteriormente, sua inserção no contexto de aquisição de serviços turísticos. Esse é um aspecto conhecido no marketing, o qual considera que o estudo do comportamento está diretamente relacionado à especificidade de cada produto, pessoa e situação.

O produto turístico, como vimos anteriormente, diferencia-se de outros produtos de modo geral, uma vez que se trata de uma experiência que, para ser vivenciada, envolve a decisão de compra, o deslocamento, a estadia e todos os demais elementos que o constituem. Desse modo, para identificarmos os fatores que influenciam o comportamento do turista, devemos envolver inúmeras variáveis inter-relacionadas.

Segundo Kotler e Armstrong (1993), geralmente, o comportamento dos consumidores é influenciado pelos seguintes principais fatores:

- fatores culturais;
- fatores sociais;
- fatores pessoais; e
- fatores psicológicos

Fatores culturais: a cultura é um dos determinantes principais das necessidades e dos comportamentos de uma pessoa, pois essa é aprendida ao longo de sua vida por meio do processo de socialização. Há diferentes subculturas que formam o mosaico cultural humano — cada uma com suas próprias necessidades e expectativas. Assim, ao se estabelecer uma estratégia de marketing, essas diferenças devem ser consideradas.

Fatores sociais: o comportamento de consumo também sofre influências sociais, como grupos de referência, família, papéis sociais e status do consumidor.

Fatores pessoais: diferentes características pessoais influenciam as decisões de compra de um consumidor, como idade, ocupação, situação econômica, estilo de vida, personalidade e auto-estima.

Fatores psicológicos: a escolha de compra de uma pessoa é afetada também por fatores psicológicos, como motivação, necessidades, percepção, aprendizado, crenças e atitudes.

Além desses fatores, julgamos importante acrescentar dois outros que influenciam do mesmo modo o comportamento dos consumidores. Eles são:

- *fatores externos*: que podem ser econômicos, políticos, jurídicos, ecológicos etc. e
- *fatores de marketing*: produto, preço, distribuição e promoção.

Assim, podemos afirmar que o comportamento do mercado turístico é determinado pela existência de variáveis internas (ao sistema turístico), externas e de marketing, que atuam de forma conjunta sobre o potencial turista, levando-o a desejar realizar uma viagem. Essas variáveis são:

- variáveis culturais;
- variáveis sociais;
- variáveis psicológicas;
- variáveis externas; e
- variáveis de marketing.

Todas essas variáveis abordam o comportamento do consumidor de forma parcial, pois, na realidade, elas atuam de forma conjunta, sensibilizando o potencial comprador. Eis, então, que sempre deve ser considerada a sua inter-relação permanente, atuando na sensibilização dos indivíduos que poderão efetuar uma escolha de viagem.

O turista, assim, sofre influência de todas essas variáveis. O consumidor-turista recebe uma série de estímulos externos, que se originam tanto no entorno em que se encontra (estímulos econômicos, políticos, culturais etc.) quanto nas ações de marketing realizadas pelas empresas no mercado (materializadas nas estratégias de preço, produto, distribuição e promoção). Essas influências externas atuam sobre o potencial turista que, condicionado também por características internas do sistema turístico, desenvolverá seu processo de decisão de comprar uma determinada viagem.

Esse processo passa por diferentes etapas (CHURCHILL JR. & PETER, 2000): reconhecimento da necessidade, busca de informações, avaliação de alternativas (escolha do produto), decisão de compra e avaliação pós-compra.

Submetido às variáveis citadas anteriormente, o consumidor-turista, que sente a necessidade de viajar para descansar, por exemplo, passa em um segundo momento a buscar informações sobre viagens, pacotes turísticos etc. — em que se apresentam vários destinos como alternativas; a avaliar os diversos destinos em função de suas necessidades, até decidir comprar um pacote que o levará a determinada localidade. Se a sua avaliação pós-compra for positiva, isso alimentará a necessidade futura de voltar a viajar, pois a visitação atingiu o objetivo de satisfazer às suas necessidades. Desse modo, o sucesso de cada viagem servirá de estímulo para novas compras de pacotes turísticos, em um processo contínuo que será cada vez mais importante na medida em que o produto turístico for atendendo às expectativas dos consumidores.

7.2 As motivações dos turistas

Entre os diversos fatores que influenciam o comportamento do consumidor, um fator psicológico — a motivação — figura entre os mais importantes, destacando-se dos demais na capacidade de influenciar os mecanismos de decisão do consumidor-turista.

As motivações são forças que se manifestam como resultado de uma necessidade não satisfeita e que induzem condutas ou comportamentos das pessoas que, assim, buscam sua satisfação. No entanto, o comportamento de um consumidor não é provocado somente por um motivo inicial que o induz a agir, mas ele também sofre influência de outros elementos — como sua experiência adquirida no processo de socialização e outros processos internos ao indivíduo.

É importante destacarmos que a base das motivações são as necessidades. E, para que uma necessidade se converta em motivação, é preciso que a necessidade seja estimulada ou, melhor dizendo, que ela alcance um nível de intensidade suficientemente alto para induzir a pessoa a atuar.

Algumas necessidades fisiológicas (originadas pela fome, sede ou desconforto) ou psicológicas (reconhecimento, auto-estima ou relacionamento), por exemplo, podem não ser fortes o bastante para motivar uma pessoa a agir em um dado momento. Mas, quando alguma delas aumenta em intensidade, isso se torna um *motivo* (ou impulso) — "uma necessidade que se torna suficientemente premente a ponto de levar uma pessoa a buscar sua satisfação" (KOTLER & ARMSTRONG, 1993, p. 88).

O potencial turista, portanto, tem uma necessidade insatisfeita que pode não ser forte o bastante para motivá-lo a viajar; somente aumentando sua intensidade é que ela se transformará em um impulso irrefreável de gozar as férias, descansar, entreter-se ou divertir-se em outros lugares diferentes daquele em que vive. A motivação turística induz o potencial turista a realizar a viagem.

As motivações exercem uma significativa influência no processo de compra. Portanto, sua identificação é importante para analisar o comportamento do turista e para que sejam desenvolvidas estratégias de marketing voltadas para atender a essas necessidades insatisfeitas, as quais motivam diferentes comportamentos.

No entanto, o estudo das motivações é complexo, pois cada pessoa tem diferentes motivos para realizar uma viagem e para consumir os diferentes produtos e serviços turísticos. Além do mais, o processo de compra não é o resultado de uma única motivação; na realidade, há várias inter-relacionadas que podem variar para cada pessoa e, com o passar do tempo, até para um mesmo indivíduo.

Vários autores assinalaram as motivações que desencadeiam o desejo de viajar. Entre esses, podemos citar Swarbrooke e Horner (2002), que apresentaram uma tipologia das motivações em turismo conforme pode ser visto na Tabela 7.1.

Já outro autor, Montejano (1996), agrupa as motivações do turista nos seguintes tipos:

- físicas e psíquicas;
- culturais;
- sociais e de comunicação;

Tabela 7.1 Tipologia das motivações em turismo

MOTIVAÇÕES	CONTEÚDO
FÍSICOS	Relaxamento Banho de sol Exercício e saúde Sexo
CULTURAIS	Visitas a lugares de interesse Vivência de outras culturas
EMOCIONAIS	Nostalgia Romance Aventura Escapismo Fantasia Busca de alimento espiritual
STATUS	Exclusividade Fator moda Fazer um bom negócio Oportunidades de gastar de maneira ostensiva
PESSOAIS	Visitar amigos e parentes Fazer novos amigos Necessidade de satisfazer outras pessoas Fazer economia, em caso de rendimentos reduzidos
DESENVOLVIMENTO PESSOAL	Aumentar conhecimentos Aprender algo novo

Fonte: Swarbrooke e Horner (2002).

- de mudança de atividade e de lugar geográfico;
- de status e de prestígio;
- de diversão e de espairecimento; e
- de segurança.

Uma tabela[1] elaborada por Roberto Lanquar, com informações da OMT e citada por Montejano (1996), apresenta três motivações e um detalhamento dessas (veja a Tabela 7.2):

Levando em consideração todas essas manifestações, podemos estabelecer uma classificação das motivações turísticas, pela sua importância na definição das estratégias de marketing, agrupando-as em quatro grandes categorias gerais:

Tabela 7.2 — Tipologia das motivações proposta por Lanquar

MOTIVAÇÕES	NECESSIDADES
Motivações pessoais	1. Necessidade de contato com a natureza. 2. Necessidade de escapar das pressões: • coletivas; • profissionais; • familiares; • religiosas; e • sociais. 3. Necessidade de conhecimentos.
Motivações familiares e tribais	1. Necessidade de encontrar um certo estilo de vida familiar, que a vida cotidiana impede ou proíbe. 2. Necessidade de reagrupamento da célula familiar na época de férias. 3. Necessidade de se separar do grupo familiar na época de férias. 4. Necessidade de participar da vida dos filhos no período de formação, durante as férias.
Motivações sociais	1. Necessidade de imitação ou como se situar no grupo. 2. Necessidade de singularidade ou como se distinguir do grupo. 3. Necessidade de se realizar ou aspiração à cultura. 4. Necessidade de ver e de tocar o que a informação turística nos facilitou. 5. Necessidade de se evadir dos entornos sociais e de trabalhos cotidianos. 6. Necessidade de mudança do entorno habitual humano e de busca de novas pessoas.

Fonte: Adaptado de OMT e Robert Lanquar (MONTEJANO, 1996, p. 153).

---

[1] A tabela original apresenta uma hierarquia de cada detalhamento das motivações, que não reproduzimos por não a julgarmos útil para o nosso estudo.

1. *Motivações físicas*: aquelas relacionadas à saúde, tanto física quanto mental, do indivíduo, à necessidade de entretenimento, de descanso, diminuição do stress diário etc.
2. *Motivações psicológicas*: incluem o desenvolvimento emocional do indivíduo, por meio da visita a familiares, aos amigos ou ao estabelecer novas relações.
3. *Motivações culturais*: aquelas que se inserem no contexto de evolução pessoal, por meio do conhecimento de outras culturas e países ou da ampliação do conhecimento artístico e histórico.
4. *Motivações sociais* (ou de *prestígio*): aquelas que permitem que o indivíduo alcance determinados objetivos sociais — como ser reconhecido e apreciado — e que projete uma boa imagem.

Além dessas, podemos elencar algumas bastante genéricas, pois se aplica de um modo geral a todos os turistas, e que contribuem para caracterizar a importância da atividade turística como uma necessidade cada vez maior das pessoas. Entre as mais significativas estão:

1. *Fuga da rotina diária*: o turismo apresenta como uma das suas mais importantes funções nas modernas sociedades a oferta ao indivíduo da possibilidade de uma quebra na sua vida cotidiana. O simples ato de viajar já lhe dá a sensação de uma experiência inovadora, diferente, que, a princípio, lhe traz satisfação.
2. *Recompensa pelo trabalho realizado*: como outras formas de lazer, o turismo oferece ao indivíduo a possibilidade de ter uma recompensa pelos árduos dias trabalhados e, nesse sentido, a viagem pura e simplesmente não o satisfaz. Assim, ele se torna mais exigente, pois, como recompensa pelo trabalho, a viagem deve satisfazê-lo plenamente. Há a necessidade de recuperar as energias, físicas e mentais, para uma nova jornada, a qual será interrompida novamente por um outro momento de lazer semelhante.
3. *Um modo de liberação das convenções:* quando em viagem, o turista adota posturas que normalmente não são comuns no seu dia-a-dia. Nesse sentido, o turismo é uma forma de liberação. O indivíduo, livre das convenções que normatizam seu cotidiano, experimenta novos modos de ser, de viver e se relacionar.
4. *Uma contribuição para o desenvolvimento de valores espirituais*: nesse sentido, o turismo deve ser considerado como um fator para a restauração da personalidade e da dignidade humana. O homem reafirma sua necessidade vital de liberdade de movimento e estabelece relações interpessoais em um contexto de serenidade particular, de maior confiança e da mais completa disponibilidade para reencontro e diálogo. (MONTEJANO, 1999.)

Além das motivações gerais, podemos identificar aquelas que se formam para o turista como indivíduo isolado. Essas são obtidas por experiência pessoal, sugestões de amigos, informação obtida direta ou indiretamente pelos meios de comunicação, publicidade e operadores turísticos. São motivações próprias de cada turista, as quais surgem uma vez já desencadeado o desejo de viajar, no momento em que o turista deve eleger o seu local de destino.

Assim, levando-se em consideração todas as motivações indicadas, podemos compreender que há um grande número de diferentes necessidades que podem ser satisfeitas pelo consumo turístico. Além disso, com o tempo, as necessidades dos turistas evoluem e se modificam. Como conseqüência, produtos e serviços turísticos que hoje satisfazem a uma demanda podem entrar em declínio ao não conseguirem acompanhar as mudanças do perfil de consumo dos turistas.

De fato, nos últimos anos, houve profundas mudanças no comportamento dos turistas, que foram influenciados por muitos fatores — tanto internos (aumento da consciência ecológica, por exemplo) quanto externos (facilidade de obter informações, diminuição dos preços de diversos produtos e serviços etc.). O turista tornou-se, assim, um consumidor mais exigente em relação a várias questões, tais como a qualidade de vida, o respeito ao meio ambiente natural e cultural etc.

De modo geral, entre os motivos de compra mais comuns encontrados entre os turistas, podemos citar:[2]

1. *O preço*: quando se busca uma máxima satisfação com um preço menor. Essa variável é muitas vezes utilizada como primeira forma de induzir o cliente à compra.

2. *A moda*: muitos destinos turísticos, por vários motivos, podem se tornar um modismo durante um determinado período de tempo para segmentos da demanda. Esses podem ser lugares que foram cenários de filmes ou novelas, que se tornaram centro de atenção para grupos específicos, por ter ocorrido no local um acontecimento *sui generis* ou, ainda, por se tratar de um local freqüentado por determinados grupos de status e que para lá muitos se dirigem para consolidar sua identidade com o grupo ao qual pertencem. A Nova Zelândia tem atraído muitos turistas por ter sido cenário da trilogia de filmes como "O Senhor dos Anéis"; Bonito (MS) atrai os praticantes do ecoturismo; o local em que ocorreu o atentado de 11 de setembro em Nova York tornou-se centro de peregrinação de visitantes; para a classe média alta paulista é essencial uma visita à Disney, em Miami, Estados Umidos.

3. *A hospitalidade*: muitas vezes, o maior atrativo que apresenta uma localidade, país ou região é a amabilidade de seus habitantes. O carinho, a simpatia, a disposição de atender o turista, tudo fará com que, ao regressar à sua região de origem, o turista contribua para a formação de uma imagem positiva daquele destino.

---

[2] Aproveitamos a maioria dos tópicos expostos por Cardenas Tabares (1991), excluindo os que julgamos repetitivos. Os comentários em cada item são de exclusiva responsabilidade dos autores deste livro.

4. *A comodidade*: as pessoas, quando se deslocam, querem o máximo conforto e, na maioria das vezes, querem desfrutar de comodidades que não encontram no seu local de moradia. Esse é um diferencial que pode e deve ser utilizado nas campanhas promocionais.
5. *O prestígio*: a viagem a determinados lugares dá prestígio a pessoas que pertencem a grupos sociais específicos, fortalecendo sua posição na hierarquia do grupo. O católico que já foi a Roma ou o muçulmano que já foi a Meca tem uma posição superior na hierarquia do grupo religioso. O ambientalista que já foi a Bonito (MS) gozará de mais prestígio no seu grupo.
6. *A segurança*: é um dos fatores que mais pesam ultimamente, tendo em vista, no plano internacional, o aumento de atentados terroristas e, no plano nacional, o aumento da criminalidade. Os turistas buscam refúgio em lugares que desfrutem de segurança e tranqüilidade social.
7. *O prazer*: satisfazer a uma necessidade de prazer é provavelmente o motivo mais forte para viajar. E essa necessidade de prazer começa a ser atendida no planejamento da viagem, o qual é feito em conjunto com amigos ou familiares. O compartilhamento de experiências durante o passeio completa o grau de satisfação atendido com os atrativos que possuem o local visitado. O prazer é um componente emocional, cujo atendimento é muito subjetivo e depende de vários fatores, entre os quais se encontra uma variável que não pode ser controlada pelos agentes nem pelos operadores turísticos — o acompanhante (ou acompanhantes) do turista. Muitas vezes, a necessidade de prazer é atendida pela qualidade da companhia, o que será atingido ao ser encontrado o destino perfeitamente sintonizado no atendimento das necessidades primárias do visitante.
8. *O efeito demonstração*: o turista muitas vezes realiza uma viagem por necessidade de repetir o comportamento daqueles que ele tem como referência. Os comentários favoráveis de conhecidos, a satisfação por eles encontrada, o grau de retorno em termos de melhora da qualidade de vida são fatores que influenciam a decisão de compra do consumidor-turista.
9. *Entretenimento, distração*: com o incremento da população urbana, houve uma queda na qualidade de vida das cidades. O stress e a tensão decorrentes das exigências do cotidiano tornaram a necessidade de entretenimento uma das mais importantes como fuga ao dia-a-dia — e as viagens conseguem atender a esse anseio. As viagens oferecem a vantagem, em relação a outras formas de entretenimento, do indivíduo se distanciar do foco de tensão por um período de tempo, que pode ser longo ou breve, mas que o faz pensar em outras coisas. Ele também deixa de ser pressionado e coloca, assim, os pensamentos em ordem para uma nova fase de trabalho.
10. *A saúde*: por indicação médica, as pessoas viajam com o objetivo de sanar problemas de saúde. Muitas vezes, o motivo pode ser o stress, ou uma necessidade de visitação a estâncias termais, a spas etc.

7.3 As novas tendências do consumidor-turista

Do ponto de vista do mercado turístico, houve uma modificação no comportamento do turista nos últimos anos, observando-se o surgimento de grupos de consumidores diferenciados, com novas motivações e necessidades. Desse modo, surgiram novas oportunidades de negócios em um mercado que se supunha ter um comportamento homogêneo, cujo parâmetro era o turismo de massas pautado pelo tipo "sol e praia".

O desenvolvimento de estratégias de marketing turístico exige um conhecimento prévio das características do consumidor do futuro, o que pode ser obtido observando-se as tendências do turista atual em relação a vários aspectos.

Importantes segmentos de turistas atuais apresentam características muito diferentes daquelas que predominavam em um passado recente (décadas de 1960 a 1980), e podemos supor que elas se consolidem como tendência generalizada do fluxo turístico. Entre essas características, podemos destacar:

1. *Aumento da consciência ecológica*: o qual se reflete no aumento do consumo de tipos de turismo de natureza, entre os quais: ecoturismo, turismo rural e turismo de aventura (DIAS, 2003b).

2. *Interesse pela diversidade cultural*: tende a valorizar cada vez mais o contato direto com as populações dos locais visitados, em busca de manifestações culturais, principalmente as tradicionais. É uma tendência vista como a busca pelo autêntico, que é a manifestação tradicional das populações residentes.

3. *Diversificação de interesses*: um mesmo turista apresenta diversas motivações ao longo de um determinado período de tempo. Pode ser um turista de negócios, um apreciador do "sol e praia" e um praticante de turismo de aventura, por exemplo, revelando uma diversidade de interesses que nos impede de classificá-lo de forma objetiva em determinado segmento. No entanto, essa variação se circunscreve em um leque bastante específico de opções que permite incluí-lo em uma faixa determinada, tornando-o, assim, objeto de estratégias de marketing. Um tipo particular de turista que se desloca por motivos religiosos tem aumentado no Brasil, movimentando a economia de muitas localidades, e mereceria uma atenção maior dos estudiosos do turismo. (Para mais detalhes, consultar DIAS & SILVEIRA, 2003.)

4. *Maior flexibilidade dos períodos de férias e lazer*: o turista atual se permite várias saídas ao longo do ano, por períodos mais curtos: feriados, feriados prolongados, finais de semana etc. Há uma forte tendência de crescimento do número de pessoas que decide viajar fora dos períodos de alta temporada, aproveitando-se dos preços mais baixos. Isso é importante para o mercado turístico, pois diminui a sazonalidade, que, muitas vezes, inviabiliza um negócio ao longo do ano. Essa tendência é reforçada pelas iniciativas de promoção de eventos que atraiam o turista nos períodos de baixa temporada (veja o Quadro 7.1).

> **Quadro 7.1**
>
> **EMPRESÁRIOS SE UNEM PARA ATRAIR TURISTAS FORA DA TEMPORADA**
>
> Um grupo de empresários de São Sebastião (SP) se uniu para buscar alternativas para atrair os turistas no período de baixa temporada de inverno, quando as cidades que vivem do turismo de "sol e praia" têm baixa procura. Eles criaram, assim, o projeto Costa dos Alcatrazes, que tem como objetivo atrair turistas para o litoral durante o inverno. Para isso, apresentam variadas opções de lazer, principalmente para aqueles que querem ficar longe da badalação e da aglomeração de cidades como Campos do Jordão — principal destino dos paulistanos que saem da capital na época de inverno.
>
> Uma extensa programação foi, então, preparada para o lançamento da idéia — de eventos culturais e musicais até a gastronomia refinada, que atende às expectativas do público mais exigente. Há ainda as opções de passeios náuticos e ecoturismo, que dão ao turista a oportunidade de explorar a costa sul de São Sebastião sob uma nova ótica: como um lugar que oferece, além dos banhos de mar, um belo cenário composto pelas montanhas da Serra do Mar, o clima de inverno e a beleza das praias.
>
> Segundo os organizadores, a decisão de fazer o lançamento em julho surgiu porque é o período que coincide com as férias escolares e o auge do inverno. A idéia é manter uma programação diversificada durante o ano todo. Em agosto, estão previstas duas atrações — a segunda etapa do torneio brasileiro de canoas havaianas e um evento de hipismo.
>
> Fonte: MENDONÇA, Eliane. 'São Sebastião tenta atrair turista de Campos'. Jornal *Folha de S.Paulo*, 20 jul. 2003, Caderno Campinas, p. C-6.

5. *Aumento da exigência de qualidade na prestação dos serviços turísticos*: é uma tendência generalizada dos consumidores em todo o mundo evitar o consumo de produtos padronizados, buscando aqueles mais específicos, diferenciados.

6. *Aumento do interesse pelas práticas mais ativas de lazer*: há um aumento crescente do interesse pelas práticas de lazer ativo, principalmente as desportivas. Consideramos como lazer ativo as intervenções do turista no meio cultural, na criação de rotas gastronômicas, na participação em eventos de todo o tipo, nas festas etc., indicando que deverá haver uma maior diferenciação dos produtos a serem oferecidos.

De um modo geral, uma vez determinadas as características de comportamento do turista atual, quanto ao seu consumo, podemos afirmar que ele apresenta necessidades, motivações e comportamentos diferentes daqueles que possuía há algumas décadas — época caracterizada pela predominância do turismo de "sol e praia". No entanto, não é possível falarmos de um novo tipo de turista, mas é muito mais correto dizermos que há vários perfis de consumo no amplo leque de consumidores de serviços turísticos. Ou, dito de outro modo, o mercado turístico — longe de ser homogêneo — apresenta grupos de consumidores bastante diferenciados entre si, com atitudes e valores que podem inclusive se contrapor. Desse modo, não podemos tratar o mercado turístico de uma forma padronizada — como era feito até pouco tempo atrás —, com a adoção de métodos tradicionais que se justificavam, pois havia um comportamento praticamente homogêneo dos consumidores. Atualmente, a adoção dos mesmos processos e costumes no atendimento, os quais eram destinados aos turistas de "sol e praia", mostra-se totalmente inadequada.

Qualquer planejamento estratégico de marketing no setor turístico deve se preocupar com a identificação dos diferentes segmentos de consumidores existentes e que poderá demandar a um determinado destino. Por meio de um estudo criterioso, poderão ser identificados quais segmentos do mercado turístico serão atendidos com os produtos e serviços oferecidos pelo destino que se quer desenvolver.

Não são só as empresas turísticas que têm necessidade de segmentar o mercado para viabilizar seu negócio; as cidades também devem identificar os tipos de turistas que elas querem atrair, para, então, desenvolver o marketing necessário. Podemos afirmar que o desenvolvimento de estratégias de marketing amplo, sem identificação de um público-alvo perfeitamente determinado, será prejudicado pelo aumento da consolidação de segmentos específicos com interesses perfeitamente determinados e que, em busca de qualidade, rejeitam ofertas que não atendam diretamente a seus interesses. Aqui se incluem, por exemplo: o turismo ecológico, o turismo voltado para a terceira idade, o turismo de aventura e muitos outros, que podem ser ainda mais específicos — como aqueles dirigidos a práticas esportivas, tais como o golfe e o tênis.

Questões

1. Quais são os seis principais fatores que influenciam o comportamento dos consumidores de um modo geral?
2. O que são motivações?
3. Cite exemplos de motivações emocionais que podem levar um indivíduo a viajar e a se transformar em um turista?
4. Quais as necessidades que seriam atendidas por meio de motivações familiares e tribais que induziriam o indivíduo a viajar?
5. Quais são as motivações gerais que induzem os indivíduos a viajar como turistas?
6. O que é o efeito demonstração que induz o consumidor-turista à compra de um pacote turístico?
7. Quais as novas características (tendências) do consumidor-turista?
8. Pode um indivíduo ter interesse diversificado quando se dirige a um destino? Explique.
9. O aumento da consciência ecológica reflete-se no aumento de consumo de quais tipos de turismo?
10. Como a maior flexibilidade dos períodos de férias e lazer influencia o mercado turístico?

CAPÍTULO 8

Segmentação do mercado turístico

Para concorrer no mercado turístico, as organizações dos setores público e privado devem saber quem são seus clientes e o que querem.

OMT, 2003

Um dos aspectos mais importantes da demanda turística é a possibilidade de se trabalhar com grupos que apresentam interesses coincidentes. Isso permite que se maximize as possibilidades de comunicação com esses grupos, apresentando-lhes a possibilidade de desfrutar de forma completa aquilo a que aspiram durante o tempo da viagem. Nesse sentido, do ponto de vista do marketing, a segmentação da demanda assume um aspecto dos mais importantes, pois permitirá a diminuição de custos e a adequação da infra-estrutura do destino a um determinado público-alvo. Com isso, evita-se a dispersão de esforços no atendimento a um público desordenado e que variará na medida em que não tenham sido atendidas as suas expectativas. Por outro lado, com a escolha de um determinado segmento do mercado, abre-se a perspectiva de se buscar uma maior fidelidade do público-alvo, que verá aquele destino específico como o lugar ideal para encontrar pessoas que apresentam os mesmos interesses.

Praticamente, as possibilidades de segmentação no turismo não têm limites. Como veremos ao longo deste capítulo, é possível dividir os segmentos em outros, e esses, por sua vez, podem ser fracionados mais ainda. É nesse aspecto que a segmentação do mercado turístico assume um papel dos mais importantes para aqueles lugares que almejam se tornar destinos de destaque de determinados fluxos turísticos.

8.1 Requisitos para a segmentação de mercado

A fim de buscar a efetividade nas ações de marketing, é necessário compreender adequadamente o conceito de segmentação de mercado e suas nuances. Já foi o tempo em que cliente potencial era qualquer cidadão de uma comunidade, na qual o predomínio dos conceitos fordistas de produção em massa determinavam os mecanismos de relacionamento entre empresas e clientes. Segundo o fordismo, o foco empresarial era depositado na produção, na distribuição e na promoção em massa de um determinado bem, igualmente adequado para todo e qualquer comprador.

Na premissa da homogeneidade de requisitos por parte dos clientes, surgiram produtos históricos — como o modelo de automóvel Ford T, que era produzido com o máximo de padronização, visando ao maior grau de especialização das atividades produtivas, com o conseqüente aumento de produtividade e redução de custos. A ausência de alternativas ao modelo geral do veículo, chegando ao extremo de oferecê-lo em uma única cor, possibilitou à Ford disponibilizar seu produto a preços muito acessíveis, abrindo caminho para o futuro mercado de massa.

Esse mercado é caracterizado pela existência do menor número possível de alternativas ao modelo geral do produto, o que torna viável o desenvolvimento de processos produtivos com elevado grau de especialização e automação. Tal condição só ganhou o mercado porque, no início do século XX, em geral, não havia alternativas aos produtos. Isso induzia o consumidor a adaptar sua necessidade à disponibilidade no mercado de bens e serviços. Assim, se o cliente queria adquirir um automóvel, era obrigado a se submeter à disponibilidade restrita de alternativas, oferecidas segundo a comodidade das empresas.

Se, por um lado, a oferta de produtos refletia o interesse das empresas em sua busca de produtividade no aproveitamento dos fatores de produção, tal comportamento influenciava os consumidores a ponto de limitarem sua busca por alternativas no comportamento. Consumidores passivos aceitavam, então, aqueles produtos que lhes eram oferecidos de maneira massificada.

Com o passar do tempo e o aumento da concorrência, o elemento-chave para o sucesso organizacional gradativamente passou a se deslocar do processo para o cliente. Diante de diversas alternativas idênticas, o consumidor já podia escolher entre aquelas que mais lhe traziam valor, ou seja, aquelas que tinham menor custo. E, paulatinamente, novas maneiras de se concorrer a oportunidades passaram a ser descobertas, abrindo frente ao que se denominou de vantagem de diferenciação.

Diante de um mercado com tantos produtos semelhantes, a busca por aquele que mais se aproximava da real necessidade do cliente deixou de ser uma opção para ser tratado como uma verdadeira obsessão empresarial. O que parecia somente uma alternativa para a expansão dos mercados passou a ser considerado como a grande alternativa para o sucesso organizacional. Clientes cada vez mais exigentes começaram a oferecer sua fidelidade àqueles que sabiam compreender seus desejos e necessidades com habilidade e presteza e que demonstravam capacidade de materializar tais anseios em produtos e serviços com atributos que pudessem ser percebidos pelos clientes como os que mais se ajustavam aos benefícios esperados.

Para Kotler (2000, p. 278), o argumento do marketing de massa é que ele cria um maior mercado potencial, o que gera custos mais baixos — que, por sua vez, levam a preços mais baixos ou a margens mais elevadas. O sucesso da atuação massificada advém da capacidade de proporcionar produtos e serviços que atendam a um volume cada vez maior de pessoas, sem qualquer modificação. Porém, tal circunstância não depende somente das características do produto ou ainda da capacidade de percepção dos profissionais de marketing. Depende, sim, da existência de necessidades comuns aos diversos clientes — necessidades que possam ser atendidas por um único tipo de produto. Caso contrário, a organização se verá altamente fragilizada diante do surgimento de concorrentes que consigam estabelecer uma maior sinergia com as necessidades e os desejos dos consumidores no mercado geral.

Em uma sociedade local ou regional — em que são observadas características culturais semelhantes entre os membros da população —, o conceito de marketing de massa apresenta resultados mais satisfatórios, isto é, não havendo grande diversidade nas necessidades e nos desejos dos cidadãos, a produção padronizada atende a um universo mais amplo. Entretanto, o ambiente globalizado tem proporcionado às localidades uma diversidade étnica e cultural sem precedentes. Movimentos migratórios estimulados pelo livre acesso a mercados e países, acordos de cooperação entre países de diferentes partes do planeta e acordos econômicos bilaterais e multilaterais têm protagonizado o aumento da diversidade de culturas em um mesmo local — regiões em que grupos de pessoas com desejos e necessidades semelhantes cada vez mais dão espaço a uma maior diversidade cultural, em que crenças e costumes diferentes passam a coexistir.

Pessoas com necessidades cada vez mais específicas e diferenciadas promovem novos desafios à sociedade e às suas organizações. A busca pela satisfação das necessidades de um cliente passa, então, primeiramente, pela descoberta de quais são as suas necessidades. A partir daí, busca-se um grupo de clientes com características semelhantes e que, em função de sua quantidade, justifica economicamente determinada atividade empresarial. Uma única empresa não consegue atender todos os clientes de um amplo mercado com tal grau de diversificação. É necessário, então, encontrar grupos de consumidores com características ou necessidades semelhantes para daí, sim, aproveitar os benefícios da produção em massa, voltada somente para tal grupo.

Ao processo de determinação de grupos de clientes com características de consumo semelhantes dá-se o nome de segmentação de mercado. Kotler (2000, p. 278) define o segmento de mercado como um grande grupo identificado a partir de suas preferências, poder de compra, localização geográfica, atitudes e hábitos de compra semelhantes. O conjunto de consumidores que adquire produtos e serviços pela internet pode ser considerado como um segmento de mercado cada vez mais representativo dentre as alternativas de comercialização de produtos e serviços por lojas especializadas. Outro segmento bem definido é aquele composto por consumidores interessados em uma modalidade especial de passeio turístico, como, por exemplo, o turismo ecológico ou religioso. Cidades investem em determinadas características para buscar maior identidade com certos grupos de consumidores-turistas, assumindo aí seu posicionamento em um determinado segmento de mercado.

Outra definição pode ser atribuída a Boyd (1978, p.107), em que a segmentação de mercado é vista como um processo pelo qual uma empresa divide seus clientes em perspectiva (o mercado), em subgrupos ou submercados (segmentos). Seu objetivo é agrupar os indivíduos em perspectiva, para se chegar a uma condição em que a resposta às ações de marketing sejam semelhantes dentro do segmento e diferentes entre segmentos. Já para Weinstein (1995, p. 18), a segmentação é o processo de dividir mercados em grupos de consumidores potenciais com necessidades e/ou características semelhantes que provavelmente exibirão comportamentos de compra semelhantes.

A ressalva a essa última definição recai sobre o comportamento aleatório ligado à tendência de consumo dos membros do grupo — uma vez que esses são indivíduos com características de consumo semelhantes, mas que estão submetidos a todo um universo de variáveis e situações que pode levá-los a agir de forma absolutamente aleatória, contrariando as expectativas.

Assim, o mercado turístico como um todo pode ser segmentado por país, região, cidade ou mesmo por ponto turístico. Ele pode, ainda, ser segmentado de acordo com a idade ou a classe social do consumidor-turista, ou mesmo em relação ao tipo de turismo praticado, como o de lazer, o de esportes, o religioso ou o cultural. A segmentação divide o mercado segundo determinado critério preestabelecido e de interesse da empresa, facilitando a relação com o consumidor pelo melhor conhecimento que se consegue adquirir sobre ele. As pessoas com idade superior a 60 anos são um dos segmentos que mais tendem a crescer no futuro próximo, como podemos observar pelo Quadro 8.1.

Quadro 8.1

A IMPORTÂNCIA ECONÔMICA DOS MAIORES DE 60 ANOS

O novo perfil dos brasileiros acima dos 60 anos, com maior capacidade de consumo, expectativa de vida e nível de atividade, criou no país um crescente mercado sênior que está despertando o interesse de empresas dos mais diversos segmentos. Segmentos esses que criam produtos e direcionam investimentos específicos em marketing para essa faixa etária.

Segundo o IBGE, mais de 15 milhões de pessoas estão hoje nessa faixa etária, representando 9% da população adulta. Elas têm uma renda média de R$ 589, o que significa R$ 7,5 bilhões mensais injetados na economia. É uma renda média superior à renda média da população entre 18 e 39 anos, de R$ 513, e só perde para a faixa de 40 a 59 anos, com média de R$ 812.

Calcula-se que a população com mais de 60 anos será de 25 milhões de pessoas no ano 2020. Em 2025, segundo levantamento da ONU, o Brasil será o 6º país do mundo com maior número de idosos.

A pesquisa mostra que as pessoas do grupo acima dos 60 anos usam 70% de sua renda para despesas domiciliares e 30% para despesas pessoais. Do total, 63% delas freqüentam cabeleireiros, 51% usam produtos de beleza, 41% comem regularmente fora de casa. Também, 51% dos entrevistados viajaram pelo menos uma vez nos últimos 12 meses, e a maioria fez pelo menos três viagens no período, cada viagem com uma duração aproximada de dez dias.

Dos entrevistados, 70% são responsáveis pelas despesas da casa e 85% têm renda própria. Os entrevistados revelaram, ainda, ter poder de compra e decidir sobre o uso de dinheiro. Dos pesquisados, 48% lêem jornal e 32% lêem revistas. Todos assistem à TV e ouvem rádio e 27% lêem livros com freqüência. Além dos bens comuns, como TV e geladeira, 50% têm videocassete e freezer, 39% têm microondas, 29% possuem carro próprio e 17% já adquiriram computador pessoal.

Por outro lado, tiveram índices inexpressivos algumas das atividades que tradicionalmente são imputadas aos idosos, tais como se dedicar a jogos de baralho ou damas ou freqüentar "bailes da saudade" (que foram execrados por 93% dos entrevistados). Também 74% deles disseram que não gostam de ser compelidos a fazer trabalho voluntário, apenas para "ocupar o tempo livre", e definitivamente detestam ser rotulados de idosos, terceira idade, melhor idade e termos afins.

Fonte: NEVES, Regina. 'A comunicação volta seu foco aos maiores de 60 anos'. Jornal *Gazeta Mercantil*, 29 mar. 2004, Caderno Mídia & Marketing, p. A-38.

Deve-se levar em consideração que (ANSARAH, 2000, p. 9):

> *Quanto mais as características do mercado-alvo forem conhecidas, maior será a eficácia das técnicas mercadológicas de publicidade e de promoção. Porém, para que isso aconteça, é necessário o desenvolvimento de estudos de mercado, segmentando-o quanto for necessário para permitir uma análise completa e segura dos elementos que conduzirão os planos de desenvolvimento turístico.*

A abordagem da segmentação pressupõe que os clientes de determinado segmento tenham preferências e necessidades semelhantes, podendo então ser considerada como intermediária entre o marketing de massa e o marketing individual ou *one-to-one*. Nesse sentido, podem ser identificados diversos níveis de segmentação do mercado, efetuado de acordo com o grau de precisão que se deseja para o esforço de marketing. Assim, temos os seguintes níveis de segmentação de um mercado:

- *Marketing de segmento*: grupo mais amplo de consumidores com características semelhantes, destacado do mercado geral segundo algum critério de segmentação — como faixa etária, patrimônio, instrução ou outro mais adequado ao produto ou serviço que se está oferecendo.

- *Marketing de nicho*: trata-se de um tipo especial de segmento, no qual as pessoas apresentam características com maior grau de semelhança, podendo-se chegar a um nível de atendimento de necessidades mais claramente definido do que no nível anterior. A atuação em nichos promove uma maior compreensão de necessidades específicas, pelo que os clientes estão dispostos a pagar um preço mais alto. Assim, produtos como Mont Blanc ou Ferrari oferecem um valor inigualável a seus clientes, cobrando preços mais elevados.

- *Marketing local*: é um tipo especial de segmento, definido por características geográficas ou territoriais. Assim, em grupos de clientes de locais como bairros, distritos, condomínios ou lojas são observadas características semelhantes de consumo. Tal abordagem tem grande aplicabilidade para organizações com atuação global, mas que desenvolvem características regionais em cada uma de suas unidades, buscando sinergia com o local em que se encontra.

- *Marketing individual*: trata-se do maior nível de segmentação adotado, quando cada consumidor é tratado como um único, individualizado, respeitando-se suas próprias características. Esse nível de segmentação se aplica grandemente a serviços pessoais, nos quais o relacionamento desenvolvido entre o prestador de serviço e seu cliente é único. Antes mesmo da produção em massa, o artesão detinha os meios de produção por meio de sua habilidade, proporcionando produtos distintos e específicos. Nos dias de hoje, organizações de grande porte desenvolvem sistemas produtivos de alta flexibilidade para simular situações junto aos clientes de atendimento individualizado, denominado customização em massa, pelo fornecimento de produtos com elevado grau de alternativas de acabamento. O cliente pode, então, interagir com essas alternativas, elaborando um bem de acordo com suas opções pessoais (dentro do grau de liberdade estabelecido pela empresa).

Os benefícios promovidos pelos processos de segmentação vão desde a maior sinergia estabelecida entre o vendedor e o comprador até economias com promoção de produtos e serviços e com processos de desenvolvimento. Por meio da segmentação do mercado, é possível compreender melhor a necessidade do cliente que se busca atender e, então, preparar bens que sejam capazes de oferecer os benefícios que são realmente esperados. Assim, os esforços de desenvolvimento de novos conceitos de produtos e serviços são minimizados, restritos ao universo delimitado pelo segmento escolhido, denominado de mercado-alvo.

Pelo aspecto da promoção de marketing, meios de comunicação específicos e direcionados podem ser utilizados, em vez dos meios de comunicação de massa, mais dispendiosos e muitas vezes menos eficazes. A compreensão do segmento de mercado pressupõe o conhecimento de sua localização ou, ainda, o conhecimento de como se deve atingi-lo. Até mesmo a forma que se dará a comunicação pode ser desenvolvida de maneira personalizada, refletindo as características de um ou outro mercado-alvo.

Benefícios ligados à fidelização de clientes com a empresa também são possibilitados pela melhor atenção que se consegue dar a um mercado mais específico e menos disperso (do ponto de vista de suas características gerais). Tendo suas necessidades atendidas de maneira satisfatória, torna-se possível obter a reciprocidade na relação com o cliente, estabelecendo assim laços de união mais duradouros entre as partes.

A garantia de uma atuação empresarial mais previsível e produtiva, com foco estabelecido em um mercado-alvo, também denota outra vantagem da segmentação dos consumidores. A escolha de um ou outro segmento possibilita o direcionamento dos esforços de marketing, o qual, atuando de maneira concentrada, lhe proporciona maior efetividade.

Para Dias (2003 d, p.19), das inúmeras vantagens na segmentação de mercado, seis são apontadas como as mais significativas. São elas:

1. O melhor conhecimento do cliente possibilita a oferta de produtos e serviços de maneira mais adequada. Quanto mais aprofundado for o grau de conhecimento do cliente, melhor será o ajuste das variáveis de marketing, resultando em uma maior efetividade das estratégias empregadas.

2. A segmentação do mercado possibilita uma melhor quantificação deste, definindo, assim, seu potencial de maneira mais precisa e clara — bem como os benefícios que se pode esperar a partir do conjunto de clientes que integra tal segmento.

3. O conhecimento sobre quantidade, localização e características básicas possibilita o desenvolvimento de um processo de distribuição mais adequado àquele público específico. Isso quer dizer que será necessário menor esforço global para fazer o bem chegar às mãos do cliente no momento correto e na quantidade necessária. Algo assim engloba o projeto de um sistema de distribuição física com estações de armazenagem e transporte de mercadorias de maior eficácia. Também pressupõe a disponibilidade de serviços compatível com as necessidades daqueles clientes.

4. Comunicação mais eficaz junto ao cliente-alvo — uma vez que seus hábitos e costumes são conhecidos, possibilitando melhor escolha de canais de comunicação e demais recursos de propaganda.

5. Otimização do processo de planejamento de marketing, com informações mais precisas sendo coletadas ao longo do tempo, permitindo a criação de planos e estratégias dinamicamente adequadas às características do segmento. Permite, ainda, a descoberta de novas oportunidades mais rapidamente, o que possibilita o desenvolvimento acelerado de bens que atendam a tais necessidades emergentes.

6. O conhecimento das características do mercado-alvo possibilita um trabalho mais preciso quanto ao posicionamento do produto ou serviço. Dessa forma, é estabelecida uma relação mais duradoura entre o cliente e o vendedor do bem.

Muitas vezes, a segmentação do mercado não representa uma opção para o vendedor, mas, sim, uma necessidade. No caso de empresas de serviços com capacidade limitada, a correta utilização de sua capacidade produtiva é fundamental para seu resultado operacional. Entretanto, encontrar clientes em quantidade adequada para garantir a utilização de sua capacidade de maneira contínua é um dos desafios que enfrentam os empresários e profissionais de marketing. Como afirmam Lovelock e Wright (2003, p. 134), nos serviços processados com pessoas, nos quais os próprios clientes se tornam parte do produto, podem surgir conflitos quando pessoas de segmentos nitidamente distintos se encontram simultaneamente na mesma instalação. É o caso de um hotel voltado para pessoas das classes A e B que aceita sem distinção eventos de empresas nos quais serão encontradas pessoas das mais diferentes classes sociais. Ou, ainda, o restaurante fino que recepciona um grupo de torcedores rudes querendo comemorar a vitória de seu time de futebol.

A fim de evitar constrangimentos e situações desagradáveis, a busca por diferentes segmentos — como estratégia para garantir a ocupação das instalações em períodos de sazonalidades — pode se dar de maneira a direcionar tais segmentos a períodos diferentes. Assim, um segmento compensa os períodos de baixa demanda de outros segmentos e vice-versa. Isso é o que fazem certas casas noturnas, que segmentam seu público de acordo com o dia da semana, oferecendo condições mais favoráveis ao público empresarial nos horários de *happy hour*, quando o critério de segmentação respeita o horário do atendimento, ou, ainda, oferecendo shows de *flash back* em dias de semana para um público de maior idade e pistas de dança com músicas específicas para o público jovem aos sábados.

8.2 Formas ou critérios para a segmentação

Para segmentar determinado mercado, devemos desenvolver um conjunto de procedimentos que possibilitará a identificação de consumidores em potencial com características semelhantes. Conhecer o conjunto de indivíduos no universo de interesse, levantar com eles características que possam servir de base para o estabelecimento de padrões de segmentação e criar grupos de consumidores com características próximas entre si — de acordo com os padrões anteriormente estabelecidos — fazem parte de várias ações que devem ser empreendidas durante o processo de segmentação.

Para Kotler (2000, p. 284), o processo de segmentação de um determinado mercado passa por três estágios específicos que possibilitam sua adequada identificação e definição:

- *estágio de levantamento*: estágio em que se busca uma perspectiva das motivações, atitudes e comportamentos dos consumidores de maneira geral. Nessa fase, a prioridade é a coleta de dados, que se dará a partir da pesquisa com o consumidor ou qualquer fonte de informações sobre ele — como bancos de dados estruturados, organizações de pesquisa, distribuidores, concorrentes;

- *estágio de análise*: estágio em que as diferentes características são agrupadas e comparadas, determinando conjuntos de atributos que serão utilizados como padrão para o estabelecimento dos grupos. Tal agrupamento deverá respeitar os objetivos definidos para a segmentação, avaliando aspectos como tamanho dos grupos, nível admissível de diversidade, características relacionadas ou sinergéticas que possam ser integradas entre si; e

- *determinação do perfil dos diferentes segmentos*: aqui, respeitam-se os diferentes atributos encontrados, buscando gerar grupos de consumidores que zelem por uma relação ótima entre tamanho do grupo (e conseqüentemente seu potencial de consumo) e seu grau de especificidade (quanto cada característica encontrada é tratada de maneira isolada, gerando grupos distintos).

Assim, o resultado da segmentação deve prover a organização de grupos de consumidores com características de consumo semelhantes entre si, em uma quantidade tal que satisfaça às necessidades de escala da operação empresarial. A maior precisão na definição de segmentos de consumidores pode acabar levando a um número deles que não atenda aos requisitos produtivos da organização, especialmente aquelas dependentes de processos produtivos com grandes volumes e baixo grau de diferenciação. Exemplificando, um fabricante de refrigerantes poderia direcionar seu sistema logístico para atender um público específico, composto de consumidores que compram por meios eletrônicos ou telefônicos, entregando em determinada região produtos sob encomenda do tipo disque-entrega. O foco direcionado para tal segmento do mercado geral pode representar um volume pouco expressivo para a operação de um fabricante de refrigerantes, o que tornaria tal esforço de marketing algo financeiramente inviável.

A definição do critério de segmentação consiste, então, na escolha das principais características que serão utilizadas para a criação dos grupos de consumidores. Dependendo do conjunto de características escolhidas, podem ser obtidos grupos com diferentes capacidades de consumo, concentração geográfica, quantidade de pessoas ou grau de semelhança entre eles. Cabe, assim, a busca pelo conjunto de características que atenda adequadamente aos interesses do vendedor.

Desse modo, pode-se observar que o critério de segmentação é definido principalmente pelo resultado que se espera que ele gere. Quando uma localidade define como característica de seu mercado-alvo (segmento escolhido dentro do mercado geral) a renda, ela deve ter ciência dos impactos dessa escolha como um todo, em especial do ponto de vista sociocultural e econômico da localidade.

Um turista pode desejar adquirir uma viagem a uma determinada localidade por ter recursos financeiros para tal; outro pode optar pelo lazer e conforto que o local pode vir a lhe proporcionar; outro, ainda, pode estar levando em consideração — na sua opção de turismo — a sinergia que a proposta de determinada localidade tem em relação a seu estilo de vida (como modernidade ou racionalidade). Em cada um dos três casos, observa-se uma motivação diferente para a opção pela viagem turística até a localidade em questão. Enquanto no primeiro caso o fator renda é determinante para a escolha, no segundo o benefício proporcionado pela viagem é o que se mostra importante para a opção do consumidor. No último caso exemplificado, fatores psicográficos influenciam a escolha do consumidor-turista.

Tendo por base a pesquisa realizada, seus resultados e análise, o agrupamento dos indivíduos por características predominantes pode se dar de diferentes maneiras, segundo uma série de modalidades:

Segmentação demográfica

A divisão dos diferentes mercados, segundo as características da população, faz parte do escopo da segmentação demográfica. Dentre essas características, encontramos: sexo, idade, etnia, tamanho da família, estado civil, nacionalidade e religião. Essa é uma das maneiras mais simples de se dividir o mercado, pois as características são obtidas diretamente por pesquisa ou por hábitos de consumo (veja o Quadro 8.2).

Quadro 8.2

O SEGMENTO DE AFRO-AMERICANOS NO MERCADO NORTE-AMERICANO

Está previsto para a Bahia receber semanalmente, a partir de outubro de 2004, cerca de 300 afro-americanos. Eles devem desembarcar em Salvador em vôo fretado programado pelo braço turístico da Avocet, empresa norte-americana, integrante do grupo COS Media INC., editor da revista *Essence*. Essa publicação é dirigida ao público negro dos Estados Unidos e tem 8 milhões de leitores. Ela aborda o estilo de vida das mulheres afro-americanas, e teve há algum tempo parte de suas ações adquiridas pelo grupo *Time Warner*.

Foi a convite do grupo que empresários e executivos baianos estiveram em Washington e Nova York. A missão foi organizada pelo Cluster de Entretenimento, organização parceira entre Estado e empresariado (Oscip), criada há alguns anos para promover o segmento turístico na Bahia. Em maio de 2004, Salvador passou a contar com vôo direto para Miami, segundo acordo acertado entre executivos do trade turístico e o governo estadual, entusiasmados com a idéia de, até 2005, dobrar o número de turistas recebidos pelo estado, estimado pela Bahiatursa em 4 milhões de visitantes em 2002.

Esses foram resultados da missão de quatro dias que contou também com a participação do diretor de vendas internacionais do grupo Sauípe, representante, no empreendimento, do complexo hoteleiro de Costa do Sauípe no litoral norte baiano. "Minha função é garantir a adequação de toda a infra-estrutura para o receptivo de nossos visitantes. Cuido da parte internacional, corporativa, eventos e incentivos, e, falando pela Costa do Sauípe, posso assegurar que vamos estar preparados para recebê-los", disse o executivo.

"Temos que agregar atividades rentáveis, que dêem suporte aos setores iniciantes do turismo, até que possam se auto-sustentar. Por isso, estamos em busca de parcerias comerciais que viabilizem a nova linha área, a exemplo do que acontece hoje com vôos para Madri, realizados pela Air Europa, que passaram de três para quatro vôos semanais, e servem para o intercâmbio comercial de alimentos e perecíveis, como frutas", explica o presidente da Empresa Oficial de Turismo do Estado. Ele entende que a busca dos afro-americanos por uma identidade cultural própria, mais voltada aos valores originais da África, é o grande vetor que move o negro americano em direção à Bahia, onde não somente a religiosidade, mas, também os hábitos alimentares, as indumentárias e os costumes estão muito mais próximos de suas raízes africanas. "É a reconquista, ou o reencontro desses valores, que estimula o interesse do afro-americano pela Bahia", ele enfatiza.

Para a titular da Secretaria da Reparação Social, a primeira do país instituída com o objetivo de propor soluções viáveis para o fim da exclusão social do negro, a viagem serviu para tentar obter recursos junto aos organismos internacionais que apóiam a causa. "A iniciativa inédita do governo baiano está sendo vista com muita simpatia e, em breve, deveremos ter resultados concretos", disse.

O Centro Internacional de Negócios (Promo) manteve contato com organismos financeiros — tais como: com o Minority Business Council, uma organização não-governamental que busca recursos para as pequenas e micros; com a Oversears Prived Investiments Corporations (Opic); com o BNDES do governo americano; e com o International Financers Corporation (IFC), ligado ao Banco Mundial. "Nosso objetivo, aliás bem-sucedido, é atrair para a Bahia e promover, em setembro de 2004, um seminário financeiro em que se possa conhecer e discutir oportunidades concretas de investimentos no estado, que tem ampliado suas exportações e também precisa importar e fazer negócios no exterior", esclarece o executivo da Promo.

Fonte: FIGUEIREDO, Álvaro. 'Bahia é o novo destino de afro-americanos'. Jornal *Gazeta Mercantil*, 17 mar. 2004, Caderno Rede Gazeta do Brasil, p. B-14.

O caso específico da segmentação por sexo é muito utilizado em lojas de departamentos, nas quais se desenvolvem estratégias específicas para artigos masculinos e femininos, como roupas e acessórios de vestuário. Essa forma de segmentação é mais apropriada quando as características do produto ou serviço podem ser mais bem transmitidas quando direcionadas para um sexo específico ou quando a resposta de cada um dos sexos ao composto de marketing é diferente. Vide o caso de homossexuais, nicho de mercado que começa a ser explorado pelos mais diversos fabricantes de produtos, desenvolvendo artigos específicos para pessoas com essa opção sexual.

Já a segmentação por idade possibilita estabelecer canais de comunicação mais precisos com os diferentes públicos, tendo em vista que hábitos, necessidades e gostos mudam com o passar dos anos e o conseqüente amadurecimento das pessoas. Lojas de roupas se especializam no atendimento das necessidades de crianças recém-nascidas de 0 a 2 anos (por intermédio da mãe); outras se especializam em roupas jovens; e muitas em roupas para adultos. Agências de viagens desenvolvem seu foco para o público juvenil em viagens ao exterior; enquanto outras apostam em viagens para adultos.

No mesmo sentido, podem ser encontradas cidades que se posicionam como produto voltado ao público adulto, oferecendo clima de montanha e ambiente saudável para o descanso e o relaxamento; outras localidades desenvolvem em torno de si o conceito de locais ideais para a prática de rapel ou trilhas, onde a aventura e a emoção são parte integrante do ambiente.

Diversos produtos são direcionados para pessoas de uma ou outra religião, assim como para uma ou outra nacionalidade. O uso da segmentação por nacionalidade é muito utilizado no mercado de refeições — em que restaurantes e bares direcionam seus esforços para o paladar típico de um ou outro país. Assim, restaurantes alemães, franceses, italianos, japoneses e chineses se multiplicam nas cidades, oferecendo ao mercado ambientes e refeições que reforçam a identidade com uma ou outra nacionalidade.

A segmentação por estado civil movimenta diversos segmentos econômicos, como, por exemplo, o da construção civil, que oferece imóveis de acordo com o tamanho da família ou seu ciclo de vida. Desse modo, residências em condomínio fechado ou em prédios com área de lazer são direcionadas para casais com filhos menores; já pequenos apartamentos têm como foco as pessoas solteiras que estão iniciando sua vida autônoma.

Segmentação geográfica

A segmentação geográfica consiste do processo de dividir o mercado segundo sua localização geográfica ou outros fatores regionais, como densidade populacional ou mesmo clima. Trata-se de uma das maneiras mais usuais de segmentação de mercado, uma vez que concentra o público-alvo em relação a sua localização física, partindo do pressuposto de que a maioria das pessoas reunidas em uma mesma comunidade ou região goza de algumas características de consumo semelhantes.

Não raras vezes essa forma de divisão do mercado é utilizada com o principal intuito de otimizar os esforços no atendimento do mercado de forma geral, evitando grandes deslocamentos — tanto dos compradores quanto dos vendedores. Com isso, aproveita-se o benefício da proximidade física. Direcionar o esforço de marketing para o próprio país pode ser uma estratégia adequada a uma determinada localidade que quer incrementar o seu turismo, valendo-se da facilidade de acesso, proximidade física e semelhanças culturais e sociais.

Segundo Dias (2003d, p. 21), o local em que as pessoas trabalham, moram e passam as férias tem grande impacto sobre o seu comportamento de compras. Conhecendo onde e como as pessoas vivem, fica muito mais simples imaginar seu padrão e comportamento de consumo.

No Brasil, a segmentação por regiões é muito utilizada nos meios empresariais. Escritórios regionais são estruturados para atender a especificidades de consumidores sediados em estados distintos da Federação. Em outros casos, pode-se segmentar por meio do estado em que o consumidor reside, a região desse estado, cidade, bairro ou mesmo rua. É preciso notar que, quanto mais específica é a segmentação, mais precisa ela tem condição de ser. Porém, isso abrange um número cada vez menor de consumidores, o que pode, em determinado momento, se mostrar inviável à atuação organizacional (número insuficiente de clientes).

A segmentação por país é um caso especial, necessário para qualquer vendedor que deseja atuar em diferentes países. As diferenças culturais que cercam dois países quaisquer podem obrigar o vendedor a desenvolver produtos ou serviços segundo requisitos absolutamente inovadores quando do aproveitamento de um produto em outro país. Aspectos religiosos, culturais e sociais assumem grande relevância quando se trata de povos diferentes e, em especial, de povos com origens distintas. No caso específico do consumidor-turista, a segmentação por origem possibilita a adequação de equipamentos hoteleiros e infra-estrutura de localidade, visando ao desenvolvimento de um produto turístico que atenda de maneira mais completa às suas necessidades.

Segmentação socioeconômica

A divisão do mercado, segundo as características sociais e econômicas, é uma prática bastante aceita pela maioria dos vendedores. Ela possibilita oferecer produtos e serviços mais adequados às características de consumo específicas, viabilizando o trabalho com maior precisão, até mesmo nas margens praticadas nos preços dos bens e seus benefícios. Essa segmentação se baseia na renda individual ou familiar, na classe social do indivíduo (por meio dos locais que freqüenta, dos esportes que pratica, dos programas a que assiste ou das leituras que faz), em sua escolaridade, ocupação profissional ou posse de bens.

Em geral, serviços são bastante sensíveis a diferenças socioeconômicas. Hotéis que atendem consumidores de classes sociais mais elevadas devem ser coerentes quanto aos demais produtos que oferecem em suas instalações. Muitas vezes, uma convenção de uma grande empresa pode colocar em risco a imagem do hotel diante de seu público-alvo, visto que o critério de seleção dos participantes do curso por parte da empresa pode não ser o mesmo seguido pelo hotel.

As segmentações por classe social ou por renda possibilitam a diferenciação de produtos e serviços, buscando atender às necessidades mais específicas pelo valor compatível com a classe social.

Já a segmentação por ocupação profissional permite a criação de produtos e serviços específicos de acordo com a atividade do indivíduo; assim, determinado hotel acaba se especializando em recepcionar participantes de convenções do segmento médico ou de engenharia, por exemplo.

Segmentação por benefícios

A segmentação por benefícios se baseia nas vantagens que determinado produto é capaz de proporcionar a um consumidor. Dividindo o mercado a partir do benefício procurado pelo cliente, atributos específicos do bem — tais como: potência, cor, design, estilo ou mesmo preço — passam a ser fundamentais. Um consumidor muitas vezes escolhe esse ou aquele hotel em função de sua distância do mar, no caso de uma cidade litorânea. Há cremes dentais que proporcionam diversos tipos de benefícios diferentes aos consumidores, como hálito fresco, branqueamento dos dentes, eliminação do tártaro, tratamento de garganta, preço baixo.

Uma localidade turística pode oferecer diversos tipos de benefícios, que vão desde o repouso em uma estância hidromineral até a aculturação do indivíduo quando em um local histórico.

Os benefícios podem satisfazer às necessidades físicas, psicológicas, sociais ou emocionais.

Segmentação psicográfica

A divisão do mercado pode se dar a partir da maneira pela qual as pessoas pensam e levam suas vidas. Tal forma de segmentação é mais complexa do que a segmentação geográfica, demográfica ou socioeconômica. Ela busca identificar de forma mais específica os consumidores que estariam interessados em determinados produtos, baseando sua análise em fatores como: estilo de vida, autoconceito, personalidade, valores, atividades, interesses e opiniões. Trata-se da maneira pela qual as pessoas conduzem sua vida, com especial atenção para atividades, opiniões e desejos.

Um consumidor pode, então, se mostrar mais moderno ou tradicional, agressivo ou pacato, dinâmico ou acomodado, independente ou dependente, pragmático ou inovador.

Por meio da segmentação psicográfica, é possível identificar de maneira mais precisa aqueles consumidores que estariam interessados em adquirir determinados produtos. Refletindo estilos de vida, as pessoas são agrupadas por características marcantes de comportamento social, o que determina com aguçado grau de precisão as principais categorias de produtos que fazem parte da relação de consumo dos indivíduos. Desse modo, pessoas esbeltas e com grande consciência quanto à saúde e forma física podem ser atendidas por produtos dietéticos; veículos fabricados por empresas como Ferrari ou Mercedes atendem pessoas que desejam ostentar sua riqueza. Entre os diversos consumidores potenciais de uma localidade, um esforço voltado para a consciência ecológica e para o desenvolvimento sustentável pode destacar do grupo comum aqueles que mais se identificam com essa causa e que vão responder mais adequadamente aos esforços de marketing empreendidos.

Segmentação por comportamento de compra

A segmentação por comportamento de compra baseia sua análise nas características ligadas às compras desenvolvidas pelos consumidores quanto a sua freqüência, lealdade, fidelidade e situação de usuário. Ao mesmo tempo, podemos encontrar consumidores que adquirem determinado produto de maneira regular, de maneira esporádica ou mesmo de maneira aleatória, sem qualquer periodicidade. Desse modo, é possível empreender esforços diferenciados para esses públicos específicos. Para Churchill (2003, p. 216), pode-se categorizar o comportamento dos consumidores como prudente, impulsivo, pessimista, tradicional e confiante. Assim, o grupo de consumidores impulsivo adquire produtos no momento de seu lançamento, sem estabelecer critérios prévios ou grandes planejamentos no processo de compra, sendo fortemente influenciados por ações promocionais no ponto-de-venda, como demonstradores, promoções e ofertas.

Quanto à *freqüência de uso*, podemos verificar que, na maior parte das vezes, os consumidores com maior probabilidade de compra são aqueles que já adquiriram o mesmo produto em outra época. A satisfação do consumidor com os benefícios oferecidos por um produto que experimenta constitui um dos principais fatores de fidelização de um cliente. Isso é levado em conta quando uma organização oferece ao cliente um cartão de fidelidade, o qual oferece vantagens para aqueles que consomem com regularidade os produtos ou serviços da empresa. O mesmo ocorre com as companhias aéreas e seus cartões de fidelidade, oferecendo transporte gratuito proporcional ao grau de utilização dos serviços dessa.

Outra característica baseada no comportamento de compra e decorrente da freqüência de uso é a *situação de lealdade*, indicada pelo comprometimento que o consumidor demonstra em relação a uma determinada marca de produto. Alguns clientes adquirem os produtos pela sua marca, enquanto outros buscam menor preço ou melhores condições de pagamento. Os primeiros demonstram forte lealdade à marca, enquanto os últimos podem não ter lealdade alguma a ela.

Pode-se observar que o grau de fidelidade à marca tem relação direta com o potencial de lucros de um determinado mercado, compondo inclusive seu valor comercial. O valor de uma marca como Parmalat ou Nestlé não pode estar somente relacionado ao valor dos ativos das respectivas empresas, refletindo aspectos subjetivos em sua avaliação — como grau de retenção do nome junto aos clientes, quantidade de consumidores fiéis à marca, entre alguns.

Outro grupo de consumidores que pode ser formado a partir do comportamento de compra é o formado pela *situação de usuário* — isto é, se aquele cliente já foi consumidor no passado, se o é no presente ou se tem probabilidade de utilizá-lo no futuro. Estratégias voltadas apenas aos consumidores atuais podem demonstrar maior efetividade em seus resultados, mas, por outro lado, deixam a desejar quanto ao crescimento da base de clientes ou mesmo da garantia de sua renovação com o passar dos anos.

Igualmente, o mercado turístico pode ser segmentado pela situação do usuário quando sai em busca daquele consumidor-turista que já visitou a localidade, a fim de empreender esforços para que ele retorne. Hotéis e pousadas utilizam o cadastro de viajantes para preservar o contato com antigos hóspedes, oferecendo estadias e oportunidades por meio de estratégias que privilegiam o marketing direto — como o telemarketing, a mala-direta ou, ainda, o uso de e-mail — para, assim, estabelecer a comunicação com o antigo consumidor.

Segmentação por múltiplos fatores

A utilização de diferentes fatores para a segmentação se mostra uma prática freqüente entre os profissionais de marketing. A combinação de fatores de segmentação permite definir com maior clareza os grupos de clientes que possuem características desejáveis aos olhos do marketing. Combinar fatores demográficos com fatores geográficos pode produzir resultados significativos, quando são determinadas, dentro de uma dada região, pessoas com característica demográfica específica, como sexo ou nível de escolaridade.

Assim, um evento pode visar às pessoas com idade máxima de 30 anos, de ambos os sexos, com renda familiar superior a determinado valor.

8.3 Estratégias de segmentação

A estratégia adotada para a segmentação do mercado é fundamental para a determinação de grupos de consumidores potenciais com certo grau de previsibilidade em suas tendências de compra em relação a determinados bens e serviços. Para Boyd (1978, p. 109), há duas condições que são essenciais para a implementação de uma estratégia de segmentação adequada. A primeira diz respeito à identificação de diferentes oportunidades no mercado como um todo, estabelecendo-se, então, prioridades entre elas. A segunda se refere à correta alocação de recursos organizacionais no esforço de marketing. Em outras palavras, as duas situações podem ser assim enunciadas:

- É necessário identificar as oportunidades disponíveis no mercado quanto às necessidades a serem atendidas dos potenciais compradores e dividi-las em grupos com características semelhantes. A partir daí, cria-se uma ordem de interesse na exploração de cada uma das oportunidades encontradas. Seria o caso de uma cidade que pode ser reconhecida por suas condições climáticas terapêuticas ou por sua condição geológica favorável à criação de trilhas ecológicas e passeios do tipo *trekking*. A existência de dois segmentos distintos e não complementares levaria à criação de critérios para a definição de prioridades no aproveitamento dos diferentes subprodutos turísticos da localidade.

- Diante dos grupos anteriormente selecionados, é necessário determinar com clareza suas características, a fim de se direcionar os esforços de marketing para públicos com comportamentos de consumo semelhantes, minimizando os recursos necessários às estratégias de marketing. Assim, a localidade deve se empenhar, após a escolha pelas condições climáticas terapêuticas, em conhecer as características específicas do consumidor-turista típico desse tipo de produto.

O processo de segmentação de mercado envolve, então, o seguinte conjunto de etapas até a definição de estratégias de segmentação, conforme mostra a Figura 8.1.

A análise das relações entre os clientes e os bens ou serviços a serem oferecidos começa da combinação entre o conhecimento disponível do cliente com pesquisas

Figura 8.1 — Passos do marketing na orientação para um mercado-alvo

1. SEGMENTAÇÃO DO MERCADO
a) identificar as bases/critérios para a segmentação;
b) desenvolver perfis dos segmentos.

2. SELEÇÃO DO SEGMENTO-ALVO
c) estabelecer o potencial de cada segmento;
d) selecionar o(s) segmento(s) de interesse para atuação.

3. POSICIONAMENTO NO MERCADO
e) definir o posicionamento para cada segmento-alvo selecionado;
f) elaborar o marketing mix específico para cada segmento-alvo.

de marketing específicas. Disso decorrem os conjuntos de categorias de compradores com características de compra semelhantes, em que se buscará desenvolver percepção diferenciada em relação aos produtos e serviços dos concorrentes — a que damos o nome de posicionamento.

Trabalhando de maneira coerente com os objetivos gerais do vendedor ou da organização, cabe, então, definir como e com que intensidade se pretende explorar os segmentos de mercado que foram identificados. Isso envolve o processo de escolha dos segmentos encontrados quanto à quantidade e à diversidade.

Diferentemente da elaboração de estratégias organizacionais, nesse caso o que interessa é a definição dos critérios que serão utilizados diante dos diferentes segmentos obtidos ao longo desse processo. Assim, visando explorar todo o potencial do mercado geral, considerando os aspectos de abrangência geográfica, idade, sexo, e tantos outros, pode-se desenvolver estratégia de não-diferenciação, em que um único plano de marketing é utilizado para todas as situações de mercado. Esse é o caso da localidade que decide empreender esforços por meio de plano de marketing geral, atuando ao mesmo tempo com todos os segmentos observados e evitando ações e aspectos que restrinjam a oferta a um ou outro grupo.

Diferentemente pode-se adotar estratégias que concentrem os esforços de marketing a grupos mais restritos e com características semelhantes. Trata-se de estratégias de segmentação por diferenciação, em que são encontrados os conceitos de marketing por segmentos, marketing de nicho ou marketing individual. Aqui, são utilizados um ou mais planos de marketing específicos para cada segmento considerado. Ao mesmo tempo, são empreendidos diferentes planos de marketing — cada um adequado às especificidades de seu público-alvo.

Outro grupo de estratégias pode ser adotado, permitindo a concentração de esforços em um único foco e garantindo o melhor aproveitamento de recursos organizacionais pela uniformidade de suas ações. Trata-se da estratégia de concentração — escolhe-se um segmento de consumidores como prioritário e sobre ele se elabora um plano de marketing específico. Assim, uma cidade como Barretos (SP) direciona todos os seus esforços para atender às especificidades do público sertanejo, com sua nacionalmente conhecida Festa do Peão.

No processo de elaboração de estratégias, diferentes fatores devem ser levados em conta, principalmente a relação que deve se estabelecer entre as estratégias de segmentação de mercado e as estratégias organizacionais como um todo. Os objetivos organizacionais determinam o direcionamento básico a ser seguido pela organização, assim como as diretrizes do plano diretor definem para um município os caminhos que devem ser trilhados por seus administradores na elaboração de ações públicas. Isso quer dizer que as estratégias adotadas quanto à segmentação de mercado devem ser orientadas segundo orientações maiores.

Nesse escopo, são definidos os conceitos de penetração de mercado e de ocupação de mercado. Por um lado, a penetração de mercado é o conjunto de esforços empreendidos para estar presente em um determinado mercado, mesmo que com parcelas pouco significativas desse. Penetrar em um mercado denota antes de mais nada a entrada da marca, produto ou serviço no mercado como um todo, assinalando sua presença ao lado de uma grande diversidade de segmentos. Para essa ação, estratégias de não-diferenciação são as mais recomendadas, mesmo não obtendo resultados muito expressivos em termos de volume.

Já o conceito de ocupação de mercado pode ser considerado como um estágio posterior ao da penetração, quando se busca ganhar participação em um determinado segmento. Para Dias (2003d, p. 24), ocupar mercado significa ter nele uma forte posição, bastante significativa em termos de concorrência e participação de mercado. Quando uma localidade apresenta as atrações disponíveis ao consumidor-turista de forma geral, por meio de uma mídia de massa, ela está buscando a penetração de mercado. Entretanto, quando busca se firmar por um benefício ímpar no cenário nacional, ela passa a desenvolver estratégia de ocupação de mercado. É o caso da cidade de Monte Sião (MG), que atualmente desenvolve o conceito de capital nacional da malha.

8.4 Segmentação e posicionamento

Criar no consumidor um conceito único e favorável em relação a um produto ou serviço é tarefa que em marketing tem a denominação de posicionamento. Para Churchill (2003, p. 222), o posicionamento de um produto envolve a criação de uma percepção favorável desse em relação a seus concorrentes, na mente do consumidor, garantindo para si a sua fidelidade. Desse modo, o posicionamento adequado no mercado possibilita ao produto garantir sua identidade junto a seus consumidores, que vão privilegiá-lo frente aos concorrentes.

O melhor posicionamento possibilita adequar as características e atributos do produto de acordo com as necessidades dos clientes, expressas por meio dos benefícios que esses esperam. Isso quer dizer que o cliente se torna capaz de perceber os benefícios proporcionados pelo produto, identificando-os com aqueles esperados para a satisfação de seus desejos.

Para Kotler (1980, p. 208), o posicionamento existente em um produto pode ser modificado diante de três possíveis situações ao longo de um período de tempo considerado:

- um concorrente pode ter colocado uma marca muito próxima àquela existente, diminuindo, assim, a participação dessa naquele segmento;
- as preferências do público-alvo podem ter mudado, deixando a marca mais afastada do centro de interesse do público consumidor; e
- grupos preferenciais de novos consumidores podem ter sido formados, representando oportunidades significativas e atraentes.

Desse modo, o posicionamento adotado por um determinado produto depende não apenas de fatores endógenos ao produto — como suas características e atributos oferecidos —, mas, também, de elementos exógenos — como potenciais mudanças no comportamento do consumidor diante de alteração temporal ou mesmo em relação ao valor oferecido por um concorrente direto ou por produtos substitutos.

A identificação de um posicionamento dentro de um segmento está assim associada à idéia dos benefícios que tal situação pode trazer para o vendedor. Tais benefícios são expressos em forma de vantagem competitiva, que diferencia os produtos na mente do consumidor, dando-lhes um destaque distinto em função das vantagens que pode proporcionar. Para Kotler e Armstrong (2003, p. 190), o posicionamento do produto é a maneira como ele é definido pelos consumidores em relação a seus atributos importantes, representando, então, o local que ele ocupa na mente dos consumidores em comparação aos produtos concorrentes.

O posicionamento envolve, assim, a implantação de benefícios únicos de marca e a diferenciação na mente dos consumidores. De nada adianta o esforço de marketing se a diferença que se busca desenvolver junto ao produto não consegue ser percebida pelo consumidor. É o caso de uma excelente feira em uma cidade que não tem equipamentos hoteleiros em quantidade suficiente para acomodar adequadamente o público do evento.

A posição de um produto é, então, um conjunto complexo de percepções, impressões e sensações que os consumidores têm quando comparam o produto às opções concorrentes. E a vantagem competitiva buscada nada mais é do que a diferença existente entre o produto e seus concorrentes, os quais serão decisivos na hora da escolha. Desse modo, a diferença entre produtos concorrentes para Kotler e Armstrong (2003, p. 193) é significativa somente se for capaz de satisfazer aos seguintes critérios:

- *importância*: a diferença entrega um benefício altamente valioso para os compradores-alvos;
- *distinguibilidade*: os concorrentes não são capazes de oferecer a mesma ou equivalente diferença;
- *superioridade*: a diferença é superior a outras maneiras com as quais os clientes podem obter o mesmo benefício;
- *comunicabilidade*: a diferença é comunicável e visível aos compradores;
- *antecipação*: a diferença não pode ser facilmente copiada;
- *acessibilidade*: a diferença pode ser paga pelos consumidores; e
- *lucratividade*: a diferença pode ser introduzida de maneira lucrativa no mercado-alvo.

A fim de assumir um novo posicionamento no mercado de cervejas e refrigerantes, a empresa Schincariol desenvolveu uma nova estratégia de posicionamento, partindo da alteração da própria marca segundo características mais modernas e joviais, buscando a identificação com público composto de pessoas ativas e animadas, geralmente jovens. Desse modo, aposentou a denominação Schincariol, substituindo-a simplesmente por Schin (Nova Schin no lançamento), ao mesmo tempo que lançava toda uma nova linha de refrigerantes e cervejas no mercado nacional.

A escolha de vantagens únicas para o posicionamento de um produto ou serviço mostra ser uma tarefa complexa e fundamental para o sucesso.

8.5 A especificidade da segmentação do mercado turístico

A demanda turística é composta por um conjunto bastante heterogêneo de consumidores, os quais apresentam comportamentos bastante diferenciados quanto às motivações principais para a realização da viagem. No entanto, é possível discernir segmentos homogêneos nessa ampla gama de consumidores, que possibilitam um tratamento diferenciado do ponto de vista mercadológico, oferecendo-se produtos identificados com cada demanda específica.

O produto "sol e praia" ainda é o mais solicitado e o que apresenta um número significativo de cidades que se especializaram na sua oferta. E ele irá se manter como um produto bastante atrativo para a maior parte dos consumidores-turistas. No entanto, é um produto que apresenta uma sazonalidade bastante forte, dependendo do alto verão para que possa produzir resultados atraentes em termos econômicos para as cidades que o oferecem.

Os produtos que têm seu foco na natureza estão em alta, com o aumento de sua procura e um acréscimo da diversidade dos produtos com essa origem. Aí podemos incluir: o ecoturismo, o turismo de aventura, o turismo rural etc. e um número enorme de variantes que pode estar incluído nesses tipos mais abrangentes.

De qualquer modo, o que deve ser identificado é que existe uma grande heterogeneidade da demanda. Porém, essa apresenta segmentos homogêneos que permitem tratá-la com mais objetividade do ponto de vista do marketing. Esses segmentos de mercado constituem subconjuntos distintos de consumidores que apresentam características semelhantes entre si. Cada segmento apresentará um comportamento específico relacionado com suas necessidades, preferências e características internas comuns, que podem ser estudadas e conhecidas. Para isso, basta tornar esse conhecimento uma ferramenta fundamental para a gestão da oferta turística. Além do mais, a segmentação da demanda permite identificar com maior precisão o seu comportamento econômico (quanto gasta, quanto permanecerá, que exigências tem quanto à oferta etc.).

Após a identificação dos segmentos de mercado, o segundo passo será a identificação daqueles em que se tem interesse para que se possa estabelecer uma estratégia de atração dos mesmos.

Um terceiro passo será o posicionamento do produto no mercado-alvo — no nosso caso, a imagem da marca — cidade junto ao segmento escolhido.

Para uma melhor eficácia das estratégias de marketing, os segmentos devem ser perfeitamente mensuráveis e quantificáveis, e bastante diferenciados uns dos outros. Eles devem apresentar uma identidade própria, que justifique a existência de mecanismos de gestão específicos para cada um deles. Aqueles segmentos muito reduzidos do mercado turístico, ou transitórios no tempo, não justificam a criação de recursos específicos.

A Organização Mundial do Turismo (2003, p. 115) identifica seis aspectos para um segmento turístico ser eficaz como ferramenta de marketing. Ele deve ser:

- mensurável em tamanho e outras variáveis;
- acessível a canais de distribuição existentes ou potenciais, pela promoção;
- substancial, ou seja, grande e lucrativo o suficiente para servir como mercado-alvo;
- defensável — deve apresentar características suficientemente singulares para justificar iniciativa ou programa de marketing específicos;
- durável — deve se manter com o passar do tempo; e
- competitivo — seu atendimento deve proporcionar vantagem sobre a concorrência.

Um outro fator a ser considerado é a capacidade de resposta do segmento à ação empreendida para atraí-lo. Segundo Valls (2003, p. 170), "se um segmento não tem capacidade de reagir aos estímulos, é melhor abandoná-lo", considerando-se que foram adotadas todas as medidas e estratégias adequadas para captar a atenção daquele grupo em particular.

O segmento do mercado turístico, identificado com o turismo de aventura, somente há pouco tempo tem apresentado identidade própria. E isso graças ao surgimento de inúmeras associações específicas, publicações e programas de TV, por exemplo. Houve, além disso, um estabelecimento de regras para a sua prática, levando muitas administrações municipais a privilegiar o trabalho com esse conjunto perfeitamente diferenciado. A cidade de Brotas (SP), por exemplo, adaptou-se para acolher esse segmento em particular.

A segmentação de mercado aplicada ao turismo apresenta inúmeras vantagens. Entre as principais, podemos citar (Valls, p. 2003):

- uma definição mais precisa do mercado em função das necessidades dos consumidores, maior compreensão do mercado e das motivações de compra dos visitantes e, graças a isso, um melhor posicionamento em função das expectativas dos turistas;
- identificação dos públicos-alvos mais rentáveis e daqueles nos quais a competição é mais fraca;
- identificação das necessidades dos consumidores que ainda não foram satisfeitas e que podem representar uma oportunidade de negócio;
- possibilidade de adaptação às prováveis mudanças da demanda;
- otimização dos recursos de marketing e um melhor controle de sua aplicação em cada segmento;
- otimização da comunicação promocional, direcionando-a especificamente a um público-alvo.

Quanto às formas de segmentação, há inúmeros modos de fazê-la. E elas foram tratadas por vários autores, entre os quais Swarbrooke e Horner (2002); Moraes (1999); Middleton (2002); Vaz (2001); Ignarra (1999); e Valls (2003). A Organização Mundial do Turismo (2003), por seu lado, apresenta uma maneira específica de desenvolver a segmentação em mercados turísticos, em que agrupa várias formas de segmentar o mercado em quatro grandes categorias (veja a Tabela 8.1):

- A *demográfica*, que divide o mercado em grupos baseados em características populacionais agregadas, como idade, gênero, raça, estado civil, renda, escolaridade, profissão, tamanho da família etc.

- A *geográfica*, baseada em variáveis geográficas, identificando áreas com maior número potencial de clientes. Considera o tamanho da região, clima, relevo etc.

- A *psicográfica*, que leva em consideração fatores como a personalidade, estilo de vida, motivações, valores, atitudes etc.

- A *comportamental*, que divide os compradores a partir de seu conhecimento, atitude, uso ou resposta a um produto.

Uma outra forma de agrupar os diversos segmentos do mercado turístico, muito semelhante à anterior, é apresentada na Tabela 8.2.

A segmentação de mercado deve ser vista pelas localidades como um aspecto fundamental no processo de aumento de sua competitividade perante outros lugares, pois permite a identificação dos clientes potenciais, suas expectativas e necessidades específicas. Isso facilita uma adaptação da infra-estrutura da cidade à demanda específica, aumentando o potencial de acolhimento e provável satisfação do turista (veja o Quadro 8.3).

Uma outra vantagem do trabalho com segmentos de mercado perfeitamente identificados é a construção de uma identidade mais precisa dos destinos, pois esses

Tabela 8.1 Bases para a segmentação de mercado

CATEGORIA	VARIÁVEIS
Demográfica	Idade, sexo, estado civil, raça, grupo étnico, renda, escolaridade, profissão, tamanho da família, ciclo de vida familiar, religião, classe social, nacionalidade.
Geográfica	Tamanho da região, cidade ou área metropolitana, densidade populacional, clima, relevo, densidade do mercado.
Psicográfica	Características de personalidade, estilo de vida, motivações.
Comportamental	Ocasião, expectativas em relação aos benefícios, taxa de utilização, fidelidade à marca, atitude em relação ao produto.

Fonte: OMT, 2003.

Tabela 8.2 — Principais critérios de segmentação

CRITÉRIOS	CLASSIFICAÇÃO
Geográfico	Região Nordeste, Sul, Centro, Norte, Alta Mogiana, Vale do Ribeira etc.
Hábitat	Rural, urbano, centro da cidade, industrial, por código postal etc.
População	Menos de 10.000 habitantes, de 10.000 a 20.000, de 20.000 a 50.000, de 50.000 a 100.000 etc.
Clima	Setentrional, meridional, oceânico, continental etc.
Sociodemográfico	
Idade	Menor de 6 anos, de 6 a 11 anos, de 12 a 17 anos, 18 a 35 anos, de 35 a 49 anos, de 50 a 64 anos, mais de 65 anos.
Sexo	Masculino e feminino.
Tamanho da unidade familiar	De 1, 2, 3, 4, 5 e mais membros.
Ciclo de vida familiar	Jovem solteiro, jovem casado e sem filhos, jovem casado e com pelo menos um filho menor de 6 anos, maior casado e com filhos, maior casado e com todos os filhos maiores de 18 anos, maior solteiro e outros.
Renda	Intervalos de renda bruta da unidade familiar ou da renda familiar disponível.
Nível socioprofissional	Profissionais liberais, executivos, assalariados, funcionários públicos etc.
Formação e nível educacional	Primária, secundária, superior, pós-graduação.
Nacionalidade	Argentina, boliviana, alemã, portuguesa, italiana etc.
Motivo da viagem	
Lazer	Férias, cultura, esporte, outros.
Profissional	Negócios empresariais etc.
Outros	Religião, estudo, saúde, grandes acontecimentos, ecologia, gastronomia etc.
Psicográfico	
Estilo de vida	Jovem executivo, dinâmico, estudioso permanente etc.
Personalidade	Autoritário, alocêntrico, psicocêntrico etc.
Comportamento	
Como usuário	Não usuário, ex-usuário, usuário potencial, usuário primário, usuário regular ou irregular.
Motivação de compra	Por economia, por comodidade, prestígio.
Freqüência de uso	Usuário freqüente, usuário de freqüência média, usuário de baixa freqüência.
Fontes de informação	Jornal diário, revista, TV, amigos, familiares.
Atitude sobre o produto	Não o conhece, o conhece, informado, interessado, deseja comprá-lo, tem a intenção de comprá-lo.
Fidelidade à marca	Cliente incondicional, fiel, mas não exclusivo, infiel.
Sensibilidade aos fatores de marketing	Qualidade, preço, serviço, publicidade, ofertas especiais.

Fonte: Adaptado de Tocquer e Zins (1987) *apud* Valls (2003).

> **Quadro 8.3**
>
> ## O SEGMENTO DO TURISMO DE AVENTURA
>
> Os esportes radicais ganharam popularidade com o sucesso de destinos turísticos como Brotas, onde uma geografia generosa em rios e cachoeiras oferece diversão aos amantes da natureza. O Instituto Brasileiro do Turismo (Embratur) não possui números do setor, mas já reconhece a aventura como uma categoria independente da modalidade ecoturismo. Na esteira do sucesso de Brotas, diversas cidades e estados passaram a focar seu marketing turístico nos esportes de aventura.
>
> O município de Socorro, no Circuito das Águas, interior de São Paulo, tem passado por uma revolução desde que resolveu se transformar em "cidade aventura" e explorar o potencial de suas mais de 40 cachoeiras. Há uma década, havia cinco pousadas e hotéis na cidade. Hoje são 30, e há mais sete em construção. E se há poucos anos havia só uma agência de turismo de aventura, atualmente existem dez.
>
> Socorro começou a atrair turistas interessados em natureza com a abertura do Campo dos Sonhos, uma fazenda turística que se tornou bastante popular junto a crianças e escolas. O empreendimento foi fundado pelo executivo José Fernandes Franco, que largou uma carreira de 17 anos em uma multinacional de produtos químicos para ficar próximo da natureza.
>
> Com os lucros do Campo dos Sonhos, que contou com um investimento de R$ 2,5 milhões ao longo de uma década, Franco inaugurou, em junho de 2002, o Parque dos Sonhos, voltado exclusivamente para a prática de esportes de aventura. Construído em torno de uma cachoeira, o parque consumiu R$ 400 mil e oferece 14 opções de esportes radicais. Em pouco mais de um ano, 40% do investimento já havia sido recuperado. Os planos de Franco incluem a construção de um pequeno número de chalés no parque e a ampliação da hospedagem no campo. "A demanda é muito maior do que eu dou conta de atender", afirma. "Mas estou muito próximo do meu limite. Se o negócio crescer muito mais, eu comprometo minha qualidade de vida."
>
> Fonte: BARBOSA, Mariana. 'Para atrair turistas, cidades investem nos esportes radicais'. Jornal *O Estado de S.Paulo*, 5 out. 2003, Caderno Economia, p. B-7.

se tornam referencial para um determinado tipo de público, limitando a disputa com outras localidades e facilitando a dotação de infra-estrutura material e de serviços para o atendimento do público específico.

Um outro aspecto que deve ser considerado pelas localidades é quanto à identificação do lugar com um segmento muito restrito, o que limitaria o número de potenciais visitantes. Uma estratégia que pode ser empregada em um segmento que deva ser trabalhado é aumentar sua identidade com um segmento dentro do segmento. Por exemplo, a cidade X é conhecida por se identificar com o ecoturismo, mas associa-se prioritariamente à observação de aves; outra, ao clima; outra, à vegetação de pinheiros etc. Ou, ainda, a cidade Y é conhecida por seu turismo de aventura, mas associa-se prioritariamente a uma de suas inúmeras atividades. Outro exemplo é a cidade W identificada com a pesca esportiva, mas associada prioritariamente a determinados tipos de peixe etc.

Questões

1. Qual o nome que damos ao processo de determinação de grupos de clientes com características de consumo semelhantes?
2. O que é um marketing de segmento?
3. Defina o que entende por marketing de nicho?
4. Por que o marketing individual é o maior nível de segmentação que pode ser adotado?
5. Quais são os três estágios específicos no processo de segmentação do mercado, segundo Kotler?
6. Quais são os seis aspectos identificados pela OMT para que um segmento turístico possa ser eficaz como ferramenta de marketing?
7. Quais são as principais vantagens em se aplicar a segmentação de mercado ao turismo?
8. Por que o trabalho com segmentos de mercado constrói uma identidade mais precisa dos destinos?
9. Dê três exemplos de segmentação demográfica.
10. Cite três exemplos de segmentação psicográfica.
11. Indique um tipo de segmentação comportamental e exemplifique.

CAPÍTULO 9

O posicionamento no mercado

Não existe isto de commodity. Todos os produtos e serviços são diferenciáveis.

LEVITT, T. apud McKENNA, 1989, p. 33

A definição dos elementos utilizados pela organização para obter um diferencial sobre os demais concorrentes determina seu posicionamento. Este capítulo analisa a inter-relação entre segmentação, identificação e posicionamento dentro do marketing de mercado-alvo. Assim, ao longo deste texto, devemos definir as etapas do marketing de mercado-alvo, analisar o processo de posicionamento e os benefícios do diferencial competitivo e conceituar fidelização de clientes, desenvolvendo, então, o conceito de imagem no mercado turístico.

9.1 Conceito e objetivos do posicionamento

Enquanto a competição era doméstica e os mercados eram controlados por poucos competidores, a busca por modelos de produtos que atendessem à totalidade dos potenciais clientes era uma constante no meio empresarial. A percepção de clientes com necessidades e características específicas é uma prática que ganhou lugar nas organizações a partir do momento que foi dado ao cliente a oportunidade de escolher algo e optar por ele — isto é, quando o nível e a intensidade da concorrência se tornaram suficientemente grandes a ponto de levar empresas e administradores a buscar novas maneiras de levar o cliente a adquirir um produto em detrimento de outro.

Assim, deixando de lado a idéia de clientes com necessidades e desejos padronizados, uma nova geração de produtos visa com ênfase maior atender às necessidades mais e mais particulares de cada um dos consumidores. A situação ideal para uma organização é aquela em que ela consegue produzir bens ou serviços personalizados de acordo com as características específicas de cada consumidor, garantindo, assim, o atendimento pleno de suas necessidades e a garantia da construção de um relacionamento sólido e duradouro. Entretanto, tal postura enfrenta limitações de caráter tecnológico e operacional, tornando o processo de transformação muitas vezes inviável economicamente.

Em um estágio intermediário, as organizações buscam maior identidade com as necessidades de grupos mais ou menos homogêneos de consumidores, para os quais desenvolve produtos específicos. Para essa situação, o tamanho do grupo é limitado pelas características do processo de transformação e pela própria necessidade por resultados financeiros.

Os benefícios obtidos com a definição de um grupo de consumidores de menor tamanho e de características mais homogêneas vão desde o desenvolvimento de um elo mais sólido entre o consumidor e a empresa (ao que denominamos fidelização) até economias nos diversos elementos do composto de marketing. E esses elementos podem ser: uma diversidade menor de produtos, política de preço mais claramente definida e identificada com o segmento-alvo, sistemas de distribuição maximizados pelo conhecimento mais detalhado da localização dos consumidores escolhidos e sistemas de comunicação de marketing mais precisos, evitando-se os meios de comunicação de massa.

Assim, segundo Kotler e Armstrong (2003, p. 172), o marketing de alvo é composto por três principais etapas:

- *segmentação de mercado*: divisão de um mercado em grupos menores de compradores com necessidades, características e comportamentos diferentes que poderiam requerer produtos ou esforços de marketing diferenciados;
- *identificação do mercado*: etapa do processo de segmentação em que são avaliadas as características de cada segmento encontrado, buscando identificar aquele ou aqueles com os quais a organização tenha interesse em atuar;

posicionamento de mercado: é o estabelecimento da posição ou característica competitiva para o produto ou serviço, de maneira única e específica para cada segmento escolhido, desenvolvendo, então, um composto de marketing particular para cada caso.

O conceito de posicionamento vem, assim, da escolha que faz a organização quanto à posição que deseja ocupar em cada um dos segmentos em que escolheu atuar. Para Kotler e Armstrong (2003, p. 190), o posicionamento do produto é a maneira como esse é definido pelos consumidores em relação a suas características importantes — seus principais atributos, algo que os torne diferentes dos produtos oferecidos pelos concorrentes. Assim, estabelecer um posicionamento é encontrar um conjunto de características únicas que ofereça ao consumidor uma vantagem diferente da oferecida pelos concorrentes. Esse é o significado da vantagem competitiva obtida por uma organização por meio de seus produtos e serviços e que os diferencia dos demais concorrentes.

Entretanto, diferenciar um produto não representa por si só um caminho para o sucesso mercadológico. Tal posicionamento — estabelecido na mente do consumidor — deve representar um valor a mais para ele, um benefício que não é oferecido por outros produtos e que tem real valor para o cliente.

Algumas operadoras de viagens se posicionam no mercado como sendo "a maneira mais segura de viajar". O uso de um slogan para identificar o atributo oferecido pela organização e que se destina a criar um diferencial competitivo é uma prática interessante no marketing. Além de facilitar a identidade entre produto e cliente, ele cria uma memória mais estruturada na mente desse último. Entretanto, não basta apenas criar um slogan atraente para obter um diferencial no mercado; o valor oferecido pela organização a seus consumidores deve ser, antes de qualquer coisa, perceptível a esses consumidores e ainda valorizado por eles em grau superior aos demais atributos oferecidos por outras empresas.

O mais importante ao definir um diferencial competitivo é responder à seguinte questão: O que fará o consumidor escolher o meu produto e não o de meu concorrente?

9.2 O processo de posicionamento

A posição de um produto na mente de um consumidor é um conjunto complexo de percepções, sensações e impressões que os consumidores desenvolvem em relação a um produto e sua comparação com os concorrentes. Para Kotler e Armstrong (2003, p. 191), o consumidor posiciona o produto com ou sem a ajuda do profissional de marketing, até mesmo como uma maneira de simplificar o seu processo decisório no momento da aquisição de um produto ou serviço. Por sua vez, o profissional de marketing deve evitar deixar o posicionamento do produto à revelia do cliente, planejando posições que darão maior vantagem nos mercados nos quais atua.

Assim, para se desenvolver o posicionamento de um produto e, em especial, um produto turístico, inicialmente é necessário efetuar um processo adequado de identificação do mercado e de segmentação por meio das características que se consideram relevantes para a empresa. Isso possibilitará quantificar cada segmento e especialmente o potencial de negócios que cada um é capaz de oferecer.

A escolha por um ou outro segmento deve seguir alguns parâmetros regulatórios:

- a identidade entre as características dos consumidores daquele segmento e os objetivos organizacionais;

- a estratégia organizacional quanto à cobertura do mercado que pretende desenvolver: uma cobertura ampla de mercado representa escolher um conjunto de segmentos que, somados, represente grande parcela do mercado total;

- o potencial de resultado esperado de cada segmento e a possibilidade de atender às necessidades do negócio por meio do volume de clientes existente nos segmentos escolhidos; e

- a disponibilidade de informações precisas sobre as características dos diferentes segmentos.

Uma vez identificados os segmentos com os quais se deseja trabalhar, cabe à organização desenvolver estratégias específicas para cada segmento, visando se aproximar das necessidades específicas demonstradas por aqueles grupos. O processo de identificação de necessidades específicas se torna mais simples na medida em que o tamanho do segmento diminui. Por mais que as características se refiram a valores básicos dos indivíduos, sempre vai haver uma diferença entre duas pessoas. Essa diferença pode ser insignificante em termos de comportamento de consumo, mas, ainda assim, introduz no processo de segmentação um conjunto de incertezas que deve ser acompanhado pelos profissionais que atuam na área.

Dessa maneira, por mais que um hotel elabore um programa de lazer para seus hóspedes, que são todos recém-casados, ainda assim alguns não serão atendidos pelas opções do hotel. Isso faz com que o administrador do empreendimento deva estar atento àqueles clientes que, apesar de integrarem o segmento-alvo de atuação, possuem características divergentes daquele, requerendo atenção especial. Tal variabilidade decorre, antes de qualquer coisa, da própria riqueza da natureza humana.

Escolher uma estratégia de posicionamento é encontrar uma ou várias características no mercado escolhido e que representem para a organização um diferencial competitivo, isto é, algo que fará com que o cliente decida pelo produto dessa organização, e não pelo de seu concorrente. O posicionamento oferece o diferencial necessário à organização, para ser reconhecida como diferente no mercado, mais identificada com seu consumidor. Daí decorre o conceito de fidelidade, conseqüência do processo de identificação que se estabelece entre empresa e seu mercado.

Para completar o processo de posicionamento, a comunicação adequada é fundamental para esclarecer o consumidor das vantagens escolhidas para a organização e seu produto. Ter o reconhecimento das características do produto como benefícios para o consumidor é a condição fundamental para que a segmentação do mercado chegue à fidelização. Fidelizar o cliente é garantir que ele dará preferência ao produto da organização, até um certo grau de desvantagem em relação aos concorrentes.

O hóspede habitual de um hotel desenvolve alguns laços de confiabilidade e segurança que propiciam à empresa uma vantagem para a sua manutenção dentro de seu quadro de clientes. Levar um cliente satisfeito com uma marca a mudar e escolher um produto concorrente é uma tarefa bem mais árdua do que convencer um consumidor que nunca consumiu nenhuma marca a optar pela marca de uma ou outra empresa. Tal inércia, que se desenvolve no comportamento do consumidor, reflete o conjunto de experiências positivas que integra a percepção global do cliente sobre a sua escolha.

Para Limeira (*apud* DIAS, 2003d, p. 104), posicionamento refere-se à criação de uma posição ou imagem para a marca ou produto na mente do consumidor que seja diferenciada em relação às marcas e aos produtos concorrentes. Tal diferença existente e reconhecida pelo cliente cria uma vantagem competitiva para a organização, que vai, assim, desfrutar de uma melhor situação de mercado. O posicionamento representa uma proposta de valor que é oferecida ao cliente, diferente daquilo que ele já tinha. A diferença pode ocorrer por ser a melhor qualidade, a mais tradicional, o menor preço ou a maior facilidade de aquisição, a maior rede de distribuição ou o acesso mais simples. O atributo escolhido para definir o posicionamento da marca ou do produto deve representar um claro benefício para o consumidor.

Uma estratégia adequada de posicionamento possibilita uma situação diferenciada no mercado. Para McKenna (1999, p. 88), o posicionamento possibilita à empresa alcançar uma situação singular no mercado:

> *Conhecendo o funcionamento do mercado, as empresas podem influenciar a forma como seus produtos são vistos. Podem criar uma imagem mais sólida para seus produtos. Podem adotar medidas para que aumentem a confiabilidade de seus produtos e delas mesmas.*

Assim, a capital nacional do bordado traz às organizações de Ibitinga um reconhecimento nacional quanto à qualidade de seu produto. Já a capital nacional do figo faz de Valinhos (SP) um centro de excelência em relação a esse produto *in natura*, favorecendo aos fabricantes do local alcançar o reconhecimento no mercado nacional. A credibilidade é, desse modo, a chave para o processo de posicionamento no mercado. O consumidor, em seu processo decisório, goza de um processo de dúvida e confusão diante da avalanche de argumentações e contra-argumentações propostas pelos participantes de determinado mercado turístico. Diariamente, os jornais estão recheados de propostas de valor para os mais diferentes destinos turísticos. Entretanto, o consumidor, quando adquire um pedaço de seu futuro, espera fazê-lo de alguém que lhe dê segurança e credibilidade. Assim, antes de qualquer coisa, é necessário descobrir, em relação ao consumidor-turista, mecanismos para abrandar os seus temores.

9.3 Posicionamento e imagem de localidades turísticas

A conseqüência direta do posicionamento desenvolvido para uma marca é a imagem que desenvolve em seus consumidores. Limeira (*apud* DIAS, 2003d, p. 104) defende que a imagem de uma marca é o conjunto de percepções, sentimentos e associações que se desenvolve em torno dessa, tanto positiva quanto negativamente. Isso faz com que a imagem construída por um produto seja um forte elemento motivador ou desmotivador de seu consumo.

Construir uma imagem significa desenvolver no consumidor uma percepção diferenciada e favorável em relação ao produto que se deseja oferecer. Desse modo, uma estratégia de posicionamento busca, com diferentes ações empreendidas, criar uma imagem associada aos benefícios que se espera oferecer no mercado.

A imagem de marca é um dos aspectos mais importantes de um destino que deve ser levado em conta na hora de determinar a competitividade das localidades em uma região, em um determinado país ou no espaço global.

A comunicação de uma imagem turística é uma mensagem que se espalha por diversas regiões e que auxilia, juntamente com outras imagens transmitidas (estereótipos, bens produzidos na localidade, eventos etc.), a configurar uma imagem geral da localidade.

A imagem é uma representação mental, ou seja, o conjunto das impressões que as pessoas associam a um determinado destino. Essa imagem influencia o grau de preferência do consumidor-turista pela localidade, influenciando no seu comportamento de compra.

A importância das marcas assume uma relevância significativa nos dias atuais como conseqüência de uma série de fatores (VALLS, 2003, p. 205):

- a internacionalização da economia turística, que destrói os mercados locais e se torna onipresente em todos os rincões do planeta;

- a proliferação de produtos turísticos a um ritmo geométrico em cada mercado, fruto da dura competição e da incorporação das novas tecnologias;

- a audiovisualização universal, que alimenta o imediatismo, inclusive sem vivê-lo fisicamente, da satisfação de todas as expectativas reais e virtuais;

- a saturação de informações tanto nos meios tradicionais de comunicação quanto nos meios eletrônicos: multiplicam-se as ofertas diante dos consumidores.

A imagem global de um destino turístico forma-se a partir de diferentes imagens parciais que são emitidas por diversas fontes, que podem ser resumidas no seu conjunto em duas: a *imagem induzida* (ou comercial) e a *não-induzida* (ou informal). A primeira surge dos esforços de comunicação desenvolvidos pelas cidades. A segunda é o resultado de uma exposição geral a todo tipo de informação veiculado pelos jornais, revistas, televisão e outros meios de difusão. Podemos incluir aí o "boca-a-boca" realizado pelas pessoas nas suas relações diárias e que manifestam sua opinião sobre o local, contribuindo, de alguma forma, para formar a imagem geral e que não, necessariamente, têm algum vínculo com o turismo. A informação veiculada sobre a cidade pode se referir ao clima, ao grau de insegurança, à receptividade de seus habitantes, epidemias etc. A imagem construída informalmente, não-induzida, tem muito mais credibilidade do que as mensagens comerciais e, de um modo geral, as informações negativas — como a existência de epidemias, violência ou má qualidade ambiental — se espalham com muita rapidez, prejudicando a imagem global.

A marca identifica o destino e lhe dá uma identidade única, representando um dos atributos do produto que lhe agrega valor e que contribui fortemente para a escolha do consumidor-turista potencial. A marca na realidade é o elo entre o produto turístico global (no caso, a cidade), e, ao estabelecer-se na mente dos turistas, personifica, identifica e diferencia claramente o produto.

Por exemplo, a marca Curitiba configura-se como um produto conhecido, personificando qualidade de vida e identificando um lugar acolhedor, ecologicamente sustentável e organizado — o que o diferencia claramente de outros produtos similares. O consumidor tem uma imagem global do destino turístico Curitiba muito forte, a qual, corretamente realimentada, contribuirá bastante para o desenvolvimento da cidade.

Uma outra cidade, menor, como Bonito, no Mato Grosso do Sul, é uma marca que agrega forte valor ao produto, significando hoje um lugar ambientalmente saudável, no qual a natureza tem vigorosa presença, com águas limpas, muito verde e uma diversidade de animais e peixes bastante respeitados pela população.

A imagem de marca de uma localidade, portanto, é a imagem ou o conceito que se forma para o potencial consumidor e que lhe servirá de referência para a tomada de decisões quanto ao destino. Decisões essas que podem ser tomadas no momento da escolha do destino, tanto quanto durante ou depois, reforçando a imagem existente ou afetando-a irremediavelmente. O reforço da imagem que o potencial consumidor tinha contribuirá para o seu fortalecimento, pois as pessoas tenderão a divulgar essa imagem no seu ambiente familiar, com os amigos ou colegas de trabalho.

Toda marca que consegue se impor no mercado é porque pôde inspirar na demanda confiança na qualidade dos serviços e segurança desses, além da obtenção de experiências satisfatórias ao visitar os atrativos apresentados. Nessa relação "marca—imagem" de qualquer centro turístico, estão envolvidos e comprometidos não somente as autoridades locais, mas, sobretudo, os empresários. Afinal, depende dos empresários proporcionar aos turistas, durante a sua estadia, as experiências que sejam iguais ou melhores do que aquelas que eles esperavam, ou seja, supõe-se que os empresários atendam às expectativas dos turistas ou até mesmo que as ultrapassem (BOULLÓN, 2003).

A imagem de marca é importante sobretudo para os produtos diferenciados, particularmente para aqueles considerados como destinos mais luxuosos e nos quais o fator preço fica em um segundo plano. Como Búzios, no Rio de Janeiro, lugar dos mais badalados, considerado local de freqüência de pessoas com alto poder de compra.

O turismo é fortemente influenciado pela imagem de marca das cidades, em que os estereótipos ocupam um grau importante, acompanhado dos estilos de vida e das experiências anteriores de outros consumidores. Conseqüentemente, é importante administrar de um ponto de vista estratégico a marca cidade, para que o destino consiga obter uma significativa fatia do segmento de mercado que escolheu como alvo preferencial.

Um aspecto importante a ser considerado é a gestão da imagem de marca da cidade, que deve envolver os esforços do setor público, do setor privado e das organizações do terceiro setor, e principalmente da população residente. Esse esforço deve estar voltado, principalmente, para a gestão sustentável dos atrativos principais que sustentam a demanda turística, que envolve não somente sua conservação, manutenção ou recuperação, mas o envolvimento do visitante em todos os aspectos que tornam sua visitação agradável — hospitalidade, boas acomodações, facilidade de acesso, informações corretas etc.

A gestão da imagem turística como uma estratégia em longo prazo proporciona uma vantagem competitiva importante das localidades diante dos competidores. Um número maior de consumidores-turistas poderá ser atraído se a imagem estiver fortemente consolidada e constituir-se em um diferencial significativo, contribuindo para gerar atitudes positivas nos visitantes.

No entanto, é importante dimensionar corretamente o alcance da imagem no mercado. Boullón (2003) alerta que é preciso tomar cuidado para não exagerar nisso nem equivocar-se de mercado. Há marcas que são de alcance mundial, como Rio de Janeiro, Cancún, Cuzco e Bariloche, e outras que seguem uma escala descendente nos quatro níveis: nacional, regional, estadual ou mesmo municipal. No Brasil, Porto Seguro atinge o mercado nacional. No estado de São Paulo, a cidade balneária de Santos tem sua demanda principal na capital paulista.

É importante que haja uma conscientização cada vez maior de todos os setores envolvidos no negócio do turismo, pois a concorrência será mais e mais acirrada, com o surgimento em uma freqüência cada vez acentuada de novos produtos e destinos, os quais procurarão se tornar sempre mais conhecidos utilizando estratégias de marketing. E, ainda, deve-se atentar, segundo Boullón (2003, p. 53) para: "uma vez posicionada, uma marca não é para sempre; nunca se deve baixar os braços na luta para conservar a categoria alcançada".

No caso das localidades turísticas, as cidades constituem hoje o principal referencial espacial das pessoas. Essas vivem nas cidades ou em algum lugar sob a sua influência direta. É necessário ir à cidade de qualquer modo para fazer compras, relacionar-se com o governo, comunicar-se com outras pessoas etc. Todos os indivíduos, de um modo ou de outro, identificam-se com algum centro urbano, que acaba por se tornar a sua referência principal. Onde nasceu, onde vive, para onde se dirige, a resposta inevitavelmente conterá uma cidade. As cidades, destino e origem de todos, ocupam, pela sua importância, o imaginário das pessoas, as quais constroem imagens que dão identidade à localidade. O Rio de Janeiro é a Cidade Maravilhosa; São Paulo é a metrópole do trabalho, agitada e com trânsito difícil; Curitiba é qualidade de vida; Bonito é natureza e assim por diante.

Há muitos acontecimentos, fatos ou eventos que podem contribuir para criar a imagem de uma cidade, posicionando-a no cenário turístico nacional. Em um programa humorístico, um comediante chegou a afirmar que, em Itu (SP), tudo era grande, exagerado, o que acabou por assim se fixar no imaginário das pessoas. A cidade, então, passou a ser conhecida dessa forma, sendo assumida até mesmo por seus habitantes e comerciantes, que começaram a oferecer produtos de acordo com essa fama da cidade. A cidade de Varginha, em Minas Gerais, ficou conhecida como a terra dos ETs, graças a um fato acontecido anos atrás, quando algumas pessoas alegaram ter visto seres espaciais circulando nos arredores da cidade.

Os acontecimentos podem gerar imagens positivas ou negativas, e não há como controlá-los. No entanto, é possível trabalhar a imagem para que ela se torne positiva e traga, assim, benefícios econômicos à localidade. O turismo por si mesmo já contribui para melhorar a imagem da cidade.

Do ponto de vista turístico, a cidade pode ser assumida como uma organização empresarial e, sendo administrada dessa forma, será possível vender a cidade para os consumidores-turistas enquanto uma marca, que terá importância para muitos grupos com os objetivos dos mais diversos. Essa é uma visão compartilhada por muitos autores, como Trigueiro (1999, p. 16), ao considerar que:

> *Planejar e administrar o turismo de uma região é, basicamente, planejar e administrar uma organização que visa ou não ao lucro. As estratégias, as táticas e as ações, a operacionalização, o controle e a avaliação são as mesmas para as duas situações.*

Entre os vários grupos com interesse na imagem da cidade estão os residentes, que consomem permanentemente os serviços por ela oferecidos, tanto os essenciais como aqueles ligados ao lazer e ao entretenimento, e, ainda, usufruem do seu ambiente cultural e ambiental. A imagem da cidade deve prioritariamente identificar-se com esse grupo, que precisa reconhecê-la e aceitá-la como tal. Nenhuma marca de cidade se consolidará sem que esse grupo a assuma fortemente.

A imagem da cidade também contribui para atrair investidores que enxergarão a oportunidade de realizar bons negócios assumindo uma marca reconhecida. A captação de investimentos, portanto, é facilitada pela força da imagem de marca da cidade. Da mesma maneira, a continuidade dos investimentos será facilitada com a imagem consolidada.

As cidades se tornam sede de organizações, de eventos, de festas, de atividades, e como centro de compras — e, tudo isso, em decorrência de sua imagem de marca, pois é ela que contribui para que os negócios fluam e avancem. Uma cidade com imagem de marca fraca não agrega valor aos negócios que nela são realizados. Do ponto de vista do turismo, essa imagem é da maior importância.

Assim, fica evidente que pode haver diferentes grupos com um real interesse na melhora da imagem das cidades, os quais compreendem que a imagem projetada agrega valor aos seus próprios negócios ou interesses particulares.

É a manutenção da singularidade das cidades que lhes trará vantagens no ambiente globalizado, diferenciando-as, fortalecendo sua identidade e, conseqüentemente, a auto-estima de seus habitantes. Esse fortalecimento da identidade se constituirá em um fator de competitividade altamente valorizado, pois há uma forte tendência de um aumento da procura por lugares diferentes, não padronizados, que tenham atrativos exclusivos, com população hospitaleira e com alta qualidade de vida.

As cidades, embora possam ser tratadas como um produto global, geralmente contêm diversos produtos distintos, que devem ser identificados e corretamente dimensionados para que, assim, seja escolhido o atrativo ou atrativos principais com melhores condições de competitividade regional, nacional ou internacional. Não se deve ter a ilusão de que as cidades poderão competir com todos os produtos turísticos que contêm. Deve-se identificar com clareza aquele que mais se destaca e, daí, sim, fazer dele a atração principal, responsável pelo fluxo turístico. Os demais atrativos serão auxiliares, os quais complementarão a experiência vivida pelo visitante. Com o tempo, muitos produtos complementares poderão se destacar de tal modo, que o atrativo principal original já não será a motivação maior para a visita do consumidor-turista. Esse será atraído muito mais pela importância assumida pela imagem do local, com a existência de múltiplas atrações, as quais poderão inclusive variar em importância com o passar dos anos.

A força da imagem da cidade traz inúmeras vantagens quando apresenta uma identificação com diversos produtos turísticos específicos, pois uma queda na demanda por um deles será compensada com um aumento da procura por outro. No entanto, prevalece a importância da singularidade, ou singularidades.

A definição de singularidades para o local turístico não passa de um processo criativo em que são associados recursos preexistentes na localidade com uma estrutura adequada, os quais, então, transformarão um simples elemento em algo que vá despertar o interesse de algum segmento de turistas. E isso tudo após a adequada transformação da idéia em um produto principal, para o qual se buscará desenvolver estrutura que proporcione um produto integral competitivo. Esquematicamente, o processo de criação de um produto integral pode ser demonstrado como na Figura 9.1.

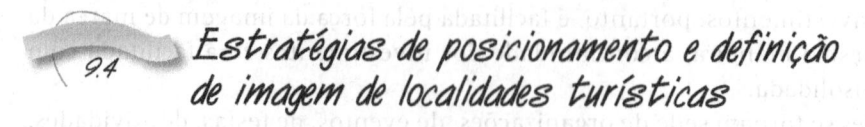

9.4 Estratégias de posicionamento e definição de imagem de localidades turísticas

Organizações e localidades turísticas devem empreender grande esforço mercadológico para conseguir comunicar ao seu mercado-alvo sua posição. O valor desenvolvido por essas deve tornar-se claro aos consumidores, possibilitando-lhes reconhecer o benefício oferecido pela posição definida. Isso quer dizer que o de-

Figura 9.1 Processo de criação de produtos turísticos

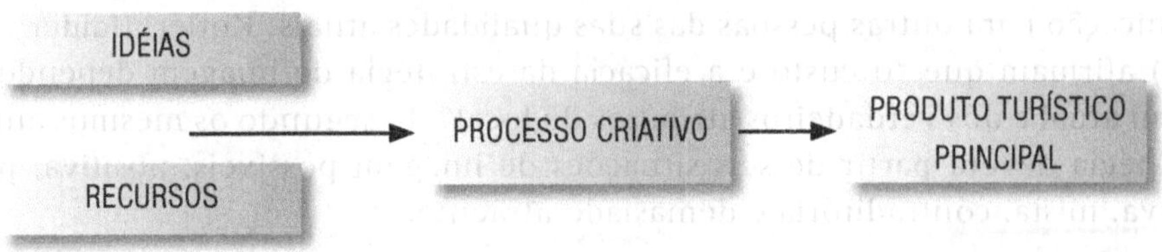

```
    IDÉIAS
              ──▶ PROCESSO CRIATIVO ──▶ PRODUTO TURÍSTICO
                                            PRINCIPAL
   RECURSOS
```

senvolvimento de ações de marketing deve ser norteado por meio do reforço da posição de marca ou do produto.

Posicionar-se em relação ao mercado significa, antes de qualquer coisa, entregar essa característica ao cliente. O local que se propõe a oferecer o melhor ponto de observação do Vale do Ribeira (SP) deve proporcionar aos clientes todas as condições para que eles realmente tenham tal sensação. Locais de observação adequadamente estruturados atribuem coerência à proposta da organização ou localidade quanto ao seu posicionamento. Entregar a posição ao consumidor significa, então, garantir que ele usufruirá dos benefícios propostos.

A cidade de Blumenau (SC), ao promover a 20ª Oktoberfest — realizada de 2 a 19 de outubro de 2003, posicionou-se como a "Festa mais alemã do Brasil". E, além de utilizar esse slogan, todo o material promocional enfocava essa característica em várias frases, tais como:[1]

- Todo o Brasil vai falar com um só sotaque na maior festa alemã do país.
- Muita gastronomia, chope, música, danças típicas e cultura alemã para você e toda a sua família.
- Venha se divertir como nunca, e conheça o jeitinho alemão de fazer a festa.
- Venha viver a festa mais alemã do Brasil.

O esforço de marketing desenvolvido para esse fim se materializa por meio do composto de marketing. Esse consiste de estratégias que visam garantir a entrega da posição escolhida, por meio de um conjunto de variáveis controláveis do marketing.

No caso específico de uma localidade turística, é necessário desenvolver estratégias de promoção compatíveis com a posição definida para atrair visitantes que, de acordo com Kotler, Haider e Rein (1994), podem abranger quatro amplas estratégias: o marketing de imagem, de atrações, de infra-estrutura e de pessoas.

9.4.1 Marketing de imagem

Em uma estratégia de imagem, a localidade contrata uma agência de publicidade para identificar, desenvolver e divulgar uma imagem positiva sua. Essa estratégia

---
[1] Frases extraídas de material promocional publicado na Revista *Veja*, 10 set. 2003, p. 36.

baseia-se no pressuposto de que a cidade já tem algo a oferecer, sem investir recursos econômicos em atrações ou na melhoria da infra-estrutura, e apenas aperfeiçoará a comunicação para outras pessoas das suas qualidades atuais. Kotler, Haider e Rein (1994) afirmam que "o custo e a eficácia da estratégia de imagem dependem da imagem atual e dos verdadeiros atributos do local". E, segundo os mesmos autores, a estratégia deverá partir de seis situações de imagem possíveis: positiva, pobre, negativa, mista, contraditória e demasiado atraente.

1. *Imagem positiva*: muitas cidades não exigem mudança de imagem, podendo ser representadas positivamente para outros. O que deve ser feito na estratégia de marketing de imagem é, então, ampliar sua divulgação para os segmentos do mercado turístico escolhidos como alvo. É o caso de cidades como Bonito (MS), que apresenta uma imagem positiva para os amantes da natureza; ou de Águas de São Pedro (SP), para aqueles que preferem a paz e o sossego; ou Brotas (SP), para os que buscam aventura e esportes radicais etc.

2. *Imagem pobre*: são localidades não muito conhecidas ou por serem pequenas ou por não possuírem atrações ou, ainda, por não fazerem nenhum tipo de publicidade. Se quiserem ser conhecidas, elas terão de criar atividades e promovê-las.

3. *Imagem negativa*: são localidades que apresentam (ou apresentaram) problemas. Porém, tais problemas chegam a marcar a imagem da cidade de tal forma que seu nome fica associado a eles irremediavelmente. Esses locais só devem procurar divulgar uma nova imagem se os problemas que deram origem à imagem antiga forem solucionados; caso contrário, a estratégia será um fracasso. Cubatão, em São Paulo, por exemplo, ainda tem sua imagem ligada à poluição. Embora tenha feito esforços no sentido de mudar isso, seu sucesso tem sido relativo, tudo em decorrência da força dessa imagem negativa criada durante anos e anos.

4. *Imagem mista*: a maioria dos locais apresenta uma mistura de elementos positivos e negativos. O Rio de Janeiro é um bom exemplo dessa situação. É uma cidade que tem forte imagem positiva (é até conhecida como Cidade Maravilhosa), porém, o alto índice de criminalidade — reafirmado constantemente pelo noticiário — arranha essa imagem, o que provoca a necessidade de aumento de campanhas publicitárias e outras medidas para que a sua imagem tente se manter predominantemente positiva.

5. *Imagem contraditória*: são perspectivas de imagem diferentes que as pessoas possuem de um local. Brasília, por exemplo, pode ser vista por alguns como uma cidade moderna, com arquitetura avançada e belos e simbólicos prédios; enquanto outros a vêem como cidade insípida, pouco sociável, com grandes espaços que dificultam a relação entre as pessoas etc.

6. *Imagem demasiado atraente*: alguns locais têm uma imagem tão positiva que podem ter problemas se forem muito promovidos. É o caso de muitas localidades pequenas que apresentam excelente clima e belas praias; assim,

para permanecerem nessa situação, devem evitar grande promoção de seus atributos, pois não teriam condições de atender a uma demanda excessiva.

A elaboração ou modificação da imagem de cidade não é tarefa fácil; é algo que exige muita pesquisa tanto entre os residentes quanto com os visitantes. É necessária a identificação dos elementos verdadeiros e falsos, assim como dos pontos fortes e fracos. O trabalho de divulgação da imagem escolhida exige, ainda, uma verba bastante significativa para atingir seu objetivo (KOTLER, HAIDER & REIN,1994).

9.4.2 Atrações

A melhoria da imagem de um local deve vir acompanhada de uma adequada exploração de seus recursos turísticos — os quais, para serem transformados em atrativos, devem ser trabalhados — e de uma melhora em sua infra-estrutura de acesso e serviços. Muitas cidades possuem recursos que não são explorados para atrair visitantes, outras não os apresentam, mas podem criar eventos que os substituam. Um exemplo de melhoria de um recurso turístico importante é a iluminação do Pão de Açúcar, um dos símbolos da cidade do Rio de Janeiro, que, durante a noite, marca forte presença para os seus habitantes e para os visitantes. A cidade de Barretos tem como atração maior a Festa do Peão, que ocorre no mês de agosto. Esse tipo de evento, embora sempre ocorra em um período determinado, gera negócios para a cidade durante todo o ano, pois atrai investimentos que giram em torno da atração e que passam a ter seu nome associado à marca criada pelo nome da cidade.

9.4.3 Infra-estrutura

Tanto a imagem quanto as atrações não são contribuições suficientes para que o local se desenvolva com o fluxo turístico. Se a infra-estrutura básica — água, esgoto, eletricidade, transportes, saúde, comunicações etc. — não estiver funcionando adequadamente, a imagem e as atrações serão prejudicadas. A promoção da imagem e seus atrativos chamam os visitantes, os quais devem encontrar a cidade funcionando de maneira satisfatória tanto para eles quanto para os habitantes da localidade escolhida.

É preciso, ainda, que a infra-estrutura de serviços para o atendimento aos turistas esteja presente — tais como bons hotéis, restaurantes variados, espaços de recreação, quadras esportivas, centros de informação etc.

9.4.4 Pessoas

Outro elemento estratégico de desenvolvimento do posicionamento de marketing para os destinos turísticos está relacionado com o fato de que as pessoas fazem parte do produto turístico cidade, e elas são fundamentais para o sucesso da manutenção de um fluxo turístico obtido com o fortalecimento da imagem, com a exploração dos atrativos e com a melhoria da infra-estrutura básica e de serviços.

Ao selecionar os segmentos que serão explorados turisticamente como público-alvo, a localidade deve estar em sintonia com o que pensam seus habitantes. Pode ser um local em que a maioria de seus cidadãos não suporte fluxos turísticos de jovens, por esses permanecerem nas ruas tarde da noite; ou que não tolerem demonstrações que considerem excessivamente atuais de relacionamentos, como gays e lésbicas.

De qualquer modo, é importante compreender aqui que o turista é um indivíduo que, durante a viagem, muitas vezes não se comporta como o faria no seu local de origem. Ele se sente livre para fazer coisas diferentes daquelas a que está acostumado no seu dia-a-dia, e, talvez, essas atitudes se choquem com o cotidiano das pessoas que moram no local. Os residentes de uma localidade devem ser estimulados a receber de bom grado os turistas pelo que eles significam em termos econômicos para a localidade. Afinal, são os turistas os indutores de um desenvolvimento que poderá manter exatamente o estilo de vida que eles estão dispostos, no momento atual, a pagar para conhecê-lo — até mesmo por ser objeto de curiosidade. Em outras circunstâncias, muitos estilos de vida não teriam como ser mantidos, e as pessoas poderiam migrar para outras regiões. O turismo apresenta essa qualidade — a de propiciar às pessoas que desenvolvam suas habilidades no próprio local de moradia, e que passem a ganhar com isso. Muitas atividades que não eram remuneradas passam a sê-lo, e todos devem aprender a explorar esse potencial de renda, que, na realidade, pode viabilizar seu estilo de vida se corretamente administrado.

Em resumo, as quatro amplas estratégias podem ser adotadas para atrair e manter um fluxo de visitantes; e elas devem estar inter-relacionadas e devem ser dosadas em cada situação concreta.

Um destino turístico pode ter uma imagem altamente positiva, mas seus recursos são mal explorados e não formam atrativos que satisfaçam os visitantes, pois esses ali não encontram uma infra-estrutura de serviços que os atenda e que lhes permita permanecer no local.

Outros destinos apresentam uma excelente infra-estrutura de serviços de atendimento aos turistas; no entanto, seus recursos são mal explorados e não se transformam em atrativos, aumentando os custos da hospedagem dos visitantes que, então, permanecem a maior parte do tempo nos hotéis.

Enfim, a correta exploração das quatro estratégias (imagem, atrações, infra-estrutura e pessoas) é que pode viabilizar um destino turístico com um fluxo permanente e constante de turistas, que alimentará a economia local e poderá construir a sua sustentabilidade. Isso só pode ser obtido mediante um monitoramento permanente das condições do local com a elaboração de pesquisa das expectativas do consumidor e dos habitantes. Na realidade, a pesquisa de satisfação deveria ser feita anualmente, com o estabelecimento de índices que seriam comparados para verificar se há uma evolução positiva ou negativa das expectativas.

9.5 A segmentação da imagem do destino turístico

Um destino turístico deve ser compreendido como um conjunto que contém várias organizações e indivíduos que colaboram e competem na oferta de uma variedade de produtos e serviços aos turistas. O destino turístico, desse modo, é concebido como o suporte espacial em que se desenrolam várias atividades, as quais buscam vender um produto turístico que aparece para a demanda como integrado. Os agentes do turismo (organizações e indivíduos) compartilham, por outro lado, um conjunto de fatores e recursos disponibilizados como de uso comum e de responsabilidade dos órgãos públicos.

Visto dessa forma, o destino apresenta uma configuração organizacional em que sua competitividade como produto turístico está diretamente relacionada ao valor agregado por um a um dos agentes que integram o sistema turístico local.

Essa abordagem possibilita que o destino — no caso, uma localidade — possa ser tratado da mesma forma que uma empresa, que possui clientes (consumidores-turistas), os quais apresentam um conjunto de necessidades e desejos. A empresa (a localidade turística), portanto, deveria canalizar o esforço de todos os seus integrantes para a satisfação dos consumidores-turistas.

Um aspecto importante e que diferencia as localidades (cidades) das empresas é que os municípios aglutinam uma diversidade enorme de interesses e capacidades. O que poderia ser negativo do ponto de vista de objetivos é o aspecto mais positivo e que diferencia cidades de empresas. As empresas, de uma forma muito mais vigorosa que os aglomerados urbanos, apresentam uma forte cultura organizacional construída a partir da filosofia de seu(s) fundador(es), o que possibilita um maior foco nos objetivos da organização, oferecendo um produto ou serviço de qualidade.

No entanto, as localidades não apresentam uma cultura organizacional claramente definida; sem dúvida, elas apresentam aspectos singulares no comportamento de seus habitantes, hábitos e costumes. Porém, pela sua própria característica de centro polarizador das atividades econômicas e políticas da região, os aglomerados urbanos apresentam a característica da heterogeneidade de recursos e capacidades de seus habitantes.

Embora a diversidade cultural não contribua de imediato para a unidade de propósitos em termos de promoção do desenvolvimento turístico, em médio e longo prazos, a heterogeneidade poderá favorecer a competitividade global do destino. Isso graças à flexibilidade operacional que ela oferece e que se adapta melhor às dinâmicas de mudança do setor turístico, as quais tendem a se acentuar no futuro e que exigirão, daqueles envolvidos com a atividade, muitas adaptações a novas realidades.

No que diz respeito às dinâmicas de mudanças, é preciso destacar a evolução do comportamento do consumidor-turista, que tenderá a ser cada vez mais crítico em função do volume de informações que possui. Desse modo, sua lealdade aos destinos turísticos estará vinculada não somente a experiências vividas em uma visita anterior, mas à alimentação constante de informações que reforce o que ele vivenciou de melhor, incluindo novas ofertas e melhorias nos atrativos que agregarão mais valor a sua volta. Esse é um aspecto importante — a escolha dos destinos estará diretamente relacionada à capacidade de agregar valor da experiência turística.

Assim, os destinos terão que permanentemente se reinventar, melhorar sua capacidade de atendimento, incorporar novos hábitos e costumes, novos atrativos etc. Aquelas localidades que se mantiverem estáticas no tempo, considerando que o fluxo permanecerá pela inércia, tenderam a cair no esquecimento ou procurarão tardiamente tentar reverter a diminuição do fluxo de visitantes.

Um aspecto fundamental a ser considerado é que com a ampliação da oferta de destinos turísticos, tenderá a crescer o nível de especialização das necessidades dos turistas. Esses buscarão o destino que se adequar às suas preferências, diversificando e segmentando ainda mais a demanda. Desse modo, o município turístico deve atentar para os diversos elementos que existem em seu entorno, levando-se em consideração as várias perspectivas, como a cultural, a social, a econômica, a educativa, a tecnológica, a científica, a comercial etc. Afinal, essas poderão ser desenvolvidas, abrindo-se a possibilidade de uma segmentação da imagem do destino, o que facilitaria sua inserção em públicos distintos.

Questões

1. O que significa posicionar uma localidade diante do cenário turístico nacional?
2. Explique a diferença entre mercado, mercado-alvo, segmento-alvo e cliente-alvo.
3. Quais são as etapas de um processo de segmentação de mercado? Exemplifique para o caso de uma localidade turística qualquer.
4. Quais são os parâmetros que devem ser avaliados em um processo de posicionamento para a escolha de um ou outro segmento para atuar?
5. Como é possível obter a fidelidade de um cliente? Qual é a sua relação com a segmentação e o posicionamento?
6. O que significa construir uma imagem junto ao consumidor-turista? Como se forma uma imagem global de um destino turístico?
7. Na criação de uma imagem para um destino turístico, qual é o papel desempenhado pela marca?
8. Como se dá a gestão da marca de uma localidade turística? Qual é a participação dos setores público e privado nesse empreendimento?
9. Analisando a cidade como uma organização empresarial do ponto de vista turístico, seria possível definir para ela objetivos, estratégias e mesmo uma marca diferenciada? Exemplifique.
10. No processo de elaboração de uma marca para uma localidade turística, analise as seis situações de imagem possíveis e suas conseqüências.

CAPÍTULO 10

O composto de marketing aplicado ao turismo

Se tudo ficar muito parecido em termos de tecnologia, os consumidores e revendedores escolherão os produtos desejados com base na força dos atributos não-tecnológicos: coisas como a fidelidade a uma empresa que atendeu às suas necessidades, que atende o telefone quando ligam.

VARBUSINESS apud McKENNA, 1999, p. 57

Os elementos que são levados em consideração para a decisão de consumo de um produto nem sempre estão ligados às suas características intrínsecas. Aspectos indiretos do produto cada vez mais "fazem a diferença" na opção de consumo do cliente, gerando vantagem em relação a seus concorrentes por meio justamente do diferencial competitivo. Assim, uma vez definidos o segmento-alvo em que a empresa atuará e suas características específicas, resta desenvolver uma proposta organizacional que seja adequada aos clientes escolhidos e às necessidades da própria organização. E a criação dessa proposta representa a estruturação do que se chama composto de marketing ou marketing mix — conjunto composto pelas decisões sobre as diversas variáveis do marketing, que se convenciona dividir em quatro grandes tipos: produto, preço, distribuição e comunicação de marketing. Este capítulo tem por objetivo, de maneira resumida, concentrar os diversos conceitos do composto de marketing; conceitos esses que serão desenvolvidos e abordados ao longo desta obra.

10.1 A função do composto de marketing

O processo de segmentação de mercado e o posicionamento da empresa e seus produtos resultam na determinação das características específicas do cliente que se deseja atender. Nesse momento, a organização já tem claramente determinado os principais elementos do comportamento de seu cliente-alvo. Assim, a partir do mercado geral, foi obtida a parcela do mercado na qual a organização tem condição e interesse em atuar, ou seja, o mercado-alvo. Entretanto, esse mercado-alvo é composto de indivíduos com características diversificadas. A partir daí, desenvolve-se todo o processo de segmentação, em que o mercado, segundo algum critério, é quantificado e o segmento-alvo, para a atuação da empresa, é escolhido.

O segmento-alvo é, então, definido como o conjunto de clientes dentro do perfil de consumo e comportamento escolhido pela organização como sendo o objeto de seus produtos e serviços e para quem essa vai direcionar seus esforços mercadológicos.

Esquematicamente, o cliente-alvo pode ser representado como na Figura 10.1. Deste modo, o segmento-alvo é o conjunto de clientes-alvos, grupo de indivíduos com características de comportamento de consumo semelhantes e para quem os produtos e serviços serão direcionados.

Para Sheth, Mittal e Newman (2001), o comportamento do cliente é determinado originalmente pela combinação do papel exercido por ele e pelo valor que busca. Assim, os clientes assumem três diferentes papéis: usuário (para quem o produto ou serviço se destina), pagante (responsável pelo desembolso do preço do produto) e comprador (responsável pela escolha e pela aquisição do produto). A divisão dos papéis do cliente chama-se especialização de papéis. Segundo Sheth, Mittal e Newman (2001, p. 55):

> *O conceito mais amplo de cliente traz para a discussão três diferentes papéis, que podem ou não ser desempenhados pelo mesmo indivíduo. Independentemente da questão de saber se a mesma pessoa é o usuário, pagante e comprador, cada papel dita um conjunto diferente de valores que são buscados pelo cliente.*

Figura 10.1 Do mercado-alvo até o cliente-alvo

Mercado-alvo
Segmento-alvo
Cliente-alvo

Resumidamente, os valores buscados pelo cliente em cada um dos papéis que assume podem ser esquematizados como na Tabela 10.1. Os valores universais referem-se às necessidades mais abrangentes dos indivíduos; já os valores pessoais referem-se aos desejos que norteiam as pessoas. Desse modo, para atender à fome de uma pessoa, um lanche seria o suficiente — caso ela buscasse exclusivamente atender ao seu valor universal. Porém, o indivíduo pode estar buscando uma realização a mais, como status, convivência ou aceitação social, que são aspectos abrangidos pelos valores pessoais, no campo dos desejos.

Quando se trata de necessidade, as características de produtos e serviços podem ser mais genéricas; já quanto aos desejos, a atenção do cliente pelo produto passa pela adequação a um valor pessoal, mais personalizado e difícil de ser compatibilizado com o de outros.

Uma vez escolhido o segmento-alvo a ser atendido, chegou a hora de direcionar os esforços da organização na direção do objetivo comum: elaborar uma proposta de

Tabela 10.1 **Matriz de valores e papéis do cliente**

Papéis dos clientes	Valores universais (necessidades)	Valores pessoais (desejos)
Usuários	Valor de desempenho: valor funcional ou utilitário	Valores emocionais e sociais, ou seja, os benefícios sociais que trazem. Entre eles estão o prazer sensorial, a obtenção dos estados de humor desejados, a realização de objetivos sociais (status, reconhecimento) e a formação de autoconceito.
Pagantes	Valor de preço, ou seja, os preços e outros custos financeiros incluídos ao se adquirir um produto	Crédito e financiamento obtidos junto à sociedade, ou seja, o reconhecimento de sua capacidade de pagamento por meio do crédito.
Compradores	Valor de serviço, isto é, os elementos que se integram ao produto, mas que não são parte intrínseca do mesmo. Em relação à aquisição do produto, o valor de serviço pode ser dividido em três momentos: 1. Aconselhamento — ajuda a pré-compra e dá informações gerais. 2. Aconselhamento e ajuda durante e após a compra na manutenção do valor de uso do produto. 3. Garantia contra risco de uma compra equivocada, com possibilidade de reembolso ou troca de mercadoria personalizados).	Conveniência (economia de esforço para adquirir o produto) e personalização (disponibilização de produtos).

Fonte: Adaptado de Sheth, Mittal & Newman, 2001, p. 76.

valor que seja compatível com a necessidade detectada pela empresa no mercado. Essa proposta de valor não passa de um conjunto de características que envolvem o produto, transcendendo suas características intrínsecas e extrapolando o conceito de produto para o conceito de valor por meio de um conjunto coordenado de esforços organizacionais.

A administração de marketing passa a se ocupar, então, da adequação dos aspectos organizacionais ligados ao público-alvo, segundo o direcionamento estratégico adotado. O conjunto de estratégias voltadas para atingir os objetivos traçados pela organização em relação ao esforço de marketing estará concentrado em quatro grandes áreas de atuação, denominadas variáveis do marketing.

De acordo com Boone e Kurtz (1998, p. 19), embora centenas de variáveis estejam envolvidas, as decisões de marketing podem ser concentradas segundo quatro grandes áreas estratégicas, a que denominamos variáveis. Seu conjunto forma o composto de marketing ou marketing mix — mistura dos quatro elementos de estratégia para atender às necessidades e às preferências de um mercado-alvo específico. É importante observar que o estudo das variáveis de marketing se dá separadamente, como será desenvolvido nesta obra; entretanto, trata-se de uma combinação de ações por quatro variáveis, as quais determinarão o grau de sucesso do esforço organizacional em seu segmento.

Para criar valor para o cliente, segundo os planos traçados e objetivos definidos, um conjunto de estratégias deve ser desenvolvido em relação às quatro variáveis básicas do marketing, componentes do composto de marketing ou marketing mix: produto, preço, distribuição e comunicação de marketing. O objetivo é desenvolver uma combinação de estratégias relativas a cada um dos elementos ou das variáveis do marketing, de modo a obter a máxima eficácia do esforço empreendido, medido pelos resultados alcançados.

O composto de marketing, então, engloba as estratégias elaboradas pela organização para buscar resultados em relação aos objetivos traçados, mantendo a coerência com o posicionamento desenvolvido. A resposta mercadológica oferecida pela organização aos fatores do ambiente externo é o conjunto de estratégias elaboradas segundo o direcionamento de cada uma das variáveis do marketing, ou seja, produto, preço, distribuição e comunicação de marketing.

De acordo com Semenik e Bamossy (1995, p. 60), o marketing mix faz parte do processo decisório organizacional, como a composição dos elementos estratégicos que constitui a resposta mais eficiente aos fatores do ambiente externo que interagem com a organização. De maneira abrangente, as decisões do marketing mix envolvem a distribuição dos esforços entre os diferentes elementos básicos do composto mercadológico. O primeiro trimestre do ano de 2004 foi marcado por um investimento de elevado porte em comunicação de marketing feito pelas Casas Bahia, que buscou, com isso, posicionar a empresa por meio de suas condições acessíveis de comercialização. Fortes investimentos foram direcionados pelos diversos meios de comunicação, em especial a televisão, nos quais a empresa varejista de móveis e eletrodomésticos procurou definir seu posicionamento, alavancando as vendas pela concentração de esforços a partir de uma segmentação por classe social e renda, direcionando seu empenho às pessoas de menor poder aquisitivo e oferecendo crédito e elevado nível de parcelamento com taxas competitivas.

No caso específico das Casas Bahia, as principais alterações se deram dentro dos elementos preço, comunicação e produto. No preço, é possível observar uma estratégia de flexibilização de condições e uma agressividade de negociar dentro da política de preços da organização. A oferta de condições de pagamento personalizadas denota um grande diferencial diante dos concorrentes dessa empresa.

Já em relação ao produto, a empresa, que somente comercializa os produtos fabricados por outras empresas, aposta em estratégias de seleção dos produtos comercializados segundo critério preço. A opção por modelos mais populares e de menor custo possibilita demonstrar a coerência entre as estratégias das diferentes variáveis do marketing.

O desenvolvimento de campanhas promocionais agressivas marca a estratégia de comunicação da empresa, que realiza ações utilizando principalmente o veículo televisão, além de jornais e revistas. Nessa variável, também é possível notar grande sinergia entre o posicionamento escolhido pela empresa e a comunicação efetuada; a propaganda procura deixar bem claro o valor que está sendo oferecido como benefício (isto é, a facilidade de negociação de condições favoráveis para a aquisição dos produtos), plenamente compatível com a alternativa estratégica do marketing mix.

Desse modo, independentemente do desafio enfrentado pela organização em face do ambiente externo, as escolhas e mudanças efetuadas no marketing mix proporcionam à empresa uma base consistente para sua resposta ao mercado.

Figura 10.2 O marketing mix

Comunicação de marketing
- Canal de comunicação
- Força de vendas
- Relações públicas
- Promoção de vendas etc.

Produto → SEGMENTO-ALVO ← Preço

Produto
- Atributos do produto
- Assistência técnica
- Garantias
- Variedade etc.

Preço
- Formação de preços
- Política de descontos
- Prazos de pagamentos
- Etc.

Distribuição
- Canais de distribuição
- Cobertura
- Proximidade do cliente
- Estoque etc.

10.2 O plano de marketing e o marketing mix

A fim de sistematizar o processo de planejamento de marketing, desenvolve-se o plano de marketing, documento que orienta os esforços de marketing de uma organização. A criação e a veiculação de uma campanha publicitária fazem parte do esforço de marketing, assim como as modificações que são introduzidas no produto para adaptá-lo às necessidades específicas do consumidor.

Um plano de marketing bem estruturado deve focalizar os esforços de marketing a serem empreendidos em um mercado-alvo devidamente caracterizado a partir de processos de segmentação e posicionamento, considerando, ainda, os fatores relevantes do ambiente externo e seus efeitos.

O plano de marketing pode ser visto como um processo de melhoria das ações de marketing em relação aos ambientes interno e externo, partindo da avaliação prévia dos elementos ambientais e definindo estratégias e ações específicas para cada caso. A avaliação dos resultados para posterior reavaliação das estratégias adotadas ou mesmo dos resultados buscados dá ao plano o caráter de ciclo de melhoria contínua, que busca aproximar-se dos objetivos pré-estipulados de maneira gradual e interativa.

Assim, fazem parte do plano de marketing as seguintes etapas constitutivas:

1. Análise dos ambientes externo e interno da organização, identificando ameaças e oportunidades, bem como levantando as características do mercado como um todo, os tipos de segmentos que se consegue encontrar, suas principais características e seu potencial de consumo, determinando, dessa maneira, a viabilidade da escolha por esse ou aquele segmento.
2. Levantamento dos aspectos do ambiente que podem ser identificados como ameaças e oportunidades para a organização.
3. Definição das diretrizes e dos objetivos organizacionais, bem como dos segmentos de atuação para a organização, a partir do que se dá a orientação básica para o desempenho das tarefas organizacionais e o direcionamento que se espera atingir.
4. Escolha das estratégias específicas quanto a cada uma das variáveis do composto mercadológico, buscando com essas garantir a diferenciação e a vantagem competitiva no segmento-alvo da empresa.
5. Desdobramento em táticas de nível operacional da organização, de modo a se conseguir operacionalizar as tarefas de marketing previamente definidas.
6. Avaliação do processo, em relação aos objetivos predeterminados e resultados obtidos, para as devidas correções quando necessário.

10.3 As variáveis do composto de marketing

O posicionamento do produto ou marca define, então, a orientação para as estratégias em cada uma das variáveis do marketing. Uma vez conhecidas as características do cliente e escolhidos os atributos que lhe serão oferecidos, desenvolvem-se estratégias específicas para cada variável que se segue:

- *Produto*: a elaboração ou adaptação do produto ou serviço às necessidades do cliente, oferecendo os benefícios anunciados, é condição fundamental para o sucesso de um esforço de marketing. Aqui são encontradas as estratégias relativas ao produto, todas voltadas para o seu desenvolvimento ou sua adaptação dentro das características oferecidas. Assim, estratégias de redução de custo, alteração de características de embalagem ou mesmo acréscimo de novas funções são ações esperadas para adequar o produto ou serviço à proposta oferecida pela organização ao seu mercado-alvo.

  O produto turístico é composto por um elemento que designamos produto principal, caracterizado pelo atrativo de destaque que leva o turista a buscar a localidade ou atração. A esse se juntam os produtos auxiliares e de apoio, compondo o produto ampliado. É importante observar que a experiência turística total do cliente se dará a partir do conceito de produto integral, de modo que o resultado favorável em relação a um determinado cliente não depende exclusivamente do responsável pela principal atração — motivo da viagem —, mas, sim, pelo conjunto de atores que interagem para garantir uma experiência positiva do evento turístico.

- *Preço*: a variável preço se refere a uma característica específica do produto e envolve o custo que o consumidor está disposto a arcar para adquirir o produto ou serviço. Nesse custo, não está embutido só o custo com insumos, materiais e mão-de-obra, mas, também, o custo adicional pago pelo cliente para obter tal produto. A dificuldade para encontrar o produto, condições desfavoráveis de comercialização, ambiente de venda inadequado, vendedores despreparados, problemas de qualidade, excesso de burocracia para a obtenção de crédito, todos esses elementos aumentam o custo percebido com a aquisição do produto, refletindo na decisão pela sua recomendação a outros ou mesmo na repetição dessa aquisição. Assim, um produto adquirido em um local amplo e bem decorado, de fácil estacionamento, seguro e com agradável condição de circulação, em que os vendedores são amigáveis e atenciosos — além de conhecedores das características relevantes do produto —, representa ao cliente um custo menor do que o mesmo produto adquirido segundo circunstâncias adversas.

  O preço do produto turístico reflete no valor determinado para o cliente pagante, que vai buscar a condição mais adequada para o seu desembolso. Políticas de parcelamento, postergação de parcelas e financiamento são boas táticas para garantir acréscimo de valor em relação a essa variável.

- *Distribuição ou pontos de distribuição*: refere-se à maneira pela qual os produtos ou serviços são entregues aos clientes ou postos à sua disposição por meio de locais onde possam ser facilmente encontrados. Um jornal diário de circulação nacional precisa desenvolver sistemas de distribuição — denominados canais de distribuição —, que fazem os exemplares chegarem a cada banca onde o jornal será oferecido e na quantidade necessária para cada ponto de distribuição, incluindo, ainda, aqueles exemplares entregues a assinantes.

Na distribuição, encontramos todo o fluxo de produtos ao longo de sua cadeia produtiva. Entretanto, interessa ao marketing aquela parte do fluxo restrita à etapa final do produto, ou seja, sua disponibilização ao consumidor. A grande importância dessa variável torna-se aparente a partir do momento em que o consumidor não encontra acesso ao produto oferecido.

No caso do consumidor-turista, faz parte da distribuição a atuação das agências de viagens e operadores turísticos, bem como os meios de transporte alocados para o deslocamento e acesso do cliente à atração, objeto de sua viagem.

A distribuição, responsável pelo acesso do cliente aos locais turísticos, é capaz de trabalhar o valor de usuário pelo desempenho demonstrado no seu deslocamento e acesso, mas também interfere no acesso a informações e reservas antes mesmo da viagem em si.

A comunicação de marketing ou variável promoção: refere-se à maneira como a organização torna conhecidos seus produtos e serviços, especialmente aos consumidores de seu segmento-alvo. Inclui possibilitar o conhecimento sobre os benefícios oferecidos, bem como desenvolver o posicionamento da marca e do produto, ou mesmo a criação da imagem da organização e seus produtos.

Também é decisiva para uma boa experiência do turista, inicialmente pela sua capacidade de informar ao consumidor-turista as características do serviço que ele está adquirindo, gerando um nível de expectativa que deve ser suprido por ocasião da viagem. Caso a comunicação de marketing não seja clara, o cliente pode desenvolver uma expectativa tal quanto a sua potencial experiência, que, por melhor que seja sua viagem, nada vai conseguir garantir sua satisfação.

Quanto mais clara e eficiente for a comunicação de marketing, mais precisa é a expectativa gerada no cliente — o que garante níveis de satisfação aceitáveis ao empreendimento turístico.

A comunicação de marketing não é responsável somente pela clarificação das características de produtos e serviços. Por meio de técnicas comportamentais, torna-se possível influenciar a característica de consumo de um cliente, muitas vezes despertando nele desejos que o cliente não teria caso não se expusesse à comunicação empreendida. Para tanto, os profissionais de marketing utilizam-se de comparações e formadores de opinião.

Questões

1. Descreva os principais elementos de um composto de marketing aplicado ao turismo.
2. Explique os três diferentes papéis assumidos por um consumidor-turista em sua viagem de turismo.
3. Analise as necessidades e desejos (valores pessoais e universais) buscados em um destino turístico por um consumidor-turista segundo os papéis de usuários, pagantes e compradores.
4. Qual é a relação existente entre o composto de marketing e a segmentação de mercado desenvolvida pela organização.
5. Descreva as diferentes etapas de elaboração de um plano de marketing e sua relação com o marketing mix.
6. Explique os principais elementos referentes à variável produto turístico.
7. Desenvolva uma relação entre o preço e as demais variáveis do marketing mix.
8. Elabore um plano de marketing para um destino turístico genérico. Descreva os elementos do composto de marketing adequados a esse plano desenvolvido.
9. Estabeleça a relação entre a variável comunicação de marketing e as características do produto turístico que se deseja desenvolver.
10. Analise as variáveis do composto de marketing em relação aos valores pessoal e universal desenvolvidos para cada papel do cliente.

CAPÍTULO 11

O produto turístico

Se analisarmos a atividade turística sob a ótica do consumidor, podemos comprovar que, para esse, o produto turístico configura-se como um conjunto de atividades que realizou durante toda a viagem.

DOMINGUEZ, 2001, p. 63

A complexidade do produto turístico, em relação a outros tipos de produto, pode ser verificada pelas características da viagem turística, a qual não é considerada pelos turistas como um produto singular, mas, sim, como um produto constituído de elementos supridos por uma enorme variedade de organizações com objetivos e estrutura econômica diferentes. E, na medida em que a oferta desses elementos leva em consideração as preferências e as necessidades do consumidor-turista, contribuindo para sua experiência total, o turista torna-se parte do processo produtivo que forma o produto turístico integral.

Neste capítulo, veremos que o produto turístico apresenta diversos níveis de interpretação, e podemos considerá-lo, basicamente, como a experiência integral do indivíduo a partir do momento em que ele decide realizar uma viagem. Entre esse momento e o seu contato direto no destino com um atrativo em particular, que é um produto específico, há diversos níveis de produto turístico, como veremos logo adiante. E a perfeita identificação desses níveis contribui enormemente para a utilização do marketing como ferramenta para o incremento da demanda.

11.1 Conceito de produto turístico

Do ponto de vista do marketing, o conceito de produto é chave, pois produto são os bens e os serviços oferecidos no mercado para satisfazer às necessidades e aos desejos das pessoas. Assim, obtemos uma primeira definição do que é um produto, que, para Kotler (1994, p. 26), é "algo que pode ser oferecido para satisfazer uma necessidade ou desejo".

Uma definição mais ampla de produto é fornecida por Stanton (1980, p. 210), para quem:

> *Produto é um complexo de atributos palpáveis e impalpáveis, inclusive embalagem, cor, preço, prestígio desfrutado pelo fabricante, prestígio do revendedor e atendimento e assistência prestados pelo fabricante e revendedor, os quais o comprador pode interpretar como satisfação de seus anseios e necessidades.*

Ainda Stanton (1980) afirma que o principal da definição anterior é que o consumidor está comprando mais do que um conjunto de atributos físicos e químicos; basicamente ele está comprando a satisfação de um desejo.

Considerando-se as definições anteriores, um produto inclui:

- lugares;
- pessoas;
- serviços;
- objetos físicos;
- idéias; e
- organizações.

Quando oferecemos um produto no mercado, que tanto pode ser um bem ou um serviço — e, na maioria das vezes, ele compreende bens e serviços —, estamos fornecendo um meio para satisfazer a necessidades, sentimentos, desejos, gostos. E esses podem ser: a sede, a fome, o cansaço, o prazer, a diminuição da dor, o interesse em aumentar o relacionamento etc. Resumindo, o produto atende a uma necessidade; ele satisfaz às pessoas. Quando um indivíduo adquire um ingresso de cinema, na verdade, ele está adquirindo um serviço que atenderá à sua necessidade de lazer; ao pagar mensalmente o telefone celular, ele está pagando por um serviço prestado que atendeu às suas necessidades de comunicação com outras pessoas; ao adquirir um pacote turístico, ele está comprando um produto que atenderá à sua necessidade de descanso, ou de entretenimento.

Assim, o que o consumidor adquire quando compra um produto (que pode ser um bem ou serviço, ou ambos) é algo, não necessariamente físico, que satisfará alguma necessidade sua e virá sempre acompanhado da prestação de um serviço. Por exemplo, ao adquirir uma bola de futebol, o comprador tem em mãos algo físico. Porém, para adquiri-la, ele certamente teve contato com um vendedor, com o ambiente sociocultural da loja e, ainda, precisou dirigir-se ao local. Esse conjunto todo, então, pode afetar sua percepção do produto. Uma bola comprada depois de longa discussão com o vendedor será um objeto que sempre trará a lembrança de um contato social malsucedido. Ao contrário, uma bola vendida com um atendimento amplamente satisfatório fará o cliente lembrar-se sempre do local em que fez a compra — e a satisfação o levará a voltar ali outras vezes para experimentar o mesmo atendimento.

A satisfação de uma necessidade é um arranjo complexo que envolve vários aspectos que vão do produto em si, o bem ou serviço, ao meio ambiente e às interações sociais necessárias para adquiri-lo. Desse modo, o conceito de produto torna-se amplo e não se encerra no bem ou serviço. Esses, na realidade, constituem um aspecto do produto ou, dito de outro modo, constituem apenas um nível de produto, já que existem outros níveis que englobam sua comercialização, tais como o meio ambiente físico e cultural e as interações necessárias para obter o produto.

O produto turístico é aqui definido levando-se em conta essa caracterização do produto de modo geral. Assim, o produto turístico, em uma primeira aproximação, poderia ser definido como: o conjunto de elementos ou de atividades realizadas e destinadas à satisfação das necessidades do turista.

Essa definição nos leva a conceituar o produto turístico, do ponto de vista do consumidor, como o conjunto de atividades realizadas durante toda a viagem, isto é, desde o momento em que a pessoa sai de sua residência, desloca-se ao destino escolhido até retornar ao seu local de origem. Algo assim tem uma grande implicação na satisfação do cliente-turista, pois, caso ocorram falhas em quaisquer dos elementos que compõem o produto como um todo, isso poderá comprometê-lo.

Na realidade, o produto turístico pode ser compreendido como uma série de produtos individualizados e que, ao se agruparem, tornam-se o produto turístico em si do ponto de vista do consumidor. Assim, o transporte, um hotel, um restaurante, um atrativo, uma paisagem, todos podem ser considerados como produtos em si, que, agrupados, constituem o produto turístico, que pode ser adquirido na forma de pacote, visualizado pelo cliente-turista.

De um modo geral, podemos compreender o produto turístico como sendo formado pelos seguintes componentes essenciais: transporte, alojamento, alimentação e atrativos.

1. O transporte é um componente fundamental pela própria definição de turismo, que é uma atividade em que necessariamente ocorre o deslocamento de pessoas.

2. O alojamento também decorre da definição de turismo, pois, ao deslocar-se a um destino, o visitante precisa se alojar, para, daí, manter um local de referência a partir do qual estabelecerá contatos, fará as visitas e repousará.

3. A alimentação, como uma necessidade vital, pode ser atendida de diversas formas no local de destino. O cliente-turista pode recorrer ao serviço de restaurantes, bares, lanchonetes, satisfazer-se nas casas de amigos e parentes ou até mesmo preparar sua própria refeição.

4. Os atrativos são os elementos componentes dos produtos que foram a motivação central para o deslocamento do turista. Eles podem ser de vários tipos: culturais, esportivos, históricos, naturais, recreativos, comerciais etc.

Os produtos turísticos, por outro lado, apresentam algumas características próprias que os diferenciam de outros serviços. Entre elas, podemos assinalar (DOMINGUEZ, 2001, p. 67):

1. *Caducidade:*

    Os serviços turísticos não podem ser armazenados, pois a produção do serviço está fixada em um tempo e em um espaço determinados. Assim, um serviço que não foi utilizado (um quarto de hotel, uma passagem de avião, um ingresso para um show) constitui uma perda irrecuperável. Isso torna importante a utilização de sistemas de distribuição que permitam planejar a capacidade de oferecimento de produtos nos momentos em que eles efetivamente serão consumidos, evitando-se a ociosidade.

2. *Devem ser consumidos no próprio local:*

    O produto turístico está condicionado à presença do cliente (não existe nenhuma possibilidade de enviar o produto turístico ao local de residência do cliente); daí a importância, que já assinalamos, do transporte dos consumidores aos locais de destino.

3. *Simultaneidade de produção e consumo:*

    As atividades de produção e consumo são levadas a cabo, muitas vezes, no mesmo lugar e no mesmo momento, ou seja, são simultâneas. O pessoal das empresas turísticas deve estar sempre em contato com o consumidor — o que determina a importância das relações humanas no turismo para que as transações obtenham sucesso.

4. *Rigidez:*

    O bem turístico não apresenta muita elasticidade, pois se adapta lentamente às variações da demanda. Isso é resultado do enorme custo dos investimentos turísticos e do considerável tempo que se emprega na sua construção. Se a demanda varia rapidamente, a oferta não a pode seguir com a mesma rapidez.

5. *Heterogeneidade e complementaridade:*

    No produto global (o pacote turístico) existe complementaridade entre os diversos subprodutos. Isso significa que o produto global nem sempre é homogêneo e que os diversos subprodutos que o compõem são, assim, heterogêneos e apresentam a sua própria identidade. No entanto, uma falha em um deles pode afetar os demais; daí advém a sua complementaridade.

6. *Subjetividade:*

    A validade do produto depende do estado emocional do cliente e das expectativas criadas, de forma que o que satisfaz plenamente alguns não é suficiente para outros.

7. *Intangibilidade:*

Embora, no caso dos bens industriais e de consumo, a parte física do produto possa ser transferida de uma mão para outra, o predomínio da parte intangível no produto turístico faz com que seja possível apenas a transferência de sua função ou o seu uso. Ou, melhor dizendo, não se pode possuir ou tocar um produto turístico, mas simplesmente usufruí-lo.

As características específicas dos produtos turísticos produzem efeitos na sua comercialização. Entre eles, destacam-se os seguintes:

- os serviços são prestados em tempo real, geralmente, na presença do próprio cliente;

- diferentemente dos produtos manufaturados, os clientes-turistas participam de modo ativo na criação do produto;

- a qualidade do produto turístico está diretamente ligada à habilidade e à capacidade de relacionamento dos recursos humanos envolvidos;

- dada a heterogeneidade dos múltiplos subprodutos que compõem o produto global turismo, é necessária uma permanente pesquisa com os consumidores sobre a qualidade dos serviços prestados; e

- por outro lado, a heterogeneidade dos subprodutos, se bem trabalhada, contribui para evitar a padronização permanente do produto turístico, tornando-o mais aceitável para os consumidores fidelizados.

11.2 Os destinos turísticos

Um tipo particular de produto turístico é o destino turístico, que pode ser considerado um produto turístico global, pois constitui um conglomerado de produtos turísticos que são comercializados dentro de um território determinado. Esses são, entre outros, os recursos naturais, a infra-estrutura, os diversos serviços oferecidos aos turistas e a própria cultura dos habitantes (veja o Quadro 11.1).

Um destino turístico deve ser compreendido como um conjunto que contém várias organizações e indivíduos que colaboram e competem na oferta de uma variedade de produtos e serviços aos turistas. Desse modo, o destino turístico é concebido como o suporte espacial, no qual se desenrolam várias atividades, as quais buscam vender um produto turístico que aparece para a demanda como integrado. Os agentes do turismo (organizações e indivíduos) compartilham, por outro lado, um conjunto de fatores e recursos disponibilizados como de uso comum e que são de responsabilidade dos órgãos públicos.

Visto dessa forma, o destino apresenta uma configuração organizacional, em que sua competitividade como produto turístico está diretamente relacionada ao valor agregado por um a um dos agentes que integram o sistema turístico local.

Quadro 11.1

O PRODUTO TURÍSTICO GLOBAL

Piracicaba oferece uma extensa agenda cultural e de lazer a seus visitantes. O principal ponto turístico é o circuito da Rua do Porto, às margens do Rio Piracicaba, que atravessa o município. Lá, são realizados diversos eventos, entre eles: exposições, apresentações musicais, festas e campeonatos de balonismo. No roteiro, ainda é possível saborear os pratos da região, como os típicos peixe no tambor, pintado e piapara na brasa. Além deles, pode-se experimentar o cuscuz do divino e a famosa pamonha de Piracicaba. No local, também há feiras de artesanato, um lago, pistas para caminhadas e parques infantis.

Quem vai a Piracicaba não pode deixar de conhecer o Museu da Água, a Passarela Pênsil e o Engenho Central, importante espaço cultural, artístico e recreativo da região. É nele que são realizados o Salão Internacional de Humor, em agosto, e a Festa das Nações. Perto dali, fica o Parque do Mirante, que proporciona um passeio relaxante pelo bosque de vegetação nativa e uma visão privilegiada das belezas do rio.

Piracicaba faz aniversário no dia 1º de agosto, e, para comemorar, o município oferece diversas festividades durante todo o mês, incluindo a tradicional Semana do Folclore.

Outras importantes atrações da cidade são a Casa do Povoador, o Casarão do Turismo, a Catedral de Santo Antônio, o Horto Florestal, além dos belos campi das universidades Esalq-USP e Unimep.

A Avenida Carlos Botelho é um famoso ponto de encontro de jovens da região. Ao final de tarde e à noite, os bares com mesas ao ar livre reúnem centenas de universitários.

Entre todas essas opções de lazer, vale a pena sentir a emoção de voar em um balão.

Fonte: UMA viagem no ar, ao sabor do vento... *Autoban Notícias*, jul./ago. 2003, p. 16, ano IV, n. 30.

Essa abordagem possibilita que o destino — no caso, uma localidade — seja tratado da mesma forma que uma empresa com seus clientes (consumidores-turistas), os quais, por sua vez, apresentam um conjunto de necessidades e desejos. A empresa (a localidade turística), portanto, deveria canalizar o esforço de todos os seus integrantes para a satisfação dos consumidores-turistas.

Um aspecto importante e que diferencia as localidades (cidades) das empresas é o fato de os municípios aglutinarem uma diversidade enorme de interesses e capacidades. O que poderia ser negativo do ponto de vista de objetivos é o aspecto mais positivo e aquele que diferencia cidades de empresas. As empresas — de uma forma muito mais vigorosa que os aglomerados urbanos — apresentam uma forte cultura organizacional construída a partir da filosofia de seu(s) fundador(es), o que possibilita um maior foco nos objetivos da organização, oferecendo um produto ou serviço de qualidade.

No entanto, as localidades não apresentam uma cultura organizacional claramente definida; apresentam, sem dúvida, aspectos singulares no comportamento de seus habitantes, hábitos e costumes. Porém, os aglomerados urbanos, pela sua própria característica de centro polarizador das atividades econômicas e políticas da região, apresentam a característica da heterogeneidade de recursos e capacidades de seus habitantes.

Embora a diversidade cultural não contribua de imediato para a unidade de propósitos para promover o desenvolvimento turístico, em médio e longo prazos, a heterogeneidade poderá favorecer a competitividade global do destino — pela flexibilidade operacional que oferece, a qual se adapta melhor às dinâmicas de mudança do setor turístico e tende a se acentuar no futuro, exigindo dos envolvidos com a atividade muitas adaptações às novas realidades.

Em relação às dinâmicas de mudanças, é preciso destacar a evolução do comportamento do consumidor-turista, que tenderá a ser cada vez mais crítico em função do volume de informações que possui. Desse modo, sua lealdade aos destinos turísticos estará vinculada não somente à experiência vivida em uma visita anterior, mas, também, à alimentação constante de informações que reforcem o que ele vivenciou de melhor e incluam novas ofertas e melhorias nos atrativos que agregarão mais valor a sua volta. Esse é um aspecto importante; a escolha dos destinos estará diretamente relacionada à agregação de valor à experiência turística.

Nesse aspecto, os destinos terão que permanentemente se reinventar, melhorar sua capacidade de atendimento, incorporar novos hábitos e costumes, novos atrativos etc. Aquelas localidades que se mantiverem estáticas no tempo, considerando que o fluxo permanecerá pela inércia, estarão propensas a cair no esquecimento ou tentarão tardiamente reverter a diminuição do número de visitantes.

Um aspecto fundamental a ser considerado é que o nível de especialização das necessidades dos turistas tende a crescer. Esses buscarão o destino que melhor se adequar às suas preferências, diversificando e segmentando ainda mais a demanda. Desse modo, o município turístico deve atentar para os diversos elementos que existem em seu entorno, levando-se em consideração várias perspectivas, como a cultural, a social, a econômica, a educativa, a tecnológica, a científica, a comercial etc. — as quais poderão ser desenvolvidas abrindo-se a possibilidade de uma segmentação da imagem do destino, o que facilitaria sua inserção em públicos distintos.

11.3 As cidades e o aumento da competitividade

As cidades, neste texto, estão sendo identificadas com o município, pois são o *locus* privilegiado de articulação das atividades econômicas, sociais e políticas do território municipal, o qual existe em função do centro urbano e está com esse identificado. Assim, ao nos referirmos a uma cidade, estamos utilizando um conceito ampliado, não restrito unicamente ao centro urbano.

Do ponto de vista do turismo, podemos ver as cidades como uma rede de organizações e de indivíduos que compartilham um conjunto de recursos voltados para a atividade turística e que, no seu todo, constituem a oferta global do destino. Nesse sentido, o território ocupado pela cidade forma um suporte espacial perfeitamente diferenciado, que oferece um produto turístico integrado.

A estrutura organizacional das cidades deve contribuir, por meio do valor agregado pelos seus produtos (sua natureza, sua cultura, seus eventos, seus habitantes etc.), para uma oferta global de qualidade do produto integrado (a cidade como um todo).

O conjunto de organizações e indivíduos voltados para o mesmo objetivo deveria fortalecer a imagem da cidade enquanto uma unidade voltada para um determinado objetivo, que é atender às necessidades do turista — compreendido aqui como aquele consumidor que deve ter satisfeitas suas necessidades e expectativas.

Entendido dessa forma, o destino turístico cidade pode ser comparado a uma organização que, fundamentada na filosofia do marketing e orientada ao consumidor, deve comercializar seus produtos. Esses produtos são oferecidos por diferentes instituições, organizações, empresas e indivíduos, os quais, no seu todo, participam da formação do produto global, que é o produto turístico cidade.

Aqui fica mais claro o papel articulador do setor público — na organização de diferentes interesses particulares, os quais devem ser direcionados para um mesmo objetivo, embora cada um permaneça com as suas características, particularidades e interesses específicos. No entanto, todos, indistintamente, devem ter como interesse principal o sucesso da imagem da cidade; um destino atraente para que os consumidores-turistas sejam atendidos em suas necessidades e retornem periodicamente, alimentando, dessa forma, a economia local e promovendo o desenvolvimento que favorecerá a todos.

Assim, o conjunto de organizações (empresas, instituições etc.) e os indivíduos envolvidos na manutenção de um destino turístico devem estar sempre em perfeita colaboração para a obtenção de vantagens competitivas, diante da rivalidade regional, nacional e internacional entre destinos que possuem recursos semelhantes. Está claro que a vantagem competitiva só será obtida a partir da capacidade comum de gerar e conservar um produto ou conjunto de produtos em uma posição de demanda estável, mantendo-se um fluxo turístico que alimente a economia local e promova o desenvolvimento em bases sustentáveis.

Em Santa Catarina, por exemplo, as cidades encontraram uma forma de aumentar sua vantagem competitiva, realizando festas em um mesmo período do ano, ampliando, assim, a oferta ao turista que permanece na região por mais tempo. Como são festas, de um modo geral, etnicamente orientadas (imigrantes alemães, açorianos etc.), há uma preocupação com a qualidade, em função da qual são tomadas medidas para mantê-la sempre em um nível elevado (veja a Tabela 11.1).

O circuito catarinense das festas de outubro reúne 11 das comemorações em um raio de 100 quilômetros, e a maioria dos organizadores decidiu reduzir a execução de músicas modernas. Na Oktoberfest de Blumenau, por exemplo, exige-se que 80% das músicas tocadas nos bailes sejam alemãs. Com isso, busca-se selecionar o público, apostando mais na qualidade que na quantidade, e resgatar as tradições, os trajes típicos e as músicas originais de cada etnia. A tradição de mais de 20 anos e o grande número de visitantes transformaram a Oktoberfest de Blumenau no carro-chefe das festas de outubro, em Santa Catarina. Considerada a segunda maior festa alemã do mundo — menor apenas que a de Munique —, Blumenau funciona como uma espécie de pólo que atrai e centraliza os turistas que, depois, acabam se deslocando para outras festividades.[1]

---
[1] Fonte: O ROTEIRO da alegria. *Turismo Brasil-Sul*, edição 9, ano 9, set./out. 2002, p. 74.

Tabela 11.1 Festas de outubro em Santa Catarina

CIDADE	EVENTO	DATA
JOINVILLE	FENACHOPP	8 a 28/10
BLUMENAU	OKTOBERFEST	10 a 26/10
ITAJAÍ	MAREJADA	11 a 26/10
RIO DO SUL	KEGELFEST	10 a 19/10
TREZE TÍLIAS	TIROLERFEST	4 a 20/10
ITAPIRANGA	OKTOBERFEST	11 a 13/10
FLORIANÓPOLIS	FENAOSTRA	8 a 13/10
TIMBÓ	IMIGRANTE	10 a 13/10
BRUSQUE	FENARRECO	10 a 26/10
SÃO BENTO DO SUL	MUSIKFEST	11 a 13/10
JARAGUÁ DO SUL	SHUTZENFEST	10 a 20/10
RIO NEGRINHO	OBERLANDFEST	17 a 20/10

Fonte: FERNANDES, Luiz Marcos. 'Tradição alemã e cervejas no roteiro das "oktoberfestas"'. Jornal *Folha do Turismo*, set. 2002, p. 12.

Do ponto de vista da cidade como unidade que se assemelha a uma organização, isto é, voltada para um objetivo perfeitamente determinado, podemos identificar sua base de recursos como fundamental para seu sucesso (a obtenção de vantagens competitivas). Assim, devemos identificar estratégias adequadas para obtermos tais vantagens.

As etapas que poderiam ser desenvolvidas para uma avaliação da base de recursos da cidade como destino turístico poderiam ser:

1. Um primeiro passo é identificar os recursos do destino turístico cidade, identificando seus pontos fortes e seus pontos fracos.
2. Em seguida, determinar a capacidade do município de transformar os recursos identificados como pontos fortes em atrativos competitivos capazes de vencer a concorrência mais próxima.
3. Avaliar o potencial que os recursos, corretamente administrados, teriam para gerar renda e trabalho.
4. Selecionar as melhores estratégias e implementá-las para o melhor aproveitamento turístico dos recursos.

A avaliação da competitividade do destino nos mercados turísticos é uma ferramenta de marketing necessária para a gestão do posicionamento, particularmente levando-se em consideração as mudanças bruscas que ocorrem no setor por causa de sua alta sensibilidade a inúmeros fatores (políticos, econômicos, culturais, sociais, ambientais etc.).

Além disso, como já citado, não se deve esquecer que há um aumento do processo de segmentação da demanda, especializando as necessidades dos turistas, o que exigirá mudanças nos produtos padronizados. Os diversos tipos de turismo alternativo em relação ao turismo de massas dominante exigem produtos bastante específicos para atender a essa demanda. Turismo rural, ecoturismo, turismo de aventura etc. não têm muita identificação com o turismo de massas, predominantemente de "sol e praia", pois esses apresentam particularidades que exigem atendimento específico e, de modo geral, especializado.

11.4 Conceituando o produto turístico cidade

Uma característica das cidades que as diferencia de qualquer organização e que pode afetar um plano de marketing se não for levada em consideração é o fato de que os destinos são formados de organizações e indivíduos que apresentam muitos interesses coincidentes e conflitantes ao mesmo tempo. Porém, tais organizações e indivíduos têm um objetivo comum, que é aumentar o fluxo turístico. Já o setor privado compete entre si pelo aumento do número de clientes. Simultaneamente, o setor público representa os interesses da comunidade como um todo e, muitas vezes, deve frear o fluxo de visitantes para manter a sustentabilidade da localidade, o que interessa a todos; porém, essa decisão pode afetar os interesses de vários segmentos do setor privado.

Dessa maneira, a primeira preocupação de todos os atores envolvidos é a cooperação mútua em torno da promoção comum do destino, como é exemplificado no Quadro 11.2.

O turismo, no segmento de serviços, reveste-se de características especiais. Nesse campo, o elemento central é a viagem, concebida no seu todo, envolvendo o translado, a hospedagem, as visitas programadas, os serviços básicos etc. E a viagem é comprada para o futuro e a distância. A decisão de compra é tomada em função de alguma coisa intangível, uma localidade, que, muitas vezes, o indivíduo não conhece e só visitará depois. Desse modo, a compra desse bem intangível deve ser realizada levando em conta toda a segurança na sua realização, que envolve a relação qualidade—preço, e discriminando e identificando todas as variáveis incluídas no preço (café da manhã, city tour etc.).

Quando é tomada a decisão de viajar, o que se fixa na mente do viajante como destino é um lugar, uma cidade. O consumo da cidade, por outro lado, implica o consumo ao mesmo tempo: da hotelaria, dos meios de transporte, da gastronomia, dos atrativos culturais e naturais, do patrimônio arquitetônico, das paisagens, das praças e dos espaços públicos. A maior parte dos turistas não viaja motivada, exclusivamente, por um desses elementos — ela o faz pelo conjunto. A soma agregada de todos esses elementos configura o que convencionamos chamar de produto turístico.

Assim visto, o produto turístico cidade é uma mescla de bens e serviços públicos e privados, todos voltados para um mesmo objetivo. Como decorrência, o conjunto de atores envolvidos em negócios de turismo deve contribuir para a promoção do destino, consumido em seu todo. Podemos afirmar com segurança que não há possibilidade de sucesso de empreendimentos turísticos em destinos não atrativos,

Quadro 11.2

A COOPERAÇÃO PARA A PROMOÇÃO COMUM DE UM DESTINO

Setor festeja sucesso da alta temporada. Janeiro de 2004 deve crescer oito pontos percentuais sobre o primeiro mês de 2003. A rede hoteleira de Fortaleza registra nesse início de ano de 2004 ocupação média em torno de 90%. "Janeiro deve fechar com aumento de oito pontos percentuais sobre o mesmo período de 2003", diz o secretário-adjunto da Secretaria Estadual de Turismo (Setur). O incremento previsto para o fluxo turístico é de 10% no período. O presidente da Associação Brasileira da Indústria de Hotéis no Ceará (ABIH-CE), diretor do Marina Park Hotel, em Fortaleza, diz que a ocupação supera a estimativa inicial de 85%. O Marina registra ocupação de cerca de 90%.

Um conjunto de fatores contribui para a boa performance na temporada, lembra o presidente do Fortaleza Convention & Visitors Bureau (FCVB) e dono do hotel Villamayor, de Fortaleza, com 95 apartamentos e ocupação de até 99%. Segundo ele, o otimismo com o desempenho da economia ajuda, mas o setor turístico do estado também ganhou fôlego com o retorno dos investimentos em campanhas e parcerias com operadoras.

O trade turístico do Ceará definiu programa de investimentos de R$ 3,150 milhões em divulgação. "As ações começaram no ano passado, mas temos recursos para aplicar até abril." Os empresários querem assegurar resultados ainda no carnaval. Fortaleza não tem tradição carnavalesca e a idéia é atrair o turista que prefere trocar a agitação pela tranqüilidade de uma praia. A campanha, orçada em cerca de R$ 595,6 mil, tem como slogan "Carnaval no Ceará no quesito tranqüilidade é 10". A veiculação inclui outdoor, revista e televisão.

O presidente do FCVB diz que, a partir de 2 de fevereiro, a Setur e os empresários do setor realizam um segundo Road Show para divulgar os atrativos do estado em Cuiabá, Campo Grande, Brasília, Goiânia, Uberaba, Uberlândia e Belo Horizonte. A viagem termina em São Paulo, no dia 10 — um dia antes do workshop da CVC, marcado para 11 e 12. "Cerca de 8 mil representantes de agências de viagens devem participar", estima. O Road Show de novembro foi de São Paulo a Gramado (RS).

O aporte de recursos da investida foi dividido entre os governos estadual e municipal, via Secretarias de Turismo, Serviço Brasileiro de Apoio às Micro e Pequenas Empresas no Ceará (Sebrae-CE), Associação Brasileira da Indústria de Hotéis (ABIH), FCVB, Federações Estaduais das Indústrias (Fiec) e do Comércio (Fecomércio) e Bech Park. O setor também fechou acordos com a CVC e a TAM Viagens. Da expectativa inicial de 30 vôos fretados programados por semana, o número aumentou para 35, informa o presidente da ABIH.

O diretor-geral do Caesar Park Hotel Fortaleza, que projeta fechar janeiro com incremento de até 20% na ocupação sobre igual mês de 2003, diz que a disposição do setor em investir em ações para atrair os visitantes ao Ceará mostra resultados. "A maior credibilidade no País e juros mais baixos também ajudam", acrescenta. O Caesar Park tem 230 apartamentos e ocupação média de 83%, boa parte resultado de parceria com operadoras do Sudeste.

O gerente de vendas do Beach Park Suítes Resort diz que a empresa reservou R$ 200 mil para a ação conjunta com o governo do estado que busca divulgar o destino Ceará. O resort, instalado no Porto das Dunas, na Grande Fortaleza, com 172 apartamentos, deve fechar o mês com 95% de ocupação, ante 91% de janeiro de 2002. "Um resultado surpreendente", reconhece o executivo. Fevereiro também sinaliza com boas perspectivas, e, para o carnaval, o hotel está lotado. O executivo exibe bons números também em relação à freqüência do parque aquático — média de 2.500 pessoas por dia nesta alta temporada.

Para o diretor da Associação dos Meios de Hospedagem e Turismo (Amht), entidade que reúne cerca de 55 pequenos hotéis e pousadas — 24 na capital — e uma oferta global de cerca de 2.970 leitos, o saldo também é positivo. "O movimento registrado até agora aponta para 90% de ocupação e deve garantir crescimento em torno de 15% sobre o mesmo período de 2003." Frota, sócio-gerente do Vila Azul Praia Hotel, com 31 apartamentos no bairro Meireles, próximo à avenida Beira-Mar, contabiliza ocupação em torno de 95% nessas primeiras semanas de janeiro.

A Setur projeta uma demanda via Fortaleza da ordem de 500 mil visitantes nesta alta estação — 160 mil em dezembro, 220 mil em janeiro e 120 mil em fevereiro. Sudeste, Sul e Centro-Oeste lideram o ranking de visitantes. Na temporada 2002/2003, foram 468.101 turistas registrados entre dezembro e fevereiro. Dos visitantes esperados, 450 mil correspondem a turistas nacionais e 50 mil do exterior (grupo com incremento estimado de crescimento de 33,5%). As projeções indicam gasto per capita de cerca de R$ 900, diante dos R$ 894,56 de 2002/2003.

Com a movimentação da temporada, a Setur prevê alcançar receita turística da ordem de R$ 450 milhões (R$ 418,74 milhões) e renda gerada de R$ 787,5 milhões, diante dos R$ 732,80 no período na alta estação 2002/2003. Esse resultado corresponde a um impacto de 11,9% no Produto Interno Bruto (PIB) do estado, ainda de acordo com a Setur. Fortaleza registra oferta de 10.364 unidades habitacionais (UHs).

Fonte: THOMASI, Adriana. 'Rede hoteleira de Fortaleza tem ocupação de 90%'. Jornal *Gazeta Mercantil*, 26 jan. 2004, Caderno Rede Gazeta do Brasil, p. B-13.

pois o turista só ficará satisfeito com a experiência total: translado, hospedagem, serviços, atrativos etc.

Do ponto de vista da atividade turística como um todo, e considerando-se a visão do turista, o produto turístico engloba toda a sua experiência — desde o momento em que ele sai de casa até a sua volta (MEDLIK & MIDDLETON, 1973; apud MIDDLETON, 2002). Desse modo, a experiência completa vivida pelo turista quando decide fazer uma viagem é sentida por ele como um produto único; produto esse que lhe trará recordações e emoções que determinarão, somente ao final da experiência completa, a qualidade do produto turístico como um todo. É a partir daí que o turista sofrerá influências sobre seu processo decisório quanto ao retorno àquele local, em busca da mesma experiência, ou, ainda, quanto a uma indicação para outrem. Assim, uma experiência malsucedida em um dos componentes afetará a qualidade do produto global.

Portanto, é possível definir o produto turístico a partir não somente do elemento que se caracteriza como ponto central do objetivo do consumidor-turista com sua decisão de viagem, mas, também, do elemento composto de diferentes níveis de subprodutos turísticos. Esses, como já dissemos, dão origem ao produto em si pela soma de experiências, sentimentos e emoções obtidos desde o momento em que o consumidor-turista inicia sua busca por um destino turístico até o retorno à sua residência após a viagem.

O produto turístico é, então, expresso por meio de seus diversos subprodutos, em diferentes níveis de relação na experiência turística do consumidor. Assim, o primeiro nível do produto turístico é caracterizado pelo objetivo principal do turista, que pode estar relacionado à vontade de conhecer uma localidade ou um patrimônio histórico ou, ainda, à busca de uma condição emocional ou física na viagem, como o fazem aquelas pessoas que procuram determinadas estâncias hidrominerais apenas para relaxar e eliminar os efeitos do estresse da rotina diária. Isso quer dizer que o nível básico do produto turístico não é necessariamente um bem tangível, mas pode ser um serviço intangível ou com certo grau de tangibilidade ou mesmo uma emoção ou um sentimento.

A partir do nível básico, podemos encontrar outros níveis de produto turístico caracterizados pelos serviços oferecidos pelo local em que a viagem está sendo realizada. São eles: os equipamentos turísticos de que dispõe a localidade para satisfazer às necessidades do consumidor; o ambiente no qual aquele produto básico está inserido — como os cuidados com a cidade no geral; a visibilidade do produto básico oferecida pelo poder público por meio de esforços municipal, estadual e federal; e até mesmo a receptividade da população local, que passa a ser parte da experiência a que está sujeito o consumidor-turista, e sobre a qual se tem pouco controle.

Em níveis mais externos, são encontrados os serviços indiretos agregados ao produto básico, como a experiência do turista em conseguir informações sobre a localidade de seu interesse, o conhecimento prévio que lhe é dado pela comunicação de marketing, a ação de agentes de viagem, empresas de transporte, agentes de turismo e até mesmo os elementos do macroambiente de marketing. Esses elementos, por sinal, influenciam a experiência a que o consumidor está sujeito, mas não se referem especificamente ao consumidor-turista, como o fazem os aspectos econômicos, políticos, sociais e tecnológicos em geral, que, aí, sim, afetam diretamente a experiência turística, independentemente da vontade do consumidor.

Por isso, do ponto de vista do próprio turista e do mercado, podemos considerar outros produtos turísticos que podem ser compreendidos em sua singularidade e, ainda, sofrer abordagens específicas, considerando-se a sua especificidade. Um atrativo importante — como, por exemplo, as pirâmides do Egito — é um produto turístico que por si só carrega um simbolismo que atrai fluxos de visitantes e que pode ser comercializado em sua singularidade. No entanto, as cidades formam um outro tipo de produto turístico. Esse, embora contido no produto turístico global, apresenta um conteúdo que exige um tratamento diferenciado, constituindo-se na realidade em outro produto turístico que podemos caracterizar como integral, uma vez que ele pode conter inúmeros outros produtos turísticos em seu interior (veja a Figura 11.1).

Ao considerarmos a cidade como um produto turístico integral, estamos considerando que, prioritariamente, o consumidor-turista viverá sua experiência basicamente em seu território, agregando valor ou não à sua imagem de marca.

A cidade, do ponto de vista ampliado abrangendo todo o território municipal, é o lugar geográfico de recepção do fluxo turístico e apresenta, segundo Vera (1997), os seguintes elementos interligados:

- Os *recursos turísticos* são a base sobre a qual se fundamentam as atividades turísticas. Essas podem, entre outras, compreender as seguintes categorias: lugares naturais e paisagens; manifestações culturais; monumentos; folclo-

Capítulo 11 *O produto turístico* 195

Figura 11.1 O produto turístico integral — níveis de produto turístico

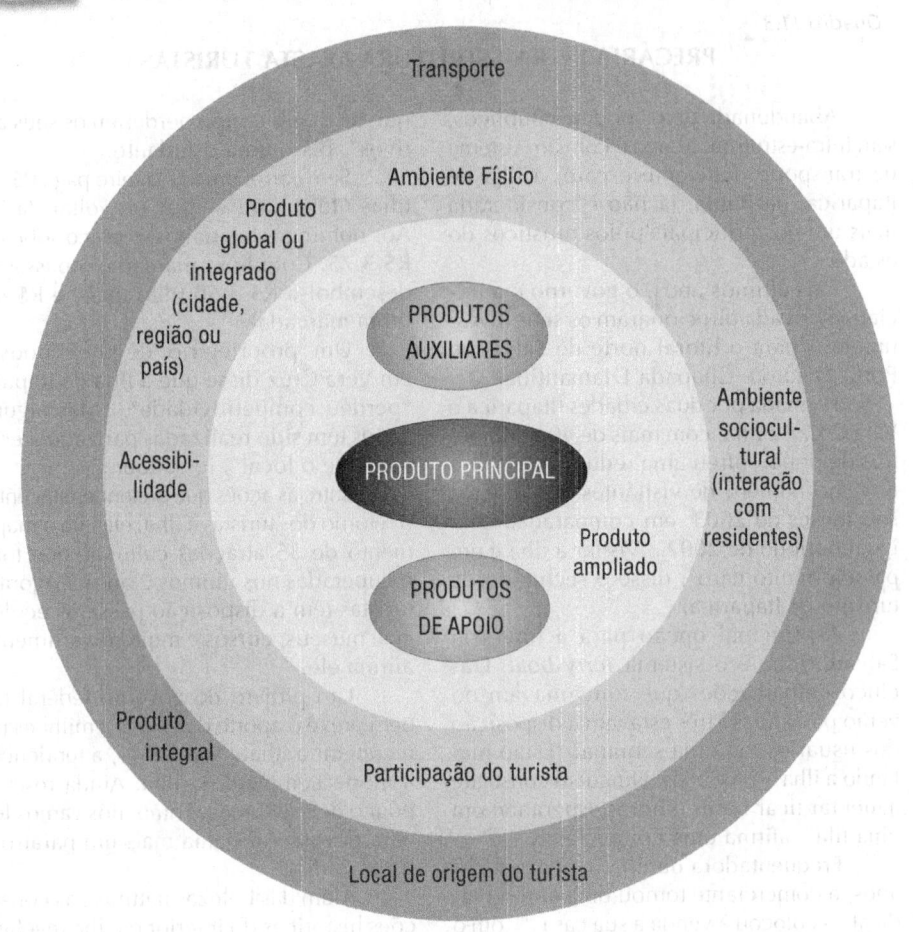

[Diagrama de círculos concêntricos com os seguintes rótulos:]

- Transporte
- Ambiente Físico
- Produto global ou integrado (cidade, região ou país)
- PRODUTOS AUXILIARES
- Ambiente sociocultural (interação com residentes)
- Acessibilidade
- PRODUTO PRINCIPAL
- Produto ampliado
- PRODUTOS DE APOIO
- Produto integral
- Participação do turista
- Local de origem do turista

res; cidades; acontecimentos programados; litorais e realizações técnicas, científicas ou artísticas.

- A *infra-estrutura* e os *serviços básicos* compreendem não somente as comunicações, os transportes, o ciclo hidrológico etc, mas, também, a qualidade de organização de seu território por meio da proteção do meio ambiente e do planejamento conveniente dos usos do solo. Aqui se incluem as vias de acesso, as redes de energia elétrica e telecomunicações, a infra-estrutura sanitária, a rede de esgotos e de abastecimento de água, e a destinação de resíduos sólidos. O Quadro 11.3 traz uma ilustração da importância deste elemento constitutivo do produto turístico.

- Os *serviços* e *equipamentos turísticos* permitem que o turista satisfaça às suas necessidades e possa realizar, de forma adequada, a visita aos recursos turísticos. Há quatro questões a serem resolvidas na dinâmica turística, que

Quadro 11.3

PRECÁRIA INFRA-ESTRUTURA AFASTA TURISTAS

Abandonada pelos poderes públicos, sem infra-estrutura urbana e com um sistema de transporte deficiente e caro, a ilha de Itaparica, na Bahia, já não é considerada mais um dos principais pólos turísticos do estado.

Nos últimos anos, o governo e a iniciativa privada direcionaram os seus investimentos para o litoral norte de Salvador, Porto Seguro e Chapada Diamantina.

Formada por duas cidades (Itaparica e Vera Cruz), a ilha, com mais de 40 quilômetros de praia, sofreu uma redução de quase 80% no número de visitantes nos últimos seis meses de 2003, em comparação com igual período de 2002. "Visitar a ilha é um passeio muito caro", disse o secretário de turismo de Itaparica.

A principal opção para a travessia Salvador/ilha é o sistema *ferry-boat*. Das cinco embarcações que funcionavam no verão passado, só três estavam à disposição dos usuários, há uma semana. "Estão matando a ilha aos poucos. Ninguém consegue agüentar ficar horas e horas esperando em uma fila", afirma uma comerciante.

Freqüentadora da ilha há mais de 15 anos, a comerciante tomou uma atitude radical — colocou à venda a sua casa. "Com o dinheiro, pretendo comprar uma residência em outra praia", disse ela.

O principal motivo apontado pelos turistas para trocar a ilha por outro local de lazer é o preço cobrado para a realização da travessia. Durante a semana, um carro pequeno paga R$ 23,35 apenas para ir ou voltar de Itaparica. Com o sistema de hora marcada, o custo passa para R$ 30,20.

Aos domingos e feriados, o turista paga mais ainda — R$ 32,50 (na fila) e R$ 42,10 (hora marcada). "Ninguém agüenta desembolsar tanto dinheiro para ver um lugar sujo, sem infra-estrutura e com praias que há muito tempo perderam os seus atrativos", disse uma estudante.

Sem carro, um passageiro paga R$ 2,85 (dias úteis) para chegar ou voltar da ilha. Aos domingos e feriados, o preço sobe para R$ 3,75. Com hora marcada, o passageiro desembolsa R$ 3,50 (dias úteis) e R$ 4,65 (hora marcada).

Um proprietário de uma pousada em Vera Cruz disse que a Ilha de Itaparica "perdeu competitividade". "Mas algumas ações têm sido realizadas para aquecer novamente o local", ressaltou.

Entre as ações que pretendem incentivar o retorno dos turistas à ilha, ele cita o mapeamento de 35 atrações culturais que foram recuperadas nos últimos 2 anos. "Agora, os turistas têm à disposição passeios ecológicos, museus, cursos e muito divertimento", afirma ele.

Um projeto do governo federal também prevê o aporte de US$ 6,2 milhões para recuperar a ilha. "Sem obras, a tendência é a morte completa da ilha. Ainda resta um pouco de esperança. Então, nós vamos lutar para devolver à Bahia mais um paraíso turístico", disse.

Além das belezas naturais, as construções históricas do interior da ilha revelam o importante papel de Itaparica ao longo da história brasileira.

A igreja do Baiacu, por exemplo, datada de 1560, foi erguida pelos portugueses quando tentavam evangelizar os índios tupinambás, que habitavam o local. Hoje, a igreja está em ruínas. Outra importante igreja de Itaparica é a da Conceição. Localizada na praia de mesmo nome, ali funcionou o primeiro centro de troca de ouro do Brasil.

Fonte: FALTA de infra-estrutura faz turista abandonar Itaparica. Jornal *Folha de S.Paulo*. Folha on-line. www.folha.com.br. 7 mar. 2004. Acesso em 27 de março de 2004.

são: Como o turista chega? Onde ele se aloja? Onde come? Que atividade e que compras realiza? Aqui, podemos incluir os aeroportos, portos, estações rodoviárias e ferroviárias; a infra-estrutura de acesso e de permanência nos atrativos; áreas de comércio destinadas aos turistas; infra-estrutura de lazer (parques temáticos, cinemas, discotecas, locais destinados a jogos etc.).

A soma desses elementos interligados: recursos, infra-estrutura, serviços básicos e equipamentos turísticos é que constitui o produto turístico integral cidade.

Já Valls (2003, p. 196), ampliando esse conceito, considera que o produto turístico:

> *Apresenta-se como um conglomerado, um amálgama, uma constelação de elementos tangíveis e intangíveis em particular. Entre os elementos tangíveis se encontram os bens, os recursos, as infra-estruturas e os equipamentos; entre os intangíveis, se contam os serviços, a gestão, a imagem de marca e o preço.*

Do ponto de vista do marketing, Valls (2003) introduz alguns elementos intangíveis importantes que se agregam ao produto turismo de um modo geral. São eles: a gestão, a imagem de marca e o preço, os quais podem ser discutidos ao tratarmos da cidade como um produto turístico perfeitamente identificado. Podemos descrevê-los do seguinte modo:

1. *A gestão:*

   É por meio dela que os processos são implantados, as condutas são estabelecidas, as normas são criadas, os suportes físicos adequados são selecionados e sua localização é determinada. A gestão da atividade turística como um todo em qualquer cidade está a cargo da administração municipal, que é o agente que articula todo o sistema turístico local.

2. *A imagem de marca:*

   A imagem de marca é o reflexo externo, captado pelo público-alvo, daquilo que é específico do produto, de sua personalidade, de sua identidade, enfim, das qualidades que possui; é a ponte que torna inteligível, sugestivo e cúmplice o produto ou destino turístico com seu público-alvo.

3. *O preço:*

   O preço completa o círculo de informação sobre o produto turístico e determina a decisão de compra. O preço é o equivalente ao custo (não só monetário, mas, também, físico e psicológico, a duração, o transporte, o tempo de busca da informação) a que estão dispostos a pagar os consumidores para alcançar a experiência turística desejada.

Além desses elementos intangíveis, sob a ótica do marketing é necessário observar que a definição do produto turístico é somente uma das variáveis do composto mercadológico como um todo. Aspectos sobre o preço, a distribuição e a comunicação de marketing serão abordados a seguir.

Assim, a localidade turística será considerada subjetivamente pelos consumidores-turistas como um produto a ser consumido em sua totalidade, ou, dito de outra forma, não bastam os atrativos que provocaram sua locomoção, será necessário que sejam oferecidas todas as condições de acessibilidade e permanência ao visitante e que essas encontrem correspondência com a imagem de marca do destino retido na mente do consumidor-turista.

O produto turístico deve ser compreendido como um aglomerado de serviços que são utilizados pelo turista durante sua permanência em um destino, pois, como afirma Teixeira (1999, p. 97):

> *A má qualidade de qualquer um deles afeta a avaliação do conjunto e compromete os demais. Assim, o desempenho de um hotel que prima pela excelência no atendimento, se, por um lado, contribui para a satisfação de seu hóspede com a cidade onde se encontra instalado, não é suficiente para garantir a avaliação positiva se os demais serviços da localidade vierem a comprometer a qualidade do destino.*

O recurso turístico, como um dos componentes do produto turístico como vimos, diferentemente de outros recursos, é consumido no próprio local e pode ser utilizado indefinidamente, desde que não sofra degradação ao longo dos anos. Essa característica da possibilidade de consumo permanente do recurso turístico só é viável se as condições de exploração estiverem perfeitamente monitoradas, garantindo a sua perpetuação.

Devemos considerar um outro componente no produto turístico cidade, o qual vem se constituindo cada vez mais em um elemento essencial na satisfação dos turistas — a comunidade local. Os residentes, em função da acolhida dada aos visitantes, podem tornar sua estadia uma experiência mais ou menos acolhedora. O sentimento de ser bem acolhido em uma localidade é uma das experiências mais importantes vivenciadas pelos turistas. Assim, o trabalho de conscientização para o turismo da população residente é fundamental em qualquer planejamento estratégico municipal que visa ao desenvolvimento turístico.

Questões

1. Qual o conceito de produto para Kotler?
2. Considerando-se as definições de produto apresentadas, o que pode ser incluído em um produto?
3. O que o consumidor, na realidade, adquire quando compra um produto?
4. O que significa dizer que um produto turístico apresenta como uma das suas características a caducidade?
5. Por que o destino turístico pode ser considerado um produto turístico global?
6. Qual aspecto importante diferencia as localidades das empresas?
7. Quais os principais elementos interligados que apresentam as cidades do ponto de vista ampliado, abrangendo todo o território municipal, e que constituem o produto turístico integral?
8. Cite três elementos intangíveis importantes que se agregam ao produto turístico de um modo geral?
9. O que é uma imagem de marca?
10. Por que os consumidores-turistas consideram, subjetivamente, a localidade como um produto turístico que deve ser consumido em sua totalidade?

CAPÍTULO 12

O preço dos produtos turísticos

Todas as organizações, visando a lucros ou não, precisam determinar preços para seus produtos e serviços.

KOTLER & ARMSTRONG, 2003, p. 262

O preço está por toda parte, conforme continuam Kotler e Armstrong em sua obra. É ele que oferece a base para a relação custo-benefício que permeia a vida das pessoas. O preço é encontrado em um serviço de cabeleireiro, na estadia em um hotel ou, ainda, em uma refeição servida em um restaurante. O preço é tratado como ingresso para uma peça de teatro, para um jogo de futebol ou como acesso a um parque. Já médicos, dentistas, advogados e engenheiros tratam seu preço por meio dos honorários; enquanto o motorista de táxi cobra de seus passageiros a corrida. Os serviços públicos estabelecem aos seus usuários a tarifa e as taxas públicas; já o governo recebe impostos e taxas de seus contribuintes. As associações cobram de seus membros a contribuição; o inquilino paga o aluguel de seu imóvel; e as empresas aéreas, rodoviárias e ferroviárias determinam a passagem e o frete para o transporte de pessoas e cargas. O uso de rodovias exige de seus usuários o pagamento de pedágio. Bancos e financeiras cobram juros pelos empréstimos que fazem a seus clientes. O preço pode representar tanto uma quantia em dinheiro — recebida como compensação por um produto ou serviço — quanto um símbolo social e um valor de status e poder econômico para as pessoas, garantindo-lhes acesso exclusivo a atrações e serviços, ou compartilhado em eventos públicos. Este capítulo tem por objetivo apresentar as principais considerações acerca da variável preço do composto de marketing, o seu processo de formação e a hábil utilização que se dá em consonância com as estratégias empresariais adotadas pela organização como um todo. Também é importante observar que a definição de preço no composto mercadológico não é uma análise isolada em si, sendo permeada pelos demais elementos do composto mercadológico e das estratégias organizacionais adotadas.

A definição de preço deve, ainda, ser observada a partir do ambiente da organização, em relação aos concorrentes, aos clientes e a seu poder aquisitivo e disponibilidade financeira, além dos demais elementos do ambiente externo às organizações.

12.1 Fundamentos da formação de preços

É comum alguns hotéis cobrarem preços diferenciados de acordo com a época do ano. Nos períodos de férias ou feriados, quando o fluxo de turistas cresce nas diferentes estâncias, os preços em tais localidades são geralmente majorados, voltando ao normal apenas após o término do evento. Hotéis de Campos do Jordão (SP) apresentam em suas tabelas de preços valores diferentes para os períodos de inverno, férias e outros mais. O mesmo comportamento pode ser observado em outras cidades, porém não mais predominantemente no período de inverno, mas, sim, no de verão.

Em grandes centros empresariais, o valor da diária para os dias de semana segue lógica contrária à descrita para os centros de lazer: em tais localidades, o maior fluxo de pessoas se dá em dias de semana, quando grande parte dos preços é majorada.

Empresas de viagem oferecem passeios turísticos com guias brasileiros em diferentes partes do mundo, estabelecendo, para tanto, um preço mais elevado. Em outros casos, é o preço que leva o consumidor a buscar determinado produto.

O preço cobrado por um fornecedor turístico pode também refletir uma expectativa prévia em relação à experiência do consumidor — serviços com preço muito abaixo do mercado podem denotar baixa qualidade ou mesmo opções alternativas e de maior risco; já serviços turísticos de valor elevado podem gerar no consumidor uma expectativa de qualidade e atendimento proporcional ao diferencial de preço pago. Um cruzeiro marítimo em um luxuoso transatlântico não combina com preço baixo, assim como a estadia em um camping não combina com preço elevado.

Definir o preço de um roteiro turístico não representa uma tarefa simples. Em uma situação na qual o serviço proposto equivale a outro já oferecido pela concorrência, tem-se um parâmetro de definição de mercado que auxilia o processo de determinação do preço de um produto. Em outros casos, porém, em que a inovação é característica marcante, a definição de preço, utilizando como parâmetro de comparação a concorrência, torna-se inadequada, sendo necessária a escolha de outros mecanismos de precificação.

A opção por um ou outro valor para quantificar o preço de um produto também não representa uma característica estanque no composto mercadológico. O preço será mais dinâmico quanto maior for o grau de concorrência e a sua intensidade em um dado mercado.

O processo de formação de preço é dinâmico e flexível, devendo acompanhar o mercado como um todo, bem como suas demais variáveis — como o desempenho econômico do país, os investimentos diretos no setor e o seu grau de interferência e acompanhamento. A variável preço é utilizada para combater estratégias agressivas da concorrência, para alcançar melhor situação de mercado ou, ainda, para garantir uma maior lucratividade para o negócio, tornando-o mais atraente aos próprios acionistas.

Segundo a teoria econômica, para mercados com uma quantidade suficiente de concorrentes e sem que qualquer um deles possa manipular os preços vigentes, um preço cobrado deve refletir o conjunto de sentimentos e desejos concorrentes entre um ou mais indivíduos.

Por trás do preço de um serviço ou produto, encontra-se inicialmente uma idéia de benefício e valor que tal serviço ou produto pode proporcionar ao consumidor por meio de sua percepção pessoal. Quanto maior for a capacidade de um produto ou serviço de oferecer valor, mais fácil será determinar preços elevados e margens atraentes para ele. Porém, tal valor precisa ser percebido pelo consumidor para induzir sua ação de consumo. Assim, a estadia em um hotel 5 estrelas apresenta uma proposta de valor com preços elevados, em que são incluídos serviços adicionais que apresentam benefícios concretos a seus hóspedes — proporcionais ao preço fixado.

A noção de valor desenvolvida por um cliente quando da experiência na aquisição de um serviço turístico leva em conta não somente o preço pago por ele, mas, também, o custo incorrido pelo cliente. Nesse caso, o preço pago é diferente do custo incorrido. No preço, encontram-se as características intrínsecas do produto e o valor cobrado pelo vendedor na relação comercial. Já o custo incorrido pelo cliente inclui também a experiência pela qual ele passou ao tomar posse do tal serviço. Assim, no custo pago pelo hóspede de um hotel nas montanhas, com uma localização de difícil acesso, o fato de ter que enfrentar uma estrada em péssimo estado de conservação para alcançar o destino turístico acrescenta ao custo alguns elementos negativos. O valor para o cliente pode ser, então, expresso segundo a fórmula a seguir:

$$\text{Valor percebido pelo cliente} = \frac{\text{Benefício percebido pelo cliente com o produto / serviço}}{\text{Custo incorrido na aquisição do produto / serviço pelo cliente}}$$

Produtos que oferecem diferenciais em relação aos concorrentes e que podem ser identificados como benefícios superiores pelos clientes mostram-se aptos a receber um nível de preço maior, mantendo a relação benefício-custo estável. Desse modo, aquele estabelecimento que opta por um posicionamento baseado em custo deve estar atento a sua capacidade de promover benefícios aos clientes, garantindo, assim, uma percepção de valor superior por parte dos consumidores.

Proporcionar benefícios sofisticados, personalizados e dificilmente mensuráveis é a chave para a prática de margens operacionais mais generosas. A inserção de um item opcional de conforto em um veículo possibilita o seu posicionamento em uma classe superior, com níveis de preços maiores. Um pacote turístico que inclua restaurantes sofisticados, cassinos e outras opções de elevado benefício pessoal pode cobrar preços mais elevados, acima do que seria proporcional ao custo agregado.

Juntamente com o produto, sua distribuição e a comunicação de marketing empenhada, o preço caracteriza-se como uma das variáveis do composto de marketing de um produto ou serviço e, como tal, segue a orientação estratégica da organização como um todo. O preço exerce forte influência sobre o resultado financeiro de uma organização e sobre a riqueza de uma localidade, uma vez que determina diretamente o montante de recursos arrecadados com a venda dos produtos e serviços. No caso de uma localidade turística, a política de preço estabelecida pelo local permite a obtenção de recursos para o desenvolvimento regional, criação e conservação de infra-estrutura, bem como a oferta de novas opções, acompanhando tendências turísticas em geral ou mesmo incorporando novas tecnologias de lazer e segurança.

Para Fasti (2003, p. 254), os principais objetivos de preços são os seguintes:

- sustentar a estratégia de posicionamento, uma posição de qualidade superior ou reforçar a economia proporcionada pelo produto;

- atingir o objetivo financeiro proposto, gerando resultado financeiro para os investidores ou mantenedores; e

- ajustar a oferta à realidade de mercado.

Proporcionando o caixa necessário, uma organização sem fins lucrativos consegue manter um museu tombado como patrimônio histórico, pela contribuição praticamente simbólica dos visitantes, como é o caso do Forte de Bertioga (SP), onde a estrutura secular é conservada graças ao ingresso cobrado de seus visitantes. Por meio dele, a cultura indígena da região é conservada, englobando, aí, outras tribos que ainda existem no litoral do estado de São Paulo.

12.2 Fatores que influenciam na fixação de preços

O processo de definição de preços deve levar em conta um conjunto de elementos internos e externos à organização, os quais atuam direta e indiretamente na determinação do valor a ser cobrado por produtos e serviços (veja a Figura 12.1).

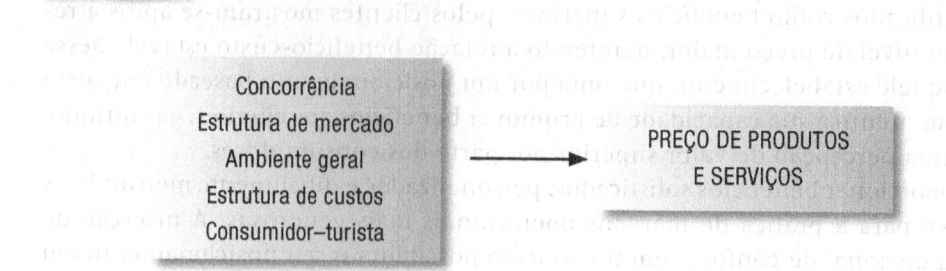

Figura 12.1 Fatores que influenciam o preço dos produtos e serviços

Concorrência
Estrutura de mercado
Ambiente geral
Estrutura de custos
Consumidor–turista
→ PREÇO DE PRODUTOS E SERVIÇOS

Por elementos internos entende-se aqueles que provêm da própria organização; já os elementos externos advêm do mercado em geral e dos demais agentes que interagem com a organização, como governo, sindicatos e empresas prestadoras de serviço.

A análise da concorrência se dá a partir da maneira pela qual as empresas atuam em determinado mercado. É possível avaliar a quantidade de concorrentes, porém, nesse aspecto, o principal elemento em verificação é como se dá tal concorrência. Ou seja, o grau de agressividade e inovação dos concorrentes, os segmentos abrangidos e a maneira de seus concorrentes se relacionarem. Muitas vezes, diferentes empresas aéreas se juntam para oferecer uma condição mais favorável em algumas linhas deficitárias, evitando, assim, uma concorrência predatória que seria prejudicial a todo o mercado; agentes de viagem, em algumas ocasiões, fazem parcerias para atender turistas de determinadas regiões enquanto seus próprios turistas estão sendo assistidos pela sua parceira naqueles locais preestabelecidos.

Quanto ao produto turístico, a avaliação da concorrência se dá em diferentes níveis, acompanhando a estrutura do próprio produto. Cada um dos mercados que compõem o produto turístico global é analisado em sua estrutura concorrencial, como as empresas de transporte, as agências de viagens, as seguradoras, os hotéis, a estrutura de apoio, o comércio e os serviços locais etc.

Já a estrutura de mercado determina a maneira pela qual as empresas atuantes naquele mercado se organizam, em relação a sua capacidade de influenciar o processo de formação de preço. Cartéis e oligopólios podem ser prejudiciais ao produto turístico como um todo, uma vez que inibem a capacidade de negociação individual dos turistas, submetendo-os a condições desfavoráveis de comercialização de seus produtos e serviços durante a viagem.

Dentre as diferentes estruturas de mercado, algumas já citadas anteriormente, temos a seguinte classificação em função de sua capacidade de manipulação de preços, tanto do ponto de vista dos clientes quanto do ponto de vista das empresas:

- *Monopólio*: é a estrutura de mercado em que há um único ofertante de produtos ou serviços, podendo, assim, controlar os preços cobrados no mercado — independente dos clientes —, administrando apenas a oferta desses. Isso ocorre quando visitamos uma localidade em que o acesso a um monumento é regulamentado por uma determinada empresa ou quando toda a frota de táxis disponível pertence a um único dono.

- *Monopsônio*: estrutura de mercado com forte controle dos preços, em que, porém, só se encontra um cliente para diversos ofertantes. Tal situação ocorre freqüentemente quando o comprador é o governo.

- *Oligopólio*: quando poucos fornecedores oferecem produtos ou serviços aos compradores em geral. Existe, nesse caso, uma grande possibilidade de determinação dos preços do mercado por parte das empresas, que atuam conjuntamente, evitando grandes confrontos que poderiam comprometer suas margens de lucro.

- *Oligopsônio*: é a mesma situação do oligopólio, porém, caracterizado pela pequena quantidade de compradores no mercado, que geralmente se organiza para aumentar sua capacidade de negociação com os fornecedores. Exemplo disso pode ser observado nas cooperativas de produtores, que garantem melhores condições de aquisição de bens e insumos para seus fornecedores por meio de compras em grandes quantidades e para o grupo todo. Mesmo efeito ocorre quando se reúne grande grupo de consumidores-turistas que se organiza para obter condições de comercialização mais favoráveis junto a empresas de transporte e hotéis.

- *Concorrência perfeita*: situação em que a quantidade de fornecedores e de compradores é tal que nenhum deles consegue influenciar significativamente os preços do mercado. Isso quer dizer que o ingresso ou a saída de um concorrente ou de um cliente não afeta o preço determinado pelo mercado, que vai ser uma conseqüência da relação oferta/demanda e seu equilíbrio. Tal situação de equilíbrio leva em consideração a necessidade dos empresários de maximizar seus lucro e não a necessidade dos consumidores de maximizar sua renda.

O ambiente geral é aquele composto pelos agentes externos à organização, como o governo, sindicatos, organizações não-governamentais e outros elementos indiretos que influenciam a formação de preços do mercado turístico. A situação econômica do país tem forte influência no volume de pessoas viajando a passeio por suas regiões. A definição de destinos leva em consideração até mesmo a relação entre a moeda do país e as moedas internacionais — situação em que o turismo brasileiro se intensifica ou se limita em relação ao exterior. Quando a moeda do país se valoriza em relação às moedas de outros países, o fluxo de turistas de dentro para fora do país se intensifica; a desvalorização da moeda brasileira face às moedas internacionais torna o Brasil um destino turístico mundial muito procurado.

O surgimento de novas opções no mercado permite a ampliação do turismo como um todo, como foi o caso da oferta de vôos noturnos a preços muito reduzidos para alguns destinos estratégicos no país. Novas opções tecnológicas também são as responsáveis pela ampliação da comunicação de marketing entre empresas e clientes, o que afeta diretamente os preços do mercado pela maior acessibilidade a destinos turísticos. A própria internet é um dos elementos responsáveis por tal difusão de informações e opções.

O governo, por meio de regulamentação e de impostos, exerce forte pressão sobre os custos organizacionais, pressionando os preços fixados pelas empresas. O tabelamento e o controle de preços, meios já utilizados no país, determinam os preços a serem cobrados no mercado.

Um dos aspectos mais relevantes na determinação do preço dos produtos turísticos é a sua estrutura de custos, a qual leva em consideração os custos arcados pelas organizações em cada etapa do produto global. Para determinar o custo de um produto turístico global ou integral é preciso levar em consideração cada uma das etapas pelas quais passa o consumidor-turista em sua experiência, incluindo na análise até mesmo a prospecção de informações que efetuou.

A formação de preço a partir do custo é um processo comum entre empresários, que colocam sua margem de lucro desejada sobre a avaliação geral dos custos calculada. Tal sistemática não leva em conta os preços estabelecidos no mercado, sendo, assim, utilizada para produtos que não possuem similares disponíveis aos clientes ou quando se tem forte diferenciação ou segmentação, impossibilitando a comparação direta no mercado.

Da análise do consumidor se extrai a importância dada por essa ao produto que se está oferecendo. Dos valores e atitudes dos consumidores é possível definir a essencialidade de determinado produto no conjunto de itens que consumirá sua renda. Isso leva em conta inicialmente a percepção de valor que o cliente tem do produto que lhe é oferecido, avaliando seus atributos e quanto esses se convertem em benefícios desejados. Também é considerada a elasticidade de preço de tal produto, em que se avalia a sensibilidade em termos de quantidade consumida em relação a variações no preço do produto.

12.3 Métodos de fixação de preços

O estabelecimento do preço de um produto turístico pode seguir dois grandes direcionamentos, como mostra a Figura 12.2. Um deles é o que leva em consideração os custos do produto. A partir daí, aplica-se uma margem que represente a intenção e o desejo do empresário em relação ao mercado e que seja compatível com as estratégias determinadas pela organização. O outro direcionamento é dado pela formação de preço a partir do equilíbrio de mercado e da concorrência, em que o

Figura 12.2 Métodos de fixação de preços

CUSTO DO PRODUTO ⟵ PREÇO FINAL ⟶ CONCORRÊNCIA NO MERCADO

consumidor escora sua decisão comparando entre as diversas propostas disponíveis no mercado, dos inúmeros concorrentes.

Ao se basear a fixação do preço no custo do produto, o ponto de equilíbrio do negócio é determinado, e o custo total é quantificado de acordo com o número de consumidores que se observa. A partir daí, uma margem de lucro é aplicada — e essa margem de lucro origina-se do objetivo de resultado estipulado pela empresa.

12.4 Estratégias de precificação

A escolha de uma estratégia de preços leva em consideração os elementos já apresentados anteriormente. E essa estratégia deve ser avaliada temporariamente de acordo com a intensidade e as características da concorrência — bem como a partir de alguma mudança significativa em qualquer dos elementos já estudados antes.

Dentre as diversas estratégias de preço — que levam em consideração não só a formação de preço do produto, mas, também, sua negociação com o cliente no momento da contratação do produto —, podemos destacar:

- *Facilidade de pagamento*: proporciona condições de crédito e financiamento alongando o prazo de pagamento e reduzindo a percepção do custo do produto, uma vez que o consumidor não efetua o desembolso de uma única vez, mas, sim, em suaves parcelas mensais.

- *Condições de comercialização*: oferece descontos de acordo com a estrutura administrativa empenhada na aquisição do produto. É o caso de produtos mais baratos comercializados pela internet em relação àqueles vendidos em uma loja estabelecida em um centro comercial urbano.

- *Desconto por volume*: é o caso de grupos de turistas que conseguem condições mais favoráveis com os agentes do produto turístico ao se organizarem, ajustando seus períodos de férias ou seus destinos turísticos.

- *Desconto por utilização ou fidelização*: o preço é reduzido de acordo com a intensidade de utilização dos serviços turísticos, controlada por meio de informações sobre aqueles clientes que consomem de forma repetitiva, podendo, ainda, determinar padrões de consumo — como estilo, poder aquisitivo, período de viagem, perfil de viagem etc.

- *Sazonalidade dos preços*: um produto turístico tem seu preço majorado em alguns períodos de elevada procura por parte dos clientes, como férias escolares, feriados prolongados, entre outros. A elevação dos preços em determinados momentos compensa a impossibilidade de se estocar serviços turísticos, garantindo maior rentabilidade global pelo ajuste da oferta de produtos à demanda.

- *Skimming ou preço de penetração de mercado*: ação combinada com os demais elementos do composto de marketing, visando aumentar as vendas de maneira rápida. Estimular o consumo pela oferta de produtos a preços muito abaixo da prática de mercado possibilita aumentar o conhecimento sobre o produto, permitindo ampliar a participação da empresa no mercado. Outra direção para o uso dessa estratégia de penetração é quando a organização lança um produto inovador, fixando preço muito elevado, aproveitando o consumo inicial por um tipo especial de cliente, que faz questão de ser o primeiro a utilizar o produto.

- *Liderança de preço*: é a prática do menor preço do mercado, como estratégia de posicionamento com os clientes-alvos.

- *Preço psicológico*: prática muito usual no mercado, que define o preço de maneira a induzir a percepção do cliente pelo jogo de números, como é o caso dos produtos de R$ 1,99 (na realidade, o desembolso é de R$ 2,00, mas o consumidor o percebe como sendo um produto na faixa de R$ 1,00).

Ações organizacionais voltadas para o preço de produtos e serviços são bastante comuns em mercados competitivos. Respeitando uma política de preços definida pela organização em termos estratégicos e as demais variáveis do composto mercadológico, a organização pode adotar determinadas práticas voltadas para a percepção do preço no mercado de atuação. Fasti (2003, p. 264) aponta um conjunto de táticas específicas de preços praticadas mais usualmente:

- *Redução de preço de tabela*: estabelece uma margem operacional que possibilita oferecer vantagens ao cliente durante uma negociação.

- *Prazo de pagamento*: as possibilidades de parcelamento e financiamento do preço a ser pago oferecem ao cliente uma sensação diferenciada quanto ao seu desembolso. Nesse caso, a parte pagante do cliente ganha valor na medida em que as condições de desembolso comprometem menos sua renda disponível no período (que, para a maioria dos clientes, é mensal).

- *Postergação de entrada por meio de financiamento*.

- *Desconto por volume*: a questão de volume se reporta a ganhos de escala ou mesmo à geração rápida de capital para acelerar o giro de mercadorias. É comum uma empresa conseguir preços mais baixos para eventos em hotéis, nos quais, sozinha, vai lotar parte da ocupação ociosa do estabelecimento.

- *Preço combinado*: esta tática praticada pelas empresas atinge de maneira certeira o valor proporcionado ao cliente enquanto pagante, uma vez que são combinados produtos entre si em pacotes oferecidos. Nesses pacotes, a soma dos preços individuais dos produtos é superior ao preço oferecido pelo pacote. No McDonalds, por exemplo, a promoção de lanche tem preço inferior à soma de seus elementos.

- *Preço por segmento*: esta prática discrimina as pessoas de acordo com algum critério de segmentação. Assim, recém-casados recebem descontos na estadia de um hotel ou, ainda, lhes são oferecidos serviços diferenciados.

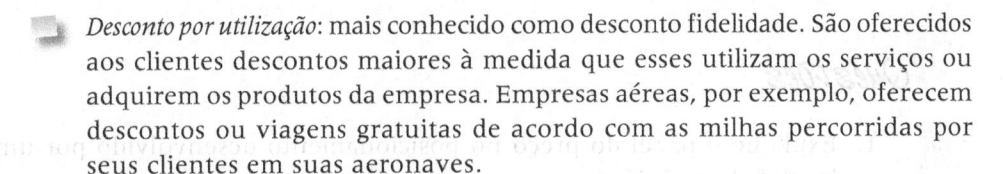

- *Desconto por utilização*: mais conhecido como desconto fidelidade. São oferecidos aos clientes descontos maiores à medida que esses utilizam os serviços ou adquirem os produtos da empresa. Empresas aéreas, por exemplo, oferecem descontos ou viagens gratuitas de acordo com as milhas percorridas por seus clientes em suas aeronaves.

- *Preços sazonais*: prática muito comum em turismo, que apresenta preços de alta e baixa estação. Por se tratar de serviço, não se admite a possibilidade de estoque de produtos para atender a picos e oscilações de demanda. Logo, as empresas ligadas a atividades turísticas costumam majorar seus preços em períodos nos quais a procura supera a oferta.

O aspecto preço é um assunto que requer diversos cuidados das empresas. Leis e regulamentos protegem o consumidor, impossibilitando algumas práticas de preços no mercado, especialmente em alguns destinos turísticos em especial. Enquanto a cidade de Cancún, no México, possibilita aos turistas fartas seções de negociação por seus serviços, outras localidades mais coordenadas já cobram preços tabelados ou pré-acordados entre os participantes, caracterizando não poucas vezes a prática de cartéis no mercado. Outro aspecto legal inibido pela legislação é a venda de um produto condicionada à aquisição de outro, ou mais conhecido como "venda casada".

Mudanças de preços ainda são capazes de provocar reações diferentes nos clientes, de acordo com algumas características dos produtos. Pouca mudança é observada no consumo de bens considerados essenciais ou bens de baixa representatividade na renda do consumidor quando ocorrem alterações de preços — tanto os majorando quanto oferecendo descontos. Nessa categoria, temos os produtos da cesta básica, e, no mercado turístico, a alocação de vagas em hotéis voltados para o turismo de negócios.

Porém, quando se trata de um bem tido como supérfluo, são esperadas elevadas alterações de quantidades demandadas pelas oscilações de preços.

Questões

1. Explique o papel do preço no posicionamento desenvolvido por uma localidade turística e sua marca.
2. Quais são as diferentes orientações que podem ser utilizadas na elaboração de um preço para o produto turístico?
3. Explique como é possível utilizar a variável preço para corrigir a demanda de um hotel entre os períodos de alta e baixa estação.
4. Explique o conceito de valor percebido por um cliente. Exemplifique essa noção de valor na aquisição de um produto turístico.
5. Relacione o preço cobrado por uma localidade turística e as questões de volume de mercado ou margem estabelecida, quanto à possibilidade de gerar riqueza em uma comunidade.
6. Quais são os principais objetivos de preço para uma organização?
7. Analise os diversos fatores que influenciam o preço de produtos e serviços.
8. Explique como se dá o processo de formação de preço de acordo com as seguintes estruturas de mercado:
    - monopólio;
    - oligopólio;
    - concorrência perfeita; e
    - monopsônio.
9. Qual é a influência que o governo exerce sobre os preços no mercado turístico?
10. Analise as principais estratégias de precificação utilizadas de maneira geral e em especial no mercado turístico.

CAPÍTULO 13

A distribuição de produtos turísticos

> Há clientes que, inevitavelmente, não gostam das opções tais quais lhes são oferecidas. As lojas podem não estar bem localizadas; o pessoal de vendas pode não se comunicar eficazmente; os custos da cadeia de suprimentos podem tornar um produto mais caro do que seu valor percebido. Diante dessa situação, não importam as escolhas que uma empresa faz, alguns clientes potenciais são excluídos ou mal atendidos.
>
> KEARNEY, A. T., 2001, p. 86

Uma das questões mais amplamente discutidas na atualidade está ligada ao acesso das organizações aos seus clientes, ou seja, como disponibilizar seus produtos e serviços aos clientes que os desejam e têm capacidade para adquiri-los. De nada adianta a organização concentrar esforços para desenvolver um ótimo produto se aquele conjunto de pessoas que representam o seu mercado-alvo não tiver conhecimento de que se enquadra como tal. Por mais esforço que se faça, é impossível atender todos da mesma maneira, principalmente porque cada pessoa guarda uma série específica de características que lhe são particulares, as quais criam grandes diferenças entre pessoas — mesmo quando são analisadas as semelhanças de grupos ou comunidades. A questão da distribuição do produto turístico parte, então, dessa discussão, em que o objetivo que está por trás das ações dessa variável do composto de marketing é o de disponibilizar o produto turístico da melhor maneira possível ao cliente (segundo seus requisitos), a um preço compatível com sua predisposição e percepção de valor, de modo que esse tenha ciência das características envolvidas com o produto — isto é, que ele reconheça a capacidade do produto turístico em atender a suas necessidades e desejos como consumidor. Assim como a discussão de preço, produto e comunicação de marketing, a distribuição não se esgota em si só. Ela deve ser analisada dentro de um espectro mais amplo, junto com as demais características do produto turístico, seguindo, ainda, as estratégias gerais traçadas pela organização de maneira geral. Desse modo, este capítulo apresenta os conceitos ligados à distribuição de produtos, suas peculiaridades e os agentes envolvidos nos diferentes canais utilizados para tornar o produto turístico acessível a seus clientes.

13.1 Conceito e função da distribuição

Os produtos são concebidos para atender às necessidades de diferentes pessoas em diversos locais geográficos. Isso traz para as organizações a dificuldade de disponibilizar a seus consumidores aqueles produtos que são produzidos de maneira concentrada, atendendo aos requisitos de produtividade e escala de produção. Uma vez pronto para consumo, cabe à organização tornar o produto disponível a seu potencial consumidor, ou seja, é preciso levá-lo até um local adequado onde o cliente possa acessá-lo.

A distribuição é o conjunto de atividades referente à transferência de mercadorias dos fabricantes e fornecedores para seus clientes, sejam eles pessoas físicas ou empresas. Envolve não somente o transporte dessas mercadorias, mas, principalmente, o desenvolvimento de canais de distribuição eficientes o bastante para garantir que os clientes da organização tenham acesso aos seus produtos no momento em que deles necessitam.

No caso específico do turismo, a distribuição, que normalmente desloca produtos até os clientes, passa a deslocar clientes em direção aos locais turísticos de sua escolha. Cabe à distribuição promover o acesso aos locais esperados pelo cliente, e ainda àqueles que não foram previamente acordados, mas que fazem parte do produto ampliado. Assim, o turista que se desloca por grandes distâncias até chegar ao seu destino espera fazer algumas paradas em locais estratégicos para que possa garantir uma viagem com nível de conforto adequado.

O planejamento de roteiros turísticos passando por locais de aquisição de peças de artesanato típicas do local — ou mesmo de suvenires que venham a gerar recordações ao turista — não demonstra ser somente uma atividade econômica necessária ao local turístico, mas, também, uma ferramenta a mais para garantir uma experiência integral positiva da viagem. As lembranças físicas podem, ainda, auxiliar no retorno daquele turista, bem como apoiar a propaganda do tipo "boca-a-boca" em torno da apreciação de peças típicas do local visitado.

A determinação dos canais de distribuição significa a escolha da maneira pela qual produtos e serviços serão disponibilizados a seus consumidores. Isso pressupõe o conhecimento prévio da localização geográfica dos consumidores e de seus hábitos de consumo, isto é, os locais que freqüenta e que poderão ser utilizados para o acesso àqueles produtos de seu interesse. Kotler define um canal de distribuição como sendo um conjunto de organizações independentes envolvidas no processo de oferecimento de um produto ou serviço para o uso ou consumo de um comprador final (KOTLER & ARMSTRONG, 2003, p. 307).

Não basta ter um bom produto turístico; é necessário que tal produto esteja disponível aos consumidores por meio de canais que vão levá-lo a locais onde possam ser encontrados e acessados. Um hotel em Fortaleza (CE) depende de toda uma estrutura para garantir que os consumidores-turistas do sul e sudeste do país optem por suas acomodações. Essa estrutura garante ao hotel a devida ocupação, fornecendo aos clientes corretos as informações necessárias para garantir as reservas de modo fácil e acessível. Para tanto, a utilização de agências de viagens e a da própria internet mostram-se canais de distribuição eficientes para os produtos turísticos em geral.

Ao transferir mercadorias e serviços dos fabricantes aos consumidores, o canal de distribuição representa importante aliado às organizações que atuam no turismo nacional. Oferecer destinos turísticos, auxiliar na escolha dos clientes, identificar necessidades e traduzi-las em produtos, garantir o fácil acesso às informações, tudo isso representa a responsabilidade que paira sobre o canal de distribuição.

Uma distribuição adequada garante o contato entre o produto e o seu cliente potencial. Assim, o grande desafio da distribuição é oferecer produtos e serviços no momento certo, no local correto, na hora esperada e a um custo competitivo, de acordo com as expectativas do mercado.

Dada a complexidade do produto turístico global ou integral, faz-se necessário o auxílio prestado por profissionais especializados na escolha do roteiro que mais agrada ao consumidor, por suas perspectivas e desejos. A elaboração de um roteiro completo de viagem envolve diferentes aspectos, tais como: a escolha de meio de transporte e reserva de passagem, reserva de local para estadia, subprodutos turísticos a serem utilizados, entre outros. Desse modo, a organização que participa do canal de distribuição assume função de co-responsabilidade quanto à obtenção de resultados em turismo — tanto em relação a informações obtidas do cliente como à adequada tradução de sua necessidade em produtos turísticos que lhe sejam recomendados.

Os agentes intermediários de canal de distribuição proporcionam, assim, um conjunto de vantagens em relação à entrega direta do produto ao cliente pela empresa fabricante ou idealizadora. Como representantes da organização, seu papel é de grande importância na correta recomendação a seus clientes do produto adequado, bem como a sua garantia de retorno seguro e confortável, determinando uma impressão positiva das propostas a serem adotadas. O sucesso da viagem de um consumidor-turista está na experiência positiva que ele consegue acumular diante dos roteiros e do próprio produto turístico principal ou central, bem como dos produtos secundários de que dispôs o cliente.

13.2 Decisões sobre o canal de distribuição

A partir da definição de como o canal de distribuição será estruturado, resta ainda definir quem serão as empresas que prestarão cada etapa do serviço turístico geral. A correta escolha dos membros do canal é similar à escolha de parceiros no resultado final do empreendimento. Sobre esses, é recomendável que se avalie sua capacidade de atrair e sustentar clientes, sua política de preços e o grau de compatibilidade com a organização principal, seu preparo para atender e fidelizar clientes e sua localização estratégica em relação ao público-alvo da empresa.

A garantia de boas decisões no canal de distribuição passa pela compatibilidade que se registra entre empresa e seus fornecedores e ainda pela adequação segundo estudos de segmentação e estratégias de posicionamento. Garantir que o cliente-alvo receba o produto ou o serviço na quantidade correta, no tempo oportuno, com as características pré-contratadas ou oferecidas e, ainda, a um custo compatível com a percepção de resultado que se espera obter é o principal papel da distribuição física para uma organização que espera ter sucesso em seu mercado concorrencial.

O desenvolvimento de sistemas de controle e avaliação dos canais de distribuição é fundamental para a garantia de toda a estratégia da empresa. A escolha de indicadores de desempenho mensuráveis e de fácil avaliação e utilização possibilita ações coordenadas sobre os diferentes agentes do canal de distribuição, resolvendo problemas incipientes ou ainda controláveis com os clientes. Um serviço inadequado prestado a um cliente pode prejudicar toda a imagem de um destino turístico, por conta da experiência de um único consumidor. Assim, fatores como a motivação e o preparo que possuem para atender adequadamente os clientes mostram-se elementos predominantes na definição dos parceiros da estrutura de distribuição em construção.

13.3 Os intermediários turísticos

Sob a ótica do produto turístico integral, os intermediários turísticos são aqueles que possibilitam o acesso do cliente ao produto final. Esses podem ser classificados de acordo com o estágio do produto a que se relacionam. Assim, os intermediários da distribuição de produtos turísticos podem ser classificados como:

- *Agentes primários*: são as organizações e os elementos diretamente relacionados ao produto turístico principal. Podem ser incluídos nesse grupo as prefeituras, que oferecem as instalações da cidade para os turistas.

- *Agentes periféricos*: são as organizações responsáveis pelos equipamentos turísticos, como infra-estrutura, alojamentos, refeições, entre outros. São dessa maneira classificados por não se referirem diretamente ao produto principal, mas, sim, aos subprodutos derivados do produto turístico.

- *Agentes integrais*: responsáveis pela experiência integral do consumidor-turista, garantindo a esse o acesso a todos os serviços embutidos na localidade turística.

- *Agentes virtuais*: constituídos a partir da utilização de meios virtuais de divulgação, como a internet e as propagandas veiculadas pela televisão com a venda por telefone.

O desenvolvimento de uma rede de intermediários turísticos possibilita a ampliação da abrangência do produto turístico, permitindo a oferta de mais serviços ao cliente, gerando maior valor e níveis mais elevados de satisfação.

A partir do momento em que o conceito de marketing se fundamenta na identificação de necessidades e desejos de clientes com a posterior vinculação de recursos disponíveis de maneira eficiente para satisfazê-la individualmente, Bowersox e Closs (2001, p. 64) lembram que o máximo sucesso organizacional é alcançado à medida que todas as atividades relacionadas ao trabalho de marketing contribuem para atender às expectativas de clientes. Desse modo, o conceito de marketing se alicerça em três pilares básicos:

- as necessidades do cliente vêm antes de produtos ou serviços;

- os produtos ou serviços têm valor apenas quando disponíveis e posicionados considerando-se a perspectiva do cliente; e

- a rentabilidade é mais importante do que o volume, pois garante a sustentabilidade do empreendimento.

Concluímos, então, que não adianta um município possuir a melhor água natural da fonte, se esse não proporcionar condições adequadas de acesso e higiene para a exploração sustentável do atrativo turístico. A distribuição, encarregada do fluxo de pessoas e materiais ao local de coleta de água, deve estudar e desenvolver condições para as pessoas poderem usufruir dos recursos naturais, garantindo que tal ação se dará por meio de uma experiência pessoal positiva. No caso específico de uma fonte de água mineral, a presença de sanitários públicos nas imediações pode representar um aspecto positivo ao cliente que precisa de locais formais para suas necessidades fisiológicas. Porém, tal solução deve ser muito bem planejada para evitar a influência de odores na atração turística.

13.4 Novas formas de distribuição turística

Diante da intensificação da concorrência e da crescente importância do turismo para os países de maneira geral, novas alternativas interligando empresas e clientes têm sido vislumbradas, oferecendo a esses opções cada dia mais inusitadas, transformando até mesmo as regras de concorrência em tal mercado.

O processo de inovação dos sistemas de distribuição turísticos vai desde a aquisição de entradas para parques temáticos e eventos a distância — seja pela internet ou mesmo por intermediários não ligados às atividades turísticas —, restaurantes, lojas em shopping centers e outros até sistemas de fidelidade desenvolvidos por empresas de lazer e entretenimento, com pagamento mensal para a utilização de dependências de parques temáticos, hotéis e outras atrações turísticas.

Com a ampliação da concorrência pelo público ligado ao turismo, os municípios têm cada vez mais se preocupado não somente com a atração principal — objeto do afluxo de turistas —, mas, também, com as instalações públicas e privadas na localidade, arborização e decoração do local e da cidade como um todo, sinalização e facilidade de acesso. Assim, os municípios denotam a preocupação com os fatores diretos do produto turístico, além de com o produto turístico como um todo, no conceito de produto integral.

O desenvolvimento das telecomunicações e sistemas informatizados possibilita, ainda, cada vez mais o acesso direto do turista aos elementos turísticos de seu interesse. É possível fazer uma reserva em hotéis nas mais diversas localidades do país, adquirir passagens aéreas ou de qualquer outra forma de transporte, comprar ingressos antecipadamente, contratar serviços a distância, locar veículos, pedir orientações sobre localidades turísticas, entre outras opções.

Isso tudo transforma as organizações ligadas ao turismo e os próprios consumidores, que alteram suas escalas de valor, forçando empresários e poder público a buscar a adaptação diante de novas necessidades e comportamentos daqueles que garantem o desenvolvimento de cidades e de empresas.

Questões

1. Explique o conceito de distribuição e sua importância para o composto mercadológico de uma organização do segmento de turismo.
2. Descreva as atividades que estão envolvidas com a distribuição de uma organização.
3. Analise a contribuição da distribuição para a criação de valor para o cliente turístico.
4. Explique o significado de canal de distribuição. Explique como ele é utilizado para o mercado turístico.
5. Quais são os diferentes agentes intermediários integrantes do canal de distribuição no mercado turístico?
6. Relacione as decisões de distribuição com o valor oferecido ao cliente por meio do serviço oferecido pela distribuição e sua relação com o custo de tal serviço.
7. Exemplifique as estratégias de distribuição utilizadas por agentes virtuais no mercado turístico.

8. Analise o efeito da quantidade de intermediários turísticos na abrangência e satisfação dos clientes com produtos turísticos.
9. Descreva algumas das inovações observadas nas estratégias de distribuição de produtos turísticos.
10. Avalie as ações de distribuição empreendidas por municípios para conquistar espaço no concorrido mercado turístico nacional e internacional.

CAPÍTULO 14

A comunicação turística

A intangibilidade do produto e do destino turístico e, por conseqüência, de suas atividades ou serviços outorga à comunicação uma ressonância maior que no restante das empresas de serviços.

VALLS, 2003, p. 255

Ao longo deste capítulo, estaremos detalhando as diferentes formas de comunicação entre aqueles que detêm o produto e buscam o comprador que almeja consumi-lo. A questão central apresentada é como diferenciar o produto turístico — e comunicar tal diferença — daqueles que se assemelham no mercado regional, nacional e global. Trata-se de levar ao consumidor-turista as qualidades do produto e envolvê-lo de tal forma que o produto intangível se torne mais próximo de algo concreto por meio de variados mecanismos de comunicação, como veremos.

14.1 Conceito e fins da comunicação

Para o turismo, a comunicação é tudo. Partindo da consideração que o público-alvo dos destinos turísticos, em geral, são indivíduos com elevado grau de dispersão geográfica, levar a mensagem até o cliente dos benefícios da localidade ou do produto turístico que se está oferecendo requer grande conhecimento do segmento de atuação, suas principais características e hábitos e especialmente o meio de comunicação que oferece maior produtividade.

Por ocasião de sua festa da uva, Jundiaí (SP) desenvolve estratégias na variável comunicação a fim de divulgar tal evento. Para isso, veículos como jornais, televisão e outdoors são utilizados com o intuito de alcançar os consumidores localizados no eixo Campinas—São Paulo, principal alvo geográfico da atuação do evento.

Muitas vezes, a comunicação acaba produzindo efeitos negativos para a localidade e para o afluxo de turistas ao local. Sorocaba (SP) ficou conhecida ao final do século XX como a cidade do beijo. Isso porque o poder judiciário local proibiu o beijo em ambientes públicos. A ampla divulgação das determinações legais e da reação da população local contra tal medida foi suficiente para definir a imagem da cidade a partir desse ato público pitoresco.

Por outro lado, a sinergia estabelecida entre cidades vizinhas proporciona benefícios não só à localidade visitada, mas a todo o entorno, composto de povoados próximos que passam a receber maior fluxo de turistas por ocasião de eventos na região (veja o Quadro 14.1).

Assim como a comunicação pode garantir o sucesso de um empreendimento, ela tem a capacidade de destruí-lo, propagando experiências negativas que tenham ocorrido. A construção de uma imagem para um produto turístico faz parte de um conjunto mais amplo, no qual se desenvolve o conceito de comunicação integrada de marketing. É por meio dele que se integram todos os elementos de comunicação para a criação de um programa devidamente coordenado capaz de criar uma imagem, mensagem ou percepção únicas na mente do consumidor, garantindo, assim, uma diferença construtiva para o produto ou serviço que está sendo oferecido.

O grande objetivo da comunicação de marketing é tornar o consumidor um fiel usuário dos produtos e serviços da organização ou um assíduo freqüentador de uma localidade turística. E o resultado obtido pelo esforço de comunicação é reflexo de um conjunto de impressões fixadas na mente do consumidor e que dificilmente pode ser avaliado de maneira direta. Assim, o posicionamento é definido por algo que fica da mensagem na mente do consumidor. Posicionar um produto é, então, dar ao consumidor um conjunto de impressões que defina em sua mente um apanhado de benefícios ligados ao produto em questão. Logo, há uma forte ligação entre o posicionamento definido e a estratégia de comunicação empregada. Segundo Limeira (2003, p. 272), o posicionamento é um conceito importante para a formulação e a operacionalização do plano estratégico de comunicação, uma vez que a função da comunicação de marketing é criar a imagem do produto ou marca

> **Quadro 14.1**
>
> ### AÇÕES INTEGRADAS DE MUNICÍPIOS VOLTADAS PARA O TURISMO
>
> De um lado, as praias da Costa do Sol. Do outro, a temperatura amena da serra. A integração turística é o alvo do Roteiro Serra—Mar, que a Secretaria Estadual de Turismo vai lançar sexta-feira no Colégio Anchieta, em Nova Friburgo. O projeto, que inclui folhetos com as atrações turísticas das cidades da Costa do Sol e da Região Serrana, é resultado da integração de 12 municípios que têm no turismo sua principal vocação econômica.
>
> Um dos objetivos do roteiro é planejar um calendário de eventos unificado, integrando as principais atrações em cada município para incentivar os moradores das demais cidades. Implantar centros de informações turísticas ao longo das estradas também faz parte do projeto, que ainda prevê ações voltadas especificamente para a preservação do meio ambiente, em especial dos recursos hídricos, além do fomento ao ecoturismo e ao turismo rural.
>
> "A idéia é reunir as atrações das regiões", explica o secretário estadual de turismo e presidente da TurisRio.
>
> Participam do roteiro os municípios de Armação dos Búzios, Cabo Frio, Rio das Ostras, Cachoeira de Macacu, Casimiro de Abreu, Guapimirim, Macaé, Rio Bonito, Silva Jardim, Nova Friburgo, Petrópolis e Teresópolis. Segundo o Secretário de Turismo de Rio das Ostras, Gilberto Menezes, cerca de dez mil famílias de Nova Friburgo têm casa em Rio das Ostras, que também recebe muitos visitantes de Teresópolis, Friburgo e cidades do Sul Fluminense.
>
> Fonte: DOZE municípios terão ações integradas. Jornal *O Globo*. Versão on-line. 13 mar. 2004. www.oglobo.globo.com. Acesso em 27 de março de 2004.

na mente do consumidor, em que se reconheça um valor adicional ou diferente em relação aos demais produtos disponíveis.

Ao valor que se oferece ao consumidor pela estratégia de comunicação dá-se o nome de proposição de valor. Uma empresa de viagem internacional especializada em levar crianças à Disney com uma experiência superior a vinte anos oferece como valor único a larga experiência com esse tipo de viagem e de mercado. Trata-se de uma proposição de valor calcada na segurança oferecida em decorrência da experiência acumulada.

14.2 *O processo de comunicação de marketing*

Comunicação é a transmissão de uma mensagem entre um emissor e um receptor, carregando em si um significado que pode ser compreendido assim que a mensagem é decodificada em sua recepção. Desse modo, um anúncio impresso, um comercial de televisão ou uma mensagem de rádio contém um conjunto de elementos que caracterizam a comunicação de marketing, a qual deve transmitir com clareza o significado desejado.

Os diversos elementos do processo de comunicação são:

1. Fonte ou emissor: é o remetente da mensagem, aquele que quer comunicar algo a alguém. O emissor inicia o processo de comunicação definindo o que deseja comunicar e como o fará.
2. Codificação: a mensagem a ser transmitida deve ser codificada por meio de um padrão que seja compreensível tanto para quem envia a mensagem como para quem a recebe. Assim, a codificação converte a mensagem em um conjunto de símbolos, como figuras, sons ou frases.
3. Meio de comunicação: é o instrumento ou sistema que transporta a mensagem codificada. São exemplos de meios de comunicação: a mídia impressa, a televisão, o rádio, o comício ou mesmo os sons e as músicas.
4. Receptor: é aquele que recebe a mensagem, o seu destinatário. O receptor pode ser caracterizado como uma pessoa, um grupo de pessoas, toda uma população ou mesmo uma organização e seus colaboradores. Cabe a ele decodificar a mensagem recebida, desenvolvendo assim a compreensão de seu significado.
5. Ruído no sistema de comunicação: são distorções no processo de comunicação que fazem a mensagem recebida ficar diferente da mensagem enviada. O ruído altera o significado daquilo que é transmitido, levando o receptor a resultados inesperados. Em mensagens nas quais a simbologia é amplamente utilizada por meio de cores, sons e figuras, muitas vezes a compreensão da mensagem enviada apresenta significado bastante distinto daquilo que se planejou. O ruído faz com que o receptor não consiga decodificar adequadamente a mensagem.
6. Feedback: resposta dada pelo receptor ao emissor, que avalia a qualidade do processo e adota ações corretivas para o caso de mensagens inadequadamente interpretadas.

Quando uma empresa de viagem anuncia um cruzeiro marítimo, apresenta em sua mensagem a figura de um navio luxuoso e sofisticado. Por meio daquela figura, a comunicação estabelece junto ao consumidor uma imagem de conforto e bem-estar, representados pela simples imagem da embarcação. Assim, muitas mensagens são codificadas por figuras e quadros.

O modelo AIDA apresentado por Churchill e Peter (2000, p. 451) busca compreender a resposta do consumidor às mensagens do marketing, em forma de consumo de bens e serviços. Esse modelo analisa o esforço de comunicação e sua capacidade de influenciar a atenção, o interesse, o desejo e a ação dos clientes.

Assim, o modelo oferece diversos estágios de resposta do consumidor a uma comunicação de marketing:

- Atenção: o uso de mensagens que chamem a atenção do consumidor para a mensagem que está sendo transmitida;
- Interesse: despertar o interesse é a etapa seguinte à da atenção. Isso ocorre quando o consumidor consegue identificar benefícios nos atributos ofere-

cidos pelo produto ou serviço. O uso de uma mensagem atraente, envolvente ou mesmo surpreendente é ferramenta para despertar o interesse do consumidor.

- Desejo: etapa seguinte do processo praticado pelo consumidor; na fase do desejo, o consumidor já está convencido da necessidade de adquirir o produto, pois se certificou do valor oferecido pelo produto.

- Ação: esse é o ato final do processo de comunicação de marketing, caracterizado pela resposta final do consumidor pela compra do produto ou da contratação do serviço.

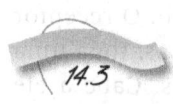

14.3 Promovendo as localidades turísticas

As localidades devem estabelecer canais de comunicação com os potenciais turistas, buscando promover o lugar de forma coerente com a realidade existente e buscando atender às expectativas dos consumidores. Desse modo, a escolha dos instrumentos adequados de promoção constitui um importante passo na divulgação da imagem que se deseja para o local (veja o Quadro 14.2).

Quando se busca divulgar a imagem de um local, em primeiro lugar, é preciso determinar o público-alvo e qual o comportamento padronizado que se espera que esse público tenha (KOTLER, HAIDER & REIN, 1994). O mercado-alvo para uma localidade pode ser formado por jovens adolescentes, e o comportamento que se espera desse público é que ele visite a localidade nos períodos de feriados prolonga-

---

Quadro 14.2

COMUNICAÇÃO TURÍSTICA

Atraindo pelo menos um milhão de turistas no carnaval, os quatro municípios do litoral norte paulista (Ubatuba, Caraguatatuba, São Sebastião e Ilhabela) distribuirão, durante o feriado prolongado, a primeira edição de um guia com dicas de lazer, serviços públicos, preservação ambiental, segurança e informações histórico-culturais.

Serão distribuídos 3 mil exemplares do guia "Litoral Norte Sempre Verão" nas prefeituras, nos pontos de informação turística e nos parques estaduais. O guia é editado pela Cetesb (Companhia de Tecnologia de Saneamento Ambiental), em parceria com o CBH-LN (Comitê de Bacias Hidrográficas do Litoral Norte) e com a prefeitura de Ilhabela.

A proposta é atualizar o guia a cada temporada de verão e aumentar a tiragem.

Segundo a secretária-executiva do CBH-LN: "A proposta do guia é a convivência harmônica do turismo com a região. Há ainda muitos problemas com a falta de conscientização dos turistas. Queremos também estimular a visitação dos parques estaduais, que são belíssimos, e descentralizar o uso das praias. Temos 214 praias, e o turista só vai na mais conhecida, o que gera mais degradação".

Fonte: LITORAL norte cria guia para turista. Jornal *Folha de S.Paulo*, 12 fev. 2004, Caderno Campinas, p. C-7.

dos. Ou, para uma outra localidade, o público-alvo talvez sejam as pessoas idosas, e se deseja que esse público adote como comportamento-padrão a visita à localidade nos períodos de baixa temporada, quando podem ser disponibilizadas acomodações com preços compensadores — o que aumentaria a taxa de ocupação.

Assim, identificado o público-alvo e estabelecido qual o comportamento que se espera que ele assuma, o passo seguinte é a escolha dos instrumentos de promoção mais adequados, os quais, de um modo geral, são citados por vários autores como: Kotler, Haider e Rein (1994); Pereira (2001); Ruschmann (1990); Balanzá e Nadal (2003); Vaz (2001); Middleton (2002); Mota (2002); Matheus (2002); e Zardo (2003); entre outros — e que sintetizamos nos seguintes elementos: publicidade, promoção de vendas, relações públicas, venda pessoal, worshops, *fam-tour*, ambientação, internet, patrocínio e eventos.

Publicidade

A publicidade é entendida como *qualquer forma paga de apresentação não-pessoal e promoção de idéias, bens ou serviços a um público por parte de um patrocinador identificado* (Associação de Marketing Americana). Trata-se de uma comunicação coletiva, massiva e paga, com a qual se pretende informar e persuadir o mercado-alvo sobre a qualidade dos produtos oferecidos pela localidade receptora, com o objetivo de influenciar as atitudes e condutas dos consumidores potenciais e reais. Em relação à mídia, são considerados canais de publicidade principais: jornais, televisão, rádios, revistas, outdoors e folhetos que apresentam vantagens e desvantagens, as quais são apresentadas na Tabela 14.1.

Promoção de vendas

Promoções de vendas são formas utilizadas para estimular a compra de determinado produto ou serviço. São incentivos que auxiliam e incrementam a compra realizada, estimulando o aumento do consumo. As promoções podem vir como descontos, prêmios, concursos, garantias etc. Embora haja diversos instrumentos de promoção de venda, eles possuem três características específicas (KOTLER, HAIDER & REIN, 1994):

- *comunicação*: são elementos que chamam a atenção e que podem levar o público-alvo a demonstrar mais interesse pelo local;
- *incentivo*: são elementos que, de qualquer modo, incorporam algum atrativo ou contribuição que agrega valor ao produto consumido pelo público-alvo; e
- *convite*: são elementos que assumem a função de um convite para o consumidor se envolver em uma transação imediata.

Entre as vantagens dos instrumentos de promoção de vendas estão: a criação de uma resposta mais sólida e mais rápida do cliente, a dramatização das ofertas dos produtos e, ainda, a capacidade de aumentar as vendas fracas.

Tabela 14.1 Perfis dos principais tipos de mídia

Meio	Vantagens	Desvantagens
Jornais	Flexibilidade; boa cobertura do mercado local; ampla aceitação e alta credibilidade.	Vida curta; má qualidade de reprodução de fotos.
Televisão	Combina imagem, som e movimento; atraente para os sentidos; provoca muita atenção e apresenta um alto grau de penetração.	Custo absoluto elevado; há menos seletividade de público (exceto os canais pagos, que têm público altamente seletivo).
Mala-direta	Seletividade de público; flexibilidade; sem concorrência com anúncios dentro do mesmo meio; personalização.	Custo relativamente alto; e, dependendo da relação de endereços, há um baixo retorno.
Telefone (telemarketing)	Possui as mesmas vantagens da mala-direta; acrescenta um toque pessoal.	O uso excessivo do telemarketing em determinado público-alvo, de mais alto poder aquisitivo, tem desgastado o veículo.
Rádio	Ampla utilização; pode ser utilizado com seletividade geográfica; de baixo custo.	Somente apresentação auditiva; prende menos a atenção do que a TV; exposição passageira.
Revistas	Alta seletividade geográfica e demográfica; credibilidade e prestígio; reprodução de alta qualidade; vida longa; boa comunicação com os leitores.	Longo tempo de compra de anúncios publicitários.
Outdoors	Flexibilidade; exposição repetida; baixo custo; pouca concorrência.	Não há seletividade de público; limitações criativas.
Folhetos	Baixo custo; versatilidade; fácil de carregar; pode ser considerado como parte da embalagem do produto turístico.	Folhetos mal elaborados embalam mal o produto turístico.
Internet (webmarketing)	Baixo custo; versatilidade; seletividade de público; personalização.	Seu uso excessivo tem causado reprovação em determinados públicos que empregam meios de defesa contra esse tipo de mídia.

Fonte: Adaptado de Kotler, Haider e Rein, 1994, p. 186.

Entre as desvantagens estão: a curta duração de seus efeitos e o fato de não criarem preferências duradouras pela localidade.

Relações públicas

As relações públicas são consideradas como o conjunto de atividades previamente planejadas com o objetivo de estabelecer e manter uma comunicação e uma compreensão mútuas entre uma organização — empresas, organismos, instituições etc. — e seu público — clientes, associados etc. De acordo com Montejano (1999), as principais características das relações públicas são:

- comunicação direta entre a organização e seu público;

Capítulo 14 A comunicação turística 225

- apoio às atividades de marketing e publicidade;
- compreensão entre a organização e seu público; e
- criação de imagem, prestígio e posição no mercado.

O trabalho de um relações-públicas de localidade, que tem por objetivo "vendê-la" a um público determinado, pode contribuir nas seguintes tarefas (KOTLER, HAIDER & REIN, 1994):

1. Ajudar no lançamento de novos produtos.
   Uma localidade, quando vai agregar um novo atrativo ou melhorar algum já existente, pode lançar uma campanha de relações públicas com entrevistas à imprensa, matérias e eventos especiais para motivar as pessoas a voltar a visitar o lugar e conhecer as novidades.

2. Ajudar a reposicionar um produto maduro.
   Uma boa campanha de relações públicas pode ajudar a melhorar a imagem de um destino turístico que, por qualquer motivo, tenha uma imagem negativa. O Rio de Janeiro, por exemplo, mantém uma boa posição em termos de imagem que foi recuperada após um período de estagnação por causa da violência e da insegurança. Embora os problemas da cidade não tenham sido exatamente solucionados, o trabalho de relações públicas, principalmente no plano internacional, ajuda a manter uma imagem positiva do Rio de Janeiro.

3. Criar um interesse em uma categoria de produto.
   Muitas cidades do interior do Brasil têm desenvolvido produtos artesanais típicos de suas regiões com amplo apoio das cidades em que se concentram. Locais públicos, como ex-presídios e imóveis tombados, são cedidos para as associações de artesãos que desfrutam do trabalho de relações públicas promovido pelo município.

4. Influenciar grupos-alvos específicos.
   O trabalho de relações públicas realizado em segmentos específicos dos mercados-alvos promove um aumento do fluxo de turistas. O relacionamento com as associações específicas, a atração de organizações não-governamentais e a participação em feiras produzem bons resultados em segmentos turísticos, tais como: o ecoturismo, o turismo rural, o turismo histórico, o turismo de aventura, entre outros.

5. Defender locais que tenham enfrentado problemas públicos.
   O trabalho de relações públicas é importante para recuperar o prestígio de locais que sofreram problemas eventuais, como vazamento de produtos tóxicos, queda da balneabilidade das praias, surgimento de epidemias e de pragas, roubo ou assassinato de turistas etc. A resposta rápida contribuirá para manter o fluxo habitual para a localidade, pois esclarecerá e dimensionará corretamente o problema, evitando que ele aumente em função do boca-a-boca.

6. Criar uma imagem do local de uma maneira que ela se projete favoravelmente sobre os seus produtos.

Muitas vezes a imagem positiva de um local pode crescer não em função direta da importância de seus atrativos, mas, sim, de uma situação fortuita ou intencionalmente planejada. Uma situação fortuita a ser explorada é a gravação de uma cena de novela ou de cinema na localidade, que pode contribuir para chamar a atenção sobre os demais atrativos (veja o Quadro 14.3). Uma situação planejada é a identificação de figuras de destaque nacional que nasceram ou viveram na localidade; bem como eventos marcantes e lançamentos de campanhas de relações públicas para reposicionar a cidade como centro irradiador onde nasceu e viveu a personalidade ou aconteceu tal fato marcante. Uma outra forma é desenvolver um evento novo que reposicione a imagem da cidade e a fortaleça. Um exemplo interessante foi a realização em Paraty, no Rio de Janeiro, em agosto de 2003, do Festival Literário Internacional (FLIP), o qual ampliou o público para a cidade.

Entre as muitas técnicas e atividades de relações públicas que podem ser adotadas, destacamos as seguintes (Montejano, 1999):

- redação, publicação e difusão periódica de notas e comunicados de imprensa para divulgar as novidades das atividades desenvolvidas na localidade, pela imprensa geral ou especializada ou até mesmo por meio de divulgação maciça pelo correio;

- organização de coletivas de imprensa para informar de forma direta aos meios de comunicação de massa as atividades desenvolvidas na localidade;

- viagens e visitas de familiarização ou educacionais para que se conheça diretamente a realidade local e o seu cotidiano;

Quadro 14.3

O RETORNO DOS BONDES E A NOVELA

Quinze minutos para conhecer mais de 200 anos da história de Santos. Esse é o tempo que dura o passeio a bordo do bonde turístico que percorre as principais ruas do centro histórico e custa R$ 0,50. A atração voltou a funcionar normalmente em janeiro de 2004.

Turistas e moradores formaram filas na Estação Buck Jones, na Praça Mauá, ponto de partida do bonde. O interesse pelo passeio foi reforçado pelo seriado 'Um só Coração', da Rede Globo, e que teve como cenário externo vias como a Rua do Comércio.

Os dois bondes foram restaurados com peças originais, a partir de carcaças encontradas abandonadas em um parquinho de uma creche municipal e em uma praça da cidade.

Uma turista catarinense pegou um bonde e fez o passeio com a família. "Achei lindo. É um passeio antigo que resgata a cultura da cidade." Para seu filho, Santos deixou de ser apenas o nome de um time de futebol.

Fonte: CARARO, Aryane. 'Bondinho Turístico volta ao centro histórico de Santos'. Jornal *O Estado de S.Paulo*, 7 jan. 2004, Caderno Cidades, p. C-5.

Capítulo 14   A comunicação turística   227

- produção e difusão de material de propaganda turística: folhetos, revistas, presentes etc.
- difusão de material audiovisual: fotografias, slides, vídeos, CD-ROM;
- organização de atos sociais de informação e apresentação de produtos e serviços turísticos: almoços, coquetéis, jantares etc.
- organização de concursos de imprensa com finalidades promocionais;
- organização de manifestações e atividades diretas com o público em geral: jornadas ou semanas comerciais, grandes concursos, manifestações esportivas, projeção de vídeos e documentos promocionais, entrega de presentes, conferências etc.; e
- patrocínio de atividades culturais, esportivas, recreativas, musicais, teatrais etc.

Venda pessoal

É o contato direto entre o comprador e o vendedor, pessoalmente, por telefone ou por meio de videoconferência. A venda pessoal inclui as atividades individuais de interação direta do turista com diversos prestadores de serviço que oferecem variados produtos para ser consumidos ao longo de sua estadia. Um garçom pode sugerir determinados pratos para ser digeridos, vários funcionários do hotel podem indicar um local para a compra de suvenires etc. Além disso, a venda pessoal inclui todos os contatos diretos com os clientes efetuados pelos diversos agentes, como, por exemplo, a comercialização de pacotes turísticos.

A venda pessoal, tradicionalmente, era centralizada para garantir as transações de vendas planejadas, ou seja, "fazer negócios". Hoje em dia, conforme Middleton (2002, p. 289):

> *Ela visa não apenas a garantir a transação, mas, também, o fluxo potencial futuro das transações que uma venda pode gerar. O foco está na conservação de clientes, no desenvolvimento de relacionamentos e na venda voltada para soluções em transações de vendas exclusivas.*

Workshops

São ações promocionais coletivas que se constituem em visitas realizadas por uma delegação do núcleo receptor aos mercados-alvos selecionados (veja o Quadro 14.4). No local, são realizadas reuniões com formadores de opinião e todos os agentes relacionados de uma ou outra forma com o turismo, além da imprensa especializada. Alguns cuidados podem ser tomados, segundo Pereira (2001, p. 106), entre os quais:

- os expositores devem possuir total conhecimento do mercado e pleno domínio das técnicas de apresentação;

> **Quadro 14.4**
>
> ## O MERCADO DA RÚSSIA E A BAHIA
>
> Na busca pela ampliação do mercado de turismo no exterior, a Bahiatursa realizou em Moscou um workshop para mostrar os atrativos baianos com o intuito de ganhar novos visitantes. Realizado em um restaurante no centro de Moscou, o evento contou com a presença de mais de 100 operadoras e agências de viagens russas. No workshop, promovido pela Bahiatursa com a participação da operadora Tours Brasil, houve palestra e distribuição de brindes e material promocional.
>
> O objetivo da Bahiatursa com o workshop não é aumentar o fluxo de turistas, mas atrair para a Bahia o turista de maior poder aquisitivo. O turista russo é tido como o que mais gasta, considerando-se a média dos estrangeiros.
>
> O número de turistas russos que visita a Bahia, no entanto, ainda é muito pequeno — menos de 1% na participação de visitantes estrangeiros. A política de segmentação adotada nos últimos tempos tem garantido avanços expressivos. A Bahia recebe, em média, 12,2% dos chamados turistas especiais, cuja renda gira em torno de US$ 2.130, e é 2,4 vezes superior à renda média do turista nacional.
>
> Antes de visitar a Rússia, a Bahiatursa esteve em uma das maiores e mais importantes feiras de turismo do mundo, em Berlim, na Alemanha. Na Internationale Tourismus Borse (ITB), realizada de 12 a 16 de fevereiro de 2004, a Bahiatursa fez articulações com o trade local para novas possibilidades de vôos fretados da Europa direto para a Bahia. São mais de 10 mil expositores de 178 países, 141.139 visitantes, incluindo 75.019 profissionais.
>
> Fonte: BAHIA busca mercado na Rússia. Jornal *Gazeta Mercantil*, 25 mar. 2004, Caderno Rede Gazeta do Brasil, p. B-16.

- deve-se selecionar os convidados por função específica e evitar mesclar públicos diversos, como, por exemplo, agentes de viagem e operadores com jornalistas — cada grupo apresenta necessidades de informação diferentes;

- os convites devem ser enviados nominalmente às pessoas que interessam estar presentes ao evento; e

- o material promocional precisa ser completo, de bom gosto e sem exageros. A decoração do ambiente deve ser agradável e funcionar como um complemento à apresentação.

Nas reuniões haverá apresentação de filmes e utilização de outros recursos audiovisuais, mostrando os atrativos da região receptora. Após os eventos, será entregue aos participantes farto material promocional do destino turístico, tais como: brindes diversos, CDs de vídeo com imagem do local a ser promovido etc.

Fam-tour

Esse termo tem origem na expressão em inglês *familiarization tour* — que consiste em viagem com públicos específicos com o objetivo de colocá-los em contato com o destino a ser comercializado. Em termos práticos, trata-se de convidar os intermediários mais influentes no seu mercado para que conheçam o local, região ou país receptor. Há um investimento que necessariamente deve ser realizado, pois é preciso arcar com todas as despesas dos convidados, tais como: a viagem, a hospedagem, a alimentação, os passeios realizados etc. Entre os intermediários com influência no público-alvo, podemos relacionar: as personalidades de destaque social, cultural ou esportivo; jornalistas especializados em turismo; e, eventualmente, produtores cinematográficos ou de séries televisivas, os quais poderão utilizar a destinação como cenário em algum de seus trabalhos. Assim como acontece com o workshop, não é recomendável mesclar públicos diversos que apresentam interesses bastante diferentes (RUSCHMANN, 1990; e PEREIRA, 2001).

Ambientação

Trata-se da inclusão de uma localidade, região ou país como cenário de um filme ou série de TV (novelas, por exemplo). Os efeitos para as localidades dependerão de seu posicionamento atual, e, nesse caso, podem ser encontradas três situações possíveis (VAZ, 2001, p. 229):

> Para as localidades amplamente conhecidas, a ambientação tem o poder de manter vivas suas imagens na mente das pessoas. Para as localidades de razoável ou discreta projeção, pode constituir um reforço às ações de marketing. Finalmente, para as localidades pouco conhecidas ou que simplesmente não constam do mapa turístico, pode ser o impulso estratégico para viabilizar um projeto decidido.

O Quadro 14.5 oferece um exemplo do resultado para o turismo da utilização do território da Nova Zelândia para a filmagem de "Senhor dos Anéis".

Internet

A rede mundial de computadores torna-se cada vez mais uma importante ferramenta promocional de uma localidade, região ou país. Há uma tendência cada vez maior de os consumidores escolherem seus locais de destino após consulta à internet, visualizando os recursos naturais e culturais existentes, os locais de hospedagem, suas condições e uma gama de informações fornecidas por vários agentes que podem convergir ou não. Nesse sentido, principalmente as localidades que têm no turismo sua principal atividade econômica, devem providenciar sites integrados que congreguem os interesses do setor público e do setor privado, objetivando uma promoção conjunta do lugar. Nesses sites deverão estar sintetizadas as vantagens do deslocamento para a região. Os diversos produtos turísticos integrados no produto mais amplo — a localidade em si — remeterão todo o interessado que acessar seu site específico para a página integrada, a qual será mantida, preferencialmente, pelo poder público local (ou em associação com o setor privado). Os produtos específicos devem fornecer as informações que dizem respeito ao seu negócio principal. Assim, o hotel deve promover suas acomodações; o restaurante, sua culinária e seu ambiente; os parques temáticos, suas atrações, tal qual os museus etc.

> **Quadro 14.5**
>
> **EXEMPLO DE AMBIENTAÇÃO**
>
> Os filmes mais populares e que apresentam grande número de admiradores provocam fluxos de visitantes aos locais onde foram gravados. Os filmes "Tróia" e, anteriormente, "O Gladiador" utilizaram a Ilha de Malta, no Mediterrâneo, tornando os locais onde eles foram rodados referência para a visitação de fãs. Muitas cidades canadenses disputam entre si a locação de filmes para, mais tarde, utilizarem os locais de gravação como atrações turísticas.
>
> A Nova Zelândia vem se destacando como região de locação de filmes, tendo se tornado mais conhecida a partir da série de filmes "O Senhor dos Anéis" — fita campeã de bilheteria no mundo todo, com milhões de seguidores que procuram conhecer os locais onde viveram os personagens fictícios da trilogia.
>
> Compreendendo a importância de manter acesa a chama da série, as autoridades da ilha e empreendedores privados reproduzem a imagem dos personagens no maior número de itens possível, inclusive nas vias públicas e nos aeroportos.
>
> Para confirmar essa tendência, foram realizadas pesquisas na Nova Zelândia que indicaram, em 2003, um alto número de visitantes (em torno de 10%), cuja motivação principal da visita tinha origem no filme. A partir daí, inúmeros passeios temáticos — tendo como pano de fundo os locais que aparecem nas telas — foram criados, como descrito na reportagem:
>
> *Em Matamata fica o único set remanescente das filmagens. Trata-se da vila dos hobbits, lar de Frodo. O local tem atraído quase 200 turistas diariamente, que pagam US$ 33,50 por um tour. "A vila dos hobbits propiciou que alavancássemos essa empreitada", diz o dono da fazenda onde fica o local. Ele expandiu as atrações turísticas da fazenda de ovelhas com paint-ball, páraquedismo e golfe.*
>
> Fonte: NOVA ZELÂNDIA prepara-se para vida pós-filme 'Senhor dos Anéis'. Jornal *Folha de S.Paulo*, 16 fev. 2004, Caderno Turismo, p. F-12.

Na internet, há vários endereços que auxiliam o viajante a planejar sua viagem, informam sobre os aeroportos, consulados, embaixadas, como aproveitar a milhagem, como obter vistos, checar descontos de hotéis e pousadas. Há, ainda, inúmeras reportagens sobre destinos para os mais variados tipos de público, sugestão de roteiros, aluguel de imóveis para temporada, guias, enfim, uma enorme diversidade de informações que auxiliará o turista na escolha de seu destino. A rede mundial de computadores tende a se tornar a principal mídia utilizada pelos consumidores-turistas para a escolha de seus destinos, graças à variedade de opções que oferece, à facilidade de acesso e à possibilidade de checagem das informações sempre atualizadas em outros sites semelhantes.

Na Tabela 14.2, indicamos alguns sites sobre viagens e turismo.

Patrocínio

Uma das formas de promoção que contribuem para a consolidação da imagem de uma localidade é o patrocínio de acontecimentos, eventos, organizações, ações de cunho ambiental ou social etc. O nome e a imagem da localidade ficam assim

Capítulo 14   A comunicação turística   231

Tabela 14.2 Turismo na rede mundial de computadores

NOME DO SITE	ENDEREÇO
Ecoviagem	www.ecoviagem.com.br
Folha online – turismo	www.folha.com.br/turismo
Guia litoral Sul	www.qlitoral.com.br
Guia 4rodas	http://guia4rodas.abril.com.br/guia4rodas.abril.com.br
Guia Turismo	www.guianet.com.br/guiatur
MSN viagem	www.msn.com.br/viagem
Passaporte net	www.passaportenet.com.br
Portal brasileiro do turismo	www.embratur.gov.br
Revista próxima viagem	www2.uol.com.br/proximaviagem/guia_ferias/048.shtml
Riotur	www.riodejaneiro-turismo.com.br
São Paulo tur	www.saopaulo.tur.br
Terra turismo	www.terra.com.br/turismo
Trips europe (em inglês)	www.tripseurope.com
Uol viagem	www.viagem.uol.com.br

Fonte: SÁ, Regina de. 'Vai Sair de Férias? Programe-se na Internet'. Salvador (Ba): Jornal *A Tarde*, 31 dez. 2003, p. 5.

associados a fatos ou eventos meritórios ou de sucesso, fortalecendo a marca do local. Além disso, há uma importante exposição na mídia durante um certo tempo, e principalmente para um público específico.

Eventos

Os eventos têm se tornado uma forma cada vez mais utilizada de promoção de uma localidade, região ou país. Um dos principais motivos é que os eventos atraem grande público a um custo muito baixo. Além do mais, o evento, em si, pode proporcionar uma experiência singular ao visitante, contribuindo para a formação de uma imagem positiva do local e fortalecendo seu posicionamento em relação a outros destinos.

São vários os exemplos de promoção de destinos por meio de eventos. Entre esses, podemos citar:

- O Ceará Music, que, no ano de 2003, realizou sua terceira edição na cidade de Fortaleza (CE), entre os dias 9 e 12 de outubro. Considerado como um dos maiores eventos de música, arte e cultura do Norte e Nordeste, o Ceará Music reúne aproximadamente 120 mil pessoas nos quatro dias, sendo que pelo menos 10 mil são turistas.

- O Festival de cinema de Gramado, que comemorou, em 2002, 30 anos de existência, contribuindo para atrair visitantes para aquela que é considerada hoje a mais famosa cidade do inverno brasileiro.

- O Festival de Parintins (AM), que recebe mais de 60 mil visitantes.
- A Festa Junina de Campina Grande (PB) visitada por mais de 1 milhão de pessoas.
- Os eventos relacionados ao agronegócio, que incluem as Festas de Peão de Boiadeiro, são importante fonte de atração de visitantes e de posicionamento para as cidades. Na Tabela 14.3 estão relacionados alguns desses eventos e o público que recebe.

Feiras

A participação em feiras de turismo que são realizadas periodicamente em todo o mundo é de fundamental importância para a promoção de um destino turístico, pois ali estarão todos os agentes relacionados com a atividade. Além disso, nas feiras é que são realizados negócios e onde novos roteiros são incrementados. A

Tabela 14.3 Eventos relacionados ao agronegócio e o número de participantes estimado em 2004

Cidade	Evento	Número de participantes
Campo Grande (MS)	expogrande (exposição agropecuária)	420.000
Londrina (PR)	expolondrina (exposição de agropecuária e industrial)	850.000
Rio Verde (GO)	agrishow comigo (feira internacional de tecnologia agrícola em ação)	30.000
Rondonópolis (MT)	agrishow cerrado	30.000
Ribeirão Preto (SP)	agrishow Ribeirão Preto	140.000
Uberaba (MG)	expozebu (exposição internacional das raças zebuínas)	340.000
Goiânia (GO)	pecuária 2004 (exposição agropecuária do estado de Goiás)	750.000
Três Pontas (MG)	expocafé	20.000
Sertãozinho (SP)	agrocana (feira de negócios e tecnologia da agricultura de cana-de-açúcar)	15.000
Nova Granada (SP)	agrosala (implementos agrícolas e leilão de gado)	150.000
Barretos (SP)	festa do peão boiadeiro	800.000
Holambra (SP)	expoflora (festa holandesa das flores)	220.000
Esteio (RS)	expointer (exposição internacional de animais)	205.000
Sertãozinho (SP)	fenasucro (feira internacional da indústria sucroalcooleira)	30.000
Uberaba (MG)	expoinel (exposição internacional do nelore)	15.000
Salvador (BA)	fenagro (feira agropecuária do Norte e Nordeste)	600.000
Não-me-Toque (RS)	expodireto cotrijal (feira agrodinâmica do Mercosul)	125.000
Cascavel (PR)	show rural coopavel (exposição da cooperativa agropecuária)	140.000
Goiânia (SP)	agro centro-oeste (feira de negócios e tecnologias rurais do centro-oeste)	50.000
Araçatuba (SP)	feicana (feira de negócios da agroindústria sucroalcooleira)	15.000
Rio Pardo (RS)	expagro afubra (exposição da associação dos fumicultores do Brasil)	38.000

Fonte: Adaptado de Veja-edição especial: Agronegócio, abr. 2004, p. 60-61.

importância da participação em feiras como forma de alavancar destinos turísticos pode ser vista no Quadro 14.6.

Quadro 14.6

PARTICIPAÇÃO EM FEIRAS

A Setur (Secretaria Estadual de Turismo) do Ceará participou no mês de janeiro de 2004 da 16ª Bolsa de Turismo de Lisboa (BTL), em Portugal — principal emissor de turistas estrangeiros para o Ceará. O estado cearense recebeu em 2003 perto de 59 mil lusitanos. A investida faz parte das ações estratégicas de promoção do setor nos mercados emissores internacionais, e inclui, no grupo, operadoras, agentes de viagem, companhias aéreas e hoteleiros, entre outros. A idéia de promover, fomentar e reforçar o interesse do trade e dos consumidores daquele país pelo destino Ceará tem como meta aumentar em 12% o fluxo de visitantes portugueses.

Fortaleza recebe hoje nove vôos por semana trazendo turistas de Portugal, que, em 2003, foi responsável por 30% do fluxo total de 194.300 visitantes estrangeiros que desembarcaram no estado. De acordo com a Coordenação de Marketing da Setur, a feira também possibilita o contato estratégico com empresários portugueses do turismo. A Setur trabalha na atração de novos negócios, captando investimentos em equipamentos turísticos e no segmento de empresas aéreas, para aumento de vôos fretados e regulares.

Fonte: THOMASI, Adriana. 'Setur reforça promoção no exterior'. Jornal *Gazeta Mercantil*, 26 jan. 2004, Caderno Rede Gazeta do Brasil, p. B-13.

Questões

1. Qual o grande objetivo da comunicação de marketing no âmbito do turismo?
2. Quais são os diversos elementos do processo de comunicação de marketing?
3. Como, ao manter a singularidade, as cidades podem obter vantagens nos ambientes globalizados?
4. Ao se buscar a divulgação da imagem de um local, qual deve ser a primeira medida a ser tomada?
5. Após identificar o público-alvo e estabelecer o comportamento que se espera que ele assuma, qual deve ser o passo seguinte a ser tomado?
6. Qual a definição de publicidade?
7. O que são workshops, do ponto de vista da comunicação de marketing?
8. O que é um *fam-tour*?
9. O que significa ambientação em marketing?
10. Qual o papel dos eventos na comunicação e qual sua principal vantagem?

CAPÍTULO 15

Planejamento estratégico de marketing de localidade

O trabalho é uma das duas dimensões do ser humano. A outra é o amor e a família. Só tem bom desempenho quem ama o que faz.

DRUCKER apud *DRUCKER & SENGE*, 2002, p. 24

Quando fez essa afirmação, Drucker não se referia à necessidade de se gostar de tudo o que se faz, mas, sim, a uma visão mais ampla, em que todos devem conviver com um conjunto de rotinas e procedimentos que integrem a série de atividades desempenhadas pelo indivíduo à qual se denomina trabalho, e que seja algo que tenha valor pessoal e profissional, isso é, algo que valha a pena — tanto para o indivíduo quanto para a organização da qual ele participa. Nesse sentido, o planejamento estratégico organizacional surge como um ferramental utilizado por profissionais para o direcionamento competente das ações empreendidas no âmbito dessa e de seus cooperados, com o intuito de atingir determinados objetivos que mensuram o valor esperado pela organização quanto a seus resultados. E, como uma das principais funções organizacionais, o planejamento estratégico de marketing compreende o direcionamento dado à função marketing, de modo a garantir sua participação eficaz diante dos objetivos organizacionais gerais. De nada adianta ter o melhor produto ou serviço se esse não estiver de acordo com as necessidades e desejos dos clientes ou se não for conhecido por eles. Este capítulo apresenta os conceitos ligados ao planejamento estratégico de marketing, as estratégias ligadas ao marketing turístico e de localidades, bem como os estágios e as recomendações para sua elaboração.

15.1 O processo de planejamento estratégico

Conforme visto anteriormente, o processo de planejamento é parte integrante do processo administrativo, executado pelo administrador como condição básica de sucesso organizacional, por meio da adequada seleção e organização de recursos, definição de caminhos e metas, bem como pela escolha de formas e mecanismos para atingi-los. Iniciando o processo de administração de marketing, o planejamento proporciona o levantamento de dados relacionados ao ambiente organizacional e de marketing, tanto interno quanto externo à organização em questão, possibilitando, assim, avaliar e traçar os rumos e caminhos mais adequados ao desenvolvimento das atividades organizacionais.

Para Psillakis (2003, p. 442), o planejamento é um processo de tomada antecipada de decisão, é algo que é feito antes da ação. E ele trata de definir o que e como fazer, antes de efetivamente executar determinada ação. A partir daí, busca-se encontrar formas mais adequadas de se executar ou atividades mais bem sintonizadas com os objetivos organizacionais e em que vai valer a pena investir os escassos recursos que se dispõe.

Constantes mudanças internas e externas testam a capacidade das organizações de se adequarem às novas situações, impulsionando-as na busca de alternativas para sua adequada adaptação às condições do ambiente. Para Zavaglia (2003, p. 123), preparar-se para enfrentar desafios é uma tarefa importante que proporciona inúmeros benefícios às organizações, dentre os quais podem ser destacados:

- definição e estabelecimento de objetivos organizacionais mais condizentes;
- obtenção de análises e revisões sobre os ambientes internos e externos à organização;
- orientação sobre a direção a ser seguida pela organização;
- melhoria no processo de tomada de decisão da organização;
- ampliação das chances de a organização alcançar seus objetivos;
- capacidade de maximizar o alcance de bons resultados organizacionais;
- identificação das principais deficiências organizacionais;
- melhoria na compreensão dos fatos que ocorrem nos ambientes internos e externos à organização;
- melhoria da eficiência, eficácia e efetividade organizacional;
- criação de estratégias de competição adequadas;
- condução da organização para o futuro possível; e
- possibilidade de influenciar os ambientes internos e externos à organização.

Apesar de a autora referenciar freqüentemente a utilização de planejamento para as organizações inseridas no competitivo mercado de bens e serviços, justifica-se o planejamento em todas as esferas decisórias, independentemente do nível em que as decisões ocorram e muito menos do tipo de objetivo que norteia a existência da organização. Cabe ao planejamento, então, o ajuste e a correção de rotas, bem como o estabelecimento dos recursos necessários para o alcance dos objetivos.

Para Robbins (2001), observa-se forte contribuição do planejamento para o resultado organizacional. A implantação de planos estratégicos promove, assim, aumentos de produtividade e reduções de custo em geral e pelos seguintes motivos:

- o planejamento está relacionado ao maior crescimento de vendas, receita, lucros mais elevados, maior retorno sobre os ativos e outros resultados financeiros positivos;

- a qualidade do processo de planejamento e a implementação adequada dos planos contribuem para o melhor desempenho da organização; e

- os gerentes aprendem a introduzir flexibilidade na sua maneira de pensar, especialmente quando se deparam com informações das quais precisam rever os rumos traçados inicialmente para se alcançar os objetivos ou metas.

Quanto ao objeto do planejamento, uma organização pode executar vários tipos de planejamento. Oliveira (2001), citando Ackoff (1974), afirma que o planejamento pode ser dos fins — quando se deseja especificar na organização o estado futuro desejado (sua missão, propósitos, objetivos, metas, valores); dos meios — quando caminhos para a organização chegar ao estado futuro desejado são propostos; organizacional — quando são esquematizados os requisitos organizacionais para poder realizar os meios propostos; de recursos — quando todos os recursos necessários para o alcance do futuro desejado são dimensionados; de implantação e controle — quando a implantação do próprio planejamento é planejada e gerenciada.

Robbins (2001) classifica o planejamento em três categorias distintas, considerando o prazo ou o tempo em que devem ser implementadas as ações previstas para o alcance do futuro desejado. Desse modo, os planos devem avançar no futuro o suficiente para não perder de vista os compromissos assumidos no presente. Daí cabe à organização analisar se é necessário implementar planos de curto, médio ou longo prazos. Os planos de curto prazo são os que estão comprometidos com um futuro próximo de, no máximo, 2 anos; os de médio prazo cobrem compromissos de 2 a 5 anos; e os de longo prazo, qualquer período superior a 5 anos (ZAVAGLIA, 2003, p. 127).

Quanto ao nível hierárquico no qual o planejamento é elaborado, são destacados três tipos de planejamento: o estratégico, o tático e o operacional. O estratégico afeta a empresa como um todo, uma vez que suas previsões de futuro são de longo prazo e a responsabilidade pela sua condução fica a cargo dos principais gestores da organização. O planejamento tático tem abrangência departamental ou local e é conduzido por gerentes intermediários. As previsões de futuro são de curto prazo e se relacionam com partes específicas da organização. O planejamento operacional se refere a ações voltadas para cada um dos participantes da organização e corresponde à execução das ações estabelecidas no planejamento tático, sendo também de curto prazo. O que se verifica é que o nível estratégico, além de estar voltado para os objetivos de longo prazo, preocupa-se com a maneira pela qual deve perseguir esses objetivos. O nível tático, além de ter abrangência menor, concentra-se na definição de ações que levam a organização a alcançar os objetivos. Já o nível operacional volta-se exclusivamente para a execução das ações estabelecidas no nível tático, uma vez que essas são os meios para se alcançar os objetivos. Trata-se, então, da hierarquia do planejamento, na qual as ações executadas em menor nível são fundamentais para que as ações dos níveis superiores tenham sucesso.

Observado de maneira abrangente, o processo de planejamento estratégico envolve um seqüencial de tarefas iniciadas na coleta de dados e informações sobre situações e ambientes, que servirão de orientação na elaboração dos objetivos da organização. Nessa coleta de dados, são obtidas informações voltadas para a saúde organizacional interna e mais as informações sobre os diferentes elementos de influência organizacional — os *stakeholders*. A partir da análise desses dados, pode-se identificar ameaças e oportunidades no ambiente externo ou, ainda, os pontos fortes e fracos que a organização possui.

Assim, o processo de planejamento estratégico se consolida a partir do momento em que se tem o conhecimento sobre as diferentes armadilhas existentes no mercado de atuação, bem como as oportunidades disponíveis e que podem ser exploradas — seja por falta de concorrentes no mercado ou por baixa qualidade ou inadequação às condições definidas pelos clientes. Ele busca, também, definir os aspectos internos à organização, os quais podem ser mais seguramente utilizados durante a elaboração dos planos gerais, oferecendo os pontos fortes da organização e seus pontos fracos, alvo de estratégias de desenvolvimento.

Planejar estrategicamente significa, então, escolher as oportunidades que devem ser exploradas, bem como os recursos organizacionais que serão utilizados para tal. Encerra o processo a avaliação dos resultados obtidos em comparação com aqueles previamente acordados entre os funcionários ou mesmo nas equipes de trabalho.

15.2 O planejamento estratégico de marketing de localidades

Para se fazer um planejamento estratégico de marketing de localidades, segundo Kotler, Haider e Rein (1994), o processo deve passar por cinco etapas:[1]

1. Uma auditoria do local: identificar quais são seus pontos fortes e fracos, suas oportunidades ou ameaças e os problemas mais importantes — o diag-

---

[1] A proposta que apresentamos de um plano de marketing de localidades se baseia em Kotler, Haider e Rein (1994); CEPAL (1998); e SOPDE-Málaga (1994).

nóstico posterior (Análise SWOT[2]) às análises externa e interna em que se relacionam as variáveis que foram obtidas.

2. Visão e objetivos: identificar o que os moradores querem que a comunidade se torne.
3. Elaboração de estratégia: em função dos objetivos a serem atingidos e expressos pelos moradores, definir estratégias e fixar as metas.
4. Plano de ação: identificar as atitudes específicas que devem ser tomadas pela comunidade para que as metas propostas sejam atingidas.
5. Implantação e controle: a fase de implementação do plano e seu posterior acompanhamento por equipe especializada e pela comunidade como um todo.

O Plano de Marketing é parte importante do Plano de Desenvolvimento do Turismo de qualquer localidade e deve ser proposto e gerido por pessoas especializadas — não é uma tarefa para amadores —, pois os resultados de uma construção de imagem equivocada podem resultar em fracasso do planejamento como um todo (veja o Quadro 15.1).

Quadro 15.1

O PLANO DE MARKETING TURÍSTICO DA CIDADE DE SÃO PAULO

A operadora turística CVC, a Atlantica Hotels International e o São Paulo Convention & Visitors Bureau (SPCVB) uniram-se para intensificar a promoção de São Paulo em território nacional e estimular o turismo de lazer na capital paulista. A parceria resultou no lançamento do Visite São Paulo, campanha que, aliada às comemorações dos 450 anos do município, pode atrair 1,5 milhão de turistas a mais do que no ano passado. A iniciativa é parte do Plano de Marketing do Turismo de São Paulo, encomendado pelo Bureau no final de 2002.

A entidade já iniciou a veiculação de comerciais para divulgar a cidade em todo o país. "A intenção é propagar o destino São Paulo e fazer chegar ao Brasil os atrativos para um novo público: o de turistas de lazer", afirma o presidente do SPCVB. O programa inclui ainda a capacitação de 2,5 mil agentes de viagens para venda da localidade e confecção de 100 mil folhetos e mapas com os principais pontos turísticos da capital, que, em 2003, recebeu 6,5 milhões de visitantes.

Simultaneamente a essas ações, a CVC criará pacotes turísticos específicos para chamar visitantes para a região. "Há um certo preconceito entre os agentes de viagens para a venda do destino São Paulo", afirma o diretor de vendas da empresa. Justamente por isso, a companhia pretende treinar seus vendedores e trabalhar com um roteiro predeterminado. "O pacote para São Paulo não pode ser genérico; é preciso pontuá-lo", comenta o executivo.

A CVC promoveu uma pesquisa informal em suas lojas para verificar quais os principais locais de interesse na capital. Entre os destaques estão o Parque do Ibirapuera, o Instituto Butantã e o Museu do Ipiranga. As churrascarias paulistanas, as pizzarias e

---

[2] A sigla é baseada em termos originados do inglês e significa: os pontos fortes (Strongness), fracos (Weakness), oportunidades (Opportunities) e ameaças (Threats).

a comida japonesa lideram a lista na área de gastronomia. Para as compras, um dos ícones é a Rua 25 de Março. "A região é a meca dos turistas de todas as classes sociais", ele diz.

Outros pontos lembrados, diz o executivo, foram o metrô, o bairro da Vila Madalena e os arredores da capital, como as cidades de Santos, Guarujá, Itu e Campos do Jordão. O turismo religioso também ocupa espaço no interesse dos turistas de outras localidades. Segundo o diretor, a cidade de Aparecida — situada a cerca de duas horas de São Paulo — foi lembrada pelos pesquisados, ao lado da igreja de São Judas Tadeu e dos templos orientais.

Segundo o executivo, a meta é vender 40 mil pacotes ao longo de 2004. Em 2003, a empresa, que possui 90 escritórios espalhados pelo Brasil, comercializou 18 mil pacotes; em 2002, quando ainda não tinha feito ação alguma para divulgar o destino São Paulo, foram 8 mil pacotes vendidos. "A CVC não se interessava porque o público era formado principalmente por homens de negócios; sobrava um espaço pequeno para turismo de lazer", afirmou o dirigente do São Paulo Convention & Visitors Bureau.

"Os pacotes terão no mínimo cinco dias totalmente preenchidos", comenta. Os roteiros começaram a ser vendidos a partir do dia 26 de janeiro de 2004, com saídas de dez estados brasileiros. Já os workshops e os eventos para capacitação dos agentes começaram uma semana depois, no Centro-Oeste, uma das regiões com maior potencial para emissão de turistas, segundo o diretor de vendas da CVC.

Com 18 unidades na Grande São Paulo, a Atlantica Hotels International espera um aumento de 10% na sua taxa de ocupação. As tarifas para os roteiros serão exclusivas para a CVC e terão os mesmos valores que as oferecidas nos finais de semana, quando o movimento cai drasticamente com a ausência dos turistas de negócios. "Os hotéis possuem diversas bandeiras e categorias, o que nos permite atender todos os públicos", diz o diretor da CVC.

Elaborado pela empresa espanhola Marketing Systems, em 2002, o Plano de Marketing de Turismo para a cidade prevê a atração de 15 milhões de turistas em 2010. "As comemorações dos 450 anos da capital poderão antecipar a meta em um ano", comenta o presidente do SPCVB.

De acordo com a diretora da Marketing Systems, o objetivo do programa é aumentar o número de turistas paulistas e brasileiros. Em 2004, aliás, o SPCVB investiu R$ 6 milhões para divulgar São Paulo no interior do estado. "A intenção é que os paulistas venham pelo menos uma vez por mês e permaneçam por pelo menos dois dias", afirma o executivo do SPCVB. Outros R$ 14 milhões serão gastos para promoção da capital no restante do país.

Fonte: PARCERIA venderá cidade de São Paulo como destino de lazer. Jornal *Gazeta Mercantil*. Versão on-line. www.gazetamercantil.com.br. 15 jan. 2004. Acesso em 27 de março de 2004.

15.2.1 Auditoria ou diagnóstico da localidade

No diagnóstico da localidade, devem ser considerados quatro elementos básicos, segundo Kotler, Haider e Rein (1994): a imagem, a infra-estrutura, as atrações e as pessoas.

A imagem da cidade

A imagem de uma cidade é o resultado de um conjunto de idéias e percepções que diferentes grupos de pessoas compartilham sobre ela. Cada grupo poderá ter sua própria imagem, pois essa não tem nada de objetivo ou racional. Assim, os residentes poderão ter uma imagem diferente dos visitantes, e esses, por sua vez, poderão ter múltiplas imagens em função de cada grupo de interesse que é formado (jovens, idosos, mulheres, homens etc.).

A infra-estrutura

A competitividade de uma localidade e a qualidade de vida de seus habitantes dependem da existência de uma infra-estrutura adequada para o atendimento dos visitantes. São aspectos relevantes a serem considerados:

- a rede de infra-estrutura de abastecimento de água e eletricidade, bem como o sistema de saneamento básico, a destinação de resíduos sólidos e líquidos e a adequada pavimentação das ruas e principais vias de acesso aos atrativos;

- o sistema de transporte público e a facilidade de acesso aos locais de afluência de visitantes;

- conexões com outras cidades, facilidades de acesso a aeroportos e terminais de ônibus interestaduais e inter-regionais;

- existência de espaços verdes e lazer públicos e alta arborização das vias públicas;

- existência de centros de saúde para atendimentos de emergências, com disponibilidade de profissionais especializados;

- ampla estrutura de serviços para atendimento ao visitante: hotéis, restaurantes etc.;

- estrutura de telecomunicações adequada: telefone, fax, internet, correio etc.;

- segurança — com a presença ostensiva de policiamento e postos de atendimento fixos; e

- zona comercial que atenda às necessidades dos visitantes, tanto as básicas como aquelas que surgem da visita — suvenires, brindes, artesanato etc.

As atrações

Esse é um aspecto importante e que tornará a localidade diferente das outras. As principais atrações são aquelas relacionadas à natureza e as de cunho cultural. No entanto, muitas cidades que não apresentam nem uma nem outra atração podem providenciar os mais variados tipos de atrativos que sirvam para atrair visitantes. O levantamento dos atrativos de uma cidade identificará seus pontos fortes, os quais poderão materializar uma visitação significativa, além de uma taxa de permanência das visitas. Os rodeios realizados por todo o país são um bom exemplo, pois, em algumas cidades, eles se tornaram sua principal atração turística (veja o Quadro 15.2).

As pessoas

O estado de espírito das pessoas residentes na localidade constitui um elemento-chave para o marketing da cidade. A maior ou menor amabilidade, simpatia, espírito de trabalho, capacidade empreendedora, civismo ou cosmopolitismo dos habitantes pode condicionar o grau de interesse que a cidade desperta em potenciais visitantes.

As pessoas são um elemento de marketing particularmente complexo, pois os habitantes fazem parte do produto (a localidade) que se quer vender, mas, ao mesmo tempo, possuem sua própria imagem dele.

15.2.2 Identificação de objetivos

A partir do diagnóstico dos elementos de marketing da localidade, os objetivos a serem alcançados são definidos. Nesse trabalho de definição, é preciso levar em conta as seguintes características reunidas nos objetivos do marketing da localidade. Assim:

1. Os objetivos devem estar em sintonia com aqueles mais gerais da cidade estabelecidos em seu plano diretor de desenvolvimento integrado.
2. Os objetivos devem ser compartilhados pelos principais atores públicos e privados da cidade, evitando que sejam monopolizados por qualquer segmento em particular.

Quadro 15.2

A IMPORTÂNCIA DOS RODEIOS PARA OS MUNICÍPIOS

O conceito de rodeio engloba muito mais que a arena em que os peões se apresentam. As competições esportivas, no Brasil e no mundo, costumam vir acompanhadas de feiras de produtos agrícolas, encontros de empresários de agronegócios e grandes patrocínios. Cada vez mais, o entretenimento se mistura ao negócio, e a arena do rodeio transforma-se também em palco de muitas transações comerciais.

O Brasil, embora a indústria seja difícil de mensurar e traduzir em números, já representa um dos três principais palcos de rodeio do mundo. Especialistas do meio estimam que acontecem entre 1.500 e 1.800 rodeios por ano no país (com shows sertanejos, feiras comerciais etc.), somando um público de pelo menos 20 milhões. Isso dá uma média de 31 rodeios por semana, que geram aproximadamente 300 mil empregos diretos e indiretos, de acordo com as estimativas. O faturamento anual se aproxima de R$ 2,5 bilhões.

Segundo estudiosos do mercado de rodeios, o impacto econômico de um evento como esse na economia de um município pode variar entre 100% de aumento nos negócios até 1.000%. Segundo o organizador de um dos maiores rodeios do país, o de Jaguariúna/SP, "os rodeios no Brasil crescem a cada ano, mas o avanço poderia ser maior se houvesse mais planejamento e competência".

Fonte: NÉRI, Priscila. 'Indústria cresce, mas falta organização'. Jornal *O Estado de S.Paulo*, 10 ago. 2003, Caderno Economia, p. B-9.

3. Deve-se pretender alcançar metas quantitativas (incrementos de visitantes, por exemplo) e qualitativas (a melhora da imagem ou o posicionamento da localidade em um determinado mercado etc.).

4. Os objetivos, principalmente se são quantitativos, devem incorporar, sempre que possível, um prazo de execução.

5. Os objetivos devem ser suficientemente ambiciosos para motivar o conjunto de pessoas da localidade em sua execução.

6. Os objetivos devem se ajustar aos recursos disponíveis para que sejam colocadas em marcha as estratégias de marketing que possam alcançá-los.

De acordo com essas características, definimos os objetivos fundamentais do marketing da localidade.

15.2.3 Elaboração de estratégia

Do ponto de vista do marketing de localidades, os princípios estratégicos básicos estariam na concentração de esforços para atacar os pontos mais fracos das possíveis localidades competidoras; na penetração em novos mercados antes que outras o façam; e no aproveitamento das oportunidades oferecidas pelo ambiente em que está inserida para melhorar a competitividade e a imagem externa da localidade.

Levando-se em conta esses princípios, a definição de estratégias de marketing para uma localidade pode se realizar em quatro níveis.

Estratégia de identificação da oferta e da demanda

Do conjunto de atrativos existentes na localidade e nos mercados atuais ou potenciais para esses atrativos, devem ser selecionados aqueles mais relevantes para projeção de uma imagem externa da localidade associada àquilo que apresenta de mais competitivo.

Com relação aos atrativos, devem ser reconhecidos aqueles que podem se tornar um diferencial no mercado e, assim, identificados com a localidade em virtude de sua raridade, beleza, originalidade ou qualquer outro atributo que os torne atraentes.

Com relação aos mercados, a localidade deve orientar sua estratégia de marketing em função das áreas geográficas que apresentam grande potencial de emissão de visitantes e da sua relação com os atrativos potenciais identificados. Nesse aspecto, deve-se levar em consideração as facilidades e as condições de acesso das regiões emissoras à localidade.

Estratégia de segmentação

Nos mercados potenciais identificados, é necessário determinar quais grupos populacionais devem ser os destinatários das ações de marketing da localidade: jovens, mais idosos, mulheres, solteiros, amantes da natureza, homens de negócio etc.

Estratégia de posicionamento

A partir da identificação dos mercados e dos segmentos estratégicos, a localidade deve definir como quer ser percebida individualmente, com o objetivo de diferenciar-se de outros lugares que competem na mesma faixa. Denominaremos essa definição estratégia de posicionamento, que constitui um elemento fundamental do plano de marketing de localidade.

Uma estratégia de posicionamento de sucesso em uma localidade baseia-se na criação de uma imagem que transmite os benefícios e os atributos exclusivos que fazem com que a localidade se destaque das outras (KOTLER, HAIDER & REIN, 1994). Esse posicionamento precisa estar apoiado em uma realidade. Não basta a mensagem estar presente; o produto também deve estar. Não adianta afirmar que uma determinada localidade é a capital do calçado, se os visitantes têm dificuldade em encontrar ofertas desse produto no local; ou que uma outra localidade é a cidade sol, se a maior parte do tempo a região fica coberta por neblina; ou, ainda, que tal local exala o perfume das rosas, se elas não aparecem em abundância em nenhuma época do ano; e assim por diante.

Estratégia funcional

Todas as localidades podem dispor de um conjunto de recursos e instrumentos de marketing, os quais podem ser combinados da maneira mais adequada possível para melhorar sua imagem externa. Entre esses recursos e instrumentos, destacam-se:

1. Qualidade dos serviços oferecidos ao potencial visitante. Essa qualidade deve ser confrontada com o custo dos serviços, incluindo externalidades negativas, como a contaminação do ar, o congestionamento do trânsito etc.
2. Distribuição dos serviços nos mercados e público-alvo. Dependendo do público-alvo que se deseja atingir, os custos para implantar uma rede de pontos-de-venda podem ser elevados. Há alguns instrumentos que, caso adotados, não oneram muito a localidade, como a participação em feiras e os eventos relacionados aos principais atrativos que a localidade possui.
3. Comunicação interna e externa da imagem da localidade.

As ações que devem ser desenvolvidas e que estão diretamente relacionadas à estratégia funcional serão detalhadas no item seguinte.

15.2.4 Plano de ação

Nesta fase são apresentadas as ações que devem ser desenvolvidas para concretizar as estratégias de marketing propostas no item anterior. Essas ações estão diretamente ligadas à estratégia funcional, por ser esse o nível mais concreto da estratégia de marketing estabelecida. Portanto, as ações de marketing estão agrupadas nas três categorias estabelecidas na estratégia funcional.

Ações dirigidas à melhoria da qualidade dos serviços

1. Criar e desenvolver ações diretamente relacionadas aos principais atrativos da localidade.
2. Estabelecer padrões mínimos de qualidade de atendimento aos visitantes.
3. Trazer para a localidade eventos, seminários e congressos relacionados aos atrativos principais.
4. Implantar modernas técnicas de gestão, buscando a excelência, em todas as principais áreas de visitação e permanência de visitantes.
5. Elaborar planos de desenvolvimento setorial para cada atrativo principal do qual depende a visitação, visando à maximização do rendimento do recurso turístico.
6. Outras ações que devem ser discutidas em função da especificidade da localidade.

Ações dirigidas à distribuição

1. Procurar estabelecer alianças estratégicas com localidades vizinhas, objetivando melhorar a capacidade de atração regional de visitantes e a taxa de permanência desses.
2. Melhorar as conexões de transporte com os principais mercados-alvos.
3. Melhorar ou criar as condições adequadas para a recepção inicial dos visitantes, com: rodoviárias, aeroportos, portos, estações ou estacionamentos.
4. Ampla difusão de terminais da internet na localidade, e manutenção de página atualizada da localidade.
5. Atrair personalidades interessadas nos atrativos da localidade para torná-las "embaixadoras" do lugar.
6. Organizar exposições itinerantes nos mercados-alvos, nos principais centros de concentração de público prioritário.

Ações dirigidas à comunicação

1. Manter uma exposição permanente na localidade, detalhando o histórico dos principais atrativos e uma explicação sobre tudo que os envolve.
2. Periodicamente, organizar palestras, conferências e seminários sobre os recursos turísticos principais, envolvendo especialistas e gerando material de apoio e divulgação.
3. Manter um programa de visitas permanente à localidade, envolvendo cidades próximas e grupos especiais (jornalistas, personalidades, estudantes, associações etc.) de outras regiões.
4. Inserir publicidade da localidade e de seus atrativos em revistas especializadas de turismo e em publicações que enfocam especificamente os principais recursos que possui.

5. Gerar produtos e suvenires relacionados aos principais atrativos.
6. Editar folhetos promocionais e sites na internet para promover a localidade e seus atrativos.
7. Publicar boletim informativo periódico que atualize as informações acerca dos principais atrativos da localidade.
8. Incentivar a criação de áreas temáticas que ampliem o conhecimento específico sobre seus principais atrativos, com utilização de modernas tecnologias.

Ações gerais de melhoria de qualidade do produto cidade

1. Maior conscientização municipal sobre a atividade turística
   Uma das ações prioritárias que os diversos agentes envolvidos no setor turístico devem enfatizar é conseguir que a administração pública local, as empresas relacionadas ao setor e, de um modo geral, todos os habitantes da localidade se identifiquem totalmente com a atividade turística, que, no caso dos municípios turísticos, é a maior geradora de emprego e renda.
   Um exemplo é a implantação de programas de conscientização turística da população e particularmente nas escolas públicas da localidade.

2. Tratamento de choque em relação à limpeza
   Um dos aspectos mais importantes para aprimorar o produto turístico é a melhoria da limpeza nos núcleos urbanos, tanto dos produtos turísticos específicos, os atrativos, como no entorno dos mesmos.
   Essa medida melhora a percepção turística e o nível de satisfação dos visitantes e, conseqüentemente, resultará em uma superior qualidade de vida dos próprios residentes. Assim, as administrações locais e os empresários deverão desenvolver ações conjuntas para o benefício social que pressupõe um maior grau de limpeza da localidade — requisito essencial para o modelo de desenvolvimento de todos os segmentos turísticos.
   Campanhas, com a utilização de símbolos que promovam a limpeza, incrementam a conscientização da necessidade de manter a localidade limpa.

3. Modernização da rede hoteleira
   A adequação dos produtos turísticos atuais às exigências e necessidades da demanda deve ser vista com preocupação, sempre objetivando a melhoria permanente das instalações turísticas, principalmente daquelas que se mostram obsoletas e pouco competitivas. A facilidade de comunicação do visitante com o seu local de origem é, hoje, um aspecto importante. O acesso rápido à internet é fundamental para a consulta periódica aos e-mails pessoais e profissionais, mesmo nos períodos de férias.

4. Reciclagem de profissionais por meio de cursos de curta duração
   Cada vez se faz mais necessária uma maior profissionalização no setor turístico. A existência de cursos de especialização em vários níveis é uma alternativa válida para que os profissionais envolvidos se qualifiquem em métodos e técnicas que as novas exigências do mercado e da própria gestão empresarial

impõem na atualidade, como no caso das modernas tecnologias, técnicas de comercialização e marketing, qualidade total etc.

Principalmente durante o período de baixa estação, é preciso aumentar a preocupação com a qualificação dos funcionários e dos próprios empresários do setor. Com tantas mudanças ocorrendo e em tão curto espaço de tempo no mundo todo, a atualização é necessária para manter os clientes, os quais se sentirão mais seguros e confortáveis pelo alto nível de atendimento com que serão recebidos.

5. Melhoria das vias de acesso

Para promover o desenvolvimento econômico e turístico dos municípios, deve existir uma preocupação constante não só na criação como, também, na melhoria da infra-estrutura viária. Afinal, geralmente, isso envolve vários níveis da administração pública e há sempre a necessidade de obtenção de recursos para investimentos em diversas instituições públicas e privadas.

Melhorar as vias de acesso é algo bastante abrangente, pois envolve também pressionar governos de outras regiões que estão ligadas pela malha rodoviária à localidade em destaque. Por exemplo, no estado de São Paulo, a melhoria do acesso às localidades litorâneas inclui uma permanente preocupação com o acesso na Via Dutra na altura da cidade de São José dos Campos; portanto, fora da área de influência das localidades à beira-mar.

6. Criação de infra-estruturas para o abastecimento e tratamento de água

A questão do abastecimento de água é problemática, principalmente em épocas de alta temporada nas localidades turísticas. E deve ser encarada como mais uma das prioridades básicas, pois os turistas são grandes consumidores de água potável. Além do mais, o alto consumo em períodos de concentração de turistas pode afetar as relações entre esses e os residentes das localidades. Afinal, a culpa pelo racionamento ou mesmo pela falta de água poderá cair erroneamente nas costas dos visitantes. E isso não é real, pois o problema está em uma má gestão dos recursos hídricos, pois hoje já é possível prever, com pouca margem de erro, o afluxo máximo de pessoas nos diversos períodos do ano.

A previsibilidade do aumento do fluxo é essencial para a garantia da qualidade da visitação e do bom humor dos residentes. Por exemplo, com a duplicação da Rodovia dos Imigrantes em São Paulo, era previsível o aumento do fluxo de visitantes nas localidades da baixada santista; assim, as localidades deveriam investir no aumento da captação e do tratamento da água para não se multiplicarem os problemas de desabastecimento.

7. Mais segurança

Nas épocas de férias, a maciça afluência de turistas às localidades que exploram esse segmento transforma tais locais em importantes aglomerações humanas, que necessitam de um reforço para melhorar a segurança tanto dos residentes habituais como dos visitantes. As administrações locais devem articular com os outros níveis de governo para o estabelecimento de planos conjuntos de atuação nesses períodos para adequar os efetivos policiais necessários para o atendimento dos problemas que eventualmente surjam. Além disso, devem intensificar a presença ostensiva de guardas nos locais públicos e de afluxo de estrangeiros, disponibilizando pessoal bilíngüe em postos de informação.

Com os turistas também os criminosos se deslocam, levando às localidades práticas das grandes concentrações urbanas. Há, assim, necessidade de profissionalizar o combate a esses grupos e de aumentar o policiamento para intimidar os praticantes de assaltos e roubos.

8. Pesquisa nos mercados turísticos

O conhecimento da demanda turística é fundamental para que se consiga adequar a infra-estrutura da oferta às necessidades dos turistas, seus gostos e preferências, as motivações que o levaram a escolher aquela localidade como destino turístico, os possíveis aspectos satisfatórios e insatisfatórios, de que modo conheceu a localidade etc.

Será responsabilidade dos organismos públicos (departamentos e Secretarias de Turismo) a realização periódica de pesquisa nos mercados turísticos, tanto reais quanto potenciais, e colocar os dados à disposição dos agentes envolvidos com o setor de turismo na localidade.

É importante salientar que a pesquisa envolve tanto a demanda real quanto a potencial, ou seja, ela deve ser feita necessariamente no mercado-alvo, no qual serão reveladas as opiniões e as limitações daqueles que conhecem e desejam visitar a localidade, mas não o fazem, e, ainda, a opinião daqueles que não farão a visita de modo algum.

9. Embelezamento dos municípios turísticos

Há a necessidade de se estabelecer um plano de embelezamento dos municípios turísticos, um plano que se baseie em pequenas intervenções e que melhore significativamente a imagem dos espaços urbanos nos quais circulam os visitantes (limpeza de mato, poda da vegetação, pintura da sinalização das ruas, restauração de edifícios em mau estado, ornamentação de praças e ruas etc.).

Uma prática comum em muitos municípios é a criação de portais de entrada com realce das características encontradas na localidade. É uma forma de embelezamento, se for bem-feita. Afinal, trata-se da primeira impressão que o visitante terá do município, e, por isso mesmo, esses portais devem ser realizados com consistência e não — como em muitos casos — como uma mera formalidade. A chegada ao município é um momento importante para o visitante, pois sinaliza para ele o término de uma jornada e o início de momentos agradáveis — e o portal, aqui, deve contribuir para marcar esse momento.

Outra medida simples é dar o máximo de atenção ao embelezamento das vias de entrada da cidade, com farta sinalização e adoção de mensagens de boas-vindas, demonstrando uma predisposição positiva da localidade em relação aos visitantes.

10. Eliminação de depósitos de lixo e de entulho
O impacto negativo que provocam os depósitos de lixo e de entulho torna necessárias algumas ações para um maior controle sobre esses locais. Um exemplo seria transformar tais espaços em zonas verdes ou, ainda, eliminá-los sem que isso traga prejuízos ao meio ambiente. Além da ação dos organismos de governo que devem administrar e gerir esses espaços de destinação de resíduos e lixo, é fundamental existir uma legislação que aplique sanções àqueles que insistem em criar novas áreas de lixo.

Embora a eliminação de depósitos de lixo seja uma ação mais ou menos óbvia, não é uma prática muito freqüente nos municípios turísticos, que acabam, muitas vezes, descuidando desse aspecto e permitindo, assim, que mais depósitos de lixo se proliferem em terrenos baldios e nas margens das rodovias que servem a cidade.

11. Pesquisa sobre os níveis de satisfação dos turistas
O conhecimento da demanda turística das localidades é fundamental para a formulação de propostas que melhorem a qualidade dos produtos turísticos existentes e para a formulação contínua de estratégias que aumentem a competitividade das diferentes tipologias de ofertas, dos diferentes segmentos etc. Na análise da demanda, é importante conhecer as opiniões positivas e negativas dos turistas, para, assim, estabelecer quais as forças e as debilidades do produto turístico e de cada um de seus componentes, além das atuações específicas que devem ser desenvolvidas — incluindo, aí, uma avaliação contínua do Plano de Marketing.

A pesquisa sobre o nível de satisfação do turismo não pode ser realizada de maneira improvisada; ela deve ser planejada por amostragem, considerando os diversos segmentos de visitantes (veja o Quadro 15.3).

12. Realização de eventos
Para produzir impactos positivos nos meios de comunicação dos mercados emissores e, ainda, para uma maior penetração da marca da localidade nos mesmos, é preciso dar importância à realização de eventos de todo tipo na localidade, particularmente aqueles associados aos atrativos locais.

Os eventos podem ter os mais diversos conteúdos: esportivo, científico, de negócios, profissional, de debates, musicais etc.

Por exemplo, cidades que se destacam pelo turismo de aventura devem realizar competições e eventos relacionados ao tema, como: seminários para discutir a segurança, perspectivas e expansão dos setores, feiras envolvendo as empresas que fabricam equipamentos para o setor etc.

13. Promoções dirigidas ao público-alvo
As promoções dirigidas diretamente ao consumidor procuram conseguir um aumento das visitas de segmentos específicos. Esse deve ser um trabalho das diferentes associações de empresários do setor e dos organismos governamentais de turismo, os quais precisam desenvolver ações específicas para mercados e segmentos diferenciados.

> **Quadro 15.3**
>
> ### PESQUISA SOBRE O PERFIL DO TURISTA
>
> O Recife Convention Bureau, encarregado de captar eventos geradores de turismo de negócios para a capital pernambucana, divulgou os resultados de uma pesquisa aplicada em parceria com a Faculdade Integrada do Recife (FIR) sobre o "Perfil Socioeconômico do Turista de Eventos em Pernambuco". Essa pesquisa foi feita no segundo semestre de 2003, e foram ouvidas 447 pessoas, sendo que 70% eram turistas e 30% eram residentes no Grande Recife. As tabelas mostram que 83% dessas pessoas têm nível superior e pós-graduação, 32% ganham entre 6 e 12 salários mínimos e 29% recebem mais de 20 salários.
>
> A maioria é oriunda da região sudeste: 44%. Depois vêm os nordestinos: 35%. E os sulistas ocupam o terceiro lugar: 9%. A maior parte dos visitantes chega ao Recife de avião: 73% dos pesquisados; 83% ficam hospedados em hotéis; apenas 3% ficam em pousadas; e 63% consideram que as hospedagens utilizadas são de boa qualidade ou excelentes.
>
> A pesquisa revela, ainda, que 52% dos pesquisados vêm ao Recife acompanhados por, no mínimo, duas pessoas. Ou seja: em um evento que reúne em média 1.200 pessoas, mais 1.250 são acompanhantes. Isso significa que, em média, chegam à cidade, para cada evento, 2.450 visitantes, o que gera 12.250 diárias em hotéis e pousadas, levando-se em conta que cada turista permanece cinco dias na capital pernambucana e que gasta R$ 191,49 por dia. Com isso, a economia do Estado recebe um incremento de R$ 23 milhões a cada encontro.
>
> Fonte: BRANCO, Ângelo Castelo. 'Estudo mostra perfil do turista'. Jornal *Gazeta Mercantil*, 7 abr. 2004, Caderno Rede Gazeta do Brasil. p. B-14.

14. Formação específica de empresários e trabalhadores

    É importante que a profissionalização do setor turístico seja continuamente aferida e melhorada para uma maior qualificação e sensibilização do fator humano. Essa ação deve ser concomitante com a melhoria da qualidade e da competitividade dos profissionais do setor turístico, principalmente nas áreas de gestão, relações públicas, idiomas, novas tecnologias etc. Nessas, os avanços e as modificações são contínuos e, portanto, deve haver aí uma qualificação especial para que o produto turístico em seu conjunto não perca competitividade em relação a outros destinos.

15.2.5 Implantação e controle

A implantação do planejamento estratégico de marketing da localidade deve ser feita com o estabelecimento de programas setoriais que priorizem as ações mais emergenciais e que podem afetar o afluxo de visitantes em um futuro imediato. O estabelecimento de prioridades deve partir de uma avaliação em que participem todos os setores envolvidos: órgãos de governo, entidades privadas, organizações não-governamentais e entidades representativas da população local.

O controle estratégico é fundamental como processo de gestão do sistema proposto e visa assegurar o êxito das estratégias propostas. Não se trata de um controle de gestão; o que se pretende é o conhecimento e o acompanhamento da evolução do ambiente, da competição e da eficácia da organização na implantação do plano e no alcance dos objetivos. Para tanto, são elementos essenciais:

- estabelecer um calendário;
- organizar o sistema de informação (volume de informação necessário, base de dados mais adequada, estabelecimento de fontes de informação externas e internas, escolha do processo de captação e análise da informação); e
- organizar o plano de trabalho, os recursos que serão utilizados e as responsabilidades.

Questões

1. Descreva o papel exercido pelo processo de planejamento para o desenvolvimento de ações voltadas ao desenvolvimento de uma organização no mercado turístico.
2. Quais são os benefícios obtidos com a utilização do planejamento segundo os desafios ambientais?
3. Explique quais são as diferentes formas de planejamento utilizadas, segundo:
   - o objeto do planejamento; e
   - o prazo de implementação das ações planejadas.
4. Quais são as etapas do processo de planejamento estratégico de marketing de localidades?
5. Analise a contribuição do Plano de Marketing de uma cidade para o sucesso de seu Plano de Desenvolvimento do Turismo.
6. Explique as principais ações empreendidas no plano de marketing turístico desenvolvido para a cidade de São Paulo (Quadro 15.1).
7. Quais são os elementos considerados em um processo de diagnóstico de uma localidade? Como eles se inter-relacionam?
8. Analise as características que devem possuir os objetivos traçados por um plano de marketing de localidade.
9. Descreva as características das principais estratégias de marketing desenvolvidas para uma localidade turística.
10. O que são planos de ação e como são elaborados dentro de um contexto de planejamento estratégico de marketing turístico?

CAPÍTULO 16

Ética em marketing turístico

A compreensão e a promoção dos valores éticos comuns à humanidade, em um espírito de tolerância e de respeito pela diversidade das crenças religiosas, filosóficas e morais, são ao mesmo tempo fundamento e conseqüência de um turismo responsável.

OMT – Código Mundial de Ética do Turismo

Independentemente de seu porte ou de sua área de atuação, as organizações carregam em si interesses complementares e conflitantes, advindos dos diferentes interlocutores que por elas se interessam ou delas dependem. Isso faz com que a decisão organizacional seja cada vez mais confrontada por interesses que vão além das fronteiras do próprio negócio, como, por exemplo, a sociedade, a população e até mesmo os próprios colaboradores. Este capítulo discutirá a ética e a gestão organizacional e sua aplicação específica ao marketing turístico. Visa, assim, definir ética e ética organizacional, analisar a ética nos negócios nos diferentes níveis organizacionais — inclusive no marketing de maneira geral e em cada um dos elementos do composto mercadológico —, bem como discutir ética no marketing turístico.

16.1 Ética, sociedade e organizações

O processo de formação de uma sociedade passa pela constituição de regras que possibilitam o convívio harmônico entre os indivíduos, garantindo uma mínima ordem social. Tais regras representam uma expressão da vontade coletiva, as quais, pelo bem comum, impõem certas restrições ao comportamento individual, submetendo-o aos interesses da coletividade. Parte dessas regras é declarada por escrito, constituindo o ordenamento jurídico da sociedade, denominadas leis. A outra parte dessas regras não é transcrita segundo um sistema legal, mas é amplamente conhecida e aceita pela maioria dos indivíduos. A esse último caso, em que se define o certo e o errado, o bem e o mal, damos o nome de moral.

Toda sociedade tem uma moral, conjunto de valores, princípios e crenças coletivamente constituído e que orienta o comportamento do indivíduo na sociedade. A moral é, então, a normalização dos valores e dos comportamentos considerados normais ou legítimos por uma sociedade, por um grupo, por uma religião ou mesmo por uma tradição cultural.

Por sua vez, a ética serve para verificar a coerência entre as práticas e os princípios, fundamentando os valores e as normas que compõem a moral. Por meio da ética, as ações individuais são controladas. A ética está voltada para a ação, para a avaliação do comportamento do indivíduo como membro de um grupo ou de uma sociedade, devendo ser capaz de julgar criticamente a moral estabelecida. Assim, é a moral que definirá se é certo ou errado agir com tal atitude em determinada sociedade, cabendo à ética a avaliação da atitude do indivíduo com base na moral.

A origem etimológica da palavra ética provém do grego *ethos*, que significa caráter, referindo-se à índole de um indivíduo. Outra palavra também utilizada para nos referirmos a costumes e valores é a moral, que provém do latim *mos, moris*. Nos dois casos, a referência se dá ao ordenamento social do certo e do errado, cabendo à ética a classificação das atitudes das pessoas.

Quanto à ética, Luño (1984, apud MARTINS, 1999, p. 11) afirma que se trata de uma ciência prática, uma vez que não se concentra na busca da verdade, mas, sim, na aplicação desse saber na análise das ações humanas, ocupando-se da conduta livre do homem, proporcionando as normas necessárias para que ele possa viver bem. Assim, o autor afirma que se trata de uma ciência normativa, que impõe e proíbe certos atos com a finalidade de ajustar a conduta do indivíduo em seu meio social. Luño lembra ainda Aristóteles, em que "não estudamos ética para saber o que é a virtude, mas, sim, para aprendermos a ser virtuosos e bons" (LUÑO, 1984, apud MARTINS, 1999, p. 11).

Para Martins (1999, p. 11), a definição mais adequada para ética é a de que se trata da parte da filosofia que estuda a moralidade do fazer humano, classificando os atos dos homens como bons ou maus. Para que uma conduta possa ser considerada ética, Arruda (2003, p. 518) aponta três elementos essenciais que devem ser ponderados para a classificação de um ato diante da ética:

- ação: o ato moral deve ser bom em sua natureza intrínseca;

- intenção: a finalidade do ato humano deve ser voltada para um objetivo correto, socialmente aceito; e

- circunstâncias: as circunstâncias e conseqüências que cercam o ato devem ser corretas e adequadas.

A avaliação da ética em um ato parte do pressuposto da existência do livre arbítrio, ou seja, da liberdade de escolha entre o correto e o errado no momento da execução de tal ato pelo indivíduo. Isso quer dizer que não se avalia a ética individual quando de uma ação sob coação, qualquer que seja a forma em que essa se apresente. Assim, um profissional pode ser levado a criar uma campanha publicitária enganosa, de forma consciente, quando o que está em jogo muitas vezes é o seu próprio emprego e a subsistência de sua família.

Para haver conduta ética, o indivíduo deve conhecer a diferença entre o certo e o errado, entre a virtude e o vício e ser capaz de exercer seus atos por essa orientação. Assim, a consciência moral e a responsabilidade social são condições do comportamento ético. Logo, o indivíduo ético se mostra consciente das normas e regras morais da sociedade em que vive, sendo capaz então de controlar e orientar seus desejos e impulsos, mantendo dessa maneira uma postura livre e ao mesmo tempo responsável.

Quando os instrutores orientam um turista dos riscos e cuidados necessários para uma aventura de rapel em uma cachoeira, garantindo sua segurança pela correta utilização de equipamentos e procedimentos de escalada, eles passam a garantir que a experiência vivida pelo seu cliente somente somará pontos positivos na experiência geral acumulada com sua viagem, garantindo assim a boa imagem do local. Assim, quando um acidente fatal ocorre em uma atividade como essa — como foi o caso no início de 2004 na cidade de Brotas (SP), em que um turista acabou caindo em queda livre e vindo a falecer, apesar da assistência de instrutores —, o prejuízo não fica restrito somente à família do consumidor-turista, mas se estende a toda a comunidade do local, que se ressente do declínio do movimento pela redução da credibilidade dos serviços prestados na região.

A ética pode ser vista até mesmo como uma garantia da continuidade e da sustentabilidade de produtos e serviços oferecidos. Um contrato de prestação de serviços hoteleiros em bases viciadas pode levar o turista a experiências desagradáveis e que terão reflexo no mercado como um todo. Por isso, os grandes centros turísticos nacionais procuram estruturar sistemas de segurança e de suporte que ofereçam garantia mínima a turistas e visitantes de eventos locais, como, por exemplo, o carnaval do Rio de Janeiro ou de Salvador, ou mesmo festas populares regionais.

Outro exemplo pode ser observado em alguns taxistas e outros prestadores de serviço de transporte de centros turísticos, quando se valem da falta de conhecimento do turista para prolongar as corridas, aumentando sua arrecadação propositadamente. Tal atitude desse profissional, considerada não-ética pela sociedade, contribui para uma experiência negativa por parte do consumidor-turista, que pode criar restrição ao seu retorno àquele local turístico no futuro. Nesse caso específico, agentes de turismo procuram orientar os seus clientes de tal prática, mostrando alternativas de serviços confiáveis. Por sua vez, empresas de transporte oferecem a opção de serviços cadastrados junto a órgãos de controle público, com maior credibilidade e segurança.

A ética é necessária, pois se mostra como uma fonte reguladora do desenvolvimento social, histórico e cultural da humanidade. Uma sociedade sem a moral e a ética estaria fadada à anarquia e à autodestruição. Os seres humanos são capazes de concordar minimamente entre si sobre os princípios gerais da sociedade, tais como: a justiça, a liberdade individual, a igualdade de direitos, a dignidade e a cidadania, criando um ambiente propício para que esses princípios sejam colocados em prática.

A ética tornou-se uma forte preocupação nos dias atuais nas sociedades como um todo em decorrência do alto preço pago pela falta de princípios e valores comuns. Diante da devastação de recursos naturais e da possibilidade de se eliminarem as condições mínimas de sobrevivência no planeta, governantes de grande parte das nações do mundo têm empreendido esforços na busca de acordos e convenções que regulamentem algumas das condições mínimas de sobrevivência e sustentabilidade do desenvolvimento econômico mundial.

Como exemplo, é possível observar a negociação para a assinatura e implantação do Protocolo de Kioto, regulamentando a emissão de poluentes em escala mundial e garantindo as fontes de custeio de programas ambientais que compensem o desenvolvimento industrial com a garantia da preservação dos recursos naturais. Isso impõe a países desenvolvidos o investimento em fontes de energia e em mecanismos de desenvolvimento ambientalmente sustentáveis, independentemente do nível de desenvolvimento ou de riqueza do país.

Outro exemplo de importância da ética é a própria Declaração Universal dos Direitos Humanos criada pela Organização das Nações Unidas (ONU), em 1948, com o intuito principal de regulamentar as condições básicas de vida para o indivíduo, independentemente de aspectos particulares da cultura de cada país ou povo.

A própria criação da Organização Mundial do Comércio (OMC), em 1995, para o controle e ampliação das relações comerciais tratadas entre os diferentes países, denota o caráter ético necessário ao desenvolvimento sustentável dos diferentes parceiros internacionais, instituindo mecanismos de controle das ações protecionistas contrárias aos acordos internacionais tratados.

16.2 Ética nas organizações

O ambiente competitivo impõe aos administradores certos dilemas éticos de difícil solução. O que fazer quando a concorrência rouba o mercado de uma empresa de móveis, utilizando para tanto materiais de qualidade inferior, fornecendo produtos que podem até mesmo oferecer riscos à saúde dos clientes, como problemas de postura e dores na coluna? Ou, ainda, quando uma empresa se vê encurralada pela lucratividade mínima esperada pelos acionistas, fazendo com que as reduções de custos alcancem operações e materiais importantes para a garantia da qualidade dos produtos oferecidos? Ou quando uma empresa troca, voluntariamente, a matéria-prima de um medicamento por outra similar, em função de sua ausência no mercado, comprometendo muitas vezes a própria saúde dos usuários? Até que ponto um administrador tem o direito de disfarçar os relatórios contábeis apenas para garantir a atratividade no mercado dos papéis da empresa e conseqüentemente os investimentos externos e com isso preservar o seu emprego e o de seus colaboradores?

Segundo Robbins (2000, p. 31), "uma organização é um arranjo sistemático de duas ou mais pessoas que cumprem papéis formais e compartilham um propósito comum". Isso mostra a relação existente entre o objetivo a que se cumpre uma organização e os propósitos de cada um de seus membros. Para Morgan (1996, p. 24), raramente as organizações são propostas como um fim em si mesmas, caracterizando-se como instrumentos criados para se atingirem outros fins. Desse modo, compreende-se a origem de diversos conceitos fundamentais que fazem parte da vida das organizações, como tarefas, metas, propósitos e objetivos.

Assim, as organizações surgem como um meio para atingir propósitos comuns a diversas pessoas. A natureza desse propósito define o tipo de organização. Para Drucker (1999, p. 33):

> *Uma organização é um grupo humano composto por especialistas que trabalham em conjunto em uma tarefa comum. Ao contrário da sociedade, da comunidade ou da família — os agregados sociais tradicionais —, uma organização não é concebida e baseada na natureza psicológica dos seres humanos, nem em suas necessidades biológicas. Contudo, embora seja uma criação humana, ela é feita para durar — talvez não para sempre, mas por um período de tempo considerável.*

Da existência de objetivos individuais e de objetivos organizacionais decorre a possibilidade de se analisar a ética em três níveis diferentes:

1. O nível pessoal: em que cada indivíduo apresentará uma conduta ética baseada em suas ações, intenções e circunstâncias. As orientações sobre o certo e o errado podem ser obtidas a partir do código de ética profissional, do parecer de colegas ou de gerentes ou, ainda, da própria formação moral.
2. O nível organizacional: definido a partir de diretrizes criadas e mantidas por seus diretores, proprietários, acionistas ou administradores de alto escalão, expresso pela missão e por valores organizacionais, os quais orientam e apóiam as decisões do dia-a-dia de todos os funcionários. É importante que a empresa tenha definido as suas normas e princípios para que esses sejam divulgados e exigidos pelos comandantes dessa organização. Um conjunto de valores éticos e morais é uma ferramenta para que a tomada de decisão por parte dos colaboradores seja condizente com as metas estabelecidas pela empresa. E, para isso, é preciso que seja criado um código de ética, formalizando o entendimento da organização empresarial nos seus relacionamentos. Cada empresa tem uma missão que estimula as suas atividades. Uma empresa ética define claramente sua missão, sua filosofia, seus objeti-

vos, suas obrigações e deveres, estimulando os seus integrantes, como um todo, para o cumprimento dos fins, respeitando os valores da boa moral de uma organização. Assim, o funcionário responsável pelo desenvolvimento de fornecedores jamais deverá aceitar brindes ou presentes, caso isso constitua um valor fundamental da organização. Por outro lado, empresas que buscam o lucro a qualquer custo oferecem a seus funcionários um campo de atuação bastante nebuloso do ponto de vista da ética, levando as pessoas a adotar determinadas práticas em busca de favorecimento para a organização que, em condições normais, não adotariam para as suas próprias vidas. A concentração de esforços em uma tarefa específica determina a eficácia com que uma organização alcança seus resultados. A partir do momento em que essa é formada por diversas pessoas, cada qual com características e competências próprias e distintas, elas terão a tendência de seguir suas próprias especializações, impondo seus valores à organização na definição de objetivos, o que levaria a uma confusão geral. "Somente uma missão clara, concentrada e comum pode manter unida a organização e capacitá-la a produzir resultados" (DRUCKER, 1999, p. 38).

3. O nível macroambiental, também conhecido como macrofatores: em que elementos do ambiente externo às organizações exercem forte influência nas decisões tomadas por essa. Assim ocorre quando o governo define limitações à atuação organizacional ou quando decisões de equipamentos e tecnologias influenciam diretamente os recursos naturais da localidade onde a empresa está instalada. O próprio papel social exercido por determinadas empresas, quando cidades inteiras surgem ao seu redor, com economia fortemente dependente da operação empresarial. Foi o que aconteceu com diversas cidades do Brasil dependentes da existência das fábricas da Parmalat para a sua sobrevivência. O escândalo de desvio de recursos empresariais por parte de seu proprietário italiano, em 2004, levou à concordata e ao fechamento de muitas unidades de negócio da empresa, prejudicando cidades inteiras, associações de fornecedores, além de clientes, que deixaram de ter o produto nas prateleiras dos supermercados. Uma empresa deve ser vista como elemento do contexto social, tendo compromissos e responsabilidades para com a sociedade. Ela deve estar presente de forma transparente e buscar desenvolver a cidadania e a responsabilidade social. Caso contrário, essa organização estará ferindo a ética empresarial, ou seja, enquanto as empresas estiverem preocupadas somente com a obtenção de lucro e com o enriquecimento dos proprietários, sem se importarem com as questões sociais, sua eficácia e eficiência serão comprometidas.

As organizações permeiam toda a vida da sociedade moderna. Tanto em países desenvolvidos quanto em desenvolvimento, observa-se o surgimento de organizações voltadas para a grande maioria das funções sociais, o que nos leva a uma sociedade de organizações, na qual a responsabilidade pelas tarefas ocorre também nas organizações. As empresas se concentram em produzir bens e serviços; as escolas se ocupam do ensino e da educação; os hospitais cuidam de doentes; as igrejas buscam converter pecadores e salvar almas; a polícia garante a segurança pública; algumas organizações não-governamentais defendem o meio ambiente ou mesmo a fauna e a flora do planeta; universidades e centros de pesquisa dedicam-se ao desenvolvimento científico e tecnológico da sociedade; associações de classes e organismos de defesa dos consumidores também são exemplos de organizações encontradas na sociedade atual.

Organizações são instituições com finalidades determinadas, que ganham eficácia a partir do momento em que se concentram em sua missão. Sindicatos se dedicam a defender os interesses daqueles que representam. Hospitais voltam-se para a manutenção e restauração da saúde da população. Cooperativas restringem-se a trabalhar em prol dos interesses dos cooperados.

O administrador tem, então, o compromisso de criar um clima favorável na organização, baseado em uma moral desejada, na qual todos os colaboradores tomem decisões conscientes dos compromissos da empresa e das expectativas dos diversos grupos sociais a ela ligados, garantindo a boa reputação e imagem da empresa na sociedade e no meio empresarial.

São muitas as razões para a promoção da ética empresarial. Gutiérrez (apud MARTINELLI, 2002, p. 250) relaciona, de forma geral, os principais elementos indutores da prática da conduta ética empresarial:

- maiores exigências de responsabilidade social e econômica;
- grande desconhecimento, por parte do quadro gerencial nas organizações, das características básicas dos seres humanos;
- maior consciência de que os aumentos de produtividade estão condicionados à elevação da qualidade de vida organizacional;
- a questão ética torna-se rentável uma vez que coloca as preocupações vitais na cultura organizacional;
- o surgimento de vantagens competitivas relaciona-se ao desenvolvimento de habilidades internas nas organizações; e
- incoerências entre os valores do ambiente e aqueles que são comunicados pela cultura organizacional.

16.3 Ética em marketing

A discussão do comportamento ético aplicado ao marketing inicia-se com o papel fundamental do marketing: a criação e a manutenção de um canal confiável entre empresa e clientes. Tendo em vista a existência de dois atores principais nesse processo, a construção do comportamento ético no marketing torna-se dependente de diversos fatores, dentre os quais podem ser citados:

- os valores organizacionais definidos por sua administração, direção ou mesmo seus proprietários;

- os valores macroambientais, espelhando a relação com os elementos do ambiente externo — entre os quais se destacam: governo, fornecedores, mídia, fatores tecnológicos, políticos, culturais — e com a sociedade e suas instituições; e

- os valores departamentais e individuais desenvolvidos a partir das orientações gerais da organização e dos valores macroambientais.

Assim, a ética no marketing nada mais é do que uma aplicação de um comportamento ético maior, desenvolvido em outros níveis, e que determina as bases para a criação de um padrão de comportamento específico para essa função organizacional. Faz parte desse comportamento o reconhecimento das características dos clientes, seus hábitos e costumes, facilitando, então, o processo de comunicação a se estabelecer entre a empresa e seu público-alvo. Esse reconhecimento também é o responsável pela escolha adequada de segmento de atuação, possibilitando alcançar de maneira eficaz os objetivos organizacionais previamente estipulados.

Como canal de comunicação, espera-se dos profissionais de marketing a transparência e a regularidade necessárias para garantir a correta circulação de informações e produtos entre empresa e seus clientes. Na concepção de um produto novo, o marketing deve garantir a coleta de informações adequadas, as quais farão com que os setores de desenvolvimento consigam traduzir necessidades em atributos de produtos a serem oferecidos aos clientes. Por outro lado, deve se valer da mesma clareza para permitir aos clientes identificar, nos atributos desses produtos, benefícios que os levem à decisão de consumo.

Dois dos principais aspectos definidos pela ética em marketing são a fidelidade e a transparência das características da função organizacional exercida. Quanto maior a compreensão por parte da empresa das necessidades dos clientes, mais simples será seu trabalho de tradução dessas necessidades em produtos e serviços. Por outro lado, quanto maior for a compreensão dos benefícios que os produtos e serviços organizacionais podem oferecer às pessoas, maior será o seu grau de satisfação para com a empresa como um todo.

A partir do momento em que o profissional de mercado oculta informações sobre as características de seus clientes ou mesmo quando passa a esses clientes informações incorretas sobre os produtos e serviços que oferece, verifica-se o prejuízo à imagem da empresa (ou do lugar) e a sua própria atuação no mercado (veja o Quadro 16.1).

16.4 Ética na gestão do composto de marketing

Ações voltadas para o aumento da margem de lucro ou mesmo sua manutenção em momentos de enxugamento de mercado podem impulsionar as decisões organizacionais para condutas alheias à ética. É o caso da empresa de papel higiênico que reduz o comprimento de papel oferecido em sua embalagem em 5 metros, aumentando, assim, o consumo do produto pela menor oferta por embalagem, sem

Quadro 16.1

PROPAGANDA ANTIÉTICA

Uma forma de propaganda bastante antiética — empregada em materiais de divulgação de governos em todos os níveis (municipal, estadual e federal) — é a utilização de imagens que não correspondem aos locais anunciados. Prática que ainda persiste em muitos locais, constitui-se em uma forma de propaganda fraudulenta, enganosa e que, quando descoberta, provoca efeitos desastrosos para a localidade que dela fez uso.

Com os recursos da Internet, que facilitam o acesso a imagens, muitas localidades que fazem promoção local se utilizam dessa prática, acreditando que não serão descobertas, por utilizarem imagens de locais distantes. Ocorre que não existe mais distância, considerando-se a difusão da rede mundial de computadores; a articulação do global com o local ocorre não só entre organizações, mas também entre cidadãos. E, quando o cidadão percebe-se lesado, ele tem um poder de comunicação potencial significativo pela utilização de e-mails e outras formas popularizadas pela rede.

Agências de propaganda que não possuem capacidade de investimento para a produção de materiais próprios e as pessoas que se aventuram a prestar serviços para o poder público, oferecendo como vantagem o baixo preço cobrado, são os que se utilizam com mais freqüência dessa prática antiética. No entanto, tal prática persiste mesmo em agências com grande capacidade de investimento, demonstrando que o problema não é só de custos, mas de ética.

Um exemplo recente aconteceu no arquipélago das Bermudas, em campanha publicitária com paisagens maravilhosas. O diretor-assistente de marketing da campanha admitiu que utilizou fotografias tiradas em outros locais em suas propagandas turísticas promovidas por uma agência nova-iorquina, alegando que "não dá para ver em que lugar do mundo as fotos foram tiradas, e elas mostram mais um sentimento e a posição de Bermudas. Imagens de arquivo são usadas o tempo todo na indústria".

As fotos fraudulentas utilizadas pela administração do arquipélago reproduzem paisagens do Havaí, das Ilhas Seychelles e da Flórida.

Fonte: BERMUDAS usam fotos de outros lugares em propaganda turística. Jornal *Folha de S.Paulo*, 28 fev. 2003. Folha on-line. www.folha.com.br. Acesso em 18 de março de 2004.

---

a adequada informação ao consumidor. Mesma postura pode ser adotada por uma fábrica de doces, quando reduz o peso de seu produto à revelia do mercado.

A análise da ética na gestão do composto de marketing passa pela análise dos quatro elementos do composto:

1. *Produto*: a modificação de características do produto sem a informação prévia e clara ao cliente ou, ainda, a dependência de um produto em relação a outro são práticas que levam à discussão do comportamento ético no marketing. As empresas de produtos de limpeza trabalham fortemente com o conceito de refil para aproveitar a embalagem principal do produto e reduzir o seu custo geral. Por outro lado, ela pode criar um refil que só funcione em sua embalagem original, impedindo o cliente de utilizar produtos concorrentes para a reposição. O próprio valor moral de algumas categorias de bens é

questionado à luz da ética, como cigarros, bebidas, pornografia e mesmo armas de fogo.

Outro elemento importante na administração do produto é a obsolescência programada, muito utilizada na indústria automobilística e de equipamentos de informática, levando o consumidor a trocar seu produto antigo, mesmo em bom estado, por outro com novo design ou com novas funcionalidades.

A questão da patente de alguns produtos também é alvo da discussão ética. Pode uma empresa deter a patente exclusiva de um medicamento necessário à saúde, forçando o consumidor a pagar o preço que ela deseja? Por outro lado, pode um país, em nome do bem-estar social, quebrar a patente internacional de um medicamento, prejudicando o laboratório que gastou recursos em pesquisa para a sua criação e desenvolvimento?

2. *Preço*: a determinação do preço de um produto é uma tarefa trabalhosa e árdua para a organização. Preços elevados podem tirar o produto do mercado por falta de compradores, o que acaba prejudicando os próprios clientes. Por outro lado, preços baixos atendem os consumidores, mas não satisfazem às necessidades da organização, muitas vezes levada a descontinuar seu negócio por conta da baixa lucratividade do empreendimento.

Do ponto de vista ético, algumas práticas são condenáveis: (a) cobrar um valor exorbitante de um produto, aproveitando-se de sua escassez no mercado ou de uma temporada de elevada procura; (b) manter o preço de um produto do qual a empresa deliberadamente reduziu seu peso ou volume, sem informar, de maneira explícita, o cliente de tal alteração; (c) aproveitar-se de necessidade urgente do cliente para cobrar valores exagerados, uma vez que, diante de sua falta de tempo, aquela se torna a única alternativa; (d) simulação e desonestidade na participação em licitações públicas, manipulando preço entre os participantes; (e) ofertas de condições especiais de desconto, em liquidações e pontas de estoque, em que o cliente espera conseguir valores mais razoáveis, mas que são eliminados pela majoração dos preços antes do desconto.

3. *Distribuição*: a criação de canais em uma rede de distribuição é uma tarefa que requer critério e cuidado por parte de uma organização. Como elemento intermediário no acesso ao mercado, os distribuidores muitas vezes têm a capacidade de distorcer a imagem da empresa junto a seus clientes, adotando práticas pouco recomendáveis do ponto de vista ético. Produtos que deveriam ser vendidos em conjunto são, deliberadamente, separados no distribuidor, que os vende por unidade, aumentando sua margem de lucro além do patamar sugerido pela política de preço da empresa.

Em diversos casos, buscando evitar abusos na rede de distribuição, empresários passaram a imprimir na própria embalagem do produto o seu valor sugerido, garantindo com tal prática a manutenção da política de preço criada pela organização.

Outra situação reprovável ocorre quando distribuidores que trabalham com diversas empresas criam favorecimentos a uma em detrimento de outras, seja por vantagens pessoais, seja por melhores condições de trabalho. É o caso de uma agência de viagem que, podendo recomendar diversos hotéis em uma determinada localidade, impõe aos turistas um de sua preferência, muitas vezes desmerecendo os demais.

4. *Comunicação*: a comunicação de marketing tem sua razão de ser na transmissão de informações para os clientes, por meio dos diferentes canais de comunicação disponíveis para tal. A propaganda é tida como uma das forças motrizes da economia em uma sociedade. Além de induzir os clientes ao consumo, também exerce função formativa em relação às idéias que veicula pelos canais de comunicação. Não se trata apenas do consumo de um produto, mas, principalmente, das idéias que são transmitidas por meio de estratégias do composto mercadológico. A formação de uma imagem a partir da comunicação de marketing, além de garantir o posicionamento de um produto, pode levar uma sociedade a distorcer seus valores.

Como exemplo, temos a campanha desenvolvida na década de 1970, em que o objetivo do produto oferecido era fazer o consumidor *levar vantagem em tudo* a partir do seu consumo. Isso levou a uma onda de busca pela vantagem, justificando comportamentos insustentáveis do ponto de vista ético.

A fim de garantir a qualidade da propaganda no país, o Conselho Nacional de Auto-Regulamentação Publicitária (Conar) desenvolveu código de ética para o setor, claro e detalhado, que oferece fonte de referência ética aos profissionais do marketing em relação à comunicação.

16.5 Ética no marketing turístico

A análise do caso particular do marketing turístico leva às especificidades características do produto turístico de maneira ampla e de seu aspecto de intangibilidade próprio dos serviços. Desde o momento de definição do local para onde ir, da forma de transporte e translado, da infra-estrutura do local e dos programas que se busca executar, todas essas etapas requerem clareza e transparência dos profissionais do turismo, evitando iludir clientes com falsas promessas ou idéias enganosas.

O local onde houve o primeiro contato dos colonizadores com o Brasil só vai despertar interesse de maneira adequada se, junto com o seu valor histórico e cultural, outros elementos se integrarem ao produto turístico como um todo — tais como: acessibilidade, informações pertinentes sobre o evento e seus desdobramentos, infra-estrutura local adequada às necessidades do consumidor-turista e agentes de viagem que saibam oferecer o produto.

A cidade de Votorantim (SP) ganhou a oportunidade, a partir de 2004, de ingressar no roteiro nacional de localidades potencialmente visitadas por alienígenas, a partir de uma série de notícias que demonstraram indícios de tal fato. Isso, por si só, não é suficiente para torná-la destino de pesquisadores de objetos voadores não identificados e de interessados no assunto. A princípio, é necessário haver consistência e reconhecimento sobre os fatos ocorridos, especialmente pelos próprios moradores da cidade. A seguir, cabe ao poder público ou a organizações específicas desenvolver os diversos elementos do composto mercadológico, com atenção especial ao produto turístico e à comunicação de marketing.

Por outro lado, não basta uma cidade criar uma vocação que lhe defina posicionamento no cenário turístico nacional. É fundamental que realmente haja o reconhecimento de tal vocação para o local; caso contrário, todo o esforço empreendido será desperdiçado. Assim, quando Blumenau (SC) começou a se intitular, a partir de 2003, como detentora da festa mais alemã do país — a *Oktoberfest* —, ela encontrou em seus clientes o reconhecimento prévio de tal condição. Talvez não seja a única festa alemã no país, mas, como a cidade possui os atributos necessários para alcançar o reconhecimento nacional, ela investe em comunicação de marketing e garante seu posicionamento no cenário turístico do país.

Esse exemplo comprova que bons produtos, serviços ou idéias, oferecidos segundo um composto mercadológico justo e eficiente, à luz da ética, asseguram clientes, fornecedores e parceiros também éticos. E é esse conjunto que garantirá a reputação e o reconhecimento da sociedade, e conseqüentemente consumidores satisfeitos e fiéis. Desse modo, a ética também será a responsável por bons negócios, alicerçados de maneira firme e consistente. Ou seja, a ética vale a pena também em termos de resultado.

16.6 Ética no turismo

Dada a importância da atividade turística em termos globais, tanto para a economia mundial quanto para as diversas economias regionais, a discussão de ética no turismo tornou-se uma premissa básica na organização dessa atividade. A fim de fornecer uma diretriz mundial sobre o assunto, a Organização Mundial do Turismo (OMT) aprovou, em assembléia geral, em Santiago do Chile, em 1º de outubro de 1999, o Código Mundial de Ética do Turismo — apresentado em Anexo nesta obra. Esse documento é responsável pela normatização das relações entre os diferentes agentes ligados ao turismo.

Os aspectos levados em consideração pela OMT para a elaboração do documento abrangeram desde o papel atribuído a esse organismo pela própria ONU até a necessidade de promoção do turismo em âmbito mundial, criando regras para a indústria turística como um todo e oferecendo maior segurança para o consumidor-turista em suas experiências turísticas. Resumidamente, os principais motivos, segundo a própria OMT, são:

- o crescimento rápido e contínuo, não só passado como o previsível, da atividade turística, resultante de motivações de lazer, negócios, cultura, religião ou saúde, e que produz poderosos efeitos, positivos e negativos, no meio ambiente, na economia e na sociedade dos países emissores e receptores de fluxos turísticos, nas comunidades locais e populações autóctones e nas relações e trocas internacionais;

- promover um turismo responsável e sustentável, acessível a todos, no exercício do direito que qualquer pessoa tem de utilizar o seu tempo livre em lazer ou viagens e no respeito pelas escolhas sociais de todos os povos;

- desenvolver a indústria turística mundial, que, no seu conjunto, tem muito a ganhar quando atuando em um meio que favoreça a economia de mercado, a empresa privada e a liberdade de comércio e lhe permita otimizar os seus efeitos benéficos em termos de criação de atividade e empregos;

- conciliar a economia e ecologia, ambiente e desenvolvimento, e abertura às trocas internacionais e proteção das identidades sociais e culturais;

- necessidade de identificação dos direitos e deveres de cada um dos agentes do desenvolvimento turístico — administrações nacionais, regionais e locais, empresas, associações profissionais, trabalhadores do setor, organizações não-governamentais e outros organismos da indústria turística —, bem como as comunidades receptoras, os órgãos de informação e os próprios turistas, que exercem responsabilidades diferenciadas, mas interdependentes, na valorização individual e social do turismo; e

- promover uma verdadeira colaboração entre os setores públicos e privados do desenvolvimento turístico.

Desse modo, o Código Mundial de Ética do Turismo cria um marco de referência para o desenvolvimento responsável e sustentável do Turismo Mundial. Ele é composto por dez artigos, responsáveis pela determinação das regras que nortearão a atuação dos diversos agentes ligados direta e indiretamente ao turismo, entre os quais destacam-se: governos, operadores turísticos, promotores, agentes de viagens, empregados e os próprios turistas. O décimo artigo oferece subsídios para a resolução de litígios ligados à atividade turística, oferecendo uma ferramenta poderosa ao consumidor-turista e aos demais agentes do turismo. Segundo afirmação do secretário geral da Organização Mundial do Turismo à época da promulgação do Código, o mecanismo de resolução de conflitos terá fundamentação na conciliação, por intermédio de um Comitê Mundial de Ética do Turismo, a ser constituído por representantes de cada uma das regiões do mundo e de cada um dos grandes grupos de agentes do setor turístico: governos, setor privado, trabalhadores e organizações não-governamentais — ONGs.

Questões

1. O comportamento organizacional ético é capaz de produzir lucro?
2. Quais são as principais questões ligadas à ética em relação à política e à prática de preços em uma organização?
3. Quais são as particularidades existentes na análise ética do marketing turístico?
4. Como se formam os valores de marketing?
5. Por que a ética é cada vez mais um tema de interesse para as organizações?
6. Analise a ética em relação à gestão dos quatro elementos do composto de marketing de uma organização.
7. Descreva o papel representado pelo Código Mundial de Ética no Turismo, aprovado em outubro de 1999.
8. Quais são os principais objetivos da criação do Código Mundial de Ética do Turismo?
9. Explique o papel do Código na resolução de litígios ligados ao turismo, quanto ao consumidor-turista e aos diversos agentes ligados ao turismo.
10. Analise o comportamento de uma localidade do ponto de vista ético, quando da criação de um atrativo turístico específico que crie um posicionamento dessa no mercado turístico nacional. Até que ponto boatos da população, mesmo não comprovados, podem ser utilizados para a criação de uma imagem para a localidade?

ANEXO I

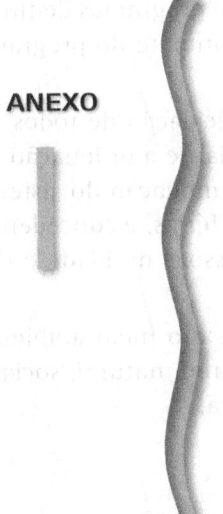

Carta do turismo e código do turista

Sofia, 26 de setembro de 1985

Carta do turismo

Artigo I

1. Reconhece-se universalmente a todo indivíduo o direito ao descanso e ao tempo livre, a uma limitação razoável da duração do trabalho, a férias pagas periódicas e à liberdade de viajar, sem limitação, dentro dos limites legais.
2. O exercício desse direito constitui um fator de equilíbrio social e de intensificação da consciência nacional e universal.

Artigo II

Como conseqüência desse direito, os Estados deveriam formular e aplicar políticas que tendam ao desenvolvimento harmonioso das atividades nacionais e internacionais de turismo e do tempo livre, para benefício de todos os que participam delas.

Artigo III

A esses efeitos, os Estados deveriam:
a) favorecer o crescimento ordenado e harmonioso da atividade turística, tanto nacional como internacional;
b) integrar sua política turística em sua política global de desenvolvimento em seus diversos níveis — local, regional, nacional e internacional — e ampliar a cooperação turística em um marco bilateral, como em um multilateral, assim como nos marcos da Organização Mundial do Turismo;
c) prestar a devida atenção aos princípios enunciados na Declaração de Manila sobre o Turismo Mundial e no Documento de Acapulco "quando formulem

ou apliquem, segundo convém, suas políticas, planos e programas de turismo, de acordo com suas prioridades nacionais e no contexto do programa de trabalho da Organização Mundial do Turismo";

d) estimular a adoção de medidas que permitam a participação de todos no turismo nacional e internacional, especialmente mediante a ordenação do tempo de trabalho e do tempo livre, a criação ou a ampliação do sistema de férias pagas anuais e o escalonamento das datas de férias, e concedendo uma atenção especial ao turismo dos jovens, das pessoas de idade e dos deficientes físicos; e

e) proteger o interesse das gerações presentes e futuras e o meio ambiente turístico que, por ser ao mesmo tempo um meio humano, natural, social e cultural, constitui o patrimônio da humanidade inteira.

Artigo IV
Os Estados deveriam:

a) favorecer o acesso dos turistas nacionais e internacionais ao patrimônio das comunidades visitadas, em aplicação das disposições dos instrumentos de facilitação existentes concluídos nos marcos das Nações Unidas, da Organização de Aviação Civil Internacional, da Organização Marítima Internacional, do Conselho de Cooperação Aduaneira e de qualquer outra instância, especialmente da Organização Mundial do Turismo, que tendem a liberalizar cada vez mais os deslocamentos das pessoas;

b) fomentar a consciência turística e facilitar os contatos dos visitantes com as comunidades visitadas, com um objetivo de compreensão e enriquecimento mútuos;

c) garantir a segurança dos visitantes e de seus bens com uma ação de prevenção e de proteção;

d) oferecer aos visitantes de toda a forma possível as melhores condições de higiene e de acesso aos serviços de saúde, assim como de prevenção de enfermidades contagiosas e de acidentes;

e) impedir toda possibilidade de utilização do turismo para a exploração da prostituição de outros; e

f) reforçar, para a proteção dos turistas e da população das comunidades visitadas, as medidas destinadas a prevenir e impedir a utilização ilegal de estupefacientes.

Artigo V
Por último, os Estados deverão:

a) permitir a liberdade de deslocamento dos turistas nacionais e internacionais no interior do país, sem prejuízo de medidas limitativas adotadas em benefício do interesse nacional em certas zonas do território;

b) não permitir a aplicação de nenhuma medida de discriminação com respeito aos turistas;

c) permitir aos turistas um acesso rápido aos serviços administrativos e judiciais e às representações consulares e fazer com que possam dispor de comunicações públicas interiores e exteriores; e

d) contribuir com a informação dos turistas para ajudá-los a compreender os costumes das populações que constituem as comunidades visitadas nos lugares de trânsito e de estadia.

Artigo VI

1. As populações que constituem as comunidades visitadas nos lugares de trânsito ou de estadia têm o direito ao livre acesso a seus próprios recursos turísticos, sem deixar de velar, com sua atitude e comportamento, pelo respeito de seu meio ambiente natural e cultural.

2. Essas populações têm também direito à compreensão e ao respeito por parte dos turistas dos seus costumes, de suas religiões e de outras formas de sua cultura, que constituem parte integrante do patrimônio da humanidade.

3. Para facilitar essa compreensão e esse respeito por parte dos turistas, conviria estimular a difusão de informações adequadas sobre:

    a) os costumes das comunidades visitadas, suas práticas tradicionais e religiosas, os usos proibidos pelo costume local, as paragens e lugares sagrados que se devem respeitar;

    b) suas riquezas artísticas, arqueológicas e culturais que se devem preservar; e

    c) a fauna, a flora e os demais recursos naturais que se devem proteger.

Artigo VII

Convida-se às populações que constituem as comunidades visitadas nos lugares de trânsito e de estadia a oferecer aos turistas as melhores condições de hospitalidade, cortesia e respeito necessárias para o estabelecimento de relações humanas e sociais harmoniosas.

Artigo VIII

1. Os profissionais e gestores dos serviços de turismo e de viagens podem dar uma contribuição positiva ao desenvolvimento do turismo e à aplicação das disposições da presente Carta.

2. Esses profissionais e gestores deveriam atuar de conformidade com os princípios da presente Carta e respeitar as obrigações de qualquer tipo que tenham contraído no contexto de suas atividades profissionais, para contribuir a assegurar ao turismo seu caráter humanista, ao respeitar a qualidade dos produtos oferecidos.

3. Ditos profissionais e gestores deveriam abster-se de tudo o que possa fomentar a utilização do turismo com o fim de explorar, de qualquer forma, as outras pessoas.

Artigo IX
Os profissionais e gestores dos serviços de turismo e de viagens, por meio de uma legislação apropriada, nos níveis nacional e internacional, deveriam ser estimulados e deveriam dispor de facilidades que lhe permitam:
a) exercer suas atividades em condições favoráveis, sem obstáculos especiais e sem discriminação;
b) beneficiar-se de uma formação geral e técnica, tanto em seu próprio país como no estrangeiro, a fim de que se disponha de recursos humanos qualificados; e
c) cooperar entre eles, assim como com os poderes públicos, no seio de organizações nacionais e internacionais, a fim de melhorar a coordenação de suas atividades e a qualidade de suas prestações.

Código do turista

Artigo X
Os turistas deveriam favorecer, com seu comportamento, a compreensão e a amizade entre os homens, nas esferas nacional e internacional, e contribuir assim à manutenção da paz.

Artigo XI
1. Nos lugares de trânsito e de estadia, os turistas devem respeitar a ordem estabelecida nas esferas política, social, moral e religiosa e acatar as leis e os regulamentos em vigor.
2. Nesses mesmos lugares, os turistas também devem:
    a) mostrar a maior compreensão com respeito a costumes, crenças e comportamentos das comunidades visitadas e o maior respeito pelo patrimônio natural e cultural dessas comunidades;
    b) evitar que se coloquem em destaque as diferenças econômicas, sociais e culturais que existem entre eles e a população local;
    c) abrir-se à cultura das comunidades visitadas, que forma parte integrante do patrimônio da humanidade;
    d) abster-se de toda exploração da prostituição de outros; e
    e) abster-se de comerciar, transportar ou utilizar estupefacientes e/ou outras drogas proibidas.

Artigo XII

Os turistas, no curso de seus deslocamentos, tanto de um país a outro como no interior do país visitado, deveriam poder beneficiar-se de medidas apropriadas ditadas pelos poderes públicos, a fim de dispor:

a) de uma redução dos controles de caráter administrativo e econômico; e

b) das melhores condições possíveis de transporte e de estadia que ofereçam os gestores dos diferentes serviços turísticos.

Artigo XIII

1. Deveria permitir-se aos turistas, tanto em seu país como fora dele, o livre acesso aos lugares e localidades de interesse turístico e, à reserva dos regulamentos e limitações em vigor, circular livremente pelos lugares de trânsito e de estadia.

2. Por ocasião de seu acesso aos lugares e localidades de interesse turístico e durante seu trânsito e estadia, deveria assegurar-se também aos turistas:

   a) uma informação objetiva, exata e completa sobre as condições e facilidades que se lhes oferecem durante sua viagem e estadia os serviços oficiais de turismo e os gestores dos serviços turísticos;

   b) a segurança de sua pessoa e seus bens, assim como a proteção de seus direitos na qualidade de consumidores;

   c) uma higiene pública satisfatória, especialmente em matéria de alojamento e de serviços de restaurante e transporte, uma informação para a prevenção eficaz de enfermidades contagiosas e de acidentes, assim como o livre acesso aos serviços de saúde;

   d) o acesso a comunicações públicas rápidas e eficazes, tanto interiores como exteriores;

   e) os procedimentos e as garantias administrativas e judiciais necessários para a proteção de seus direitos; e

   f) a possibilidade de praticar sua própria religião, utilizando as facilidades disponíveis para este efeito.

Artigo XIV

Toda pessoa tem direito a expor aos legisladores e aos poderes públicos suas necessidades, com o objetivo de poder exercer seu direito ao descanso e à recreação, a fim de poder gozar os benefícios do turismo nas condições mais favoráveis e, quando seja apropriado e na medida em que seja possível segundo a lei, a associar-se com outros para alcançar esses efeitos.

ANEXO II

Código mundial de ética do turismo

Santiago do Chile, outubro de 1999

Preparação para o Novo Milênio

O Código Mundial de Ética do Turismo cria um marco de referência para o desenvolvimento responsável e sustentável do Turismo Mundial no início do novo milênio. O seu texto inspirou-se em numerosas declarações e códigos profissionais similares que o precederam e aos quais juntou novas idéias que refletem a mudança da nossa sociedade nos finais do século XX.

Face à previsão de que o Turismo Internacional quase triplicará o seu volume nos próximos vinte anos, os Membros da Organização Mundial do Turismo estão convencidos de que o Código Mundial de Ética do Turismo é necessário para ajudar a minimizar os efeitos negativos do turismo no meio ambiente e no patrimônio cultural, aumentando, simultaneamente, os benefícios para os residentes nos destinos turísticos.

A preparação deste código advém de uma resolução adotada na Assembléia Geral da OMT, em Istambul, em 1997. Nos dois anos subseqüentes, constituiu-se um Comitê Especial para preparar o Código Mundial de Ética do Turismo, tendo como base um documento preliminar que foi elaborado pelo Secretário-geral e o Conselheiro Jurídico da OMT, posterior às consultas feitas ao Conselho Empresarial, às Comissões Regionais e ao Conselho Executivo da Organização.

A Comissão das Nações Unidas para o Desenvolvimento Sustentável, reunida em Nova York em abril de 1999, aprovou o conceito do Código e pediu à OMT que solicitasse novas sugestões ao setor privado, às organizações não-governamentais e às organizações sindicais. Foram recebidas contribuições por parte de mais de 70 Estados Membros da OMT e de outras entidades.

O código Mundial de Ética do Turismo é, por conseguinte, a coroação de um completo processo de consulta. Os dez artigos que o compõem foram aprovados por unanimidade na Assembléia Geral da OMT realizada em Santiago do Chile, em outubro de 1999.

O Código compreende nove artigos que enunciam as "regras do jogo" para os destinos, governos, operadores turísticos, promotores, agentes de viagens, empregados e para os próprios turistas. O décimo artigo refere-se à resolução de litígios; sendo a primeira vez que um código deste tipo é dotado de semelhante mecanismo de aplicação. Esse mecanismo será fundamentado na conciliação, por intermédio de um Comitê Mundial de Ética do Turismo, que será constituído por representantes de cada uma das regiões do mundo e de cada um dos grandes grupos de agentes do setor turístico: governos, setor privado, trabalhadores e organizações não-governamentais — ONGs.

O Código Mundial de Ética do Turismo, cujo texto é reproduzido nas páginas seguintes, aspira a ser um documento vivo. Leiam-no. Conheçam-no. Participem na sua aplicação. Somente com a sua cooperação, conseguiremos proteger o futuro do setor turístico e aumentar a sua contribuição para a prosperidade econômica, para a Paz e para o entendimento entre todas as nações do mundo.

FRANCESCO FRANGIALLI
Secretário-geral
Organização Mundial do Turismo

Nós, membros da Organização Mundial do Turismo (OMT), representantes da indústria turística mundial, delegados dos Estados, territórios, empresas, instituições e organismos reunidos em Assembléia Geral, em Santiago do Chile, em 1º de outubro de 1999:

Reafirmando os objetivos enunciados no artigo 30 dos Estatutos da Organização Mundial do Turismo, e conscientes do papel "decisivo e central", reconhecido a esta Organização pela Assembléia Geral das Nações Unidas, na promoção e desenvolvimento do turismo, visando contribuir para a expansão econômica, a compreensão internacional, a paz e a prosperidade dos países, bem como para o respeito universal e a observância dos direitos do homem e das liberdades fundamentais, sem distinção de raça, sexo, língua ou religião.

Profundamente convencidos de que, por permitir contatos diretos, espontâneos e imediatos entre homens e mulheres de culturas e modos de vida diferentes, o turismo representa uma força viva a serviço da paz, bem como um fator de amizade e compreensão entre os povos do mundo;

Atendo-nos aos princípios encaminhados para conciliar de forma sustentável a proteção ambiental, o desenvolvimento econômico e a luta contra a pobreza, como a formulada pelas Nações Unidas, em 1992, quando da "Cimeira da Terra", no Rio de Janeiro, expressada no Programa de Ação 21, adotado naquela ocasião;

Tomando em consideração o crescimento rápido e contínuo, não só passado como o previsível, da atividade turística, resultante de motivações de lazer, negócios, cultura, religião ou saúde, e que produz poderosos efeitos, positivos e negativos, no meio ambiente, na economia e na sociedade dos países emissores e receptores de fluxos turísticos, nas comunidades locais e populações autóctones e nas relações e trocas internacionais;

Tendo por finalidade promover um turismo responsável e sustentável, acessível a todos, no exercício do direito que qualquer pessoa tem de utilizar o seu tempo livre em lazer ou viagens e no respeito pelas escolhas sociais de todos os povos;

Persuadidos de que a indústria turística mundial, no seu conjunto, tem muito a ganhar ao desenvolver-se em um meio que favoreça a economia de mercado, a empresa privada e a liberdade de comércio, permitindo-lhe otimizar os seus efeitos benéficos em termos de criação de atividade e empregos;

Intimamente convencidos de que respeitados alguns princípios e observadas certas regras, um turismo responsável e sustentável não resulta incompatível com a crescente liberação das condições reinantes no comércio de serviços e ao abrigo das quais operam as empresas deste setor, sendo possível, neste domínio, conciliar a economia e ecologia, ambiente e desenvolvimento, e abertura às trocas internacionais e proteção das identidades sociais e culturais;

Considerando que neste processo todos os agentes do desenvolvimento turístico — administrações nacionais, regionais e locais, empresas, associações profissionais, trabalhadores do setor, organizações não-governamentais e outros organismos da indústria turística —, bem como as comunidades receptoras, os órgãos de informação e os próprios turistas, exercem responsabilidades diferenciadas, mas interdependentes, na valorização individual e social do turismo, e que a identificação dos direitos e deveres de cada um contribuirá para a realização deste objetivo;

Interessados em promover uma verdadeira colaboração entre os setores públicos e privados do desenvolvimento turístico, conforme a Organização Mundial do Turismo vem executando, com base na Resolução 364 (XII) adotada pela Assembléia Geral de 1997, Istambul, e desejando ver uma associação e uma cooperação da mesma natureza estender-se, de modo aberto e equilibrado, às relações entre países emissores e receptores e seus respectivos setores turísticos;

Expressando a nossa vontade de dar continuidade às Declarações de Manila de 1980 sobre o turismo mundial e de 1997 sobre o impacto do Turismo na sociedade, bem como da Carta do Turismo e do Código do Turista, adotados em Sofia, em 1985, sob a égide da OMT;

Mas, estimando que estes instrumentos devem ser complementados por um conjunto de princípios interdependentes na sua interpretação e aplicação, com base nos quais os atores do desenvolvimento turístico deveriam reger a sua conduta no limiar do século XXI;

Utilizando para efeitos do presente instrumento as definições e classificações aplicáveis às viagens e em especial as noções de "visitante", "turista" e "turismo", adotadas pela Conferência Internacional de Ottawa, realizada de 24 a 28 de junho de 1991, e aprovadas em 1993, pela Comissão de Estatística das Nações Unidas em sua 27ª Sessão;

Fazendo referência nominal aos seguintes instrumentos:

- Declaração Universal dos Direitos Humanos, de 10 de dezembro de 1948;
- Pacto Internacional dos Direitos Econômicos, Sociais e Culturais, de 16 de dezembro de 1966;
- Pacto Internacional dos Direitos Civis e Públicos, de 16 de dezembro de 1966;
- Convenção de Varsóvia, sobre o transporte aéreo, de 12 de outubro de 1929;
- Convenção Internacional da Aviação Civil de Chicago, de 7 de dezembro de 1944, bem como às Convenções de Tóquio, Haia e Montreal com elas relacionadas;
- Convenção sobre as facilidades alfandegárias para o turismo, de 4 de julho de 1954, e o Protocolo associado;
- Convenção sobre a proteção do patrimônio cultural e natural mundial, de 23 de novembro de 1972;
- Declaração de Manila sobre o Turismo Mundial, de 10 de outubro de 1980;
- Resolução da 6ª Assembléia Geral da OMT (Sofia), adotando a Carta do Turismo e o Código do Turista de 26 de setembro de 1985;
- Convenção relativa aos Direitos da Criança, de 26 de janeiro de 1990;
- Resolução da 9ª Assembléia Geral da OMT (Buenos Aires) relativa às matérias de facilidades das viagens e segurança dos turistas, de 4 de outubro de 1991;
- Declaração do Rio de Janeiro sobre o Meio Ambiente e o Desenvolvimento, de 13 de junho de 1992;
- Acordo Geral sobre o Comércio de Serviços, de 15 de abril de 1994;
- Convenção sobre a Diversidade Biológica, de 6 de janeiro de 1995;
- Resolução da 11ª Assembléia Geral da OMT (Cairo) sobre a prevenção do turismo sexual organizado, de 22 de outubro de 1995;
- Declaração de Estocolmo contra a exploração sexual de crianças com fins comerciais, de 29 de agosto de 1996;

- Declaração de Manila sobre os Efeitos Sociais do Turismo, de 22 de maio de 1997;
- Convenções e recomendações adotadas pela Organização Internacional do Trabalho (OIT) em matéria de convenções coletivas, de proibição do trabalho forçado e do trabalho infantil, de defesa dos direitos dos povos autóctones, de igualdade de tratamento e de não discriminação no trabalho;
- Afirmamos o direito ao turismo e à liberdade dos deslocamentos turísticos;
- Expressamos a nossa vontade em promover uma ordem turística mundial, eqüitativa, responsável e sustentável, em benefício mútuo de todos os setores da sociedade, em um contexto de uma economia internacional aberta e liberalizada, e
- Proclamamos solenemente com esse objetivo os princípios do Código Mundial de Ética do Turismo.

Princípios
Código mundial de ética do turismo

Artigo 1

1. Contribuição do Turismo para a compreensão e o respeito mútuo entre homens e sociedades

    1.1 A compreensão e a promoção dos valores éticos comuns à humanidade, em um espírito de tolerância e de respeito pela diversidade das crenças religiosas, filosóficas e morais, são ao mesmo tempo fundamento e conseqüência de um turismo responsável. Os agentes do desenvolvimento e os próprios turistas devem ter em conta as tradições e práticas sociais e culturais de todos os povos, incluindo as das minorias e populações autóctones, reconhecendo a sua riqueza.

    1.2 As atividades turísticas devem conduzir-se em harmonia com as especificidades e tradições das regiões e países receptores, observando as suas leis, seus usos e costumes.

    1.3 As comunidades receptoras de turistas, por um lado, e os agentes profissionais locais, por outro, devem aprender a conhecer e a respeitar os turistas que os visitam, e informarem-se sobre os seus modos de vida, gostos e expectativas. A educação e a formação ministradas aos profissionais contribuem para um acolhimento hospitaleiro dos turistas.

    1.4 As autoridades públicas têm por missão assegurar a proteção dos turistas e visitantes, bem como dos seus bens. Neste sentido, devem conceder especial atenção à segurança dos turistas estrangeiros, devido a sua particular vulnerabilidade. Assim, devem disponibilizar meios específicos de informação, prevenção, proteção, seguro e assistência específica que corresponda às suas necessidades. Os atentados, agressões, raptos ou ameaças visando os turistas ou os trabalhadores da indústria turística, bem como as destruições voluntárias de instalações turísticas ou de elementos do patrimônio cultural ou natural, devem ser severamente condenados e reprimidos, em conformidade com as respectivas legislações nacionais.

1.5 Os turistas e visitantes devem evitar, quando de seus deslocamentos, praticar atos criminosos ou considerados delituosos pelas leis do país visitado, bem como comportamentos considerados chocantes ou que firam as populações locais, ou ainda suscetíveis de atentar contra o meio ambiente local. Eles também devem abster-se de todo o tráfico de drogas, armas, antiguidades, espécies protegidas, bem como de produtos ou substâncias perigosas ou proibidas pelas legislações nacionais.

1.6 Os turistas e visitantes têm a responsabilidade de obterem informações, antes mesmo da sua partida, sobre as características dos países que pretendem visitar. Devem, ainda, ter consciência dos riscos em matéria de saúde e segurança inerentes a todo deslocamento para fora do seu meio habitual, e ter um comportamento de modo a minimizar estes riscos.

Artigo 2
2. Turismo, instrumento de desenvolvimento individual e coletivo

2.1 O turismo, atividade geralmente associada ao repouso, à diversão, ao desporto, ao acesso à cultura e à natureza, deve ser concebido e praticado como meio privilegiado de desenvolvimento individual e coletivo. Praticado com a necessária abertura de espírito, constitui-se em um fator insubstituível de auto-educação, de tolerância mútua e de aprendizagem das diferenças legítimas entre povos e culturas, e da sua diversidade.

2.2 As atividades turísticas devem respeitar a igualdade entre homens e mulheres, devem tender a promover os direitos humanos e, especialmente, os particulares direitos dos grupos mais vulneráveis, especificamente as crianças, os idosos, os deficientes, as minorias étnicas e os povos autóctones.

2.3 A exploração dos seres humanos sob todas as suas formas, principalmente sexual, e especialmente no caso das crianças, vai contra os objetivos fundamentais do turismo e constitui a sua própria negação. Portanto, e em conformidade com o Direito Internacional, ela deve ser rigorosamente combatida com a cooperação de todos os Estados envolvidos e sancionada sem concessões pelas legislações nacionais, quer dos países visitados, quer dos países de origem dos atores desses atos, mesmo quando estes são executados no estrangeiro.

2.4 Os deslocamentos por motivo de religião, de saúde, de educação e de intercâmbios culturais ou lingüísticos constituem formas particularmente interessantes de turismo que merecem ser encorajadas.

2.5 A introdução do conteúdo relativo ao valor dos intercâmbios turísticos, dos seus benefícios econômicos, sociais e culturais, e também dos seus riscos, deve ser incentivada nos programas de educação.

Artigo 3

3. O Turismo, fator de desenvolvimento sustentável

   3.1 É dever de todos os agentes envolvidos no desenvolvimento turístico salvaguardar o ambiente e os recursos naturais, na perspectiva de um crescimento econômico sadio, contínuo e sustentável, capaz de satisfazer eqüitativamente as necessidades e as aspirações das gerações presentes e futuras.

   3.2 Todos os tipos de desenvolvimento turístico que permitam economizar os recursos naturais raros e preciosos, principalmente a água e a energia, e que venham a evitar, na medida do possível, a produção de dejetos, devem ser privilegiados e encorajados pelas autoridades públicas nacionais, regionais e locais.

   3.3 Deve ser equacionada a distribuição no tempo e no espaço dos fluxos de turistas e de visitantes, especialmente a que resulta das licenças de férias e das férias escolares, e buscar-se um melhor equilíbrio na freqüência, de forma a reduzir a pressão da atividade turística sobre o meio ambiente e a aumentar o seu impacto benéfico na indústria turística e na economia local.

   3.4 As infra-estruturas devem estar concebidas e as atividades turísticas programadas de forma que seja protegido o patrimônio natural constituído pelos ecossistemas e pela biodiversidade, e que sejam preservadas as espécies ameaçadas da fauna e da flora selvagens. Os agentes do desenvolvimento turístico, principalmente os profissionais, devem permitir que lhes sejam impostas limitações ou obstáculos às suas atividades quando elas sejam exercidas em zonas particularmente sensíveis: regiões desérticas, polares ou de altas montanhas, zonas costeiras, florestas tropicais ou zonas úmidas, propícias à criação de parques naturais ou reservas protegidas.

   3.5 O turismo de natureza e o ecoturismo são reconhecidos como formas de turismo especialmente enriquecedoras e valorizadoras, sempre que se respeite o patrimônio natural e que as populações locais se ajustem à capacidade de carga dos locais turísticos.

Artigo 4

4. O Turismo, fator de aproveitamento e enriquecimento do Patrimônio Cultural da Humanidade

    4.1 Os recursos turísticos pertencem ao patrimônio comum da humanidade. As comunidades dos territórios onde eles se situam têm, ante a eles, direitos e obrigações especiais.

    4.2 As políticas e atividades turísticas serão desenvolvidas respeitando o patrimônio artístico, arqueológico e cultural, que devem ser preservados e transmitidos às gerações futuras. Uma atenção especial deve ser concedida à preservação e à restauração dos monumentos, santuários e museus, bem como de locais históricos e arqueológicos, que devem estar abertos à freqüência turística. Deve ser encorajado o acesso do público aos bens e monumentos culturais privados, respeitando-se os direitos dos seus proprietários, bem como aos templos religiosos, sem prejudicar as necessidades de culto.

    4.3 Os recursos obtidos pela freqüência dos locais e monumentos culturais devem ser empregados, pelo menos em parte, preferencialmente, na manutenção, salvaguarda, valorização e enriquecimento desse patrimônio.

    4.4 A atividade turística deve ser concebida de forma a permitir a sobrevivência e o desenvolvimento de produções culturais e artesanais tradicionais, bem como do folclore, e que não provoque a sua padronização e o empobrecimento.

Artigo 5

5. O Turismo, atividade benéfica para os países e para as comunidades de destino

    5.1 As populações e comunidades locais devem estar associadas às atividades turísticas e participar eqüitativamente nos benefícios econômicos, sociais e culturais que geram, e sobretudo na criação de empregos diretos ou indiretos resultantes.

    5.2 As políticas turísticas devem ser conduzidas de tal forma que contribuam para a melhoria do nível de vida das populações das regiões visitadas e respondam às suas necessidades. A concepção urbanística e arquitetônica e o modo de exploração das estâncias e alojamentos turísticos devem visar a sua melhor integração no contexto econômico e social local. Em caso de igualdade de competências, deve ser dada prioridade à contratação de mão-de-obra local.

    5.3 Uma particular atenção deve ser dada aos problemas específicos das zonas costeiras e aos territórios insulares, bem como às zonas rurais e serranas, frágeis, onde o turismo representa, muitas vezes, uma das raras oportunidades de desenvolvimento em face do declínio das tradicionais atividades econômicas.

5.4 Os profissionais do turismo, especialmente os investidores, devem, conforme regulamentação estabelecida pelas autoridades públicas, proceder a estudos sobre o impacto dos seus projetos de desenvolvimento em relação ao entorno e aos meios naturais existentes. Devem, na mesma forma, prestar informações quanto aos seus futuros programas e aos impactos previstos, com a maior transparência e objetividade requeridas, abrindo-se ao diálogo, nessas matérias, com as populações interessadas.

Artigo 6
6. Obrigações dos agentes de desenvolvimento turístico
   6.1 Os agentes profissionais do turismo têm por obrigação fornecer aos turistas uma informação objetiva e sincera sobre os destinos, as condições de viagem, de receptivo e de estadia. Devem ainda assegurar uma transparência perfeita das cláusulas dos contratos propostos aos seus clientes, tanto no que se refere a sua natureza, preço e qualidade dos serviços que se comprometem a fornecer, como das contrapartidas financeiras que lhes incumbem em caso de ruptura unilateral, por sua parte, dos referidos contratos.
   6.2 Os profissionais do turismo, quando lhes couber, darão assistência, em cooperação com as autoridades públicas, quanto à segurança, prevenção de acidentes, proteção sanitária e higiene alimentar dos que recorrerem aos seus serviços. Zelarão pela existência de sistemas de seguro e de assistência apropriados. Da mesma forma, aceitam a obrigação de prestar contas, segundo as modalidades previstas nas regulamentações nacionais e, se necessário, pagar uma indenização eqüitativa no caso do não-cumprimento de suas obrigações contratuais.
   6.3 Os profissionais do turismo, enquanto deles depender, contribuirão para o pleno desenvolvimento cultural e espiritual dos turistas e permitirão o exercício de suas práticas religiosas durante os deslocamentos.
   6.4 As autoridades públicas dos Estados de origem e dos países de destino, em coordenação com os profissionais interessados e suas associações, zelarão pelo estabelecimento de mecanismos necessários ao repatriamento dos turistas, no caso do não-cumprimento das empresas organizadoras de suas viagens.
   6.5 Os governos têm o direito — e o dever —, especialmente em caso de crise, de informar aos seus cidadãos das condições difíceis, e mesmo dos perigos que eles possam encontrar, por ocasião de seus deslocamentos ao exterior. No entanto, incumbe-lhes fornecer tais informações sem prejudicar, de forma injustificada ou exagerada, a indústria turística dos países receptores de fluxos turísticos e os interesses dos seus próprios operadores. O conteúdo de eventuais avisos deve, portanto, ser

previamente discutido com as autoridades dos países de destino e com os profissionais interessados. As recomendações que sejam formuladas serão estritamente proporcionais à gravidade real das situações e limitadas às zonas geográficas onde a insegurança estiver comprovada. Estas recomendações devem ser atenuadas ou anuladas logo que o retorno à normalidade o permitir.

6.6 A imprensa, sobretudo a imprensa especializada em turismo, e os outros meios de comunicação, incluindo os modernos meios de comunicação eletrônica, devem fornecer uma informação honesta e equilibrada sobre os acontecimentos e situações suscetíveis de influência na freqüência turística. Igualmente, devem ter por missão o fornecimento de indicações precisas e fiáveis aos consumidores de serviços turísticos. As novas tecnologias de comunicação e o comércio eletrônico devem ser desenvolvidos e utilizados para esse fim, não devendo, de forma alguma, assim como a imprensa e os outros meios de comunicação, incentivar o turismo sexual.

Artigo 7
7. Direito do Turismo

7.1 A possibilidade de acesso direto e pessoal à descoberta das riquezas de nosso mundo constituirá um direito aberto, igualmente, a todos os habitantes do planeta. A participação cada vez mais ampla no turismo nacional e internacional deve ser considerada como uma das melhores expressões possíveis do crescimento contínuo do tempo livre, e não deve ser dificultada.

7.2 O direito ao turismo para todos deve ser visto como conseqüência ao direito ao descanso e aos tempos livres, e, em particular, a uma razoável limitação da duração do trabalho e licenças periódicas pagas, conforme é garantido no artigo 24 da Declaração Universal dos Direitos Humanos, e no artigo 7.1 do Pacto Internacional relativo aos Direitos Econômicos, Sociais e Culturais.

7.3 O turismo social, sobretudo o turismo associativo, que permite o acesso da maioria dos cidadãos ao lazer, às viagens e às férias, deverá ser desenvolvido com o apoio das autoridades públicas.

7.4 O turismo das famílias, dos jovens e estudantes, das pessoas idosas e dos deficientes deverá ser encorajado e facilitado.

Artigo 8
8. Liberdade do deslocamento turístico

8.1 Os turistas e visitantes se beneficiarão, respeitando-se o Direito Internacional e as legislações nacionais, da liberdade de circulação, quer no interior do seu país, quer de um Estado para outro, em conformidade com o artigo 13 da Declaração Universal dos Direitos Humanos; e poderão ter acesso às zonas de trânsito e de estada, bem como aos locais turísticos e culturais, sem exageradas formalidades e sem discriminações.

8.2 Os turistas e visitantes devem ter reconhecida a faculdade de utilizar todos os meios de comunicação disponíveis, interiores ou exteriores, devem beneficiar-se de um pronto e fácil acesso aos serviços administrativos judiciários e de saúde locais, bem como ao livre contato com as autoridades consulares do seu país de origem, em conformidade com as convenções diplomáticas vigentes.

8.3 Os turistas e visitantes serão beneficiados com os mesmos direitos dos cidadãos do país visitado quanto à confidencialidade dos dados e informações pessoais que lhes respeitem, sobretudo as armazenadas sob forma eletrônica.

8.4 Os procedimentos administrativos do cruzamento de fronteira, estabelecidos pelos Estados ou resultantes de acordos internacionais, como os vistos, ou as formalidades sanitárias e alfandegárias, devem ser adaptados de modo a facilitar ao máximo a liberdade de viajar e o acesso do maior número de pessoas ao turismo internacional. Os acordos entre grupos de países visando harmonizar e simplificar tais procedimentos devem ser encorajados. Os impostos e os encargos específicos que penalizem a indústria turística e atentem contra a sua competitividade turística devem ser progressivamente eliminados ou reduzidos.

8.5 Desde que a situação econômica dos países de origem o permita, os turistas devem dispor do crédito de divisas conversíveis necessário aos seus deslocamentos.

Artigo 9
9. Direito dos trabalhadores e dos empresários da indústria turística

9.1 Os direitos fundamentais dos trabalhadores assalariados e autônomos da indústria turística e das atividades afins devem ser assegurados pelas administrações, quer dos Estados de origem, quer dos países de destino, com especial atenção, tendo em vista as limitações específicas vinculadas à sazonalidade da sua atividade, à dimensão global de sua indústria e à flexibilidade muitas vezes imposta pela natureza do seu trabalho.

9.2 Os trabalhadores assalariados e autônomos da indústria turística e das atividades afins têm o direito e o dever de adquirir uma formação ajustada, inicial e contínua. A eles será assegurada uma proteção social adequada e a precariedade do emprego deve ser limitada ao máximo possível. Deverá ser proposto aos trabalhadores sazonais do setor um estatuto especial, visando a sua proteção social.

9.3 Toda a pessoa física e jurídica, sempre que demonstrar possuir as disposições e qualificações necessárias, deve ter reconhecido o direito de desenvolver uma atividade profissional no âmbito do turismo, de acordo com a legislação nacional vigente. Os empresários e os investidores — especialmente das pequenas e médias empresas — devem ter reconhecido o livre acesso ao setor turístico com um mínimo de restrições legais ou administrativas.

9.4 As trocas de experiência oferecidas aos quadros de trabalhadores de diferentes países, assalariados ou não, contribuem para o desenvolvimento da indústria turística mundial. Assim, elas devem ser incentivadas sempre que possível, de acordo com as legislações nacionais e as convenções internacionais aplicáveis.

9.5 Fator insubstituível de solidariedade no desenvolvimento e de dinamismo nas trocas internacionais, as empresas multinacionais da indústria turística não devem abusar das situações de posição dominante que por vezes detêm. Estas devem evitar tornarem-se modelos culturais e sociais artificialmente impostos às comunidades receptoras de fluxos turísticos. Em troca da liberdade de investir e operar comercialmente, que lhes deve ser plenamente reconhecida, elas devem comprometer-se com o desenvolvimento local, evitando, pelo repatriamento excessivo dos seus benefícios ou pelas importações induzidas, reduzir a contribuição que dão às economias de onde estão instaladas.

9.6 A colaboração e o estabelecimento de relações equilibradas entre empresas dos países emissores e receptores contribuem para o desenvolvimento sustentável do turismo e para uma distribuição eqüitativa dos benefícios do seu crescimento.

Artigo 10
10. Aplicação dos princípios do Código Mundial de Ética do Turismo

10.1 Os setores públicos e privados do desenvolvimento turístico cooperaram na aplicação dos presentes princípios e devem zelar pelo controle da sua efetivação.

10.2 Os agentes do desenvolvimento turístico reconheceram o papel dos organismos internacionais, na primeira linha das quais a Organização Mundial do Turismo, e das organizações não-governamentais competentes em matéria de promoção e desenvolvimento do turismo, na proteção dos direitos humanos, do meio ambiente e da saúde, respeitando os princípios gerais do Direito Internacional.

10.3 Os mesmos agentes manifestam a intenção de submeter, para efeitos de conciliação, os litígios relativos à aplicação ou interpretação do Código Mundial de Ética do Turismo a um terceiro organismo imparcial denominado: Comitê Mundial de Ética do Turismo.

Referências bibliográficas

ACERENZA, Miguel Angel. *Administração do turismo: conceituação e organização.* Tradução de Graciela Rabuske Hendges. Bauru: Edusc, 2002. (Turis.)

ALBRECHT, Karl. *A única coisa que importa: trazendo o poder do cliente para dentro da sua empresa.* São Paulo: Pioneira, 1997.

AMERICAN MARKETING ASSOCIATION. *Dicionário de termos.* Disponível em www.ama.com.us, consulta em 10 de outubro de 2003.

ANSARAH, Marilia Gomes dos Reis. *Turismo: segmentação do mercado.* 3. ed. São Paulo: Futura, 2000.

ARRUDA, Maria Cecília Coutinho. *Ética em marketing.* In: DIAS, Sérgio Roberto (coord.). Gestão de marketing. São Paulo: Saraiva, 2003.

BALANZÁ, Isabell Millio; NADAL, Mônica Cabo. *Marketing e comercialização de produtos turísticos.* Tradução de Miguel Cabrera. São Paulo: Pioneira Thomson Learning, 2003.

BALLOU, Ronald H. *Logística empresarial: transportes, administração de materiais e distribuição física.* Tradução de Hugo T. Y. Yoshizaki. São Paulo: Atlas, 1993.

BELL, John Fred. *História do pensamento econômico.* 2. ed. Tradução de Giasone Rebuá. Rio de Janeiro: Zahar Editores, 1976.

BENI, Mario Carlos. *Globalização do turismo: megatendências do setor e a realidade brasileira.* São Paulo: Aleph, 2003.

BOONE, Louis E.; KURTZ, David L. *Marketing contemporâneo.* 8. ed. Rio de Janeiro: LTC, 1998.

BOYD, Harper White Jr.; MASSY, William F. *Administração de marketing.* Tradução de Auriphebo Berrance Simões. São Paulo: Saraiva, 1978.

BOULLÓN, Roberto C. *Planejamento do espaço turístico.* Bauru: Edusc, 2002.

_____. *Los municípios turísticos.* 2. ed. México: Trillas, 2003 [1990].

BOWERSOX, Donald J.; CLOSS, David J. *Logística empresarial: o processo de integração da cadeia de suprimento.* São Paulo: Atlas, 2001.

BRETZKE, Mirian. *Comportamento do cliente.* In: DIAS, Sérgio R. (coord.). *Gestão de marketing.* São Paulo: Saraiva, 2003.

CARDENAS TABARES, Fabio. *Mercadotecnia y produtividad turística.* México: Trillas, 1991.

CASSAR, M. A teoria administrativa. In: DIAS, R.; ZAVAGLIA, T.; CASSAR, M. *Introdução à administração: da competitividade à sustentabilidade.* Campinas: Alínea Editora, 2003.

CHIAVENATO, Idalberto. *Introdução à teoria geral da administração.* São Paulo: Makron Books, 1993.

CHURCHILL Jr., Gilbert A.; PETERS, J. Paul. *Marketing: criando valor para o cliente.* Tradução Cecília Camargo Bartalotti e Cid Knipel Moreira. São Paulo: Saraiva, 2003.

COBRA, Marcos. *Administração de marketing.* São Paulo: Atlas, 1990.

COMISIÓN ECONÔMICA PARA AMÉRICA LATINA Y EL CARIBE – CEPAL. *Plan de city marketing.* Córdoba, Argentina (LC/R. 1784), CEPAL, 1998.

COMISSÃO ECONÔMICA PARA A AMÉRICA LATINA E O CARIBE – CEPAL. *Eqüidade, desenvolvimento e cidadania.* Tradução de Ana Beatriz Rodrigues. Rio de Janeiro: Campus, 2002.

CUNHA, Licinio. *Economia e política do turismo*. Lisboa: McGraw-Hill, 1997.
DIAS, Reinaldo. *Sociologia do turismo*. São Paulo: Atlas, 2003a.
_____. *Turismo sustentável e meio ambiente*. São Paulo: Atlas, 2003b.
_____. *Planejamento do turismo: política e desenvolvimento do turismo no Brasil*. São Paulo: Atlas, 2003c.
DIAS, Sérgio Roberto (coord.). *Gestão de marketing*. São Paulo: Saraiva, 2003d.
DIAS, Sérgio Roberto. Análise de mercado. In: DIAS, Sérgio Roberto (coord.). *Gestão de Marketing*. São Paulo: Saraiva, 2003d.
DIAS, Reinaldo; AGUIAR, Marina Rodrigues de. *Fundamentos do turismo*. Campinas: Alínea Editora, 2002.
DIAS, Reinaldo; ZAVAGLIA, Tércia; CASSAR, Mauricio. *Introdução à administração: da competitividade à sustentabilidade*. Campinas: Alínea Editora, 2003.
DIAS, Reinaldo; SILVEIRA, Emerson J. S. *Turismo religioso: ensaios e reflexões*. Campinas: Alínea Editora, 2003.
DOMINGUEZ, Maria del Mar Rodrigues. *Competitividade e análise estratéxica do sector turístico: unha primeira aproximación á potencial creación dun cluster institucional para a mellora competitiva da zona rias baixas*. Santiago de Compostela: Xunta de Galicia, 2001.
DRUCKER, Peter Ferdinand. *Sociedade pós-capitalista*. Tradução de Nivaldo Montingelli Jr. São Paulo: Pioneira; São Paulo: Publifollha, 1999.
_____. *Administrando em tempos de grandes mudanças*. Tradução de Nivaldo Montingelli Jr. São Paulo: Pioneira; São Paulo: Publifolha, 1999.
_____. *Management: tasks, responsibilities, practices*. Nova York, Harper & Row, 1973, p. 64-65. Apud KOTLER, Philip. *Administração de marketing: a edição do novo milênio*. Tradução de Bazán Tecnologia e Lingüística. 10. ed. São Paulo: Prentice Hall, 2000.
DRUCKER, Peter; SENGE, Peter. 'Mentes que brilham'. Revista *HSM Management*, n. 31, mar./abr. 2002. São Paulo: HSM do Brasil, 2002. ISSN 1415-8868.
FASTI, Ricardo. Administração de preço. In: DIAS, Sérgio Roberto (coord.). *Gestão de marketing*. São Paulo: Saraiva, 2003d.
FULLERTON, Ronald A. 'How modern is modern marketing? Marketing's evolution and the myth of the "production era"'. *Journal of Marketing*, v. 52, n. 1, p. 108-125, jan. 1988. Apud SEMENIK, Richard J. BAMOSSY, Gary J. *Princípios de marketing: uma perspectiva global*. Tradução de Lenke Peres. São Paulo: Makron Books, 1995.
GRIFFIN, Jill. 'Um programa de fidelização'. Revista *HSM Management*, n. 28, ano 5, p. 58-64, set./out. 2001. São Paulo: HSM do Brasil, 2001. ISSN 1415-8868.
IANNI, Octavio. *A era do globalismo*. Rio de Janeiro: Civilização Brasileira, 1996.
IGNARRA, Luiz Renato. *Fundamentos do turismo*. São Paulo: Pioneira, 1999.
KOTLER, Phiplip. *Administração de marketing*. 4. ed. São Paulo: Atlas, 1996.
_____. *Administração de marketing: a edição do novo milênio*. Tradução de Bazán Tecnologia e Lingüística. 10. ed. São Paulo: Prentice Hall, 2000.
KOTLER, Philip. 'Do marketing móvel às lacunas de valor'. Revista *HSM Management*, n. 29, ano 5, p. 116-120, nov./dez. 2001. São Paulo: HSM do Brasil, 2001. ISSN 1415-8868.
_____. *Marketing*. Tradução H. de Barros. Edição compacta. São Paulo: Atlas, 1980.
_____. *Marketing*. Tradução de H. de Barros. Edição compacta. São Paulo: Atlas, 1987.
KOTLER, Philip; ARMSTRONG, Gary. *Princípios de marketing*. Tradução de Alexandre S. Martins. 5. ed. Rio de Janeiro: Prentice Hall, 1993.
_____. *Princípios de marketing*. Tradução de Arlete Simille Marques, Sabrina Cairo. 9. ed. São Paulo: Prentice Hall, 2003.
KOTLER, Philip; HAIDER, Donald H.; REIN, Irving. *Marketing público*. São Paulo: Makron Books, 1994.
LEVITT, Theodore. Marketing myopia. In: BURSK, Edward e CHAPMAN, John (eds.). *Modern marketing strategy*. Cambridge, MA: Harvard University Press, 1964.

LEWIS, Robert C.; CHAMBERS, Richard E. *Marketing leadership in hospitality: foundations and practices.* 3 ed. Edition. New York, USA: John Wiley & Sons Inc.,2000.

LICKORISH, L. J.; JENKINS, Carson. *Introdução ao turismo.* Rio de Janeiro: Campus, 2000.

LIMEIRA, Tânia Maria Vidigal. Fundamentos do marketing. In: DIAS, Sérgio Roberto (coord.). *Gestão de marketing.* São Paulo: Saraiva, 2003d.

LÓPEZ, Aurélio. *Manual de marketing general e de servicios turísticos.* Madrid: Editorial Sintesis, 1992.

LOVELOCK, Christopher; WRIGHT, Lauren. *Serviços: marketing e gestão.* Tradução de Cid Knipel Moreira. São Paulo: Saraiva, 2003.

LUÑO, Angel Rodriguez. *Ética.* Pamplona: Ed. Eunsa, 1984. *Apud* MARTINS, Ives Gandra Souza. A ética no direito e na economia. In: MARTINS, Ives Gandra Souza (Coord.). *Ética no direito e na economia.* Academia Internacional de Direito e Economia. São Paulo: Pioneira, 1999.

MARTINELLI, Dante P. *Negociação empresarial: enfoque sistêmico e visão estratégica.* São Paulo: Manole, 2002.

MARTINS, Ives Gandra Souza. A ética no direito e na economia. In: MARTINS, Ives Gandra Souza (coord.). *Ética no direito e na economia.* Academia Internacional de Direito e Economia. São Paulo: Pioneira, 1999.

MATHEUS, Zilda Maria. *Marketing e turismo.* São Paulo: Editora Anhembi Morumbi, 2002.

McKENNA, Régis. *Marketing de relacionamento.* Tradução de Outras Palavras. Rio de Janeiro: Campus; São Paulo: Publifolha, 1999.

MIDDLETON, Victor T. C. *Marketing de turismo: teoria e prática.* Tradução de Fabíola Vasconcelos. Rio de Janeiro: Campus, 2002.

Ministério do Trabalho e Emprego – Departamento de emprego e salário, disponível em www.embratur.gov.br.

MONTEJANO, Jordi Montaner. *Psicosociologia del turismo.* Madrid: Editorial Sintesis, 1996.

_____. *Estructura del mercado turístico.* 2. ed. atual. Madri: Editorial Síntesis, 1999.

MORAES, Claudia Corrêa de Almeida. Turismo: segmentação de mercado: um estudo introdutório. In: ANSARAH, Marilia G. R. (org.). *Turismo: segmentação de mercado.* 3. ed. São Paulo: Futura, 1999. p. 13-34.

MORGAN, Gareth. *Imagens da organização.* Tradução de Cecília Whitaker Bergamini e Roberto Coda. São Paulo: Atlas, 1996.

MOTA, Keila Cristina Nicolau. *Marketing turístico: promovendo uma atividade sazonal.* São Paulo: Atlas, 2001.

MOWEN, John C.; MINOR, Michel S. *Comportamento do consumidor.* Tradução de Vera Jordan. São Paulo: Prentice Hall, 2003.

OLIVEIRA, D. P. R. *Planejamento estratégico: conceitos, metodologias, práticas.* 15. ed. São Paulo: Atlas, 2001.

OMT – Organización Mundial del Turismo. *Referencias básicas sobre estadísticas de turismo.* Madri, OMT, 2001. Disponível em: www.world-tourism.org. Acesso em 10 de novembro de 2003.

ONU/OMT – Organización de las Naciones Unidas/Organización Mundial del Turismo. *Recomendaciones sobre estadísticas de turismo.* New York, ONU, 2000. p. 151.

ORGANIZAÇÃO MUNDIAL DO TURISMO. *Turismo internacional: uma perspectiva global.* 2. ed. Porto Alegre: Bookmann, 2003.

PEREIRA, Marcos. *Marketing de cidades turísticas.* São Paulo: Chronos, 2001.

PORTER, Michael E. *Competição – On competition: estratégias competitivas essenciais.* Tradução Afonso Celso da Cunha Serra. 8. ed. Rio de Janeiro: Campus, 1999.

PSILLAKIS, Homero M. Estratégias mercadológicas. In: DIAS, Sérgio Roberto (coord.). *Gestão de marketing.* São Paulo: Saraiva, 2003d.

RELATÓRIO A. T. Kearney. 'Três idéias de marketing'. Revista *HSM Management*, n. 27, jul./ago. 2001. São Paulo: HSM do Brasil, 2001. ISSN 1415-8868.

ROBBINS, Stephen Paul. *Administração: mudanças e perspectivas.* Tradução Cid Knipel Moreira. São Paulo: Saraiva, 2000.

ROSE, Alexandre Turatti de. *Turismo: planejamento e marketing.* Barueri: Manole, 2002.

RUSCHMANN, Doris Van de Meene. *Marketing turístico: um enfoque promocional*. (Coleção Turismo.) Campinas: Papirus, 1990.
SENGE, Peter M.; CARSTEDT, Goran. 'Rumo à próxima Revolução Industrial'. Revista *HSM Management*, n. 27, ano 5, p. 120-128, jul./ago. 2001. São Paulo: HSM do Brasil, 2001. ISSN 1415-8868.
SEMENIK, Richard J.; BAMOSSY, Gary J. *Princípios de marketing: uma perspectiva global*. Tradução de Lenke Peres. São Paulo: Makron Books, 1995.
SHETH, Jagdish N.; MITTAL, Banwari; NEWMAN, Bruce I. *Comportamento do cliente: indo além do comportamento do consumidor*. Tradução de Lenita M. R. Esteves. São Paulo: Atlas, 2001.
SMITH, Adam. 1983 [1776]. An inquiry into the nature and causes of the wealth of nations. Tradução de Luiz João Baraúna. *A riqueza das nações: investigação sobre sua natureza e suas causas*. (Coleção "Os economistas"), v. I e II. São Paulo: Abril Cultural.
SOCIEDAD DE PLANIFICACIÓN Y DESARROLLO DE LA DIPUTACIÓN DE MÁLAGA – SOPDE, Málaga. *Plan de marketing de la Costa de Sol*. Málaga, Espanha: Sociedad de Planificación y Desarrollo (SOPDE), 1994.
STANTON, William J. *Fundamentos de marketing*. Tradução de Fausto R. Nickelsen Pellegrini. São Paulo: Pioneira, 1980. (Biblioteca pioneira de administração e negócios.)
STONER, James A. F.; FREEMAN, R. Edward. *Administração*. Tradução. 5. ed. Rio de Janeiro: Prentice Hall do Brasil Ltda., 1995.
SWARBROOKE, John; HORNER, Susan. *O comportamento do consumidor no turismo*. Tradução de Saulo Krieger. São Paulo: Aleph, 2002. (Turismo.)
TEIXEIRA, Elder Lins. *Gestão da qualidade em destinos turísticos*. Rio de Janeiro: Qualitymark, 1999.
TOCQUER, G.; ZINS, M. *Marketing du tourisme*. Montreal: Gaëtan Morin Éditeur, 1987.
TRIGUEIRO, Carlos Meira. *Marketing & Turismo*. Rio de Janeiro: Qualitymark, 1999.
VALLS, Josep Francesc. *Las claves del mercado turístico: cómo competir en el nuevo entorno*. Bilbao: Edicones Deusto, 2003.
VAZ, Gil Nuno. *Marketing turístico: receptivo e emissivo*. São Paulo: Pioneira Thomson Learning, 2001.
VERA, J. Fernando (coord.). *Análisis territorial del turismo*. Barcelona: Ariel, 1997.
WEISTEIN, Art. *Segmentação de mercado*. São Paulo: Atlas, 1995.
ZARDO, Eduardo Flavio. *Marketing aplicado ao turismo*. São Paulo: Roca, 2003.
ZAVAGLIA, T. Planejamento e administração estratégica. In: DIAS, R.; ZAVAGLIA, T.; CASSAR, M. *Introdução à administração: da competitividade à sustentabilidade*. Campinas: Alínea Editora, 2003.

Índice

Ação, 222
Administração, 51-52
   municipal, 197
Afro-americanos, 141-142
Agência de publicidade, 167
Agência de viagem, 180, 213
Agentes de turismo, 194, 253
Agentes de viagem, 194, 204, 263
Agentes do turismo, 171, 186
Agentes integrais, 215
Agentes periféricos, 214
Agentes primários, 214
Agentes virtuais, 215
Alimentação, 184
Alojamento, 184, 214
Amazônia, 9
Ambientação, 223, 229-230
Ambiente, 194
   competitivo, 101-104
   cultural, 99
   demográfico, 96-97, 99-100
   econômico, 97
   físico-natural, 97, 100
   geral, 205
   político-legal, 98, 101
   tecnológico, 98
   turístico, 93
Ano do Turismo Mundial, 64
Assembléia Geral das Nações Unidas, 271
Associação Mundial de Agências de Viagem, 63
Atenção, 221
Atrações (ou atrativos), 169-170, 179, 185, 215-216, 226, 239-240, 242, 244-245
Caducidade, 185
Campanha publicitária, 178
Carnaval, 11, 103, 192
Carta do Turismo, 65, 265-268, 272
Cartéis, 204, 209
Cidades, 131, 135
   conceituação como produto turístico, 191-198
   cultura organizacional, 171, 187
   e aumento da competitividade, 188-191
   e estratégia de imagem, 167-170
   e imagem de marca, 162-167
   e imagem, 239-240, 242
   e o turismo, 16-20
   e segmentação da imagem, 171-172
   hierarquia, 5
   integração turística, 220
   no mercado turístico global, 14-16
Circuito catarinense de festas, 189-190
Circuitos temáticos, 13-14
Circular note, 62
Cliente-alvo, 138, 174, 208, 214
Cliente-turista, 184, 186
Codificação, 221
Código de defesa do consumidor, 98
Código do Turista, 65, 268-269, 272
Código Mundial de Ética do Turismo, 262-263, 270-274
   princípios, 274-281
Comissão das Nações Unidas para o Desenvolvimento Sustentável, 270
Comissão Européia de Turismo, 63
Comitê Mundial de Ética do Turismo, 263, 271
Competitividade, 17-18, 153, 171, 186, 188-191
Composto de marketing, 207
   ética na gestão do, 258-261
   função, 174-177
   variáveis, 178-180
Comprador, 174-175, 183
Comunicação de marketing
   integrada, 219
   processo, 220-222
Comunicação turística, 222
   conceito e fins, 219-220
Comunicação, 244-245
   e ética, 261
Comunidade local, 198
Concorrência, 101-104, 201-202, 204-207
   monopolista, 102
   perfeita, 205
   pura, 101-102
Conferência de Manila sobre o Turismo Mundial, 65
Conferência Internacional das Nações Unidas (*veja* "Travel and Tourism")
Consciência ecológica, 129
Conscientização turística, 245
Conselho de Cooperação Aduaneira, 266

Consumidor, 97, 99, 104, 108, 133-135, 140, 144-146, 149-150, 161, 183-184, 189, 201-202, 206-207, 209, 212-213, 219-222-223
Consumidor-turista, 3, 74-76, 85-87, 95-96, 98, 100, 103, 107-110, 114, 120-123, 135, 140, 143, 146-147, 149, 151, 162-166, 171, 180, 187-189, 193-194, 198, 204, 206, 213, 215, 218, 230, 253, 262
   motivações, 123-128
   tendências, 129-131
Consumo turístico, 108-109, 127, 191
Conta turismo 8-9
Credibilidade, 161
Criação de roteiros, 14
Custo incorrido, 202
Declaração de Manila sobre o Turismo Mundial, 65, 265, 272-273
Declaração de Manila sobre os efeitos sociais do Turismo, 274
Declaração Universal dos Direitos Humanos, 254, 273
Demanda turística, 151, 247-248
Desconto fidelidade, 209
Desconto por utilização, 209
Desejo, 222
Desenvolvimento sustentável, 118
Destino turístico, 90-91, 96, 103, 113-114, 161-163, 169-171-172, 186-190, 202, 205, 207, 209, 213, 219, 225, 232-233
Direito do Turismo, 279
Distribuição de produtos turísticos
   canal de distribuição, 214
   conceito e função, 212-213
   intermediários turísticos, 214-215
   novas formas de distribuição, 215-216
Distribuição, 179-180, 197, 212
   ações dirigidas à, 244
   e ética, 260-261
Diversidade cultural, 129
Documento de Acapulco, 265
Ecoturismo, 84, 100, 110, 112, 130, 151, 155, 191, 225
Embelezamento
   dos municípios turísticos, 247
Emissor, 221
Empresas turísticas, 131, 185
Equipamentos turísticos, 194-195
Estratégia
   de concentração, 148
   de identificação de oferta e demanda, 242
   de não diferenciação, 148
   de posicionamento, 243
   de segmentação por diferenciação, 148
   de segmentação, 242

   elaboração de, 242
   funcional, 243
Estrutura concorrencial, 204
Estrutura de mercado, 204
Ética
   em marketing, 257-258
   na gestão do composto de marketing, 258-261
   nas organizações, 254-257
   no marketing turístico, 261-262
   no turismo, 262-263
   sociedade e organizações, 252-254
Eventos, 223, 231-232, 248
Excursionista, 57
Excursões pioneiras, 62
Experiência turística, 179, 188
Exploração sustentável, 12-13
Fam-tour, 223, 228-229
Feedback, 221
Feiras, 232-233
Fidelidade, 160, 175
   sistemas de, 216
Fidelização, 40-43, 133, 137, 145, 161, 207, 214
Fixação de preços
   fatores influentes, 203-206
   métodos, 206-207
Fluxo de bens e serviços, 27-28
Fluxo de produtos, 180
Fluxo de turistas, 201, 205, 219, 225
Fluxo de visitantes, 191, 194, 246
Fluxo turístico, 2-3, 111-112, 118, 166, 170, 189, 191-194
Folhetos, 224
Fonte, 221
Fordismo, 133
Formação de preços, 204, 207
   fundamentos, 201-203
Fornecedor turístico, 201
Grupos-alvo, 225
Guia de viagens, 62
Guias de turismo, 62
Heterogeneidade, 185-186, 188
Hotelaria (*veja também* rede hoteleira), 110, 191
Imagem, 180, 219
   contraditória, 168
   de cidade, 189, 239-240, 242
   de marca de cidades, 162-167, 194, 197-198
   demasiado atraente, 168-169
   e destino turístico, 171-172
   estratégia de, 167-170
   induzida, 163
   mista, 168
   não-induzida, 163
   negativa, 168
   pobre, 168

positiva, 168
Infra-estrutura, 169-170, 195-196, 203, 214, 239-240, 246-247, 261
Intangibilidade, 186, 218
Interesse, 221-222
Intermediários, 216, 228-229
Internacionalização, 117
Internet, 205, 213, 223-224, 229-231, 240, 244-245, 259
Jornais, 224
Liberalismo, 31
Liberdade do deslocamento turístico, 279-280
Liderança de preço, 208
Localidade turística, 187, 203, 219
    estratégias de posicionamento e definição de imagem, 166-167
    planejamento estratégico de marketing, 237-250
    posicionamento e imagem, 162-166
    promoção, 222-233
Mala-direta, 224
Marca, 118, 145-146, 149-150-151, 161, 219
    e imagem de cidades, 162-167, 169
Marketing de serviços
    gestão, 87-89
    planejamento de recursos, 85-87
Marketing mix, 176-178
Marketing turístico
    análise ambiental, 93-94
    comunicação, 103
    e ética, 261-262
    macroambiente, 94, 96-101, 194
    microambiente, 94-95
    parcerias, 90-91
    particularidades, 89-91
Marketing
    composto de, 174-180, 201, 207, 258-261
    comunicação de, 180, 194, 197
    conceito e natureza, 23-27
    conceitos aplicados, 45-48
    de alvo, 158-159
    de imagem, 167-169
    de massa, 134
    de nicho, 136, 148
    de país, 50-51
    de relacionamento, 49
    de segmento, 136, 148
    de transação, 50
    definição, 36-45
    digital, 51
    direto, 49
    dos hotéis, 34-35
    e administração, 51-52
    e ética, 31, 257-258
    história e evolução, 27-36
    individual, 137, 148

    individualizado, 50
    institucional, 50
    internacional, 51
    local, 136
    mix, 176-178
    papel social, 29-31
    períodos ou "eras", 32-33
    pessoal, 50
    planejamento, 52-54
    plano de, 178
    tendências atuais, 33-36
Mata Atlântica, 9-11
Meio de comunicação, 221
Mercado de rodeios, 241
Mercado turístico, 93-94, 97, 102, 129-131, 205, 209
    avaliação da competitividade, 190
    comportamento, 122-123
    demanda, 107-114, 118-119, 151
    globalização, 116-118
    mundial, 104
    oferta, 107, 114-116
    pesquisa, 247
    segmentação 151-155
    tendências, 118-119
Mercado
    conceito de troca, 107
    conceito, 107
    concorrência, 133-134
    de massa, 133
    de refeições, 142
    e demanda, 47
    e globalização, 134
    modelo de atratividade, 103-104
    potencial de, 48
    segmentação, 48, 133-151, 158
Mercado-alvo, 136-138, 140, 147, 151, 166, 174, 176, 178-179, 211, 222-223, 225, 227, 244, 247
Modelo AIDA, 221
Monopólio, 102, 204
Monopsônio, 102, 205
Moral, 252
Necessidade adquirida, 46
Necessidade inata, 46
Objetivo turístico, 96
Ocupação de mercado, 148-149
Office National de Tourisme, 63
OIT (*veja* Organização Internacional do Trabalho)
Oktoberfest, 167, 189, 262
Oligopólio, 102, 204-205
Oligopsônio, 102, 205
Olimpíadas, 16
OMC (*veja* Organização Mundial do Comércio)
OMT (*veja* Organização Mundial do Turismo)
ONGs (*veja* Organizações não-governamentais)

ONU (*veja* Organização das Nações Unidas)
Operador turístico, 180
Operadoras de viagem, 102, 159
Organização das Nações Unidas (ONU), 63, 254, 262
Organização de Aviação Civil Internacional, 266
Organização Internacional do Trabalho (OIT), 274
Organização Marítima Internacional, 266
Organização Mundial do Comércio (OMC), 254
Organização Mundial do Turismo (OMT), 64-65, 117, 125, 152-153, 262-263, 265-266, 270-273
Organizações não-governamentais (ONGs), 225, 249, 263, 271
Outdoors, 224
Pacote turístico, 62, 183, 185, 203
Pagante, 174-175
Passeios turísticos, 201
Patrimônio Cultural da Humanidade, 277
Patrocínio, 223, 230-231
Penetração de mercado, 148-149
Pessoas, 169-170, 239, 241
Planejamento estratégico
 de marketing de localidades, 237-250
 processo, 235-237
Planejamento turístico brasileiro
 Ministério do Turismo, 11
 Plano Nacional de Turismo, 11-12
Planejamento, 235-237
 de implantação e controle, 236, 249-250
 de recursos, 236
 dos fins, 236
 dos meios, 236
 estratégico 236-237
 operacional, 236-237
 organizacional, 236
 tático, 236-237
Plano de ação, 243-249
Plano de Desenvolvimento do Turismo, 238
Plano de Marketing, 178, 238, 248
 da cidade de São Paulo, 238-239
Portais de entrada, 247
Posicionamento, 148-151, 174, 178, 180, 190, 203, 208, 219, 229, 231-232, 242
 conceito e objetivos, 158-159
 e imagem de localidades turísticas, 162-166
 estratégia de, 243
 estratégias e definição de imagem de localidades turísticas, 166-170
 processo, 159-162
Precificação, 202
 estratégias, 207-209
Preço combinado, 208
Preço de penetração de mercado, 207-208
Preço por segmento, 208
Preço psicológico, 208
Preço, 179, 197
 e ética, 260
Preços sazonais, 209
Preservação, 118
Produtividade, 133
Produto cidade
 ações gerais de melhoria de qualidade, 245-249
Produto turístico, 74-75, 80-85, 89-90, 96-99, 103, 107-109, 113-114, 121-124, 127, 160, 162-163, 166, 169, 171, 179, 182-186, 218-219, 229, 245
 cidade como, 191-198
 conceito, 183-186
 distribuição, 211-216
 global, 186-188, 194, 204, 206, 213
 integrado, 188-189
 integral, 195, 206, 213-214
 preço, 200-209
Produto, 179, 183-184, 212
 e ética, 259-260
Profissionalização, 117, 245-246, 249
Promoção de vendas, 223-224
Protocolo de Kioto, 254
Publicidade (ou propaganda), 223, 244
 antiética, 259
Público-alvo, 132, 143, 148-149, 152, 170, 176, 197, 214, 219, 222-223, 229, 243, 248, 258
Rádio, 224
Receptividade, 194
Receptor, 221
Recursos turísticos, 169, 194-195, 198
 brasileiros, 9-11, 169
Rede hoteleira (*veja também* hotelaria), 192, 245
Relação custo-benefício, 46, 203
Relações de troca, 23-27, 75-76
Relações públicas, 223-227, 249
Revistas, 224
Rigidez, 185
Roteiro turístico, 201, 212
Ruído no sistema de comunicação, 221
Sazonalidade, 110-111, 129, 139, 151
 dos preços, 207
Segmentação, 174, 208, 228
 critérios, 139-146
 da imagem do destino turístico, 171-172
 demográfica, 141-143
 e fidelização, 161
 e marketing de alvo, 158-159
 e mercado turístico, 151, 155
 e posicionamento, 149-151, 159

estratégias, 146-149, 242
geográfica, 143
parâmetros regulatórios, 160
por benefícios, 144
por comportamento de compra, 145-146
por múltiplos fatores, 146
psicográfica, 144-145
requisitos, 133-138
socioeconômica, 143-144
Segmento-alvo, 158, 160, 174-175, 177, 180
Segunda Guerra Mundial, 63-64
Segurança, 246-247
Serviço turístico, 107-108, 121, 124, 127, 130, 185, 195, 201-202, 207, 227
Serviço
  como objeto de troca, 76-81
  como parte de produto, 73-76
  conceito, 72-73
  e globalização, 70-72
  no Brasil, 70-72
  quarteirização, 70
  terceirização, 70
Serviços básicos, 195
Sistema social, 59
Sistema turístico local, 171, 186
  gestão, 197
Sites, 231
Situação de lealdade, 145-146
Situação de usuário, 146
Slogan, 159, 167
Stakeholders, 237
Subcultura, 101, 122
Subjetividade, 185
Subproduto turístico, 193, 213
Sustentabilidade, 170, 191
Tangibilidade, 194
Telemarketing (ou telefone), 224
Televisão, 224
Temporada, 130
Terceira idade, 20, 67, 84, 97, 99-100, 118, 131, 135-136
Tipos de mídia, 224
Trabalho, 234
Transporte, 184-185
"Travel and Tourism", 64
Turismo alternativo, 190-191
Turismo cultural brasileiro, 11
Turismo de "sol e praia", 112, 129-131, 191
Turismo de atração específica, 117
Turismo de aventura, 19-20, 65, 84, 112, 131, 151-152, 155, 191, 225, 248
Turismo de cidade, 117
Turismo de interior, 117
Turismo de inverno, 84-85, 114
Turismo de lazer, 112

Turismo de massas, 34, 63-67, 117, 129, 191
Turismo de negócios, 112, 209
  Guarulhos (SP), 19, 90-91
Turismo de pesca esportiva, 9, 155
Turismo de saúde, 112
Turismo gastronômico, 84, 110
Turismo histórico, 112, 225
Turismo moderno
  origens, 6-7, 61-63
  tendências, 7-8
Turismo pernambucano, 24-25
  crescimento, 24-25
Turismo religioso, 239
Turismo rural, 151, 191, 225
Turismo temático, 115-116
Turismo
  conceitos, 56-59
  e economia, 67-68
  e espaço público, 20
  e ética, 262-263
  e o desenvolvimento local, 12-14
  emissor, 58
  evolução, 61-67, 117
  interior, 58
  internacional, 58, 96
  interno, 57
  mundial e a globalização, 2-6
  nacional, 58
  no segmento de serviços, 191
  perspectiva no Brasil, 8-12
  receptivo, 58
  sistema, 59-60, 121-122
Turista, 56-57, 97-98, 100, 103, 108-109, 114-115, 117-118, 120-123-124, 126-131, 140, 170, 189, 204, 212, 214, 216, 222, 227, 249, 253, 263
UIOOPT (*veja* União Internacional das Organizações Oficiais de Propaganda Turística)
União Internacional das Organizações Oficiais de Propaganda Turística (UIOOPT), 63
Usuário, 174-175
Valores pessoais, 175
Valores universais, 175
Venda pessoal, 223, 227
Visibilidade, 194
Visitante, 56
Voucher, 62
Webmarketing, 224
Workshops, 223, 227-228